CPC DE 2015

INOVAÇÕES

VOLUME 2

SERGIO BERMUDES

Professor de Direito Processual Civil da Pontifícia Universidade Católica
do Rio de Janeiro e do Instituto Brasileiro de Direito Público de Brasília e São Paulo.
Ex-professor de Direito Processual Civil da Faculdade Brasileira de Ciências Jurídicas.
Membro da Comissão Governamental de Revisão do CPC (1985). Advogado.

CPC DE 2015
INOVAÇÕES

VOLUME 2

parte especial

- Liquidação e Cumprimento da Sentença
- Processo de Execução
- Procedimentos Especiais
- Processos nos Tribunais
- Disposições Transitórias

EDITORA

Rio de Janeiro
2018

1ª edição – 2018

© *Copyright*
Sergio Bermudes

CIP – Brasil. Catalogação-na-fonte.
Sindicato Nacional dos Editores de Livros, RJ.

B442c
v. 2

Bermudes, Sergio, 1946
    CPC de 2015: inovações / Sergio Bermudes. - 1. ed. - Rio de Janeiro: LMJ Mundo Jurídico, 2018.
    420 p.; 24 cm.

Inclui índice

ISBN 978-85-9524-021-6

1. Processo civil - Brasil. 2. Direito processual civil - Brasil. I. Título.

17-46542
                CDU: 347.91/95 (81)

    O titular cuja obra seja fraudulentamente reproduzida, divulgada ou de qualquer forma utilizada poderá requerer a apreensão dos exemplares reproduzidos ou a suspensão da divulgação, sem prejuízo da indenização cabível (art. 102 da Lei nº 9.610, de 19.02.1998).

    Quem vender, expuser à venda, ocultar, adquirir, distribuir, tiver em depósito ou utilizar obra ou fonograma reproduzidos com fraude, com a finalidade de vender, obter ganho, vantagem, proveito, lucro direto ou indireto, para si ou para outrem, será solidariamente responsável com o contrafator, nos termos dos artigos precedentes, respondendo como contrafatores o importador e o distribuidor em caso de reprodução no exterior (art. 104 da Lei nº 9.610/1998).

    As reclamações devem ser feitas até noventa dias a partir da compra e venda com nota fiscal (interpretação do art. 26 da Lei nº 8.078, de 11.09.1990).

Reservados os direitos de propriedade desta edição pela
GZ EDITORA
e-mail: contato@editoragz.com.br
www.editoragz.com.br
Av. Erasmo Braga, 299 – sala 202 – 2º andar – Centro – Rio de Janeiro – RJ – CEP 20010-170
Tels.: (0XX21) 2240-1406 / 2240-1416 – Fax: (0XX21) 2240-1511

Impresso no Brasil
Printed in Brazil

Aos meus fraternos amigos Alberto Venancio Filho, Almir Ghiaroni, Eduardo Seabra Fagundes, Egas Moniz de Aragão, Gilmar Ferreira Mendes, Gustavo Tepedino, Wilson Márcio Depes, Luiz Alberto Rosman e Paulo Henrique Cardoso.

PREFÁCIO

No prefácio do primeiro volume deste livro, escrevi que o seu objeto não consiste na explicação de todos os artigos do Código de Processo Civil, instituído pela Lei nº 13.105, de 16 de março de 2015. Na tentativa de contribuir para a adequada interpretação e aplicação do novo Código, apontei, naquele tomo, e indico neste, os artigos literalmente repetidos do CPC anterior, editado pela Lei nº 5.869, de 11 de janeiro de 1973, os dispositivos modificados, e expliquei as inovações. O interesse da comunidade jurídica pela disciplina da ação rescisória e dos recursos levou-me a tratar, antecipadamente, desses dois institutos, fazendo, no volume anterior, observações às normas reguladoras deles.

Retomo, aqui, a ordem cronológica da exposição, interrompida, pela explicação dos dispositivos reguladores daqueles institutos. Acrescentei, no final, índice relativo aos dois volumes da obra.

Num livro, escrito com o empenho de apresentar, prontamente, o entendimento do autor sobre a nova lei, são inevitáveis certos senões, que serão corrigidos e supridos pela argúcia dos leitores. A exiguidade do tempo para a elaboração e revisão desta obra, explica algumas inexatidões. Para ficar num exemplo, confesso meu constrangimento pelo erro na grafia do nome do professor Pedro Lins Palmeira na dedicatória do primeiro volume, no qual se acrescentou um s ao sobrenome do falecido processualista.

Deixo registrada a minha tristeza pelo falecimento do notável José Carlos Barbosa Moreira, que, se estivesse vivo e atuante, contribuiria, pela crítica, para a compreensão dos dispositivos do novo Código de Processo Civil.

Reitero a minha opinião de que o Código de 2015 era desnecessário, como atestam as incontáveis repetições, as alterações irrelevantes e as poucas inovações de substância. Cumpre, entretanto, fazer todos os esforços, no sentido da compreensão da nova lei e da aplicação dos seus dispositivos.

Agradeço aos meus diletos estagiários Thiago Loyola Valente e Luiz Felipe Noira a valiosa colaboração que me deram na revisão deste volume, que, tal como o anterior, foi inteiramente manuscrito por quem ainda não se adaptou aos meios contemporâneos de fixação.

Rio de Janeiro, janeiro de 2018
Sergio Bermudes

EXPLICAÇÃO

A liquidação da sentença tem natureza cognitiva. Por isto, a Lei nº 11.232, de 22 de dezembro de 2005, a incluiu no Capítulo IX do Título VIII do Livro I (arts. 475-A a 475-H) do Código de Processo Civil de 1973, dedicado ao processo de conhecimento. Assim também procede o novo Código, colocando-a no Capítulo XIV (arts. 509 a 512) do Título I do Livro I da sua Parte Especial. Trata-se, entretanto, de procedimento complementar, preparatório do Processo de Execução. Por isto, não se estranhou que o diploma anterior a houvesse situado nos arts. 603 a 611, integrado do Capítulo VI do seu Livro II, disciplinador do Processo de Execução.

Às notas aos artigos regentes da Liquidação da Sentença seguem-se as relativas ao Cumprimento da Sentença, objeto dos seis capítulos do Título II do Livro I da Parte Especial do Código de 2015 (arts. 513 a 519). Bem colocada a matéria, precedida da Liquidação, elemento indispensável, por vezes, à efetividade do processo.

Propositalmente, ocupei-me do Título III do Tomo I da Parte Especial (arts. 539 a 770), que disciplina os institutos chamados Procedimentos Especiais pelo novo CPC, depois das notas aos dispositivos do Livro II da Parte Especial (arts. 771 a 925), voltado para o Processo de Execução. Assim procedo para manter a sequência lógica das normas dedicadas à Liquidação da Sentença, ao Cumprimento da Sentença e ao Processo de Execução.

Ficam, então, para depois, mas ainda neste tomo, na ordem em que se apresentam, as normas processuais que têm por objeto os Procedimentos Especiais (arts. 539 a 770), os Processos nos Tribunais e os Meios de Impugnação das Decisões Judiciais (arts. 926 a 965 e 976 a 993) e o Livro Complementar (arts. 1.045 a 1.072). Cuidei, antecipadamente da Ação Rescisória (arts. 966 a 975) e dos Recursos (arts. 994 a 1.044, no primeiro destes dois volumes, pelo interesse manifestado sobre esses institutos, de emprego muito frequente pelos operadores da máquina judiciária.

Repito o registro, feito ao longo do volume 1, de que as notas aqui contidas buscam explicar somente as trazidas no Direito Processual positivo brasileiro pelo Código de Processo Civil de 2015. Assinalam-se os artigos literalmente copiados do diploma anterior e também aqueles que apenas alteraram o teor dos dispositivos ab-rogados. Quanto aos dispositivos repetidos, ou alterados, bastará a consulta ao que sobre eles ensinam a doutrina e decidam os tribunais.

Assinalo, por derradeiro, que procurei seguir a pontuação e a ortografia com que se publicou o novo Código, bem como o que supus serem os critérios gráficos da Editora, ainda quando não correspondam ao meu entendimento.

SUMÁRIO

PARTE ESPECIAL

Livro I

Título I

Capítulo XIV
DA LIQUIDAÇÃO DE SENTENÇA
(ARTS. 509 A 512

1. Observações	4
2. Repetições	4
3. Inovações	5

Livro I
DO PROCESSO DE CONHECIMENTO E DO CUMPRIMENTO DE SENTENÇA

Título II
DO CUMPRIMENTO DA SENTENÇA
(ARTS. 513 A 538)

Capítulo I
DISPOSIÇÕES GERAIS
(ARTS. 513 A 519)

1. Observações	10
2. Repetições	11
3. Inovações	12

Capítulo II
DO CUMPRIMENTO PROVISÓRIO DA SENTENÇAQUE RECONHECE A EXIGIBILIDADE DA OBRIGAÇÃO DE PAGAR QUANTIA CERTA
(ARTS. 520 A 522)

1. Observações	17
2. Repetições	17
3. Alterações	17
4. Inovações	18

Capítulo III
DO CUMPRIMENTO DEFINITIVO DA SENTENÇA QUE RECONHECE A EXIGIBILIDADE DA OBRIGAÇÃO DE PAGAR QUANTIA CERTA
(ARTS. 523 A 527)

1. Observações	24

2. Repetições 25
3. Alterações 25

Capítulo IV
DO CUMPRIMENTO DE SENTENÇA QUE RECONHEÇA A EXIGIBILIDADE DE OBRIGAÇÃO DE PRESTAR ALIMENTOS
(ARTS. 528 A 533)

1. Observações 35
2. Repetições 36
3. Alterações 36
4. Inovações 39

Capítulo V
DO CUMPRIMENTO DE SENTENÇA QUE RECONHEÇA A EXIGIBILIDADE DE OBRIGAÇÃO DE PAGAR QUANTIA CERTA PELA FAZENDA PÚBLICA
(ARTS. 534 A 535)

1. Observações 44
2. Repetições 44
3. Alterações 46
4. Inovações 48

Capítulo VI
DO CUMPRIMENTO DE SENTENÇA QUE RECONHEÇA A EXIGIBILIDADE DE OBRIGAÇÃO DE FAZER, DE NÃO FAZER OU DE ENTREGAR COISA
(ARTS. 536 A 538)

1. Observações 50
2. Repetições 51
3. Alterações 51
4. Inovações 53

Título III
DOS PROCEDIMENTOS ESPECIAIS
(ARTS. 539 A 770)

Observações 55

Capítulo I
DA AÇÃO DE CONSIGNAÇÃO EM PAGAMENTO
(ARTS. 539 A 549)

1. Observações 57
2. Repetições 58
3. Alterações 58
4. Inovações 60

Capítulo II
DA AÇÃO DE EXIGIR CONTAS
(ARTS. 550 A 553)

1. Observações 61
2. Alterações 62
3. Inovações 63

Capítulo III
DAS AÇÕES POSSESSÓRIAS
(ARTS. 554 A 568)

Seção I
DISPOSIÇÕES GERAIS
(ARTS. 554 A 559)

1. Observações	65
2. Repetições	65
3. Alterações	65
4. Inovações	66

Seção II
DA MANUTENÇÃO E DA REINTEGRAÇÃO DE POSSE
(ARTS. 560 A 566)

1. Observações	68
2. Repetições	69
3. Alterações	69
4. Inovações	70
5. Cumulação de pedidos	71

Seção III
DO INTERDITO PROIBITIVO
(ARTS. 567 E 568)

1. Observações	72
2. Alterações	72

Capítulo IV
DAS AÇÕES DE DIVISÃO E DA RENOVAÇÃO DE TERRAS PARTICULARES
(ARTS. 569 A 598)

1. Observações	73
2. Divisão da matéria	73

Seção I
DAS DISPOSIÇÕES GERAIS
(ARTS. 569 A 573)

1. Observações	74
2. Repetições	74
3. Alterações	74
4. Inovações	75

Seção II
DA DEMARCAÇÃO
(ARTS. 574 A 587)

1. Observações	77
2. Repetições	77
3. Alterações	77
4. Inovações	79

Seção III
DA DIVISÃO
(ARTS. 588 A 598)

1. Observações 81
2. Repetições 82
3. Alterações 82
4. Inovações 83

Capítulo V
DA AÇÃO DE DISSOLUÇÃO PARCIAL DE SOCIEDADE
(ARTS. 599 A 609)

1. Objeto 86
2. Legitimidade 87
3. Procedimento 88
4. Julgamento 89

Capítulo VI
DO INVENTÁRIO E DA PARTILHA
(ARTS. 610 A 673)

1. Observações 90
2. Divisão das matérias 91

Seção I
DISPOSIÇÕES GERAIS
(ARTS. 610 A 614)

1. Observações 92
2. Repetições 92
3. Alterações 92

Seção II
DA LEGITIMIDADE PARA REQUERER O INVENTÁRIO
(ARTS. 615 A 616)

1. Repetições 94
2. Alterações 94

Seção III
DA INVENTARIANTE E DAS PRIMEIRAS DECLARAÇÕES
(ARTS. 617 A 625)

1. Observações 97
2. Repetições 97
3. Alterações 98
4. Inovações 99

Seção IV
DAS CITAÇÕES E DAS IMPUGNAÇÕES
(ARTS. 626 A 629)

1. Repetições 100
2. Alterações 101

Seção V
DA AVALIAÇÃO E DO CÁLCULO DO IMPOSTO
(ARTS. 630 A 638)

1. Repetições	102
2. Alterações	102

Seção VI
DAS COLAÇÕES
(ARTS. 639 A 641)

1. Observações	104
2. Alterações	104

Seção VI
DO PAGAMENTO DAS DÍVIDAS
(ARTS. 642 A 646)

1. Repetições	105
2. Alterações	106
3. Inovações	106

Seção VIII
DA PARTILHA
(ARTS. 647 A 658)

1. Repetições	108
2. Alterações	108
3. Inovações	109

Seção IX
DO ARROLAMENTO
(ARTS. 659 A 667)

1. Repetições	111
3. Alterações	112
3. Inovações	113

Seção X
DISPOSIÇÕES COMUNS A TODAS AS AÇÕES
(ARTS. 668 A 673)

1. Observações	114
2. Repetições	114
3. Alterações	114
4. Inovações	116

Capítulo VII
DOS EMBARGOS DE TERCEIRO
(ARTS. 674 A 681)

1. Observações	118
2. Repetições	118
3. Alterações	118
4. Inovações	120

Capítulo VIII
DA OPOSIÇÃO
(ARTS. 682 A 686)

1. Observações 121
2. Repetições 122
3. Alterações 122

Capítulo IX
DA HABILITAÇÃO
(ARTS. 687 A 692)

1. Repetições 123
2. Alterações 124
3. Inovações 124

Capítulo X
DAS AÇÕES DE FAMÍLIA
(ARTS. 693 A 699)

1. Observações 125
2. Alcance das normas 126
3. Procedimento 127

Capítulo XI
DA AÇÃO MONITÓRIA
(ARTS. 700 A 702)

1. Observações 130
2. Repetições 130
3. Alterações 130
4. Inovações 132

Capítulo XII
DA HOMOLOGAÇÃO DO PENHOR LEGAL
(ARTS. 703 A 706)

1. Repetições 136
2. Alterações 136
3. Inovações 137

Capítulo XIII
DA REGULAÇÃO DE AVARIA GROSSA
(ARTS. 707 A 711)

1. Observações 138
2. Disposições legais 139
3. Exposição da matéria 140

Capítulo XIV
DA RESTAURAÇÃO DE AUTOS
(ARTS. 712 A 718)

1. Observações 141
2. Repetições 141
3. Alterações 141
4. Inovações 142

Capítulo XV
DOS PROCEDIMENTOS DA JURISDIÇÃO VOLUNTÁRIA
(ARTS. 719 A 770)

1. Observações 143
2. Distribuição da matéria 144

Seção I
DISPOSIÇÕES GERAIS
(ARTS. 719 A 725)

1. Repetições 145
2. Alterações 145
3. Inovações 145

Seção II
DA NOTIFICAÇÃO E DA INTERPELAÇÃO
(ARTS. 726 A 729)

1. Observações 146
2. Notificação, interpelação, protesto 147
3. Deferimento da medida 148
4. Procedimento 149

Seção III
DA ALIENAÇÃO JUDICIAL
(ART. 730)

1. Observações 149
2. O art. 730 150

Seção IV
DO DIVÓRCIO E DA SEPARAÇÃO CONSENSUAIS, DA EXTINÇÃO CONSENSUAL DE UNIÃO ESTÁVEL E DA ALTERAÇÃO DE BENS DO MATRIMÔNIO
(arts. 731 a 734)

1. Observações 151
2. Repetições 151
3. Alterações 151
4. Inovações 152

Seção V
DOS TESTAMENTOS E CODICILOS
(ARTS. 735 A 737)

1. Observações 154
2. Alterações 154

Seção VI
DA HERANÇA JACENTE
(ARTS. 738 A 743)

1. Repetições 157
2. Alterações 157

Seção VII
DOS BENS DOS AUSENTES
(ARTS. 744 E 745)

1. Observações	159
2. Alterações	159

Seção VIII
DAS COISAS VAGAS
(ART. 746)

1. Repetições	160
2. Alterações	160

Seção IX
DA INTERDIÇÃO
(ARTS. 747 A 758)

1. Observação	162
2. Repetições	163
3. Alterações	163
4. Inovações	164

Seção X
DISPOSIÇÕES COMUNS À TUTELA E À CURATELA
(ARTS. 759 A 763)

1. Repetições	167
2. Alterações	167
3. Inovações	167

Seção XI
DA ORGANIZAÇÃO E DA FISCALIZAÇÃO DAS FUNDAÇÕES
(ARTS. 764 A 765)

1. Observação	168
2. Repetições	168
3. Alterações	168
4. Inovações	169

Seção XII
DA RATIFICAÇÃO DOS PROTESTOS MARÍTIMOS E DOS PROCESSOS TESTEMUNHÁVEIS FORMADOS A BORDO
(ARTS. 766 A 770)

1. Observação	170
2. Inovações	170

Livro II
DO PROCESSO DE EXECUÇÃO
(ARTS. 771 A 925)

1. Observações	172
2. Títulos executivos	173
3. Distribuição da matéria	173

4. Exceção de pré-executividade 173

Título I
DA EXECUÇÃO EM GERAL
(ARTS. 771 A 796)

1. Observações 174
2. Distribuição da matéria 174

Capítulo I
DISPOSIÇÕES GERAIS
(ARTS. 771 A 777)

1. Observações 176
2. Repetições 176
3. Alterações 177
4. Inovações 179

Capítulo II
DAS PARTES
(ARTS. 778 A 780)

1. Observações 180
2. Repetições 181
3. Alterações 181
4. Inovações 181

Capítulo III
DA COMPETÊNCIA
(ARTS. 781 E 782)

1. Observações 182
2. Repetições 183
3. Alterações 183
4. Inovações 183

Capítulo IV
DOS REQUISITOS NECESSÁRIOS PARA REALIZAR QUALQUER EXECUÇÃO
(ARTS. 783 A 788)

1. Observações 185

Seção I
DO TÍTULO EXECUTIVO
(ARTS. 783 A 785)

1. Observações 187
2. Repetições 187
3. Alterações 187

Seção II
DA EXIGIBILIDADE DA OBRIGAÇÃO
(ARTS. 786 A 788)

1. Observações 189

2. Repetições 189
3. Alterações 189

Capítulo V
DA RESPONSABILIDADE PATRIMONIAL
(ARTS. 789 A 796)

1. Observações 192
2. Repetições 192
3. Alterações 193
4. Inovações 194

Título II
DAS DIVERSAS PEÇAS DA EXCEÇÃO
(ARTS. 797 A 913)

1. Observações 196
2. Divisão do Título 197
3. Repetições 197
4. Alterações 197

Capítulo I
DISPOSIÇÕES GERAIS
(ARTS. 797 A 805)

1. Alterações 200
2. Inovações 202

Capítulo II
DA EXECUÇÃO PARA ENTREGA DE COISA
(ARTS. 806 A 813)

. Observações 205
2. Repetições 206
3. Alterações 206

Capítulo III
DA EXECUÇÃO DAS OBRIGAÇÕES DE FAZEROU DE NÃO FAZER
(ARTS. 814 A 823)

1. Observações 208
2. Divisão do Capítulo 208

Seção I
DISPOSIÇÕES COMUNS
(ART. 814)

1. Observações 209
2. Alterações 209

Seção II
DA OBRIGAÇÃO DE FAZER
(ARTS. 815 A 821)

1. Observações 210

2. Repetições 210
3. Alterações 211

Seção III
DA OBRIGAÇÃO DE NÃO FAZER
(ARTS. 822 E 823)

1. Observações 212
2. Alterações 213

Capítulo IV
DA EXECUÇÃO POR QUANTIA CERTA
(ARTS. 824 A 909)

1. Observações 214
2. Distribuição da matéria 214

Seção I
DISPOSIÇÕES GERAIS
(ARTS. 824 A 826)

1. Observações 215
2. Alterações 215

Seção II
DA CITAÇÃO DO DEVEDOR E DO ARRESTO
(ARTS. 827 A 830)

1. Observações 217
2. Repetições 217
3. Alterações 217
4. Inovações 219

Seção III
DA PENHORA, DO DEPÓSITO E DA AVALIAÇÃO
(ARTS. 831 A 875)

1. Observações 219
2. Distribuição das matérias 220

Subseção I
DO OBJETO DE PENHORA
(ARTS. 831 A 836)

1. Observações 222
2. Repetições 222
3. Alterações 222
4. Inovações 225

Subseção II
DA DOCUMENTAÇÃO DA PENHORA, DO SEU REGISTRO E DO DEPÓSITO
(ARTS. 837 A 844)

1. Observações 228

2. Repetições 228
3. Alterações 228
4. Inovações 230

Subseção III
DO LUGAR DE REALIZAÇÃO DA PENHORA
(ARTS. 845 E 846)

1. Observações 232
2. Alterações 232

Subseção IV
DAS MODIFICAÇÕES DA PENHORA
(ARTS. 847 E 853)

1. Observações 235
2. Repetições 235
3. Alterações 235
4. Inovações 237

Subseção V
DA PENHORA DE DINHEIRO EM DEPÓSITO OU EM APLICAÇÃO FINANCEIRA
(ART. 854)

1. Observações 239
2. Alterações 240
3. Inovações 241

Subseção VI
DA PENHORA DE CRÉDITOS
(ARTS. 855 A 860)

1. Observações 244
2. Repetições 244
3. Alterações 245
4. Inovações 245

Subseção VII
DA PENHORA DAS QUOTAS OU DAS AÇÕES DE SOCIEDADES PERSONIFICADAS
(ART. 861)

1. Observações 246
2. Repetições 247
3. Inovações 247

Subseção VIII
DA PENHORA DE EMPRESAS, DE OUTROS ESTABELECIMENTOS E DE SEMOVENTES
(ARTS. 862 A 865)

1. Observações 250
2. Repetições 250

3. Alterações 250
4. Inovações 251

Subseção IX
DA PENHORA DE PERCENTUAL DE FATURAMENTO DA EMPRESA
(ART. 866)

1. Observações 253
2. Repetições 253
3. Alterações 253
4. Inovações 254

Subseção X
DA PENHORA DE FRUTOS E RENDIMENTOS DA
COISA MÓVEL OU IMÓVEL
(ARTS. 867 A 869)

1. Observações 255
2. Repetições 256
3. Alterações 256
4. Inovações 257

Subseção XI
DA AVALIAÇÃO
(ARTS. 870 A 875)

1. Observações 259
2. Repetições 259
3. Alterações 259
4. Inovações 260

Seção IV
DA EXPROPRIAÇÃO DE BENS
(ARTS. 876 A 903)

1. Observações 261

Subseção I
DA ADJUDICAÇÃO
(ARTS. 876 A 878)

1. Observações 262
2. Repetições 262
3. Alterações 263
4. Inovações 264

Subseção II
DA ALIENAÇÃO
(ARTS. 879 A 903)

1. Observações 271
2. Repetições 272
3. Alterações 272
4. Inovações 279

Seção V
DA SATISFAÇÃO DO CRÉDITO
(ARTS. 904 A 909)

1. Observações 284
2. Repetições 284
3. Alterações 284
4. Inovações 285

Capítulo V
DA EXECUÇÃO CONTRA A FAZENDA PÚBLICA
(ART. 910)

1. Observações 286
2. Repetições 287
3. Alterações 287
4. Inovações 287

Capítulo VI
DA EXECUÇÃO DE ALIMENTOS
(ARTS. 911 A 913)

1. Observações 288
2. Repetições 288
3. Alterações 289
4. Inovações 290

Título III
DOS EMBARGOS À EXECUÇÃO
(ARTS. 914 A 920)

1. Observações 293
2. Embargos à execução e impugnação ao cumprimento da sentença 293
3. Repetições 293
4. Alterações 293
5. Inovações 296

Título IV
DA SUSPENSÃO E DA EXTINÇÃO DO PROCESSO DE EXECUÇÃO
(ARTS. 921 A 925)

1. Observações 297
2. Divisão da matéria 298

Capítulo I
DA SUSPENSÃO DO PROCESSO DE EXECUÇÃO
(ARTS. 921 A 923)

1. Observações 299
2. Repetições 299
3. Alterações 299
4. Inovações 300

Capítulo II
DA EXTINÇÃO DO PROCESSO DE EXECUÇÃO
(ARTS. 924 E 925)

1. Observações 301

2. Repetições 301
3. Alterações 301
4. Inovações 302

EXECUÇÃO POR QUANTIA CERTA
CONTRA DEVEDOR INSOLVENTE
(ART. 1.052)

1. Observações 303
2. Normas aplicáveis 303

Livro III
DOS PROCESSOS NOS TRIBUNAIS E DOS MEIOS DE IMPUGNAÇÃO DAS DECISÕES JUDICIAIS
(ARTS. 926 A 1.044)

Título I
DA ORDEM DOS PROCESSOS E DOS PROCESSOS DA COMPETÊNCIA ORIGINÁRIA DOS TRIBUNAIS

Capítulo I
DISPOSIÇÕES GERAIS
(ARTS. 926 A 928)

1. Observações 307
2. Repetições 307
3. Inovações 308

Capítulo II
DA ORDEM DOS PROCESSOS NO TRIBUNAL
(ARTS. 929 A 946)

1. Observações 315
2. Repetições 315
3. Alterações 316
4. Inovações 320

Capítulo III
DO INCIDENTE DE ASSUNÇÃO DE COMPETÊNCIA
(ART. 947)

1. Observações 329
2. Alteração 329
3. Pressupostos e competência 329
4. Procedimento e efeito 330

Capítulo IV
DO INCIDENTE DE ARGUIÇÃO DE INCONSTITUCIONALIDADE
(ARTS. 948 A 950)

1. Observações 332
2. Alterações 332

Capítulo V
DO CONFLITO DE COMPETÊNCIA
(ARTS. 951 A 959)

1. Observações 335
2. Repetições 336
3. Alterações 336
4. Inovações 337

Capítulo VI
DA HOMOLOGAÇÃO DE DECISÃO ESTRANGEIRA E DA CONCESSÃO DO EXEQUATUR À CARTA ROGATÓRIA
(ARTS. 960 A 965)

1. Observações 339
2. Repetições e alterações 339
3. Inovações 340
4. Pressupostos 340
5. Requisitos 342
6. Procedimento e rescisão 343

Capítulo VIII
DO INCIDENTE DE RESOLUÇÃO DE DEMANDAS REPETITIVAS
(ART. 976 A 987)

1. Observações 346
2. Instauração e pressupostos do incidente 347
3. Procedimento 349
4. Julgamento 353
5. Efeitos 356
6. Revisão 356

Capítulo III
DA RECLAMAÇÃO
(ARTS. 988 A 993)

1. Observações 358
2. Legitimidade e cabimento 359
3. Competência 360
4. Procedimento 361

LIVRO COMPLEMENTAR
(ARTS. 1.045 A 1.072)

1. Objeto do livro 368
2. Vigência do código 368
3. Disposições do livro 369

ÍNDICE REMISSIVO

Volume I 375
Volume 2 385

PARTE ESPECIAL

Livro I

PART DEUX

PARTE ESPECIAL

Livro I

Título I

Capítulo XIV

Da Liquidação de Sentença
(Arts. 509 a 512)

Art. 509. Quando a sentença condenar ao pagamento de quantia ilíquida, proceder-se-á à sua liquidação, a requerimento do credor ou do devedor:

I – por arbitramento, quando determinado pela sentença, convencionado pelas partes ou exigido pela natureza do objeto da liquidação;

II – pelo procedimento comum, quando houver necessidade de alegar e provar fato novo.

§ 1º Quando na sentença houver uma parte líquida e outra ilíquida, ao credor é lícito promover simultaneamente a execução daquela e, em autos apartados, a liquidação desta.

§ 2º Quando a apuração do valor depender apenas de cálculo aritmético, o credor poderá promover, desde logo, o cumprimento da sentença.

§3º O Conselho Nacional de Justiça desenvolverá e colocará à disposição dos interessados programa de atualização financeira.

§ 4º Na liquidação é vedado discutir de novo a lide ou modificar a sentença que a julgou.

Art. 510. Na liquidação por arbitramento, o juiz intimará as partes para a apresentação de pareceres ou documentos elucidativos, no prazo que fixar, e, caso não possa decidir de plano, nomeará perito, observando-se, no que couber, o procedimento da prova pericial.

Art. 511. Na liquidação pelo procedimento comum, o juiz determinará a intimação do requerido, na pessoa de seu advogado ou da sociedade de advogados a que estiver vinculado, para, querendo, apresentar contestação no prazo de 15 (quinze) dias, observando-se, a seguir, no que couber, o disposto no Livro I da Parte Especial deste Código.

Art. 512. A liquidação poderá ser realizada na pendência de recurso, processando-se em autos apartados no juízo de origem, cumprindo ao liquidante instruir o pedido com cópias das peças processuais pertinentes.]

1. Observações. 2. Repetições. 3. Inovações.

1. Observações – O Código de Processo Civil de 1939 (Livro VIII, Título II, arts. 906 a 917) e o de 1973 (até o advento da Lei nº 11.232, de 22.12.2005), regularam a liquidação de sentença, este nos ab-rogados arts. 603 a 611, como instituto do processo de execução. Entretanto, por força do art. 3º da referida Lei nº 11.232, a liquidação passou a ser disciplinada pelos arts. 475-A a 475-H, postos no Capítulo IX acrescentado ao Título VIII do Livro I, dedicado ao processo de conhecimento. A ab-rogação dos arts. 603 a 611 do diploma de 1973 e a transferência da liquidação para o livro regulador do processo cognitivo decorre do entendimento de que ela não integra o processo de execução, mas é uma fase complementar da relação processual de conhecimento. Processo preparatório da execução, acessório dela, posto que a antecede, não estranha que os dois Códigos anteriores hajam colocado a liquidação na parte relativa àquela espécie do processo civil contencioso. Também não repugna a processualística tratar-se o instituto como etapa do processo cognitivo, pois ela o completa, revelando o que na sentença condenatória ilíquida verbalmente se contém. Se a liquidação é, a um só tempo, complementar do processo de conhecimento e também preparatória do processo de execução, não erra o legislador que a tratar como processo acessório, complementar ou preparatório, daquela ou desta modalidade. A liquidação cria uma das condições da ação de execução, que é a existência do título de obrigação líquida (art. 783).

2. Repetições – Coincidem o Capítulo XIV do Título I do Livro I da Parte Especial do CPC de 2015 e o Capítulo IX do Título VIII do Livro I do Código anterior, na respectiva epígrafe: "Da Liquidação de Sentença". São também idênticos o § 1º do art. 509 do novo Código e o § 2º do art. 475-I do antigo. O *caput* do art. 475-A do Código de 1973 está virtualmente contido no *caput* do art. 509 do CPC de 2015. As normas dos dois incisos do art. 475-C daquele diploma ficaram reunidas no inciso I do vigente art. 509. São iguais também o § 4º do atual art. 509 e o ab-rogado art. 475-G, irrelevante a troca da frase "é defeso" por "é vedado".

O art. 512 do novo Código é gêmeo do anterior art. 475-A, § 2º. Rezava este que a liquidação poderia ser **requerida** na pendência de recursos, mas penso que aquele troca o particípio para **realizada**, para indicar que se admite o processamento da liquidação na pendência de recurso. Melhor a nova redação, porque a referência a requerimento da liquidação seria redundante, porque o *caput* do art. 505 já condiciona a liquidação ao requerimento do credor, ou do devedor; do exequente ou do executado.

3. Inovações – De maior técnica é o art. 509 comparado com o art. 475-A, anterior. Fala-se agora em sentença que condena ao pagamento de quantia ilíquida, não mais em sentença que não determina o valor devido. Leiam-se os dois artigos, descobrindo-se neles referência à sentença ou acórdão ilíquidos, o pronunciamento que não determina o objeto do título como (v.g., o julgado que condenou o réu a cumprir todos os danos, passados e futuros), ou condenou o réu no pagamento da soma cobrada com juros, atualização monetária, honorários e despesas sem especificar, em moeda nacional, o valor correspondente.

Mostra a última oração do artigo que também a liquidação se reza pelo princípio dispositivo. Ação acessória, mas ação, ela começa pela demanda do autor ou do réu, que manifesta a sua vontade de cumprir a deliberação judicial. Também o terceiro interveniente pode requerer a liquidação, porém só no tocante à condenação a ele imposta (v.g., art. 77, § 2º; art. 81). Só se procede à liquidação da sentença condenatória. E condenatório é também o capítulo da sentença declaratória, ou constitutiva que condena a parte ou o terceiro, proferindo decisão ilíquida. O art. 515 estatui, no item I, que é título executivo judicial a decisão, sentença, ou acórdão, que reconheça a exigibilidade de obrigação de pagar quantia, de fazer, de não fazer ou de entregar coisa. Também esse ato decisório, apto à execução (arts. 515, I e 783), conquanto do formalmente declaratório, pode ser liquidado.

É liquidação por artigos (CPC de 1973, art. 475-E) a que depende da alegação e prova de fato novo, como dispõe o inc. II do art. 509, igual ao anterior art. 475-E. O inc. II do art. 509 manda observar, na liquidação por artigos, o procedimento comum, como já fizera o art. 475-E. De forte carga cognitiva, essa modalidade de liquidação segue o procedimento comum, estabelecido *nomen iuris* nos arts. 318 e seguintes. É liquidação por artigos a liquidação referida no inc. II do art. 509, embora o novo Código não haja adotado esse *nomen iuris*. Ao disciplinar a liquidação por artigos, o art. 475-E do Código de 1973 mandava obedecer o procedimento comum, porém com a ressalva da frase "no que couber", encontrada também no art. 511. Por certo, o novo Código aboliu a ressalva porque, na liquidação por artigos, o procedimento será o comum, em todas as suas etapas. Fica à descrição. Incumbe ao juiz indeferir os atos do procedimento comum alheios à liquidação, do âmbito estrito porque visa apenas a determinar a condenação. Assim, por exemplo, a prova pericial será restrita, não se prestando à nova discussão da lide (art. 509, § 4º).

Cumpre assinalar que, na liquidação pelo procedimento comum (art. 509, II), o juiz determinará a intimação do requerido para apresentar contestação. Assim dispõe o art. 511. Compreende-se que o dispositivo manda proceder à intimação do requerido, porque a liquidação o Código a tornou incidente do processo de conhecimento. Intima-se o requerido na pessoa do seu advogado, ou por comunicação à sociedade de advogados que ele integra, mas incide também o art. 103 (q.v.).

Da decisão que encerra a liquidação, mesmo por artigos, cabe agravo de instrumento, como dispõe o parágrafo único do art. 1.015. Ainda que se entenda esse ato como sentença, a apelação é inadmissível, diante da norma citada. O §§ 1º e 2º do art. 1.009 não incidem, diante do estatuído naquela norma.

O § 2º do art. 509 aboliu a oração gerundial, consistente na última proposição do art. 475-B do Código revogado, que mandava o credor instruir o pedido de liquidação por cálculo com a memória dessa operação e atualização dela. O juiz todavia pode determinar essa providência ao requerente da liquidação, bem como determinar a remessa dos autos ao contador, para determinar a correção do cálculo, ou até prova pericial destinada a esse fim. Acontecendo isso, haverá um incidente, julgado por decisão interlocutória da qual caberá o agravo de instrumento, conforme o parágrafo único do art. 1.015. Já se vê que a liquidação por cálculo pode tornar-se complexa, não podendo contudo ser substituída pela liquidação por arbitramento ou por artigos. Também nessa espécie de liquidação, observar-se-á o contraditório (art. 139, inc. I; Constituição, art. 5º, inc. LV).

No art. 510, o CPC de 2015 enuncia normas regentes da liquidação por arbitramento. O juiz (isto é, o juízo monocrático ou colegiado) não está obrigado a fazê-lo, mas pode determinar às partes que apresentem pareceres ou documentos necessários ou úteis à liquidação. Pode a parte alegar a inexistência de documentos, ou a inviabilidade de pareceres, cabendo ao juiz pronunciar-se sobre a alegação. No dispositivo, o verbo **determinará** não edita norma cogente, devendo descobrir-se nela a outorga de um poder discricionário, bastando observar-se que podem ser desnecessários pareceres ou documentos, ou impossível a sua produção, como acontecerá se, desprovida de recursos, a parte não tiver meios de providenciar esses elementos. Se a parte se abstiver de cumprir a determinação do juiz, quedando-se inerte, poderá ele extinguir a liquidação, o que não impedirá que se formule novo pedido. O juiz, no entanto, poderá ordenar o prosseguimento da liquidação sem os pareceres e documentos.

A oração condicional "caso não possa decidir de plano" mostra que o juiz pode julgar a liquidação, de plano, ouvida, porém, a parte contrária. Fala o artigo em nomeação de perito para arbitrar, mas manda o artigo observar-se o procedimento da prova pericial, podem as partes exercer a faculdade de indicar assistentes técnicos e formular quesitos (art. 465, incs. II e III). A prova pericial observará todos os ditames do art. 464 e seguintes, mas a ressalvas do §1º permitem ao juízo indeferir a prova técnica no que for desnecessário ao arbitramento.

Arrematem-se estas considerações sobre a liquidação com nota de que a repetição de normas do Código anterior e das leis que lhes precederam recomenda a consulta à *juris* da doutrina e jurisprudência desses dispositivos.

Livro I
DO PROCESSO DE CONHECIMENTO E DO CUMPRIMENTO DE SENTENÇA

Título II
DO CUMPRIMENTO DA SENTENÇA

(ARTS. 513 A 538)

Capítulo I

Disposições Gerais
(ARTS. 513 A 519)

Art. 513. O cumprimento da sentença será feito segundo as regras deste Título, observando-se, no que couber e conforme a natureza da obrigação, o disposto no Livro II da Parte Especial deste Código.

§ 1º O cumprimento da sentença que reconhece o dever de pagar quantia, provisório ou definitivo, far-se-á a requerimento do exequente.

§ 2º O devedor será intimado para cumprir a sentença:

I – pelo Diário da Justiça, na pessoa de seu advogado constituído nos autos;

II – por carta com aviso de recebimento, quando representado pela Defensoria Pública ou quando não tiver procurador constituído nos autos, ressalvada a hipótese do inciso IV;

III – por meio eletrônico, quando, no caso do § 1º do art. 246, não tiver procurador constituído nos autos;

IV – por edital, quando, citado na forma do art. 256, tiver sido revel na fase de conhecimento.

§ 3º Na hipótese do § 2º, incisos II e III, considera-se realizada a intimação quando o devedor houver mudado de endereço sem prévia comunicação ao juízo, observado o disposto no parágrafo único do art. 274.

§ 4º Se o requerimento a que alude o § 1º for formulado após 1 (um) ano do trânsito em julgado da sentença, a intimação será feita na pessoa do devedor, por meio de carta com aviso de recebimento encaminhada ao endereço constante dos autos, observado o disposto no parágrafo único do art. 274 e no § 3º deste artigo.

§ 5º O cumprimento da sentença não poderá ser promovido em face do fiador, do coobrigado ou do corresponsável que não tiver participado da fase de conhecimento.

Art. 514. Quando o juiz decidir relação jurídica sujeita a condição ou termo, o cumprimento da sentença dependerá de demonstração de que se realizou a condição ou de que ocorreu o termo.

Art. 515. São títulos executivos judiciais, cujo cumprimento dar-se-á de acordo com os artigos previstos neste Título:
I – as decisões proferidas no processo civil que reconheçam a exigibilidade de obrigação de pagar quantia, de fazer, de não fazer ou de entregar coisa;
II – a decisão homologatória de autocomposição judicial;
III – a decisão homologatória de autocomposição extrajudicial de qualquer natureza;
IV – o formal e a certidão de partilha, exclusivamente em relação ao inventariante, aos herdeiros e aos sucessores a título singular ou universal;
V – o crédito de auxiliar da justiça, quando as custas, emolumentos ou honorários tiverem sido aprovados por decisão judicial;
VI – a sentença penal condenatória transitada em julgado;
VII – a sentença arbitral;
VIII – a sentença estrangeira homologada pelo Superior Tribunal de Justiça;
IX – a decisão interlocutória estrangeira, após a concessão do exequatur à carta rogatória pelo Superior Tribunal de Justiça;
X– (Vetado).
§ 1º Nos casos dos incisos VI a IX, o devedor será citado no juízo cível para o cumprimento da sentença ou para a liquidação no prazo de 15 (quinze) dias.
§ 2º A autocomposição judicial pode envolver sujeito estranho ao processo e versar sobre relação jurídica que não tenha sido deduzida em juízo.

Art. 516. O cumprimento da sentença efetuar-se-á perante:
I – os tribunais, nas causas de sua competência originária;
II– o juízo que decidiu a causa no primeiro grau de jurisdição;
III – o juízo cível competente, quando se tratar de sentença penal condenatória, de sentença arbitral, de sentença estrangeira ou de acórdão proferido pelo Tribunal Marítimo.
Parágrafo único. Nas hipóteses dos incisos II e III, o exequente poderá optar pelo juízo do atual domicílio do executado, pelo juízo do local onde se encontrem os bens sujeitos à execução ou pelo juízo do local onde deva ser executada a obrigação de fazer ou de não fazer, casos em que a remessa dos autos do processo será solicitada ao juízo de origem.

Art. 517. A decisão judicial transitada em julgado poderá ser levada a protesto, nos termos da lei, depois de transcorrido o prazo para pagamento voluntário previsto no art. 523.
§ 1º Para efetivar o protesto, incumbe ao exequente apresentar certidão de teor da decisão.
§ 2º A certidão de teor da decisão deverá ser fornecida no prazo de 3 (três) dias e indicará o nome e a qualificação do exequente e do executado, o número do processo, o valor da dívida e a data de decurso do prazo para pagamento voluntário.

§ 3º O executado que tiver proposto ação rescisória para impugnar a decisão exequenda pode requerer, a suas expensas e sob sua responsabilidade, a anotação da propositura da ação à margem do título protestado.

§ 4º A requerimento do executado, o protesto será cancelado por determinação do juiz, mediante ofício a ser expedido ao cartório, no prazo de 3 (três) dias, contado da data de protocolo do requerimento, desde que comprovada a satisfação integral da obrigação.

Art. 518. Todas as questões relativas à validade do procedimento de cumprimento da sentença e dos atos executivos subsequentes poderão ser arguidas pelo executado nos próprios autos e nestes serão decididas pelo juiz.

Art. 519. Aplicam-se as disposições relativas ao cumprimento da sentença, provisório ou definitivo, e à liquidação, no que couber, às decisões que concederem tutela provisória.]

1. Observações. 2. Repetições. 3. Inovações.

1. Observações – Sob a epígrafe "Do Cumprimento da Sentença", o Código de Processo Civil de 2015 reuniu, nos cinco Capítulos do Título II do Livro I da Parte Especial, normas que regem a execução da sentença, não importa que tal título integre o livro dedicado ao processo de conhecimento. Não é a situação do instituto que lhe determina a natureza, mas sim, o seu conteúdo. Aliás, o § 1º do art. 513 já fala em **exequente**. O vocábulo também está no parágrafo único do art. 516, onde se encontrará ainda o substantivo **executado**. Aliás, se se quiser ficar na letra do diploma, se verá que a epígrafe do Livro I da Parte Especial dissociou o processo de conhecimento do cumprimento da sentença, ligados pelo conectivo **e**.

A análise dos sete artigos e seus desdobramentos, encerrados no Capítulo I do Título II, demonstra que eles todos editam normas relativas à execução, complementadas pelas regras contidas no Livro II (arts. 771 a 925) ao qual remete o art. 513, na sua última parte. Cumprimento da sentença é matéria do processo de execução, tratado no Livro II, a cujas observações se remete.

Observe-se que as disposições gerais aplicam-se à execução. Assim também as normas postas nos Capítulos IV, V e VI. A elas deve-se recorrer para a correta e completa efetivação das diversas espécies executórias, disciplinadas nos seus Capítulos do Título II do Livro II.

A colocação das normas reguladoras do cumprimento da sentença decorre de uma opção do legislador, empenhado em fazer desse instituto um apêndice do processo de conhecimento. Já se disse com exagerada ironia que o legislador faz do cumprimento da sentença um apêndice do processo cognitivo para permitir a intimação do devedor, em lugar da sua citação.

2. Repetições – São iguais a epígrafe do Título II do Livro I da Parte Especial do CPC de 2015 e do Capítulo X do Título VII do Livro I do diploma de 1973. Coincidem também dispositivos das duas leis, valendo, por isto, a consulta ao que se decidiu e escreveu sobre as normas revogadas, que seguiram na esteira das regras anteriores.

O inc. IV do art. 515 do novo Código é igual ao inc. VII do art. 475-N do anterior. Iguais também o inc.VI do art. 515 e o inc.II do mesmo art. 475-N. *Idem*, quanto aos incs.VI, VII e VIII do vigorante art. 515 e os itens II, IV e VI do art. 475-N.

Artigos há que se mantiveram fiéis aos do velho Código, com alterações, muitas de pequena monta. De novo, será preciso recorrer aos doutrinadores e tribunais que apreciaram os textos imitados.

O art. 513, *caput*, do Código vigente repete, na substância, o art. 575-I da lei revogada. Esse artigo diz, desnecessariamente que, no cumprimento da sentença, se observarão as normas do próprio Título II e que, conforme a natureza da obrigação incidem as regras jurídicas do processo de execução.

O art. 514 não é diferente do art. 572 do velho Código. Ambos dizem com palavras distintas a mesma coisa: se o cumprimento da sentença depender de condição ou termo, ele só se efetivará depois do implemento da condição, ou da ocorrência do termo. O artigo, então, cria uma condição a cujo implemento subordina a eficácia da sentença: o atendimento a uma das duas modalidades. Ao exequente incumbe a demonstração de que se implementou a condição, ou ocorreu o termo. O implemento da condição ocorrerá também, se ela desaparecer, assim como a verificação do termo será substituída pela remoção dessa modalidade.

O *caput* do art. 515 repetiu a redação de igual ponto do art. 475-N, acrescentando-lhe todavia um apêndice para enunciar a regra mais que lógica, conforme a qual o cumprimento dos títulos executivos judiciais se fará de acordo com os artigos estatuídos no Título II que regula, exatamente, o cumprimento da sentença. Deve-se o acréscimo ao fato de que nem todos os títulos enumerados nos novos incisos são, efetivamente, sentenças, no sentido que ao vocábulo dão o § 1º do art. 203 e o art. 204.

O inc. I do art. 515, diferentemente do inc. I do anterior art. 475-N, fala não mais em "sentença proferida", porém em "decisões proferidas". Usou-se, no inciso, o substantivo **decisão** com a mesma larga que lhe dá, por exemplo, o inc. IV do art. 1.010. E pode haver decisão que reconheça a exigibilidade da obrigação, sem que haja sentença, no sentido do

§ 1º do art. 203. Nos processos em que o julgamento de mérito se faz em vários momentos, como, por exemplo, no inventário, pode haver decisão que, sem extinguir o feito, reconheça a exigibilidade da obrigação de pagar quantia, de fazer, de não fazer ou de entregar coisa.

Os incs. II e III do art. 515 falam em decisão homologatória de autocomposição judicial (art. 334, § 11) ou extrajudicial (art. 725, VIII). Mais sintético, o revogado art. 475-N, III, englobava a matéria objeto dos dois itens.

O inc. IV do art. 515 é igual ao art. 475-N, anterior. Os incs. VI, VII e VIII do art. 515 são idênticos, respectivamente, aos incs. II, IV e VI do revogado art. 475-N.

O art. 516 reflete, no *caput*, e no item I, o *caput* e igual inciso do art. 475-P do Código revogado. Só difere o inc. II do atual art. 516 de igual inciso do art. 475-P porque substituiu o verbo **processou** deste último pelo verbo **decidiu**, possível que o processo se desenvolva perante um órgão jurisdicional e outro o sentencie, como no caso em que a lei superveniente retira do juízo processante a competência em razão da matéria deferindo--a a outro órgão (art. 43). Não se enquadra no caso do inc. II do artigo a hipótese do seu parágrafo único, no tocante a esse item. Aqui, não se trata de competência executória, nem do juízo que processou a causa, nem do que a decidiu, porém o da escolha do exequente. O parágrafo único desse art. 516 que, no entanto, inovou, ao dar competência executória ao juízo do local de execução da sentença que condena ao cumprimento de obrigação de fazer, ou não fazer. Imagine-se, por exemplo, a sentença que ordena a demolição de um muro erguido em local diferente daquele em que se processou e julgou a ação.

3. Inovações – O § 1º do art. 513 constitui uma inovação formal, na medida que apenas explicita o preceito de que a jurisdição depende da iniciativa da parte (art. 2º). Também a ação de execução rege-se pelo princípio dispositivo. Depende da iniciativa do exequente, que, não tomada no prazo determinado pela lei, poderá levar à prescrição da pretensão executiva. Exequente, nesse parágrafo, é a pessoa legitimada à execução (art. 778). Pode o devedor cumprir a obrigação, depositando a prestação ou a coisa (parágrafo único do art. 787 e art. 788). Nem por isto ele será exequente, mas, sim, executado. Ele proporá uma ação de oferecimento da prestação, que lembrará a ação de consignação em pagamento (art. 539 e ss.), sem contudo confundir-se com ela. Se o exequente receber a prestação, deixará de existir o pressuposto fático da execução, que é o inadimplemento do devedor, assim, uma condição da ação de execução. Recusando a oblação, o credor tem a faculdade de requerer a execução forçada, que o devedor poderá embargar (art. 788). O juiz julgará a lide consubstanciada na pretensão do devedor de eximir-se da execução e da resistência de recebê-la, apenas indeferindo a oferta. O credor poderá apenas recusá-la, sem começar execução, caso em que a pretensão de executar ficará sujeita à prescrição. Não pode o devedor depositar a quantia ou a coisa embargada. Essa impossibilidade dessume do art. 788, que condiciona os embargos, ação acessória, ao ajuizamento da execução e à existência dos respectivos pressupostos. O novo Código não repetiu a norma do art. 622 do anterior, segundo a qual, na execução para a entrega da coisa, o devedor poderia depositá-la, em vez de entregá-la, quando quiser opor embargos à execução. Também quanto a essa espécie de execução, incidem o parágrafo único do art. 787 e o art. 788.

O Código de Processo Civil de 2015 trouxe no Direito Processual positivo expressiva inovação com as normas do § 2º do art. 513 e seus quatro incisos, e todas sem correspondência no CPC de 1973.

Reza o § 2º que o devedor "será intimado para cumprir a sentença". O substantivo "sentença" é usado, no texto, para designar, tanto essa decisão quanto o acórdão (arts. 203, § 1º, e 204). Se se considerar o cumprimento da sentença liminar o início do processo executivo, a intimação do § 2º será, na substância, uma citação, que integra o executado ao processo (art. 238).

Desnecessária a intimação da parte, só valerá a intimação feita pelo Diário da Justiça, se ela se dirigir ao advogado que ainda esteja no processo, constituído nos autos. Note-se que o §4º do art. 513 torna obrigatória a intimação direta do devedor, se a execução se destinou ao pagamento de quantia; não se tiver por objeto outra prestação, como se extrai, claramente, do §4º combinado com o §1º. Na hipótese que contempla, o §4º não extingue o mandato conferido ao advogado. Apenas o torna ineficaz para o fim de permitir a intimação na pessoa de terceiro, que, ocorrendo, será nula. Nulo será o ato do advogado, praticado depois da intimação erroneamente feita a ele, a menos que, tácita ou explicitamente, o ratifique o executado. A vontade da lei, na hipótese do parágrafo examinado, é que a intimação se faça na pessoa do devedor. Presume-se que o procurador descumpriu o dever de diligência, se permaneceu silente durante um ano após o trânsito em julgado. Ter-se-á por válida a intimação na pessoa do procurador se, durante esse ano, ele houver praticado qualquer ato no processo, que vise ao cumprimento da sentença.

Conforme o inc. II do §2º do art. 513, a intimação faz-se por carta com aviso de recebimento, se o devedor for representado pela Defensoria Pública, ou se não tiver, ou já não teve, procurador constituído nos autos. Esse inciso II incide em qualquer caso; não somente na hipótese do §1º. A intimação, prevista no inciso III, só incide quando se tratar do cumprimento da sentença que reconhece o dever de pagar quantia. Se o devedor não tiver endereço eletrônico, a intimação se fará por outro meio (v.g., oficial de justiça, carta com aviso de recebimento) mas seguirá a ele, diretamente. O inciso IV aplica-se a qualquer das espécies de execução, desde que atendido o pressuposto nele constituído.

Trata o §3º de situação já regulada pelos dispositivos seguintes da intimação, como manteve a remissão ao parágrafo único do art. 274 (q.v.).

O §5º, visto *a contrario sensu*, só permite que se promova o cumprimento da sentença contra (a expressão **em face** recende a galicismo) o fiador, o coobrigado, ou corresponsável, se eles tiverem participado do processo de conhecimento. Só se considera válida a participação se essas figuras houverem sido validamente citadas (art. 239 e §1º).

No art. 515, aparecem, como inovações, os incs. III e IX. Aquele inciso não é diferente, na essência, do inc.III do art. 475-N do Código anterior. Falava este em sentença homologatória de conciliação ou transação, ao passo que o novo dispositivo alude, no inciso II à sentença homologatória de autocomposição extrajudicial de qualquer natureza, isto é, autocomposição feita fora do processo já existente, diversa da tratada no art. 334, §11, ou antes da instauração do feito. O título só existirá se a autocomposição extrajudicial for homologada (art. 725, inc. VIII). Demais disso, necessário será que ela crie o dever de prestar, tal como ocorre nas sentenças condenatórias.

O inc. IX do art. 515 declara título executivo judicial a decisão interlocutória estrangeira, mas somente depois que for concedido pelo Superior Tribunal de Justiça *exequatur* à carta rogatória, ou meio equivalente, que lhe depreca o cumprimento. Concedido o *exequatur*, a interlocutória estrangeira constituirá título executivo judicial, se ordenar uma prestação, como acontece nas sentenças condenatórias. Sabe-se que, admitida a prestação jurisdicional fragmentada, posta em porções, ela assume a forma de decisão interlocutória quando não extingue o processo. Dado o *exequatur* a essa interlocutória, ela poderá ser objeto de execução forçada. Depois do *exequatur*, a interlocutória que não condene a sua prestação, ficará integrada na ordem jurídica brasileira, como título, porém, para fins de execução.

O parágrafo único do art. 516 apresenta como inovação a possibilidade de o exequente optar pelo juízo do atual domicílio do executado, devendo-se entender por **atual** o domicílio do executado no momento em que se pede o cumprimento da execução. A residência do executado, ou a posterior mudança do seu domicílio, não altera a competência. O parágrafo substituiu o substantivo **expropriação**, usado no parágrafo único do revogado art. 475-P, pela palavra **execução**, sem que isso alterasse a substância da norma. Aparece nova a opção pelo juízo do local do cumprimento da obrigação de fazer ou de não fazer. Quanto a esta última o local da abstenção deve ser determinado (v.g., não construir um muro) mas, indeterminável (por exemplo, não encenar determinada peça), o foro será o do domicílio do executado, ou qualquer outro, onde se mostre iminente o cumprimento da obrigação de não fazer.

O *caput* do art. 517 autoriza o protesto da sentença judicial transitada em julgado (art. 502), de natureza condenatória, como demonstra o § 2º, referindo-se ao valor da condenação constitutiva, ou condenatória, mas a realização do protesto dependerá da apresentação da certidão da sentença, preenchidos os requisitos desse § 2º. O § 3º permite ao executado pedir a anotação no relatório de protesto, da ação rescisória por ela proposta para desconstituir a sentença condenatória. A norma do § 4º era desnecessária pela obviedade da providência a que se refere. O art. 518 permite que se impugne o pedido de cumprimento de sentença, nos próprios autos, devendo neles ser decidida a impugnação. Fala o dispositivo em "atos executivos subsequentes ao cumprimento" que todavia não serão os atos de impugnação à execução porém aqueles que se seguirem ao cumprimento da sentença, isto é, os atos que formalizarem o cumprimento, e que não sejam atos de execução da sentença condenatória, objeto do processo executivo (v.g., determina-se a expedição de ofício ao registro civil, a fim de que se anote, como final, a sentença de divórcio sujeita a recurso).

Obscuro, inclusive pelo emprego da indolente oração "no que couber", o art. 519 manda aplicar ao cumprimento da sentença, provisório ou definitivo, bem como à liquidação, as decisões concessivas da tutela provisória. Quer isto dizer que a decisão que outorga a tutela provisória (art. 294) será efetivada tal como se cumpre uma sentença definitiva. Outorgada a tutela de evidência (art. 311), observa-se, no cumprimento da respectiva sentença, o art. 519, objeto destas considerações.

CAPÍTULO II

DO CUMPRIMENTO PROVISÓRIO DA SENTENÇA QUE RECONHECE
A EXIGIBILIDADE DA OBRIGAÇÃO DE PAGAR QUANTIA CERTA
(ARTS. 520 A 522)

Art. 520. O cumprimento provisório da sentença impugnada por recurso desprovido de efeito suspensivo será realizado da mesma forma que o cumprimento definitivo, sujeitando-se ao seguinte regime:

I – corre por iniciativa e responsabilidade do exequente, que se obriga, se a sentença for reformada, a reparar os danos que o executado haja sofrido;

II – fica sem efeito, sobrevindo decisão que modifique ou anule a sentença objeto da execução, restituindo-se as partes ao estado anterior e liquidando--se eventuais prejuízos nos mesmos autos;

III – se a sentença objeto de cumprimento provisório for modificada ou anulada apenas em parte, somente nesta ficará sem efeito a execução;

IV – o levantamento de depósito em dinheiro e a prática de atos que importem transferência de posse ou alienação de propriedade ou de outro direito real, ou dos quais possa resultar grave dano ao executado, dependem de caução suficiente e idônea, arbitrada de plano pelo juiz e prestada nos próprios autos.

§ 1º No cumprimento provisório da sentença, o executado poderá apresentar impugnação, se quiser, nos termos do art. 525.

§ 2º A multa e os honorários a que se refere o § 1º do art. 523 são devidos no cumprimento provisório de sentença condenatória ao pagamento de quantia certa.

§ 3º Se o executado comparecer tempestivamente e depositar o valor, com a finalidade de isentar-se da multa, o ato não será havido como incompatível com o recurso por ele interposto.

§ 4º A restituição ao estado anterior a que se refere o inciso II não implica o desfazimento da transferência de posse ou da alienação de propriedade ou de outro direito real eventualmente já realizada, ressalvado, sempre, o direito à reparação dos prejuízos causados ao executado.

§ 5º Ao cumprimento provisório de sentença que reconheça obrigação de fazer, de não fazer ou de dar coisa aplica-se, no que couber, o disposto neste Capítulo.

Art. 521. A caução prevista no inciso IV do art. 520 poderá ser dispensada nos casos em que:

I – o crédito for de natureza alimentar, independentemente de sua origem;

II – o credor demonstrar situação de necessidade;

III – pender o agravo do art. 1.042;(Redação dada pela Lei nº 13.256, de 2016)

IV – a sentença a ser provisoriamente cumprida estiver em consonância com súmula da jurisprudência do Supremo Tribunal Federal ou do Superior Tribunal de Justiça ou em conformidade com acórdão proferido no julgamento de casos repetitivos.

Parágrafo único. A exigência de caução será mantida quando da dispensa possa resultar manifesto risco de grave dano de difícil ou incerta reparação.

Art. 522. O cumprimento provisório da sentença será requerido por petição dirigida ao juízo competente.

Parágrafo único. Não sendo eletrônicos os autos, a petição será acompanhada de cópias das seguintes peças do processo, cuja autenticidade poderá ser certificada pelo próprio advogado, sob sua responsabilidade pessoal:

I – decisão exequenda;

II – certidão de interposição do recurso não dotado de efeito suspensivo;

III – procurações outorgadas pelas partes;
IV – decisão de habilitação, se for o caso;
V – facultativamente, outras peças processuais consideradas necessárias para demonstrar a existência do crédito.

1. Observações. **2.** Repetições. **3.** Alterações. **4.** Inovações.

1. Observações – O comprido título do Capítulo – "Do cumprimento provisório da sentença que reconhece a exigibilidade de obrigação de pagar quantia certa" – nada mais é do que a execução provisória da sentença, regulada pelo art. 475-O e seguintes do Código de Processo Civil de 1973. Por isto, é útil e necessário a consulta ao muito que se escreveu e decidiu acerca do instituto, na vigência do diploma anterior e dos dispositivos que os precederam.

O próprio Código de 2015 não conseguiu nem esconder, nem dissimular a natureza desse cumprimento provisório. Execução ele é, usado esse nome já no inc. II do art. 520. O inc. I desse artigo fala em exequente. Ao executado referem-se os incs. I e IV do mesmo dispositivo, bem como os seus §§ 1º e 3º. O inc. II do art. 520 alude à "sentença objeto da execução". Além e acima dessa nomenclatura, a análise dos dispositivos ora examinados mostra que estruturaram uma execução provisória, pouco importando que dissimulada sob a fórmula "cumprimento provisório da sentença".

2. Repetições – Repetem, quase literalmente, o Código anterior os incisos I a IV da lei vigente. Comparem-se esses incisos com os quatro itens do revogado art. 475-O. Consultem-se, pois, a doutrina e a jurisprudência dessas normas.

3. Alterações – O art. 520 do CPC de 2015 assemelha-se ao anterior art. 475-O, substituindo **execução provisória** por **cumprimento provisório** e referindo-se, expressamente, ao "recurso desprovido do efeito suspensivo", cuja pendência é pressuposto necessário dessa modalidade executiva.

O inciso I suprimiu o substantivo **carta**, constante do inc. I do art. 475-O da lei anterior, sem contudo alterar o significado da norma. O inc. II do art. 520 substituiu a palavra **acórdão** por **decisão**, já que se podem executar decisões monocráticas proferidas pelo relator (v.g., art. 952, incs. IV e V), embora pendentes de recurso. O inciso III alterou a redação do § 1º do velho art. 475-O, apenas para reiterar a remissão descabida a dispositivo da lei revogada. Falou, ademais, em cumprimento provisório, melhor que sentença provisória do texto repetido: O inc. IV, ainda do art. 520, fala, não apenas em alienação de propriedade, ou atos dos quais possa resultar grave dano, como ainda em atos que importem transferência de posse, ou alienação de propriedade ou de outro direito real. Obviamente, a transferência de posse e a alienação de direito real são figuras regidas pelo direito material, e não por normas processuais.

4. Inovações – A primeira novidade é a rubrica do Capítulo II do novo Código. Do anterior não constava epígrafe semelhante. Veja-se, sobre a natureza desse cumprimento, o que ficou dito no item 1, acima.

O § 1º do art. 520 aparece no CPC de 2015 para afastar perplexidade sobre a defesa do executado na execução provisória, dita agora cumprimento provisório da sentença que reconhece a exigibilidade de obrigação de fazer quantia certa. O § 1º permite que, nesse cumprimento provisório, o executado apresente impugnação, nos termos do art. 525. O verbo **poder**, no futuro do presente – poderá – concede ao devedor, provisoriamente executado, um poder, não cominando qualquer sanção para a sua inércia, cuja consequência torna preclusa a faculdade de exercer defesa quanto à execução provisória, nos estreitos limites do que a ela foi inerente, como ocorreria, por exemplo, se se pedisse a execução provisória de sentença, sujeita a recurso de efeito suspensivo.

Conforme o § 1º do art. 520, a impugnação se fará na conformidade do art. 525, logo, no prazo de quinze dias da intimação do executado (art. 523). A impugnação versará somente as matérias enumeradas no § 1º do art. 525, excluída, é certo, a incidência do seu inc. IV.

Não exercida a impugnação ao cumprimento provisório da sentença poderá o executado, ainda assim, impugnar a execução definitiva, prevista no art. 525.

É preciso deixar claro que, executado provisoriamente, isto é, chamado ao cumprimento provisório dos arts. 520 a 522, o devedor não está obrigado a impugnar essa execução, como permite o § 1º do art. 520. Não havendo deduzido essa impugnação, poderá fazê-lo, livremente, na extensão do art. 525, § 1º, incs. I a VII, quando se instaurar o cumprimento definitivo (arts. 523 a 527). Entretanto, já não poderá impugnar a execução definitiva acerca de matéria já suscitada na impugnação ao cumprimento provisório, porém pertinente à execução em si, e não à sua provisoriedade. Dessarte, se, na impugnação à execução provisória o executado alegar a matéria objeto do inc. III do § 1º do art. 525, já não poderá fazê-lo, opondo-se à execução definitiva, salvo se a inexequibilidade do título ou a inexigibilidade da obrigação decorrerem de fato posterior à impugnação ao cumprimento provisório.

A impugnação ao cumprimento provisório da sentença (arts. 520, § 1º, e 525) é uma ação; a impugnação ao cumprimento definitivo (art. 525) é outra ação. Formulado, naquela ação certo pedido, a repetição do pleito na segunda ação gera litispendência (art. 337, § 1º), hipótese em que o processo da ação que gerou o fenômeno deverá ser extinto sem julgamento do mérito (art. 485, inc. V), a menos que se extinga o primeiro processo por sentença ou acórdão terminativo.

O § 2º do art. 520 declara devidos, no cumprimento provisório da sentença, a multa e os honorários referidos no § 1º do art. 523, razão por que se remete à nota a este dispositivo.

Se, intimado para efetuar o pagamento da quantia certa, o executado não o fizer, o débito será acrescido de multa de 10% e também de honorários de 10%, como dispõe a norma leonina do § 1º do art. 523. Conforme o § 2º do art. 520, essa multa e os honorários também incidem, no cumprimento provisório.

Feita a intimação, o executado disporá do prazo de 15 dias para pagar o débito (art. 523). Findo esse prazo, ele disporá de mais 15 dias para oferecer a sua impugnação (art. 525 – veja-se a respectiva nota).

Para evitar a incidência da multa cominada no § 2º, o executado pode comparecer, nos 15 dias estipulados no art. 523 e, nesse prazo, fazer o depósito, para o fim do § 3º do art. 520. Esse parágrafo fala em depósito do valor, que é o valor para cujo pagamento foi intimado; não o valor da multa e dos honorários, obviamente não devidos. Urge que o executado, de modo inequívoco, afirme que o depósito tem a finalidade de isentar-se do pagamento da multa, e também dos honorários, incabíveis também, embora o parágrafo a eles não se refira.

O depósito do valor afasta a multa e os honorários referidos no § 2º que faz remissão ao § 1º do art. 523. Todavia não impede que o executado apresente a impugnação, admitida neste último dispositivo.

Dispõe o art. 1.000 que a parte que aceitar, expressa ou tacitamente, a decisão não poderá recorrer e o parágrafo único presume aceitação da decisão recorrível a prática, sem nenhuma reserva de ato incompatível com a vontade de recorrer. Embora o depósito do § 3º do art. 520 não constitua, só por si, ato incompatível com a vontade de recorrer, já que, evidentemente, é outro o seu objetivo, a última proposição desse parágrafo, quiçá com injustificável escrúpulo, afasta a presunção do parágrafo único do art. 1.000. Assim, o depósito não impedirá que se admita o recurso interposto da decisão exequenda, ou qualquer outro recurso, já que não o considera aceitação tácita. Clara a norma do § 3º, não é necessário que o executado, ao requerer o depósito, faça qualquer ressalva porque a presunção de aquiescência é afastada *exlege*, clara a vontade da lei.

Merece severas críticas o § 4º do art. 520, que afasta, nas hipóteses nela mencionadas, a incidência do inciso II desse mesmo dispositivo. Consoante esse item II, que deve ser considerado justamente com os três outros, a execução provisória fica sem efeito, se sobrevier decisão modificativa ou anulatória da sentença objeto do cumprimento provisório (execução provisória), restituindo-se as partes ao estado anterior, apagando-se, consequentemente, os atos executivos, ficando o exequente responsável por eventuais prejuízos, decorrentes dessa execução por assim dizer apressada, que compõe condicionalmente a lide.

Entretanto, o § 4º do art. 520, que constitui inovação, mantém incólumes os atos da transferência de posse, da alienação de propriedade ou de outro direito real – figuras reguladas pelo direito material. É supletiva a oração "eventualmente já realizada porque, não efetivada a transferência ou a alienação, ela já não poderá ser feita. O inciso IV dá à execução nele contemplada a natureza de cumprimento, ou execução definitiva. Ao ressalvar o direito à regravação dos prejuízos causados ao executado, o parágrafo manda contemplar todos os parágrafos, neles compreendidos danos emergentes e lucros cessantes, nos termos da lei civil. Calculam-se esses prejuízos por arbitramento, por artigos (art. 509, I e II) e até mesmo por cálculo (art. 509, § 2º), configurados os respectivos pressupostos.

O § 5º do art. 520 é, formalmente, outra inovação. Ele mostra o que já é do sistema: admite-se a execução provisória da sentença que reconheça (*rectius*, condenatória) obrigação de fazer ou não fazer, ou de dar coisa. A oração "no que couber" abre margem a construções das quais se ocuparão doutrina e tribunais, que, por certo, considerarão incidentes os incisos do art. 520, afastando os de aplicação impossível. Na obrigação de fazer, ou não fazer, não incidirão o art. 523 e seus parágrafos, nem o art. 524. Na obrigação de fazer, ou de não fazer, intimado, o devedor deverá formular a impugnação, no prazo de quinze dias assinado no art. 525 (vejam-se as notas aos arts. 536 a 538).

Derradeira novidade é o inc. IV do art. 521. Ele permite ao juiz dispensar a caução do inc. IV do art. 520 se a sentença exequenda estiver de acordo com súmula da jurisprudência do STF ou do STJ. É preciso que a jurisprudência seja enunciada em súmula, não bastando a existência de vários julgados coincidentes. Também se dispensará a caução se a sentença objeto do cumprimento provisório for conforme acórdão proferido no julgamento de casos repetitivos. É preciso todavia que esse acórdão haja transitado em julgado porque, em caso contrário, se estaria dando eficácia extravagante a um aresto pendente de reforma. O inciso IV, visivelmente, prestigia a jurisprudência, como acontece, cada vez mais, nos julgamentos e nas normas jurídicas.

Acrescente-se que o art. 527 manda aplicar ao cumprimento provisório da sentença as disposições do Capítulo III. Explica-se este dispositivo porque tal execução é semelhante à regulada nos arts. 520 e seguintes, que são normas especiais pertinentes ao cumprimento provisório da sentença que se executa antecipadamente, porém como se fosse definitiva. Daí, a aplicação das regras disciplinadoras do cumprimento definitivo. Consultem-se, pois, as normas do Capítulo III, atentando-se no entanto, aos preceitos peculiares a sua execução que pode ser desfeita, como prevê o inc. I do art. 520.

Capítulo III

Do Cumprimento Definitivo Da Sentença Que Reconhece A Exigibilidade Da Obrigação De Pagar Quantia Certa
(arts. 523 a 527)

Art. 523. No caso de condenação em quantia certa, ou já fixada em liquidação, e no caso de decisão sobre parcela incontroversa, o cumprimento definitivo da sentença far-se-á a requerimento do exequente, sendo o executado intimado para pagar o débito, no prazo de 15 (quinze) dias, acrescido de custas, se houver.

§ 1º Não ocorrendo pagamento voluntário no prazo do *caput*, o débito será acrescido de multa de dez por cento e, também, de honorários de advogado de dez por cento.

§ 2º Efetuado o pagamento parcial no prazo previsto no *caput*, a multa e os honorários previstos no § 1º incidirão sobre o restante.

§ 3º Não efetuado tempestivamente o pagamento voluntário, será expedido, desde logo, mandado de penhora e avaliação, seguindo-se os atos de expropriação.

Art. 524. O requerimento previsto no art. 523será instruído com demonstrativo discriminado e atualizado do crédito, devendo a petição conter:

I – o nome completo, o número de inscrição no Cadastro de Pessoas Físicas ou no Cadastro Nacional da Pessoa Jurídica do exequente e do executado, observado o disposto no art. 319, §§ 1º a 3º;

II – o índice de correção monetária adotado;

III – os juros aplicados e as respectivas taxas;

IV – o termo inicial e o termo final dos juros e da correção monetária utilizados;

V – a periodicidade da capitalização dos juros, se for o caso;

VI – especificação dos eventuais descontos obrigatórios realizados;

VII – indicação dos bens passíveis de penhora, sempre que possível.

§ 1º Quando o valor apontado no demonstrativo aparentemente exceder os limites da condenação, a execução será iniciada pelo valor pretendido, mas a penhora terá por base a importância que o juiz entender adequada.

§ 2º Para a verificação dos cálculos, o juiz poderá valer-se de contabilista do juízo, que terá o prazo máximo de 30 (trinta) dias para efetuá-la, exceto se outro lhe for determinado.

§ 3º Quando a elaboração do demonstrativo depender de dados em poder de terceiros ou do executado, o juiz poderá requisitá-los, sob cominação do crime de desobediência.

§ 4º Quando a complementação do demonstrativo depender de dados adicionais em poder do executado, o juiz poderá, a requerimento do exequente, requisitá-los, fixando prazo de até 30 (trinta) dias para o cumprimento da diligência.

§ 5º Se os dados adicionais a que se refere o § 4º não forem apresentados pelo executado, sem justificativa, no prazo designado, reputar-se-ão corretos os cálculos apresentados pelo exequente apenas com base nos dados de que dispõe.

Art. 525. Transcorrido o prazo previsto no art. 523sem o pagamento voluntário, inicia-se o prazo de 15 (quinze) dias para que o executado, independentemente de penhora ou nova intimação, apresente, nos próprios autos, sua impugnação.

§ 1º Na impugnação, o executado poderá alegar:

I – falta ou nulidade da citação se, na fase de conhecimento, o processo correu à revelia;
II – ilegitimidade de parte;
III – inexequibilidade do título ou inexigibilidade da obrigação;
IV – penhora incorreta ou avaliação errônea;
V – excesso de execução ou cumulação indevida de execuções;
VI – incompetência absoluta ou relativa do juízo da execução;
VII – qualquer causa modificativa ou extintiva da obrigação, como pagamento, novação, compensação, transação ou prescrição, desde que supervenientes à sentença.

§ 2º A alegação de impedimento ou suspeição observará o disposto nosarts. 146 e 148.

§ 3º Aplica-se à impugnação o disposto no art. 229.

§ 4º Quando o executado alegar que o exequente, em excesso de execução, pleiteia quantia superior à resultante da sentença, cumprir-lhe-á declarar de imediato o valor que entende correto, apresentando demonstrativo discriminado e atualizado de seu cálculo.

§ 5º Na hipótese do § 4º, não apontado o valor correto ou não apresentado o demonstrativo, a impugnação será liminarmente rejeitada, se o excesso de execução for o seu único fundamento, ou, se houver outro, a impugnação será processada, mas o juiz não examinará a alegação de excesso de execução.

§ 6º A apresentação de impugnação não impede a prática dos atos executivos, inclusive os de expropriação, podendo o juiz, a requerimento do executado e desde que garantido o juízo com penhora, caução ou depósito suficientes, atribuir-lhe efeito suspensivo, se seus fundamentos forem relevantes e se o prosseguimento da execução for manifestamente suscetível de causar ao executado grave dano de difícil ou incerta reparação.

§ 7º A concessão de efeito suspensivo a que se refere o § 6ºnão impedirá a efetivação dos atos de substituição, de reforço ou de redução da penhora e de avaliação dos bens

§ 8º Quando o efeito suspensivo atribuído à impugnação disser respeito apenas a parte do objeto da execução, esta prosseguirá quanto à parte restante.

§ 9º A concessão de efeito suspensivo à impugnação deduzida por um dos executados não suspenderá a execução contra os que não impugnaram, quando o respectivo fundamento disser respeito exclusivamente ao impugnante.

§ 10. Ainda que atribuído efeito suspensivo à impugnação, é lícito ao exequente requerer o prosseguimento da execução, oferecendo e prestando, nos próprios autos, caução suficiente e idônea a ser arbitrada pelo juiz.

§ 11. As questões relativas a fato superveniente ao término do prazo para apresentação da impugnação, assim como aquelas relativas à validade e à adequação da penhora, da avaliação e dos atos executivos subsequentes, podem ser arguidas por simples petição, tendo o executado, em qualquer dos casos, o prazo de 15 (quinze) dias para formular esta arguição, contado da comprovada ciência do fato ou da intimação do ato.

§ 12. Para efeito do disposto no inciso III do § 1º deste artigo, considera-se também inexigível a obrigação reconhecida em título executivo judicial fundado em lei ou ato normativo considerado inconstitucional pelo Supremo Tribunal Federal, ou fundado em aplicação ou interpretação da lei ou do ato normativo tido pelo Supremo Tribunal Federal como incompatível com a Constituição Federal, em controle de constitucionalidade concentrado ou difuso.

§ 13. No caso do § 12, os efeitos da decisão do Supremo Tribunal Federal poderão ser modulados no tempo, em atenção à segurança jurídica.

§ 14. A decisão do Supremo Tribunal Federal referida no § 12 deve ser anterior ao trânsito em julgado da decisão exequenda.

§ 15. Se a decisão referida no § 12 for proferida após o trânsito em julgado da decisão exequenda, caberá ação rescisória, cujo prazo será contado do trânsito em julgado da decisão proferida pelo Supremo Tribunal Federal.

Art. 526. É lícito ao réu, antes de ser intimado para o cumprimento da sentença, comparecer em juízo e oferecer em pagamento o valor que entender devido, apresentando memória discriminada do cálculo.

§ 1º O autor será ouvido no prazo de 5 (cinco) dias, podendo impugnar o valor depositado, sem prejuízo do levantamento do depósito a título de parcela incontroversa.

§ 2º Concluindo o juiz pela insuficiência do depósito, sobre a diferença incidirão multa de dez por cento e honorários advocatícios, também fixados em dez por cento, seguindo-se a execução com penhora e atos subsequentes.

§ 3º Se o autor não se opuser, o juiz declarará satisfeita a obrigação e extinguirá o processo.

Art. 527. Aplicam-se as disposições deste Capítulo ao cumprimento provisório da sentença, no que couber.

1. Observações. **2.** Repetições. **3.** Alterações.

1. Observações – O cumprimento definitivo da sentença, regulado neste Capítulo, outra coisa não é que a execução definitiva, definida na primeira oração do § 1º do art. 475-I do Código anterior. Di-lo o art. 523, que fala em exequente e executado. É essa execução que compõe a lide consubstanciada na pretensão do exequente, que quer a efetivação do comando da sentença, compreendidos nesse substantivo o acórdão e a decisão monocrática, e a resistência do executado, que não paga, voluntariamente, o mérito, como previsto no § 1º do art. 523. Procede-se a execução definitiva e a provisória independentemente da vontade do devedor.

Note-se que, ao dispor que, na impugnação do inc.VI do § 1º do art. 525, o executado pode arguir a incompetência, o novo Código está aludindo à incompetência do juízo da execução. Imagine-se que, alterada a competência, em razão da matéria do juízo que proferiu a decisão exequenda, a execução, ainda assim, se instaure perante ele (art. 43), ou contemple-se o caso em que, cedido o crédito à União ou a um Estado federado a execução se instaure perante o órgão jurisdicional que proferir a decisão sem competência contudo para os processos dessas pessoas. Em casos semelhantes, o juízo da execução será absolutamente incompetente pela violação do critério de fixação da competência em razão da pessoa. O inciso não fala em incompetência absoluta do juízo da ação na qual se proferiu a sentença exequenda. Essa incompetência, por absoluta, tornará o título inexequível e a impugnação se fundará no inciso III. Raros serão os casos de incompetência relativa do juízo de execução. Pense-se, porém, em que, transferida a competência ao juízo dos processos da União ou do Estado, ela se fixe em juízo diferente que não seja o da seção judiciária do domicílio do executado na Constituição (art. 109, § 1º). Considere-se a execução da sentença estrangeira homologada pelo STJ (art. 515, VIII) condenatória da quantia certa, cuja execução é proposta fora do domicílio do devedor, o que gera a incompetência relativa.

Cumpre observar que o art. 525 do CPC de 2015 assina o prazo de quinze dias para que o executado apresente sua impugnação "independentemente de penhora [...]" Portanto, a impugnação é feita antes da penhora e da avaliação que, dificilimente, terão ocorrido antes do prazo dessa defesa. Acontece que o executado poderá juntar sua impugnação na incorreção da penhora ou no erro de avaliação (art. 525, § 1º, IV). Nesse caso, se já houver formulado a impugnação por outro fundamento, o executado poderá deduzir impugnação suplementar, nos quinze dias seguintes à intimação da penhora e da avaliação (art. 829, § 1º). Se não houver impugnado a execução, poderá fazê-lo nos quinze dias seguintes à intimação, alegando, entretanto, apenas a incorreção da penhora ou o erro da avaliação, não lhe sendo permitido contudo assentar essa impugnação em qualquer outro dos fundamentos enumerados nos incisos do art. 525, diante da preclusão.

2. Repetições – Conquanto várias normas deste Capítulo repitam, na essência, regras do Código anterior, poucas são as que repetem, literalmente, as regras revogadas. Assim ocorre apenas com os incs. I e IV do art. 525, iguais aos incs.I e III do anterior art. 475. Digo e repito a recomendação feita neste tomo e no anterior de que se consultem a doutrina e a jurisprudência dos dispositivos repetidos, procedendo-se de igual modo quanto aos artigos alterados, já que o propósito deste livro é somente apontar e anotar as inovações.

3. Alterações – O art. 523 pouco se diferencia do anterior art. 475-J. Falava este no devedor condenado ao pagamento, enquanto o vigente, omitindo o substantivo "devedor", alude à condenação em quantia certa, à fixada em liquidação e à decisão sobre parcela incontroversa. Não basta que a parcela seja incontroversa, afirmada por uma parte e não impugnada pela outra. É preciso que haja condenação ao pagamento dessa parcela, tanto assim que o artigo fala em decisão sobre ela. É a decisão que se executa; decisão condenatória, o que faz ociosa a referência à parcela incontroversa. O prazo para o pagamento continua a ser de quinze dias. A intimação do executado será para que pague a importância, acrescida apenas de custas, como, por exemplo, a taxa judiciária. A oração condicional "se houver" é expletiva, se tanto porque não havendo custas, elas não se cobram.

O § 1º do art. 523, ouvindo, em parte, a crítica da doutrina e dos tribunais, corrigiu erro do revogado art. 475-J, que fazia acrescer o montante da condenação da multa de dez por cento mais honorários de igual monta. No CPC de 2015, essa penalidade só é cominada ao devedor, ele não paga no prazo de quinze dias. A multa, acrescida de honorários de dez por cento, é escorchante. O legislador quedou desatento da realidade. A multa pode aumentar o valor da condenação em muitos milhares. Assim, ela violará as garantias constitucionais da proporcionalidade e da razoabilidade, asseguradas no art. 5º, LIV e LV da Constituição da República. A norma é inconstitucional. É possível contudo que a jurisprudência a modele, fazendo incidir a multa total até certo valor diminuída na proporção do aumento da condenação. Deixem-se para outro momento e maior autoridade considerações sobre a modulação, a meu juízo inconstitucional.

Não custa acrescentar que a multa recai sobre todo o débito, principal, juros, honorários.

Casos podem haver em que a multa pelo não pagamento de honorários de igual percentagem não pode ser exigida. Tornou-se indelével a memória da cena em que, adolescente, vi, no escritório de advocacia paterno, em Cachoeiro de Itapemirim, um lavrador chegar com a citação do credor e perguntar como havia de fazer o pagamento, se a enchente afogou o feijão e o sol queimou o milho. Forçando a barra o executado, atualmente, poderia impugnar a execução, invocando os incs. III e V do § 1º do art. 525.

O § 2º era desnecessário, porque deduz-se do montante sobre o qual se aplicaria a multa o valor do pagamento parcial.

O § 3º do art. 523 também fala na falta do pagamento voluntário, não efetuado no prazo de quinze dias, fixado na última parte do *caput*. Não efetivado esse pagamento, o § 1º incide, somando-se ao débito a multa e os honorários aí previstos. Mas não é só. A falta do efetivo pagamento, que fará o montante objeto da execução crescer em multa e honorários, levará à expedição do mandado de penhora e avaliação, seguindo-se à penhora e à avaliação os atos expropriatórios de que tratam os arts. 824 e seguintes. A ação de execução rege-se pelo princípio da disponibilidade. Precisa ser proposto pelo credor. Não pode o juízo instaurá-la de ofício (art. 2º). Todavia a expedição do mandado de penhora e avaliação não depende de requerimento, como, aliás, se infere da locução "desde logo", constante no parágrafo, embora, na prática o exequente deva diligenciar para que isso aconteça. Eventualmente devida alguma taxa, a expedição se subordina ao pagamento dela, desnecessária por óbvio, no caso de gratuidade de justiça.

O art. 524, por assim dizer, regula o requerimento do exequente, referido no *caput* do art. 523. O requerimento do exequente é a petição inicial de execução, como mostra o próprio Código, ao remeter, no inc. I do dispositivo, aos §§ 1º a 3º do art. 319. Petição inicial, aplicam-se a ela o art. 321 e seu parágrafo único.

São autoexplicativos os incisos do art. 524, que falam por si sós. Vale acrescentar contudo que o índice de correção monetária adotado (inc. III) será o estipulado na sentença, ou em norma específica, como são os critérios por acaso determinados pelos tribunais ou pelo Conselho Nacional de Justiça. Os juros e taxas (inc. III) são os da sentença ou das leis, mas o exequente deverá indicá-los e o respectivo montante, na inicial da execução. Aplicam-se todavia, analogicamente, os três parágrafos do art. 319. O termo inicial do inciso IV será o determinado na sentença, na lei ou, nos limites dela, na convenção das partes, ou os decorrentes do negócio jurídico objeto da lide. Só se determina o termo final dos juros ou da correção quando este resultar dos mesmos critérios, não abstraído o fato de que correm indefinidamente, aspecto a ser destacado na inicial. A periodicidade da capitalização dos juros será determinada na sentença ou na lei. A capitalização indeterminada poderá levar a somas astronômicas, como tem acontecido no quotidiano forense e, felizmente, merecido a repulsa do Judiciário. Os descontos mencionados no inciso VI são os da lei, da convenção das partes, ou decorrentes de fatores específicos, como o pagamento ou outras que dirimam o montante exequendo. O § 3º do art. 475-J do CPC de 1973 abria ao exequente, pelo emprego do verbo "poderá", a faculdade de indicar, na inicial, os bens a serem penhorados. O inc.VII do art. 524 não pode ser tido como norma cogente, tanto que esse item emprega a oração "sempre que possível". Impossível a indicação dos bens penhoráveis, di-lo-á o exequente no requerimento. A falta desse requisito, entretanto, não torna viciosa essa inicial, que poderá ser emendada, ou, inviável a indicação, deixa o processo executivo prosseguir para a eventual descoberta e expropriação dos bens.

Não se sabe se o legislador de 2015 atentou na extensão que deu ao § 2º do art. 524. O art. 475-B do Código anterior permitia ao juiz da execução valer-se do contador do juízo quando a memória de cálculo, apresentada pelo credor, aparentemente, excedesse os limites da decisão exequenda. O § 2º do art. 524 permite ao juiz valer-se de contabilista do juízo para verificar a correção dos cálculos apresentados pelo exequente. Por contabilista do juízo deve-se entender o contador judicial, ou serventuário que com outro título exerça a mesma função, ou alguém a quem o juiz nomeie a tarefa. Este, como aquele, serão órgãos jurisdicionais auxiliares.

Volte-se, no entanto, ao § 1º do art. 524. Não se deve estranhar o emprego, que nele se faz, do advérbio **aparentemente** porque a aparência pode ser usada como pressuposto da decisão judicial, como acontece com as medidas cautelares, concedidas na base da aparência do bom direito (*fumus boni iuris*). Conveniente será consultar a doutrina e a jurisprudência dos arts. 796 a 801, particularmente a da norma do inciso IV deste último. Aparenta a diferença entre valor apontado pelo exequente, maior do que o da condenação, reza o parágrafo que a execução será iniciada pelo valor pretendido, ressalvando que, nesse caso, a penhora se fará pela importância que o juiz entender (*rectius*, decidir) adequada. Para chegar a essa soma adequada, o juiz aplicará a regra do § 2º do artigo, nada obstando a que ele próprio estipule esse valor, independentemente do cálculo de terceiro, em decisão fundamentada. A penhora será feita com base no valor estipulado pelo órgão judicial, significando isto que ela se fará como se esse valor, e não o apontado pelo exequente, estivesse sendo executado. Demonstrada a erronia da estimativa do juiz, poderá ele próprio, ou o tribunal, fixar outro valor, adequando a penhora ao valor estipulado, ainda que ela tenha que incidir sobre outro bem, ou completar-se pela penhora de outro bem.

Se, aparentemente, o valor pretendido pelo executado for menor do que o da condenação, poderá o juiz proceder como disposto nos §§ 1º e 2º. O fato de o credor, sem dizer que voluntariamente o diminui, pedir quantia menor que a condenação não impede a correção desse valor pelo juiz porque aí ele não estará afrontando o pedido dispositivo; não estará dando mais do que o exequente pediu, porém estará concedendo o valor real do título, presumindo-se que foi esse o valor pedido pelo exequente no requerimento a que alude o art. 523. Diga-se, então, que o juiz da execução pode estipular o valor exequendo para menos ou para mais, mediante a aplicação dos §§ 1º e 2º do art. 524.

O § 3º permite ao juiz requisitar de terceiros ou do executado – e até do próprio exequente – os dados necessários àelaboração do demonstrativo, tudo para alcançar o valor exato pois é este o objeto da execução. A norma da última parte desse parágrafo cria um tipo de crime de desobediência, preceituando que o comete o recalcitrante. Entretanto, tudo o que fará o juiz da execução será remeter peças ao Ministério Público, a fim de que se instaure o processo penal, nos termos das normas que regem a verificação e punição do ilícito. Ainda que o órgão judicial de execução exerça também a jurisdição penal não pode, como ocorre em pequenas comarcas, penalizar o desobediente.

Os §§ 4º e 5º do art. 524 já não tratam da elaboração do demonstrativo. Cuidam da complementação dele, quando para ela forem necessários dados que estejam com o executado. Se se encontrarem com o próprio exequente ou com terceiro, incidirá o § 3º. Se o executado, injustificadamente, não os fornecer, nos trinta dias fixados no § 4º, preceitua o § 5º que se reputarão corretos os cálculos apresentados pelo exequente apenas com base nos dados que ele apresentar ao requerer a execução, que pode complementar, espontaneamente, ou por determinação do juízo. Não se pode esquecer que o objeto da execução é o título, a ser executado fielmente, sem nada tirar nem pôr, consoante a fórmula que atravessa as idades. Por isto, o juiz não exerce, na execução, poderes discricionários, cabendo-lhe tomar todas as providências necessárias à determinação do verdadeiro valor do título.

O art. 525 estabelece dois prazos, ambos de quinze dias. Tem o executado o prazo de quinze dias para pagar voluntariamente a soma cobrada. O advérbio **voluntariamente** deve ser interpretado *cum grano salis* porque o requerimento, sendo pressuposto fático da execução, já indica que ela se fará independentemente da vontade do devedor que, então, pagará o débito para forrar-se dela. Terminado esse prazo, ou tendo pago o valor exigido pelo exequente, começa a correr o prazo subsequente, também de quinze dias, para que o executado ofereça sua impugnação.

A impugnação do executado, tal como os embargos do devedor do CPC de 1974 (art. 736), é uma ação destinada a declarar a invalidade do título exequendo, ou a desconstituí-lo, portanto ação declaratória, ou constitutiva.

O *caput* do § 1º do art. 525 principia pela norma de que "o executado **poderá** alegar, sem empregar o advérbio **somente** do *caput* do revogado art. 475-L do Código anterior ("A impugnação somente poderá versar[…]"). A supressão desse advérbio deve-se à norma do inciso VII do artigo, dispositivo de largo espectro. Não faria sentido dizer-se, restritivamente, que, na impugnação, o devedor só poderia alegar qualquer causa modificativa ou extintiva da obrigação. Isto equivaleria a afirmar que o executado somente poderia alegar… tudo.

O inc. I do art. 525 repete o inc. I do art. 475-L do CPC de 1973. O inciso II é igual ao inciso IV, com a substituição do adjunto **das partes** por **de parte**, o que abrange qualquer dos legitimados, parte originária, sucessora, substituta (arts. 778 e § 1º e 18). O atual inciso III só se diferencia do anterior inciso II porque fala em inexequibilidade do título, falta de aptidão para constituir o pressuposto judiciário da execução e inexigibilidade da obrigação (v.g., o título condenou o devedor a pagar dívida de aposta ou de jogo). Iguais os incisos IV e III. O inciso V acrescentou ao caso de excesso de execução, de igual item do velho art. 475-L, o caso de cumulação indevida de execuções, que ocorrerá quando se juntarem execuções que conjuntamente se tornem inviáveis (v.g., diversidade de procedimentos). Nesse caso pode o juiz extinguir o processo quanto à execução posterior à primeira. A acolhida da arguição de impugnação na incompetência absoluta ou relativa do juízo da execução leva à procedência da impugnação, não, porém, à extinção do processo executivo porque o juízo o remeterá ao órgão jurisdicional competente. Se a competência for de juízo estrangeiro, o juiz da execução extinguirá o processo porque o Judiciário de um Estado soberano não pode impor suas decisões a outra soberania, salvo na hipótese de tratado ou convenção semelhante. O inciso VII repetiu o inc.VI do art. 475-L do CPC de 1973, dele excluindo, no entanto, por desnecessário, o adjetivo "impeditiva" porque essa causa é também ela impeditiva.

Os §§ 2º e 3º não abrem o rol de quinze parágrafos nos quais se desdobra o art. 525, vários dos quais poderiam constituir normas autônomas, que aumentariam o número de artigos do novo Código, situação desagradável ao seu legislador, empenhado em elaborar um diploma menos extenso do que a lei anterior.

O § 2º manda arguir a alegação de impedimento ou suspeição, na forma dos arts. 146 e 148, que incidirem independente do comando. Diga-se o mesmo relativamente ao § 3º.

Os §§ 4º e 5º deste art. 525 devem ser conjuntamente interpretados. Tratam eles do caso que, na sua impugnação o executado alegar excesso de execução, que ocorrerá se, de fato, o exequente pleitear quantia superior à estipulada na sentença condenatória. Nessa hipótese, o executado declarará qual o valor correto. Fará isto de imediato, isto é, na própria petição de embargos, ou em anexo, onde, justificando o seu cálculo, oferecerá demonstrativo deste, apontando cada parcela que o compõe e atualizando o resultado até o momento em que o apresentar, quando poderá protestar por nova atualização se a soma aumentar ao longo da execução, ou no ensejo do pagamento. Complexo o cálculo, poderá o executado, mostrando a aparência do excesso, requerer ao juiz que condene a verificação dele pelo contador ou por terceiro, podendo determiná-la de ofício. Sem correspondência no Código de Processo Civil de 1973, o § 5º dispõe que a impugnação será rejeitada liminarmente se o impugnado não declarar o valor correto ou, declarado, não oferecer o demonstrativo. Exclua-se todavia a incidência dessa norma, se o executado pedir, fundamentadamente, a verificação por técnico do juízo, ou terceiro, ou o juiz, espontaneamente, a determinar. Descumprida a norma, o juiz extinguirá a execução por sentença apelável. Assuntando-se, no entanto, a impugnação, embargos do devedor no conteúdo, em outro fundamento, além do excesso de execução esta prosseguirá para que se julgue esse diferente fundamento. Nesta hipótese, se poderá dizer, com base na doutrina e jurisprudência de situações semelhantes no Código anterior (v.g., extinção do processo principal com prosseguimento da reconvenção e vice-versa – art. 317 da antiga lei) que caberá agravo de instrumento da decisão extintiva (art. 1.015, parágrafo único), embora seja ela, na essência, uma sentença terminativa (art. 267 e incisos pertinentes). Caberão custas e honorários dessa decisão. O verbo "examinará" equivale a não julgar o mérito da impugnação sobre o fundamento desprezado.

Divide-se o § 6º em duas partes. Na primeira está escrito, em suma, que a impugnação não tem efeito suspensivo. Por isto, a execução prosseguirá em todos os seus termos, com a prática dos atos executivos, dentre os quais avulta a expropriação (art. 825). A procedência dos embargos apagará esses atos os extinguindo. Na segunda parte, o § 6º permite que o juiz, não de ofício, porém mediante requerimento do executado atribua à impugnação efeito suspensivo. O parágrafo enumera os requisitos dessa suspensão. Ela dependerá da penhora, da caução (real ou fidejussória) ou depósito que garantam a satisfação do direito do credor. Será preciso também que o executado apresente fundamentos relevantes para a impugnação, indicado que, além da aparência do seu direito, o prosseguimento da execução lhe acarretará dano grave e de difícil reparação. A suspensão é medida cautelar. O exequente, por assim dizer dono da execução, poderá requerer a outorga de efeito suspensivo à impugnação do devedor, se não quiser correr o risco dos efeitos da procedência dela. Se ele pode desistir da execução, poderá, *a fortiori*, pedir a sustação dela, até que se julguem os embargos. Fica esta consideração submetida à reflexão dos doutores e dos tribunais, como, de resto, tudo o quanto contiver este livro. Recomenda-se, por útil, o exame do quanto se escrever e decidir sobre o art. 475-M do Código anterior.

Os §§ 7º, 8º e 9º, sem correspondentes os três, e o § 10 ainda do longo art. 525, limitam o efeito suspensivo da impugnação, mostrando assim que, fundada em título judicial, a execução deve prosseguir o seu curso, como regra geral de que constitui exceção o ato suspensivo.

O § 7º mostra que o efeito suspensivo não impede a efetivação dos atos de restituição, reforço, ou redução da penhora, ou de avaliação dos bens. Prossegue, por isto, a execução e essas providências devem ser adotadas nos próprios atos do processo principal. Note-se que os incisos do artigo não tratam de nenhuma dessas três medidas, mas apenas da penhora incorreta. Entretanto, nula ou anulada esta pela sentença acolhida da impugnação, a construção poderá ser substituída ou reduzida. Então, essas figuras podem configurar-se em virtude da decisão de procedência dos embargos, ou no julgamento do incidente que as suscita havendo, dessarte, um concurso de ações.

O § 8º edita norma supérflua porque inerente ao processo de impugnação, que pode ser parcial ou total. Parcial essa objeção, a execução prossegue quanto à parte não impugnada com a incidência dos princípios e dispositivos aplicáveis à execução.

A ocorrência prevista no § 9º é, *mutatis mutandis*, aprevista no art. 1.005. O efeito suspensivo só opera relativamente ao executado, ou executados, quando o fundamento da impugnação disser respeito somente a estes, e não a todos. Imagine-se, por exemplo, o caso em que os embargos, fundados no inc. II do art. 525 não arguam a ilegitimidade passiva de um ou mais impugnantes, porém não de todos os executados. Quer o parágrafo dizer, em síntese, que a impugnação só produz efeito suspensivo quando ela disser respeito exclusivamente a certos ou alguns executados por situação subjetiva destes. A impugnação gerará todavia o efeito suspensivo, ainda que requerido apenas por um dos executados, quando fundada em fato objetivo, com a incompetência absoluta ou relativa do juízo da execução.

O § 10 cuida da suspensão do efeito suspensivo, que se admite quando o exequente, ou alguém por ele, oferecer caução suficiente a garantir o prejuízo do executado, na hipótese de procedência da impugnação. O juiz deferirá o pedido se presentes a aparência do bom direito e o risco da demora no retardamento da execução decorrente do efeito suspensivo. O § 20 repete o § 1º do art. 475-M do Código anterior, a cuja interpretação e aplicação se deve recorrer.

O vasto § 11 contempla o fato superveniente ao término do prazo da impugnação (art. 525). O parágrafo fala em término do prazo para a impugnação, não aludindo à formulação dela. Consequentemente, ainda que não haja impugnação, a questão relativa ao fato superveniente pode ser suscitada. Trata ainda o parágrafo das questões relativas ao fato superveniente à validade e adequação da penhora, da avaliação ou dos atos executivos posteriores a esses atos. A questão, relativa a esses fatos, tem natureza de impugnação, mas não será levantada em petição, no prazo de quinze dias, diz a norma, contado da comprovada ciência do fato, ou da intimação do ato da penhora, da avaliação, ou dos atos eventuais subsequentes. O executado demonstrará o momento da ciência na petição que suscitou a questão relativa ao fato superveniente, que poderá ser acompanhada da prova de ocorrência desse evento.

O § 12 do art. 525 em nada se diferencia do § 1º do art. 475-L do Código anterior. Começa pela remissão ao inc. III do § 1º, quando o texto revogado remetia ao § 1º, II, do *caput* daquele dispositivo. O novo texto declara inexigível a obrigação reconhecida em título executivo, enquanto o velho aludia, perifrasticamente, a título inexigível. Mudou a oração "declarados inconstitucionais" por "considero inconstitucional", muito próximos os verbos considerar e declarar. Esse § 12 adotou, corretamente, o entendimento de que o título executivo, nele aludido, pode-se reputar inconstitucional, se assim for considerado pelo STF, em controle de constitucionalidade concentrado ou difuso. O parágrafo não se aplica na hipótese de declaração de inconstitucionalidade pronunciada pelo Superior Tribunal de Justiça, ou qualquer outro tribunal. O § 13 que se integra ao § 12 é criticável porque permite a modulação dos efeitos do julgamento de inconstitucionalidade do STF, como se se pudessem modular efeitos de lei ou ato normativo inconstitucionais, nulos por isto. A modulação destina-se a assegurar o crédito do exequente, reconhecido no título e, bem examinadas as coisas, implica em atribuir certa eficácia à lei ou ato que, por nulos, são ineficazes.

Também os §§ 14 e 15 complementam a norma do § 12, todos do art. 525. Conforme o § 14, a decisão de inconstitucionalidade prevista naquele deve anteceder o trânsito em julgado da decisão exequenda, que se determina pela incidência do art. 502. É necessário que o julgamento do STF haja transitado em julgado, antes que a decisão exequenda produza tal fenômeno.

O § 15 do art. 525 trata do trânsito em julgado da decisão de inconstitucionalidade, ocorrido após o trânsito em julgado da decisão exequenda. Conforme esse dispositivo, o trânsito em julgado posterior constituirá fundamento de ação rescisória da decisão exequenda. Esse parágrafo acrescentou mais um fundamento da ação de desconstituição da coisa julgada ao rol do art. 966. Entretanto, não é inconstitucional pois não fez retroagir ao julgamento do STF, de modo a rescindir a sentença exequenda. Declarada a inconstitucionalidade, o parágrafo considera que, baseada na lei inconstitucional, a decisão exequenda violou as normas jurídicas que negou efeito à lei contrária à Carta política. O § 15, sem correspondência no Código anterior, fez uma construção que poderia ser realizada independentemente dele.

O art. 526 consagrou instituto que a praxe forense, com imperfeição mas com graça, chama de "ação consignatória às avessas". Essa norma permite que o réu proceda como nela está disposto. Fala em réu porque, quando toma a iniciativa de vir a juízo, essa parte não é executada pois ainda não se instaurou a execução. Na petição que oferecer o pagamento, feita nos autos em que se instauraria a execução, o ofertante deve indicar o valor que entende devido e apresentar a memória do cedente que o levou a encontrar a soma oferecida. O § 1º do art. 526 determina que se ouça o autor (ainda não exequente porque a execução não se iniciou) sobre a oferta, que ele poderá impugnar, valendo-se, *mutatis mutandis*, do § 1º do art. 525. Editando norma semelhante à do § 1º do art. 545, o § 1º do art. 526 permite ao credor, se alegar a insuficiência da oferta, levantar a soma incontroversa.

Falando em levantamento do depósito, o parágrafo confirma o entendimento de que a soma oferecida deve ser depositada em juízo. O juiz decidirá a impugnação. Se a acolher, extinguirá o processo de oferta, se a rejeitar, dará por pago o crédito, apagando o interesse de agir na futura execução. Se o credor levantar a soma incontroversa, a execução se fará pelo valor remanescente porque o crédito já terá sido parcialmente satisfeito pelo levantamento.

A norma do art. 525 está embutida no art. 520. É, para usar o adjetivo consagrado, heterotópica, pois deveria estar no Capítulo que disciplina o cumprimento provisório. A frase "no que couber" indica a necessidade de se fazerem os devidos ajustes.

Capítulo IV

Do Cumprimento de Sentença que Reconheça a Exigibilidade de Obrigação de Prestar Alimentos
(arts. 528 a 533)

Art. 528. No cumprimento de sentença que condene ao pagamento de prestação alimentícia ou de decisão interlocutória que fixe alimentos, o juiz, a requerimento do exequente, mandará intimar o executado pessoalmente para, em 3 (três) dias, pagar o débito, provar que o fez ou justificar a impossibilidade de efetuá-lo.

§ 1º Caso o executado, no prazo referido no *caput*, não efetue o pagamento, não prove que o efetuou ou não apresente justificativa da impossibilidade de efetuá-lo, o juiz mandará protestar o pronunciamento judicial, aplicando-se, no que couber, o disposto no art. 517.

§ 2º Somente a comprovação de fato que gere a impossibilidade absoluta de pagar justificará o inadimplemento.

§ 3º Se o executado não pagar ou se a justificativa apresentada não for aceita, o juiz, além de mandar protestar o pronunciamento judicial na forma do § 1º, decretar-lhe-á a prisão pelo prazo de 1 (um) a 3 (três) meses.

§ 4º A prisão será cumprida em regime fechado, devendo o preso ficar separado dos presos comuns.

§ 5º O cumprimento da pena não exime o executado do pagamento das prestações vencidas e vincendas.

§ 6º Paga a prestação alimentícia, o juiz suspenderá o cumprimento da ordem de prisão.

§ 7º O débito alimentar que autoriza a prisão civil do alimentante é o que compreende até as 3 (três) prestações anteriores ao ajuizamento da execução e as que se vencerem no curso do processo.

§ 8º O exequente pode optar por promover o cumprimento da sentença ou decisão desde logo, nos termos do disposto neste Livro, Título II, Capítulo III, caso em que não será admissível a prisão do executado, e, recaindo a penhora em dinheiro, a concessão de efeito suspensivo à impugnação não obsta a que o exequente levante mensalmente a importância da prestação.

§ 9º Além das opções previstas no art. 516, parágrafo único, o exequente pode promover o cumprimento da sentença ou decisão que condena ao pagamento de prestação alimentícia no juízo de seu domicílio.

Art. 529. Quando o executado for funcionário público, militar, diretor ou gerente de empresa ou empregado sujeito à legislação do trabalho, o exequente poderá requerer o desconto em folha de pagamento da importância da prestação alimentícia.

§ 1º Ao proferir a decisão, o juiz oficiará à autoridade, à empresa ou ao empregador, determinando, sob pena de crime de desobediência, o desconto a partir da primeira remuneração posterior do executado, a contar do protocolo do ofício.

§ 2º O ofício conterá o nome e o número de inscrição no Cadastro de Pessoas Físicas do exequente e do executado, a importância a ser descontada mensalmente, o tempo de sua duração e a conta na qual deve ser feito o depósito.

§ 3º Sem prejuízo do pagamento dos alimentos vincendos, o débito objeto de execução pode ser descontado dos rendimentos ou rendas do executado, de forma parcelada, nos termos do *caput* deste artigo, contanto que, somado à parcela devida, não ultrapasse cinquenta por cento de seus ganhos líquidos.

Art. 530. Não cumprida a obrigação, observar-se-á o disposto nos arts. 831 e seguintes.

Art. 531. O disposto neste Capítulo aplica-se aos alimentos definitivos ou provisórios.

§ 1º A execução dos alimentos provisórios, bem como a dos alimentos fixados em sentença ainda não transitada em julgado, se processa em autos apartados.

§ 2º O cumprimento definitivo da obrigação de prestar alimentos será processado nos mesmos autos em que tenha sido proferida a sentença.

Art. 532. Verificada a conduta procrastinatória do executado, o juiz deverá, se for o caso, dar ciência ao Ministério Público dos indícios da prática do crime de abandono material.

Art. 533. Quando a indenização por ato ilícito incluir prestação de alimentos, caberá ao executado, a requerimento do exequente, constituir capital cuja renda assegure o pagamento do valor mensal da pensão.

§ 1º O capital a que se refere o *caput*, representado por imóveis ou por direitos reais sobre imóveis suscetíveis de alienação, títulos da dívida pública ou aplicações financeiras em banco oficial, será inalienável e impenhorável enquanto durar a obrigação do executado, além de constituir-se em patrimônio de afetação.

§ 2º O juiz poderá substituir a constituição do capital pela inclusão do exequente em folha de pagamento de pessoa jurídica de notória capacidade econômica ou, a requerimento do executado, por fiança bancária ou garantia real, em valor a ser arbitrado de imediato pelo juiz.

§ 3º Se sobrevier modificação nas condições econômicas, poderá a parte requerer, conforme as circunstâncias, redução ou aumento da prestação.

§ 4º A prestação alimentícia poderá ser fixada tomando por base o salário-mínimo.

§ 5º Finda a obrigação de prestar alimentos, o juiz mandará liberar o capital, cessar o desconto em folha ou cancelar as garantias prestadas.

1. Observações. **2.** Repetições. **3.** Alterações. **4.** Inovações.

1. Observações – O Capítulo V do Título II do Livro II do Código de Processo Civil de 1973 ostentava a epígrafe "Da Execução de Prestação Alimentícia". Não é assim o Capítulo IV do Título II do Livro I da Parte Especial do novo Código, que aparece com a rubrica "Do Cumprimento de Sentença que Reconheça a Exigibilidade de Obrigação de Prestar Alimentos". Entende-se a mudança porque o diploma revogadonão falava em cumprimento de sentença, porém só na execução dela. Repita-se aqui a observação de que o cumprimento aludido no ponto objeto destas notas tem a natureza de execução; é um processo executório, regido pelo próprio dispositivo que torna também a ação executória de alimentos dependente da iniciativa do alimentando, por si próprio, por meio do seu representante, como também, permitindo a lei, do substituto processual. Embora o capítulo aluda ao cumprimento de sentença, artigos há, dentro dele, que disciplinam a execução de decisões interlocutórias que impõem a obrigação de prestar alimentos.

Cabe agravo de instrumento das decisões interlocutórias proferidas no processo de cumprimento da sentença, como dispõe o parágrafo único do art. 1.015. Por isto, não incide, no caso, o § 1º do art. 1.009, nem produz efeito suspensivo a sentença que condena a pagar alimentos, que contudo é apelável (art. 1.012, II). Há preclusão das decisões proferidas no cumprimento da sentença: bem como das sentenças que julgam a ação de alimentos. Entretanto, pela natureza da lide que compõem, quanto a essas sentenças não determinativas é aplicável o inc. I do art. 505, cuja norma se estende às interlocutórias relacionadas com a situação inerente à sua incidência. Se houver pedido de modificação, podem ser revistas as interlocutórias que antecederem o julgamento dele.

Apontam-se, em seguida, as poucas repetições literais, indicam-se as modificações e se analisam as inovações sem se perder de vista o fato de que, regulando a questão de alimentos, essas normas devem ser aplicadas tendo em vista os fins a que se destinam, permitindo nos órgãos jurisdicionais singular flexibilidade na sua aplicação por decisões impugnadas de equidade, como aconselha a natureza da situação regulada por elas.

2. Repetições – O § 6º do art. 528 repete o § 3º do art. 733 do Código anterior. O § 3º do art. 475-Q do antigo, está copiado em igual parágrafo do art. 533. São, portanto, apenas duas as repetições literais de dispositivos do CPC de 1973. Como se vem repetindo ao longo deste livro, não se analisam as normas que espelham o diploma revogado porque sobre elas terão discorrido a doutrina e a jurisprudência. As modificações se apontam e se examinam. Analisam-se as inovações.

3. Alterações – O art. 528 do novo Código começa por aludir ao cumprimento de sentença, diferenciando-se do anterior art. 733, que falava em execução de sentença. Destina-se a mudança a ajustar o dispositivo ao instituto do cumprimento de sentença regulado no Título I do Livro I da Parte Especial. Em vez de falar, como anteriormente, em sentença ou decisão que fixa os alimentos provisionais, o art. 528 preferiu ser mais claro, falando em cumprimento de sentença que condena ao pagamento de prestação alimentícia, ou de decisão interlocutória, que sentença não é, a qual fixe alimentos. O artigo distingue, então, sentença (art. 203, § 1º) de decisão interlocutória (art. 203, § 2º), tomado o primeiro substantivo também no sentido de acórdão e de decisão monocrática do relator. Com a frase "a requerimento do exequente", o dispositivo deixa explícito que o cumprimento só se dá se o credor dos alimentos o requerer, não se admitindo que o juiz o processe de ofício. Conforme o artigo, o juiz mandará intimar o executado para pagar o débito, provar que o fez ou justificar a impossibilidade de fazê-lo. O emprego do advérbio **pessoalmente** mostra que a intimação (não mais citação, do revogado art. 733) se fará ao executado, devedor do pagamento, e não ao advogado, como acontece, por exemplo, no caso do § 1º do art. 841. É natural que se intime o executado, pessoalmente, diante da gravidade do seu inadimplemento, que pode acarretar a pena de prisão, conforme o § 3º do artigo. A intimação se fará pelos meios admissíveis (arts. 274 e 275), mas será sempre dirigida ao executado, ou ao seu representante legal, se não puder recebê-la pessoalmente, como acontecerá, v.g., se absolutamente incapaz.

O § 3º do art. 528, comparado com o anterior § 1º do art. 733, explicita oque virtualmente neste se continha, quando alude à rejeição da justificativa. A pena de prisão, censurada por doutrinadores e manifestações judiciais, continua mantida. O parágrafo fala ainda em protesto do pronunciamento. Sobre este ponto, veja-se o que vai escrito, em seguida, no item 3, relativo à inovação trazida pelo § 1º do art. 528. O § 5º repete o § 2º do revogado art. 733 com a substituição do substantivo "devedor" pelo nome "executado", sem que haja alterado a norma.

O § 8º deste art. 528 reza que o exequente pode optar por promover o cumprimento da sentença desde logo, nos termos do Capítulo III do Título II do Livro I da Parte Especial do CPC. Esse Capítulo trata do cumprimento definitivo da sentença de condenação por quantia certa. Vejam-se, então, o art. 523 e seguintes, devendo-se notar que essa execução dependerá do trânsito em julgado da sentença, ou da preclusão da interlocutória, impugnáveis por apelação ou por agravo de instrumento, que não produzem efeito suspensivo (arts. 1.012, § 1º, e 1.019, I, *a contrario sensu*. Cabendo o cumprimento da sentença ou da decisão interlocutória nos termos do Capítulo III, coube também o cumprimento provisório (art. 520 e ss.). Executada a opção, não será admissível a prisão do executado, cuja intimação se fará como disposto nos arts. 523 e 520. Feita a opção, não se aplicarão o art. 528, *caput* e os §§ 2º a 7º. Considerada a natureza dos alimentos e da decisão que os assegura, o § 8º permite que, mesmo conferido efeito suspensivo à impugnação, o exequente levante, mensalmente, isto é, todos os meses, em data que o juiz estabeleceu, a importância da prestação assegurada na sentença ou na interlocutória. Acolhida a impugnação, o executado alimentante poderá reaver o que o exequente houver recebido, aplicando-se, analogicamente, o inc. II do art. 520. Conquanto a jurisprudência haja consagrado o princípio de que não se devolvem prestações de natureza alimentícia, a repetição, no caso, é admissível quando a acolhida da impugnação implicar a ineficácia da decisão condenatória, o que apaga o débito de alimentos.

O art. 529 não alterou, na realidade, o art. 734 do Código de 1973, salvo nas partes em que substitui o substantivo "devedor" pela palavra "executado", suprimiu a locução "bem como" e afastou a ideia de que poderia levar àinterpretação literal do dispositivo revogado, no sentido de que, de ofício, o juiz poderia ordenar o desconto em folha. Essa providência dependerá da iniciativa do exequente, que poderá optar por requerê--la, ou somente pedir a intimação do devedor para pagar. No texto do artigo, deve-se compreender por funcionário público, não apenas quem for investido em função pública, como ainda o que receber prestações periódicas de qualquer dos Poderes da União, do Estado, do Município, ou dos órgãos da Administração indireta. Deve-se tomar o vocábulo "diretor" como indicativo de qualquer administrador ou conselheiro de pessoa jurídica, devendo-se recorrer à doutrina e jurisprudência da norma do diploma anterior, subsistente no atual.

O § 1º do art. 529 é semelhante ao parágrafo único do anterior art. 734. Fala em ofício do juiz ao responsável pelo desconto, mas essa correspondência poderá ser substituída por intimação, reputando-se válida qualquer outra comunicação, se alcançar o seu objetivo, porém nula se, feita por meio não previsto, não produzir o efeito pretendido. O parágrafo não faz referência aos elementos da comunicação objeto do § 2º. O § 1º alterou a redação do dispositivo anterior para tipificar como crime de desobediência o descumprimento, evidentemente não motivado, do desconto. O juiz contudo nãoinstaura o processo criminal nem, muito menos, pune o desobediente. Envia peças ao Ministério Público, a fim de que esse órgão proceda, na forma da lei processual penal. O desconto determinado pelo juiz se fará sobre a primeira remuneração que vier após a comunicação válida, ainda que ela seja recebida no dia do pagamento mas antes dele. O dispositivo não exige interstício entre o recebimento da comunicação e o desconto.

Alterou-se o art. 533 em relação ao revogado art. 475-Q para explicitar que a determinação da prestação contida dependerá de requerimento do exequente, não podendo ser ordenada de ofício. O § 1º acrescentou a imóveis os direitos reais sobre imóveis suscetíveis de alienação, figura regulada pelo direito material. Fala ainda esse parágrafo em patrimônio afetado. Quer dizer com isto que os bens nele aludidos ficam vinculados à obrigação, assinalados como formadores do capital, o que permitirá a anotação nos órgãos onde existir registro dos bens, como o registro imobiliário ou os assentamentos em banco oficial. A afetação tem a característica da deambulação, por isto não impedindo a alienação do bem que todavia permanece afetado.

O § 2º do art. 533 repete, na maior parte, igual parágrafo do art. 475-Q e substitui "beneficiário da prestação" por exequente. Fala em pessoa jurídica de notória capacidade econômica, a ser aferida pelo juiz que pode determinar a esse ente que comprove a sua situação.

O § 4º do art. 533 permite que se fixe a prestação alimentícia, tomando-se por base o salário-mínimo. A prestação é a imposta pela sentença ou por decisão interlocutória, podendo ser estipulada nessas decisões ou posteriormente, a requerimento do exequente. Não se admite a estipulação baseada em índice outro que o salário-mínimo pois é este o expressamente determinado pela lei.

Por derradeiro, o § 5º do mesmo art. 533 mudou a frase "cessada a obrigação", do § 5º do art. 475-Q, anterior, por "finda a obrigação", indicando assim que a liberação do capital não se fará no caso de suspensão da obrigação, mas somente quando esta se extinguir, desaparecendo, como disposto no direito material. Se a obrigação desaparecer parcialmente, a cessação do desconto em folha ou o cancelamento das garantias serão parciais, nada impedindo a substituição delas por outras, que se ajustem a essa extinção fracionária.

4. Inovações – As inovações trazidas pelo Código de Processo Civil de 2015 complementam ou esclarecem as normas a que estão vinculadas. São de muito reduzida monta e, de resto, a imensa maioria do que esse diploma traz não é diferente, circunstância que só leva à conclusão da desnecessidade da nova lei.

Sem correspondência no Código de 1973, o § 1º do art. 528 dispõe que o juiz mandará protestar o pronunciamento judicial, interlocutória, sentença, acórdão, decisão monocrática. Governada a execução pelo princípio dispositivo, o juiz não determinará o protesto de ofício, porém apenas por requerimento do exequente, dirigido ao órgão jurisdicional do cumprimento da decisão. Pressuposto desse protesto é o inadimplemento do alimentante, que, no prazo de três dias, não efetuar o pagamento, não demonstrar a impossibilidade de efetuá-lo, ou não demonstrar que já pagou. O pagamento parcial só por si não obsta à imposição da penalidade, contanto que o devedor apresente justificativa da impossibilidade de pagar o saldo. Não decretar a prisão somente em virtude do pagamento parcial injustificado seria estimular o alimentante a não recolher a prestação por inteiro. Sobre o § 2º logo se dirá.

O protesto é um meio de coerção do devedor a cumprir a decisão judicial. Esse ato o constituirá em mora, tornará pública a inadimplência e, seguramente, repercutirá na realização dos negócios dele, sem contudo impedir que se realizem. Haverá fraude à execução se, pendente o pagamento, ocorrer a situação prevista no inc. IV do art. 792 e o exequente houver feito a opção do § 8º desse art. 528.

O § 1º do art. 528 preceitua que o processo do pronunciamento judicial se fará consoante o art. 517, mas ressalva que a aplicação desse dispositivo se fará "no que couber". Não cabe a norma inicial desse último artigo, que condiciona o protesto ao trânsito em julgado da decisão judicial. Na hipótese do § 1º do art. 528, o protesto caberá se, no cumprimento da decisão, tenha ela transitado em julgado ou não, o executado não tiver efetuado o pagamento.

Requerendo o exequente, o juiz pode mandar expedir ofício ao órgão competente (v.g., cartório de protesto de título), a fim de que efetue o protesto. Poderá também o exequente requerê-lo a esse órgão, apresentando-lhe a certidão referida nos §§ 1º e 2º do art. 517. Apesar do emprego do verbo **mandar**, no futuro do presente, "o juiz mandará protestar[...]", o protesto é direito do exequente, que poderá requerê-lo como se infere do § 1º do art. 517. A certidão de protesto não é título executivo judicial, mesmo porque o protesto do § 1º do art. 528 é ato de cumprimento da decisão, de natureza executiva.

O § 2º do art. 528 condiciona a eficácia da justificativa de inadimplemento à comprovação do fato que fere a impossibilidade absoluta de pagar. Essa impossibilidade pode ser total, ou parcial. Num caso ou noutro, deve o executado demonstrar a impossibilidade absoluta. O adjetivo absoluto indica a demonstração plena, completa, incontestável. Faz-se essa prova pelos meios de convencimento admissíveis: documental, testemunhal, ou mesmo pericial, permitindo-se também o comparecimento do executado ao juízo para justificar-se, sempre na presença do exequente. A comprovação da impossibilidade constitui uma exceção, no sentido lato, que se exerce num incidente.

O § 4º, também do art. 528, é norma reguladora da execução da pena de prisão. Decretada a prisão do executado, como estabelece o § 3º, ele, que não está condenado criminalmente, mas apenas sujeito a uma medida coercitiva, ficará separado dos presos comuns. Essa norma será cumprida de acordo com as regras do processo penal e da organização judiciária. Não existindo meios de cumprir o parágrafo, o executado permanecerá solto, de acordo com o princípio de que o direito à liberdade avantaja a deficiência da medida que a restringe.

A prisão, governada pelas normas inerentes a essa medida, será de um a três meses, conforme o § 3º. Medida constitutiva, ela não extingue a obrigação de pagar, nem as prestações vencidas, nem as vincendas, como está no § 5º. Não se decreta mais de uma vez a prisão, recomendável, no particular, a consulta à doutrina e jurisprudência sobre o assunto que deve ser tratado à luz do princípio de que a liberdade é garantia fundamental.

Deve-se interpretar o § 7º do art. 528 no sentido de que a prisão visa a constranger o devedor a pagar uma, duas, ou três das prestações devidas antes do ajuizamento da execução, que é o requerimento de que trata o *caput* do dispositivo. Pagas essas prestações, a prisão deverá ser relaxada, ainda que o executado deva prestações anteriores. O inadimplemento destas não autoriza a prisão, mas o executado continua devedor das anteriores, nos termos do § 5º. Diga-se o mesmo quanto às prestações devidas, em número maior que três, ao longo do processo de cumprimento. Pagas as três parcelas vencidas ao longo do processo, a prisão será relaxada, ainda que não pagas as excedentes.

Sem precedente no Código anterior, o § 9º do art. 528, que remete ao parágrafo único do art. 516, dá ao exequente o direito de promover o cumprimento da sentença ou da decisão condenatórias do pagamento de prestação alimentícia, no juízo do seu domicílio. O § 9º gera um caso de competência funcional. O domicílio do credor deverá estar no território nacional. Se tiver mais de um domicílio, ele poderá promover o cumprimento em qualquer deles. O exequente iniciará o processo mediante requerimento ao juízo competente do foro do seu domicílio. Esse requerimento será distribuído como se opera a distribuição de qualquer ação. No requerimento, o exequente demonstrará, de início, que o formulou no foro do seu domicílio. Instruirá o requerimento com cópia de todas as peças necessárias ao cumprimento da sentença ou decisão, cuja autenticidade poderá ser declarada pelo próprio advogado, sob sua responsabilidade pessoal, como previsto no inc. III do art. 427. Distribuída a petição, consertada, se for o caso, o juiz, define o requerimento, ordenará a intimação do executado, na forma do *caput* do art. 528.

No art. 529, o § 2º, sem igual no Direito anterior, enumera os requisitos do ofício a que se refere o § 1º. Poderá o pagador pedir esclarecimentos sobre como efetiva o desconto em folha.

O § 3º do art. 529 tem por objeto as prestações vencidas. Além do desconto em folha, previsto no *caput* do artigo, o exequente pode pedir que o direito decorrente da falta de pagamento das prestações exigíveis mas não pagas seja descontado de rendimentos ou rendas do executado.

Esse desconto será feito mediante intimação ao devedor dessas importâncias. Recalcitrante, ele não incorrerá no crime de desobediência, previsto no § 2º do artigo, seja pela interpretação restritiva da norma penal, seja pela impossibilidade da sua aplicação analógica. O exequente deverá fazer a prova, no mais das vezes diabólica, da existência de rendimentos ou renda do executado, definidas as duas figuras pelo direito material. O desconto poderá ser feito de uma vez, ou em parcelas, como determinar o juiz. Entretanto, a soma de uma parcela objeto do desconto em folha com a parcela descontada dos rendimentos, ou da renda, não pode ultrapassar a metade dos ganhos líquidos do executado, no momento desses descontos. Assim, se, somados, esses descontos ultrapassarem os cinquenta por cento, eles deverão ser reduzidos de modo a se observar essa limitação. A efetividade do comando desse parágrafo será, sem dúvida dificílima e o dispositivo integrará o elenco daqueles que, vigentes embora, raramente foram cumpridos.

Não cumprida a obrigação, impossível ou insuficiente o desconto, o art. 530 manda que, para a satisfação do direito do exequente, se proceda à penhora, como dispõe o art. 831 e os subsequentes (q.v.).

O *caput* do art. 531 explicita o que ficou implícito no Capítulo IV. As normas aí contidas aplicam-se ao cumprimento da obrigação de pagar alimentos definitivos, fixados na sentença, com provisórios, estipulados em decisão interlocutória. O § 1º desse artigo manda que se processe em autos apartados, abertos para esse fim, o cumprimento da decisão que fixa os alimentos provisórios, já que o processo prosseguirá, e da sentença ainda não transitada em julgado porque sujeita o recurso. Não se admite a formação dos autos apartados durante o prazo para recorrer da sentença. Os autos apartados são dispensados se o processo for eletrônico porque, nesse caso, o cumprimento se fará em sítio próprio. O § 2º do artigo determina que o cumprimento definitivo da sentença que cria a obrigação de pagar alimentos se faça nos próprios autos nos quais se proferem a decisão exequenda. Esse dispositivo cede todavia a incidência do § 9º (q.v.).

Última das inovações do Capítulo IV, o art. 532 estabeleceque, diante da conduta procrastinatória do executado, traduzida em atos destinados a prolongar, indevidamente, o desenvolvimento do processo, o juiz, se entender que esse comportamento aponta no sentido da prática de crime de abandono material, determinará a extração das peças confinadoras do ilícito e a remessa ao Ministério Público. Esse órgão procederá na conformidade da Constituição e das leis.

Capítulo V

Do Cumprimento de Sentença que Reconheça a Exigibilidade de Obrigação de Pagar Quantia Certa pela Fazenda Pública
(Arts. 534 a 535)

Art. 534. No cumprimento de sentença que impuser à Fazenda Pública o dever de pagar quantia certa, o exequente apresentará demonstrativo discriminado e atualizado do crédito contendo:

I – o nome completo e o número de inscrição no Cadastro de Pessoas Físicas ou no Cadastro Nacional da Pessoa Jurídica do exequente;
II – o índice de correção monetária adotado;
III – os juros aplicados e as respectivas taxas;
IV – o termo inicial e o termo final dos juros e da correção monetária utilizados;
V – a periodicidade da capitalização dos juros, se for o caso;
VI – a especificação dos eventuais descontos obrigatórios realizados.

§ 1º Havendo pluralidade de exequentes, cada um deverá apresentar o seu próprio demonstrativo, aplicando-se à hipótese, se for o caso, o disposto nos §§ 1º e 2º do art. 113.

§ 2º A multa prevista no § 1º do art. 523 não se aplica à Fazenda Pública.

Art. 535. A Fazenda Pública será intimada na pessoa de seu representante judicial, por carga, remessa ou meio eletrônico, para, querendo, no prazo de 30 (trinta) dias e nos próprios autos, impugnar a execução, podendo arguir:

I – falta ou nulidade da citação se, na fase de conhecimento, o processo correu à revelia;
II – ilegitimidade de parte;
III – inexequibilidade do título ou inexigibilidade da obrigação;
IV – excesso de execução ou cumulação indevida de execuções;
V – incompetência absoluta ou relativa do juízo da execução;
VI – qualquer causa modificativa ou extintiva da obrigação, como pagamento, novação, compensação, transação ou prescrição, desde que supervenientes ao trânsito em julgado da sentença.

§ 1º A alegação de impedimento ou suspeição observará o disposto nos arts. 146 e 148.

§ 2º Quando se alegar que o exequente, em excesso de execução, pleiteia quantia superior à resultante do título, cumprirá à executada declarar de imediato o valor que entende correto, sob pena de não conhecimento da arguição.

§ 3º Não impugnada a execução ou rejeitadas as arguições da executada:

I – expedir-se-á, por intermédio do presidente do tribunal competente, precatório em favor do exequente, observando-se o disposto na Constituição Federal;
II – por ordem do juiz, dirigida à autoridade na pessoa de quem o ente público foi citado para o processo, o pagamento de obrigação de pequeno valor

será realizado no prazo de 2 (dois) meses contado da entrega da requisição, mediante depósito na agência de banco oficial mais próxima da residência do exequente.

§ 4º Tratando-se de impugnação parcial, a parte não questionada pela executada será, desde logo, objeto de cumprimento.

§ 5º Para efeito do disposto no inciso III do *caput* deste artigo, considera-se também inexigível a obrigação reconhecida em título executivo judicial fundado em lei ou ato normativo considerado inconstitucional pelo Supremo Tribunal Federal, ou fundado em aplicação ou interpretação da lei ou do ato normativo tido pelo Supremo Tribunal Federal como incompatível com a Constituição Federal, em controle de constitucionalidade concentrado ou difuso.

§ 6º No caso do § 5º, os efeitos da decisão do Supremo Tribunal Federal poderão ser modulados no tempo, de modo a favorecer a segurança jurídica.

§ 7º A decisão do Supremo Tribunal Federal referida no § 5º deve ter sido proferida antes do trânsito em julgado da decisão exequenda.

§ 8º Se a decisão referida no § 5º for proferida após o trânsito em julgado da decisão exequenda, caberá ação rescisória, cujo prazo será contado do trânsito em julgado da decisão proferida pelo Supremo Tribunal Federal.

1. Observações. **2.** Repetições. **3.** Alterações. **4.** Inovações.

Ver art. 910.

1. Observações – Esse quinto Capítulo do Título II do Livro I da Parte Especial do Código de Processo Civil de 2015 reúne as normas reguladoras do cumprimento de sentença que reconheça a exigibilidade de obrigação de pagar quantia certa pela Fazenda Pública. Cumprimento de sentença condenatória, título executivo judicial, conforme o inc. I do art. 515. O Capítulo V do Título I do Livro II trata, como está na sua epígrafe "De Execução contra a Fazenda Pública". Concorde-se com o legislador que falou em execução contra a Fazenda, fugindo do galicismo "face da" e permanecendo fiel à preposição **contra**, de tradição secular no Direito Processual romano luso-brasileiro. Do cumprimento da sentença que tornar credora a Fazenda cuidam os arts. 520 e seguintes, quando couberem, e da execução, lei específica e, subsidiariamente o novo Código, no art. 824 e seguintes e nos correlatos.

2. Repetições – Em vez de remeter aos incs. I a VII do § 1º do art. 525, omitindo apenas o item IV, relativo à penhora incorreta ou avaliação errônea, o legislador preferiu repetir, no art. 535, aqueles incisos, modificando-lhes a numeração para ajustá-la à supressão do item IV daquele dispositivo.

Remissão faz-se, aqui e agora, às notas aos diferentes incisos do § 1º do art. 525. Fora essas reproduções, o resto do Capítulo são alterações, ou inovações para as quais se voltam este item e o seguinte.

3. Alterações – O art. 741 do Código anterior começava enunciando as matérias objeto dos embargos da Fazenda Pública. O *caput* do art. 535 contém norma semelhante, mudando, consoante o seu sistema, embargos por impugnação, ambos com a mesma natureza. Ainda conforme o artigo, a impugnação se formula no prazo de trinta dias, contados da intimação da executada, por carga dos autos ou remessa da intimação por meio eletrônico. Não será nula a intimação se, feita de outro modo, a Fazenda comparecer, o que pode fazer espontaneamente, e impugnar. A impugnação faz-se nos mesmos autos em que se instaurou a execução.

O inc. II do art. 535 fala em ilegitimidade de parte, enquanto o item III do revogado art. 741 se referia à ilegitimidade das partes. A ilegitimidade é suscetível de alegação de qualquer das partes, ou de terceiros; do exequente ou da própria executada, rara mas possível, podendo-se considerar a equivocada intimação da Fazenda, quando a devedora é uma autarquia.

O inc. III permite a impugnação fundada na inexigibilidade do título. Essa inexigibilidade ocorrerá se, por qualquer motivo, o título for apto à execução (v.g., pende de liquidação à própria Fazenda – art. 586); concedeu-se tutela provisória impeditiva do cumprimento da decisão rescindenda (art. 969). O inciso permite que a Fazenda impugne a execução por inexigibilidade da obrigação. Não se trata aqui de defeito do título exequendo, mas da obrigação cujo cumprimento ele força. Imagine-se, por exemplo, que se executa sentença condenatória ao pagamento de crédito que foi dado à Fazenda em pagamento de dívida fiscal, operando-se quanto ao crédito, uma confusão porque a Fazenda tornou-se credora de si mesma, extinguindo-se a obrigação.

O inc. IV também do art. 535 permite a impugnação por excesso de execução, ou por cumulação indevida de execuções. Essas situações estavam previstas nos incs. IV e V do art. 741 do Código revogado, devendo--se, por isto, recorrer à doutrina e jurisprudência destes dispositivos.

O inc.V do art. 535 é diferente do inc.VII do finado art. 741. Falava este em incompetência do juízo da execução e em suspeição ou impedimento do juiz. O novo Código isolou as matérias. No inciso V permite à Fazenda alegar a incompetência absoluta ou relativa do juízo da execução. Sobre este ponto, veja-se o que se escreveu, neste livro, sobre a norma do inc.VI do § 1º do art. 525. Quanto à alegação de impedimento ou suspeição, que o anterior art. 742 mandava se suscitar junto com os embargos do devedor, determina o § 2º que ela observaráo disposto nos arts. 146 e 148, aos quais aqui se reporta.

O inc.VI, ainda do art. 535, assemelha-se ao inc.VI do revogado art. 741. Daquele, retirou-se a alusão à causa impeditiva, deixando-se a referência às causas modificativa e extrativa da obrigação, circunstâncias objeto do direito material. Tornou-se o inc. VI diferente de igual item do revogado art. 741. Permitia este a alegação da causa impeditiva, modificativa ou extintiva, "desde que superveniente à sentença". O novo dispositivo permite a alegação, desde que a causa haja ocorrido após o trânsito em julgado da sentença, definida essa situação no art. 502.

Admitido o cumprimento provisório da sentença, à Fazenda se consentirá a impugnação do art. 525, conforme o § 1º do art. 520. Ela não poderá todavia alegar a matéria do inciso VI porque não terá havido o trânsito em julgado da decisão exequenda. Ocorrendo o fenômeno, ela poderá oferecer impugnação suplementar.

O § 3º do art. 525 (o § 2º constitui inovação, tratada, por isto, no item seguinte, relativo ao que aparecer novo em relação ao direito anterior) está virtualmente repetindo a norma final do anterior art. 730, que cuidava das consequências da falta de impugnação, sem cogitar, no entanto, explicitamente, da rejeição dela. Enquanto o antigo inciso I determinava, na hipótese igual à contemplada no § 3º, a reparação do pagamento, feita pelo juiz ao presidente do tribunal competente, o inciso I agora em vigor demanda que se expeça precatória, por intermédio do presidente do tribunal competente, em benefício do credor. O juiz da execução pedirá ao presidente a expedição do precatório, que ele definirá, ou não, admissível, nos daquela hipótese, o agravo interno da sua decisão (art. 1.021). O inciso manda observar o disposto na Constituição Federal, como se esse comando fosse necessário. Vejam-se, então, a doutrina e a jurisprudência dessa norma constitucional.

O § 5º do art. 535 contempla duas situações diferentes, ambos relativos ao inciso III desse dispositivo, que permite à Fazenda deduzir impugnação, alegando a inexigibilidade da obrigação reconhecida pelo título executivo judicial, fundação dessa obrigação em lei ou ato normativo. No primeiro caso, a lei ou o ato normativo fonte da obrigação é considerado inconstitucional pelo Supremo Tribunal Federal, só por ele e não por outra Corte da Justiça, por mais alta que seja. A outra situação é da obrigação cuja fonte é lei ou ato normativo tido como inconstitucional pelo Supremo, incompatível com a Constituição. Tanto a inconstitucionalidade quanto a incompatibilidade podem ser declaradas em controle de constitucionalidade concentrado, isto é, decorrente de pronunciamento feito em ação que visa à declaração de inconstitucionalidade, ou difuso, que ocorre quando qualquer juízo devolva a questão como prévia. A inconstitucionalidade e a incompatibilidade levarão à procedência da impugnação, considerada a eficácia vinculante de decisões do Supremo, reconhecida pela Constituição, pelo direito positivo e pela jurisprudência do STF.

O art. 6º permite a modulação da decisão da inconstitucionalidade ou da incompatibilidade. Essa modulação permite que o Supremo Tribunal fixe os efeitos do julgamento de inconstitucionalidade ou de incompatibilidade, determinando a ela a partir de qual julgado produzirá efeitos. Só o STF pode proceder à modulação, que juízes e tribunais observarão no julgamento dos embargos. Muito se pode discutir sobre a constitucionalidade desse artigo e de outros iguais contudo já considerados de acordo com a Constituição por decisões da Corte Suprema.

Consoante o § 7º do mesmo art. 535, as decisões do Supremo Tribunal Federal, referidas no § 5º, só terão eficácia no julgamento da impugnação se proferidas antes do trânsito em julgado da decisão que se executou. Noutras palavras, o julgamento de inconstitucionalidade ou de incompatibilidade não repercutirá na impugnação se proferido depois que o título, isto é, se a decisão que o consubstancia, transitar em julgado antes do pronunciamento do STF (art. 502).

Não cabe a ação rescisória fundada no § 8º do art. 535. Esse dispositivo é norma interpretativa. Dá alcance ao inc. V do art. 966, estabelecendo que se a decisão rescindenda transitar em julgado antes da decisão do Supremo sobre a inconstitucionalidade ou incompatibilidade, ela terá violado manifestamente a norma objeto da deliberação do STF. A ação rescisória será, então, proposta com fundamento no art. 866, V, do CPC. O acórdão julgador dessa ação verificará se ocorre, efetivamente, a situação processual prevista no § 8º. Esse dispositivo derroga o art. 975 do novo Código de Processo Civil. O prazo decadencial previsto nele continua a ser de dois anos, mas o seu termo inicial é a data do trânsito em julgado da decisão do STF, aludida no § 5º. Ainda que já decorrido o biênio contado do trânsito em julgado da última decisão proferida no processo, o prazo começa a correr a partir do trânsito em julgado do pronunciamento da Suprema Corte. Esse pronunciamento acarreta a reabertura do prazo já esgotado (art. 975), ou o prolongamento do prazo em curso. Considerando a demora dos julgamentos do STF, o prazo da ação rescisória pode ser dilatado por anos a fio com prejuízo da estabilidade das decisões transitadas em julgado, o que compromete a segurança trazida pelos pronunciamentos judiciais. Mal pensado o parágrafo.

4. Inovações – O *caput* do art. 534 é novo, mas repete, literalmente, o *caput* do art. 524, a cuja anotação se remete. Também os incisos I, II, III, IV, V e VI daquele dispositivo coincidem com iguais incisos deste. O art. 534 não reproduzo inciso VII do art. 524, que fala em indicações dos bens passíveis de penhora, já que não existem essas medidas de assimilação e constituição de bens na execução contra a Fazenda.

Em duas partes divide-se o § 1º do art. 534. Se houver pluralidade de exequentes, cada litisconsorte apresentará o seu próprio demonstrativo. Nada obstará contudo que todos, ou alguns, apresentem o mesmo demonstrativo com a declaração de que o subscrevem porque iguais aos que apresentariam. Essa situação poderá ocorrer principalmente se houver litisconsórcio unitário. Ocorrendo litisconsórcio simples, a apresentação de um demonstrativo para cada um dependerá do disposto no título. Havendo diferença entre demonstrativos, o juiz decidirá. Na segunda parte, o § 1º permite aplicar os §§ 1º e 2º do art. 113 (q.v.).

O § 2º do art. 534 afeta a incidência do § 1º do art. 523 quanto à multa nele cominada. Não quanto aos honorários, ali previstos, diferentes da multa como mostra o texto legal, inclusive pelo uso do advérbio **também**.

O § 2º do art. 535 repete a norma do § 4º do art. 525, a cuja anotação se remete.

O inc. II do art. 534 trata somente da execução de pequeno valor, que será estipulado pelo juiz, levando em conta os critérios estimatórios normalmente adotados. A ordem do juiz à autoridade equivale a uma intimação cuja desobediência pode sujeitá-la a sanções internas e, possivelmente, a crime de desobediência. O depósito será feito no prazo de dois meses, contados do recebimento da ordem judicial. Far-se-á o depósito, segundo o parágrafo, em agência de banco oficial, seja ele da União, de Estado federado, de Município, desde que estes o controlem. Pode o depósito, não importa a sua procedência, ser feito em qualquer banco oficial. Permite-se ao depositário fazer o depósito em banco federal, ainda quando o título seja proveniente de Judiciário estadual. Terá o juiz que determinar a proximidade do banco da residência do exequente, que pode ficar muito longe, num país de dimensões continentais. Inviável o depósito em banco oficial, pode o juiz determinar que ele se faça em banco privado, de conhecida solidez, como pode ordenar a transferência de banco. Cumpre aoexecutado informar o juízo sobre a realização do depósito e o banco no qual ele foi realizado.

O § 4º explicita regra de conteúdo lógico. Se a impugnação for parcial, isto é, se implicar reconhecimento de apenas parte da condenação, procede-se no argumento da parte não questionada. Bom exemplo será o de que, reconhecendo dever, a Fazenda se limita a alegar excesso de execução (art. 535, inc. IV).

O § 6º permite a modulação dos objetos da decisão que declara a inconstitucionalidade ou reconhece a incompatibilidade das leis ou atos com a Constituição, situações ontologicamente semelhantes. A modulação de que trata esse parágrafo será ordenada pelo próprio Supremo, ou pelo juiz da execução, quepoderá ordenar a satisfação da obrigação até determinado tempo e a sua gradação. Antecipa-se discussão na doutrina e nos tribunais sobre a constitucionalidade do depósito.

O § 7º tem suas raízes fincadas na garantia constitucional da irretroatividade, que alcança os atos jurisdicionais. Proferido depois do trânsito em julgado da decisão exequenda (art. 502), o julgamento do Supremo Tribunal Federal não se aplica. Isto, entretanto, não impede a arguição de inconstitucionalidade na impugnação (art. 535, incs. III e VI). A superveniente decisão do Supremo, se anterior ao trânsito em julgado do título, será aplicada no julgamento da impugnação.

O § 8º do art. 535 acaba por criar mais um fundamento da ação rescisória, declarando a inconstitucionalidade da lei ou ato administrativo em que se funda a sentença, pode-se pedir a desconstituição dela, depois de transitada em julgado, com base na decisão do Supremo Tribunal Federal, que será fundada no inc.V do art. 966. Não se trata aí de dar eficácia retroativa à declaração do Supremo, porém de desconstituir a sentença, proferida com base em lei ou ato declarados inconstitucionais. A decisão objeto da ação rescisória não será rescindida pelo julgamento do STF. Será desconstituída por contrária à lei ou ato, que é inconstitucional.

Capítulo VI

Do Cumprimento de Sentença que Reconheça a Exigibilidade de Obrigação de Fazer, De não Fazer ou de Entregar Coisa (arts. 536 a 538)

Art. 536. No cumprimento de sentença que reconheça a exigibilidade de obrigação de fazer ou de não fazer, o juiz poderá, de ofício ou a requerimento, para a efetivação da tutela específica ou a obtenção de tutela pelo resultado prático equivalente, determinar as medidas necessárias à satisfação do exequente.

§ 1º Para atender ao disposto no *caput*, o juiz poderá determinar, entre outras medidas, a imposição de multa, a busca e apreensão, a remoção de pessoas e coisas, o desfazimento de obras e o impedimento de atividade nociva, podendo, caso necessário, requisitar o auxílio de força policial.

§ 2º O mandado de busca e apreensão de pessoas e coisas será cumprido por 2 (dois) oficiais de justiça, observando-se o disposto no art. 846, §§ 1º a 4º, se houver necessidade de arrombamento.

§ 3º O executado incidirá nas penas de litigância de má-fé quando injustificadamente descumprir a ordem judicial, sem prejuízo de sua responsabilização por crime de desobediência.

§ 4º No cumprimento de sentença que reconheça a exigibilidade de obrigação de fazer ou de não fazer, aplica-se o art. 525, no que couber.

§ 5º O disposto neste artigo aplica-se, no que couber, ao cumprimento de sentença que reconheça deveres de fazer e de não fazer de natureza não obrigacional.

Art. 537. A multa independe de requerimento da parte e poderá ser aplicada na fase de conhecimento, em tutela provisória ou na sentença, ou na fase de execução, desde que seja suficiente e compatível com a obrigação e que se determine prazo razoável para cumprimento do preceito.

§ 1º O juiz poderá, de ofício ou a requerimento, modificar o valor ou a periodicidade da multa vincenda ou excluí-la, caso verifique que:

I – se tornou insuficiente ou excessiva;

II – o obrigado demonstrou cumprimento parcial superveniente da obrigação ou justa causa para o descumprimento.

§ 2º O valor da multa será devido ao exequente.

§ 3 º A decisão que fixa a multa é passível de cumprimento provisório, devendo ser depositada em juízo, permitido o levantamento do valor após o trânsito em julgado da sentença favorável à parte.(Redação dada pela Lei nº 13.256, de 2016)

§ 4º A multa será devida desde o dia em que se configurar o descumprimento da decisão e incidirá enquanto não for cumprida a decisão que a tiver cominado.

§ 5º O disposto neste artigo aplica-se, no que couber, ao cumprimento de sentença que reconheça deveres de fazer e de não fazer de natureza não obrigacional.

Art. 538. Não cumprida a obrigação de entregar coisa no prazo estabelecido na sentença, será expedido mandado de busca e apreensão ou de imissão na posse em favor do credor, conforme se tratar de coisa móvel ou imóvel.

§1º A existência de benfeitorias deve ser alegada na fase de conhecimento, em contestação, de forma discriminada e com atribuição, sempre que possível e justificadamente, do respectivo valor.

§ 2º O direito de retenção por benfeitorias deve ser exercido na contestação, na fase de conhecimento.

§ 3º Aplicam-se ao procedimento previsto neste artigo, no que couber, as disposições sobre o cumprimento de obrigação de fazer ou de não fazer.

1. Observações. 2. Repetições. 3. Alterações. 4. Inovações.

1. Observações – No Código de Processo Civil de 1973, a execução das obrigações de fazer e de não fazer estavam reguladas, respectivamente, na Seção I e na Seção II do Capítulo III do Título II do Livro II. A execução para a entrega de coisa certa e de coisa incerta era objeto do Capítulo II do mesmo Título e das suas Seções I, II e III. No Código vigente essas modalidades de execução foram reunidas nas Seções I e II do Capítulo VI do Título II do Livro I da Parte Especial. A análise dos arts. 536 a 538 do novo CPC mostra que, na essência, ele pouco trouxe de relevante ao tratamento dos institutos por eles regulados. Por esse motivo, torna-se útil, para não se dizer necessário, a consulta à pertinente doutrina e jurisprudência do diploma anterior, principalmente porque este livro não é obra de comentários a esses dispositivos mas só visa a apontar as repetições, registrar as modificações e ressaltar as inovações da lei processual de 2015.

2. Repetições – Se as normas agora examinadas encerram preceitos e sanções idênticas às anteriores, nenhuma delas reproduz, literalmente, o que veio do Código anterior. Nem mesmo a epígrafe do Capítulo retrata a outra, existente no Código de Processo Civil de 1973.

3. Alterações – O *caput* do art. 536 não caiu longe do *caput* do art. 461, anterior. Já não fala em ação que tenha por objeto o cumprimento de obrigação, porém no cumprimento de sentença, que é ato condenatório, impositivo da obrigação de fazer ou de não fazer. Também não se fala mais em concessão de tutela específica mas em efetivação dela, pois a providência já foi outorgada na sentença que se cumpre. De acordo com o artigo, o juiz poderá determinar as modalidades necessárias ao cumprimento da obrigação não satisfeita, como exemplo, demolição de um muro, ou a proibição de fixar cartazes em certos locais. Impossível, ou inviável, pela complexidade e pelo custo, a efetivação direta da tutela, poderá o juiz determinar medida que a ela equivalha, ou dela se aproxime. Nos exemplos dados, a abertura de espaços para atravessar o muro, ou a retirada ou cobertura dos cartazes afixados. O juiz determina, de ofício, as medidas específicas, ou outras que produzam resultado equivalente. Não é necessário que o exequente peça a adoção dessas providências ou as indique. Necessário contudo é que ele requeira o cumprimento da sentença, pois esse pedido, regulado pelo princípio dispositivo, inicia o processo de cumprimento. A parte pode, evidentemente, requerer a efetivação, indicando inclusive os modos de obtê-la. Cumpre ter em mente que o objetivo do artigo é a efetividade do processo por meio de providências que realizem, concretamente, a prestação jurisdicional. A composição da lide pela substituição da obrigação descumprida pelo pagamento de perdas e danos é insuficiente porque, na verdade, não compõe a lide de modo ideal mas somente de modo postiço, impróprio, inadequado.

O § 1º do art. 536 é, na essência, igual ao § 5º do revogado art. 461. Aquele parágrafo já não fala em determinação de ofício, como estava no texto anterior porque essa possibilidade já consta do *caput* do dispositivo. Pode então o juiz agir de ofício, independentemente de requerimento.

Conforme o § 2º do artigo sob exame, o mandado de busca e apreensão de pessoas e coisas será cumprido por dois oficiais de justiça. Não existindo dois disponíveis na comarca, ou na circunscrição, o juiz nomeará pessoa idônea para suprir a falta, mas a presença de dois oficiais é indispensável, não se decretando, no entanto, a nulidade se a busca e apreensão se efetiva sem incidentes (art. 276). Havendo necessidade de arrombamento, o parágrafo manda aplicar os §§ 1º a 4º do art. 846, a cujas anotações se encaminha o leitor. Novidades os §§ 3º e 5º, deles se ocupa o item das inovações. O § 4º, entretanto, manda aplicar com as devidas adaptações o art. 525 do Código, sem fazer remissão genérica ao Capítulo, como dispunha o anterior art. 644 (vejam-se as notas ao art. 525).

O § 1º do art. 536 permite a imposição de multa. Entretanto, o art. 537 não se limita àquela fase de conhecimento, quando nela for determinada, provisoriamente, qualquer medida, em tutela provisória, ou na sentença ou ainda na fase de execução. Já se vê que, segundo o artigo, a multa poderá ser imposta toda vez que houver, provisória ou definitivamente, uma determinação de fazer ou não fazer, como previsto no *caput* do art. 536. Esse dispositivo, só, por si, não permite a penalidade quando se trata de cumprimento de sentença de entregar coisa. Entretanto, o § 3º do art. 538 manda aplicar, no cumprimento da obrigação de entrega, as disposições sobre cumprimento de obrigação de fazer ou não fazer. Assim, cabe na execução da obrigação de fazer ou não fazer, imposição de multa, cumpridamente justificada, sempre observados os princípios da razoabilidade e da proporcionalidade, que se extraem da Constituição da República (art. 5º, incs. LIV e LV). O § 1º do art. 537 será examinado no item 4, onde se apresentam as inovações. A multa será entregue ao exequente.

A epígrafe da Seção II, que trata do cumprimento da sentença que reconhece a exigibilidade de obrigação de entregar coisa difere da epígrafe do Capítulo II do Título II do Livro II do CPC de 1973, pois esta regulava a execução da sentença, como fazem os arts. 806 e seguintes, e não o cumprimenta dela.

O art. 538 do novo Código é parecido com o § 2º do art. 461-A do antigo. Falava este no descumprimento da obrigação no prazo estabelecido, sem dizer onde. O dispositivo atual fala em prazo estabelecido na sentença. Omissa ela, o prazo será o fixado pelo juiz, ao deferir o cumprimento. Os animais integram a categoria das coisas móveis, posto que semoventes.

O § 1º do art. 538 manda que se alegue a existência de benfeitorias na contestação apresentada na fase de conhecimento. Consoante o § 2º, é na contestação que se pede o direito de retenção por benfeitorias, que o juiz concederá até que se prove o valor delas, como indicado no § 1º. A sentença pode determinar a entrega da benfeitoria ao executado, quando isto for possível, como acontecerá, por exemplo no caso em que se fixaram estátuas em determinados pontos de um local. Não alegada a existência de benfeitorias, o executado perde o direito de retenção, mas pode cobrar o valor delas em ação própria. Convém consultar a doutrina e jurisprudência das legislações anteriores que regularam o direito de retenção.

4. Inovações – Aparece como novidade, no Capítulo VI, dedicado ao cumprimento da sentença de obrigação de fazer, não fazer e entregar coisa, o § 3º do art. 536. Segundo esse dispositivo, quando o executado descumprir, injustificadamente, a ordem de fazer ou não fazer, ou, conforme o § 3º do art. 538, a de entregar, será ele considerado litigante de má-fé, sujeito às consequências dessa conduta ilícita (arts. 80 e 81). Pode, contudo o executado apresentar justificativa para o descumprimento da ordem, como a prática do ato antes da intimação de ordem de não fazer, ou o perecimento da coisa. O juiz não instaurará processo por crime de desobediência do executado, apenas determinará a extração e remessa de cópias das peças ao Ministério Público para que esse órgão proceda de acordo com as normas constitucionais e legais incidentes. A comunicação ao Ministério Público poderá ser feita pelo exequente ou por qualquer pessoa, tratando-se de crime de ação pública.

Tal como o § 6º do anterior art. 461, o § 1º do seguinte art. 537 permite ao juiz alterar o valor da multa ou a periodicidade da multa a se vencer, ou mesmo excluir a incidência dela. Isto ele fará nos casos dos dois incisos do parágrafo. Assim procederá se a multa se tornou insuficiente, como no caso em que, para o executado, o pagamento dela é preço aceitável do inadimplemento, ou excessiva, onerando o executado (art. 805). Assim se lê o inciso I. O *caput* também incide se o obrigado, isto é, o executado mostrar o cumprimento parcial da obrigação, caso em que a multa pode ser reduzida parcialmente, ou justificar o descumprimento das razões apreciadas pelo juiz (inc. II).

O § 2º do art. 537 dispõe que o valor da multa será devido ao exequente, que poderá cobrá-la em execução por quantia certa, incidindo o inc. I do art. 515.

O § 3º determina que a multa seja depositada em juízo. Não depositada, o juiz considerará o executado litigante de má-fé, com a decorrente consequência (arts. 80 e 81), mas o inadimplemento não tipifica crime, por falta de previsão legal. Pode-se cobrar a multa mediante a aplicação das normas pertinentes ao cumprimento provisório da sentença que reconhece a obrigação de pagar quantia certa (arts. 520 a 522). Assim cobrada, a multa será depositada em juízo pois, claramente, o parágrafo só permite o levantamento dela após o trânsito em julgado da sentença a cujo cumprimento se esforce procedendo, que pode haver sido impugnada por recurso sem efeito suspensivo mas ainda pendente de julgamento. O levantamento pode ocorrer também na pendência do agravo em recurso especial ou recurso extraordinário, fundado nos incs. II ou III, não no inc. I do art. 1.042. Aqui, o legislador fez uma opção formulada com base num juízo de probabilidade. O levantamento se faz sem garantia, não prevista na lei, mas o executado que pagar a multa, com o terceiro, que a liquida por ele, terá direito de recebê-la de volta, inclusive por meio de execução (art. 515, inc. I, por extensão).

Sem correspondência no Código anterior, tal como os §§ 3º e 5º, o § 4º do art. 537 fixa o termo inicial de incidência da multa. Dispõe que ela será devida desde o dia em que ocorreu o descumprimento da decisão, ordenada pela intimação para cumprir a sentença, e não da decisão que cominou a penalidade. Conforme o parágrafo, a multa se verá acumulando enquanto não for cumprida a decisão cujo descumprimento foi feito quando de imposição dela. Vê-se, no parágrafo, que a incidência da multa, devida desde o descumprimento, ocorrerá antes da decisão que a impôs.

O § 5º permite que se aplique a multa, quando houver descumprimento da sentença que reconheça deveres de fazer e de não fazer de natureza não obrigacional. Esses deveres são definidos pelo direito material mas pode-se dizer que surgem quando não resultantes de obrigação, criada mediante os elementos essenciais à formação desse vínculo, como acontecerá, por exemplo, no descumprimento do dever de indenizar os danos causados pela litigância de má-fé (art. 18), ou de tomar alguma providência inerente à sentença, como a averbação da separação, do divórcio, da alteração do nome. Diga-se que, conforme o § 5º, o disposto no art. 537 incide não apenas quando o fazer, o não fazer, ou o dar decorrerem não de obrigação mas do cumprimento de dever criado pela lei.

Título III
DOS PROCEDIMENTOS ESPECIAIS
(ARTS. 539 A 770)

Observações – Sabe-se que o procedimento é o modo pelo qual se desenvolve um determinado processo, embora este substantivo seja também empregado para designar o que processo é, como se vê, no Capítulo XV deste Título III onde, sob o *nomen iuris* de procedimentos de jurisdição voluntária, são regulados, tanto o processo dessa espécie de jurisdição, dita também graciosa, quanto os modos pelos quais essa relação processual se desenvolve. Não pode haver movimento sem móvel, havendo, então, visível equívoco, quando se quer designar este por aquele.

Muitas vezes, o procedimento é estabelecido de acordo com a finalidade do processo. Tomem-se duas ações. Numa delas, se formula um pedido de consignação em pagamento; noutra o que se pede é a demarcação de uma área. Intui-se, sem qualquer esforço, que os dois processos não podem se mover do mesmo modo, porque uma coisa é oferecer uma quantia, e outra é fixar novos limites entre prédios.

Fortemente inspirado no Código de Processo Civil de 1973, o diploma de 2015 regulou, nos seus quatorze capítulos, os procedimentos mais comuns e, no décimo-quinto o processo e os procedimentos de jurisdição voluntária, agrupados em doze seções. Desnecessário dizer que, além desses procedimentos, vários outros obedecem a leis especiais que tratam a um só tempo da ação, do processo e do respectivo procedimento, como ocorre, por exemplo, nos casos da ação de dissolução da sociedade conjugal.

Examinam-se, aqui e agora, os procedimentos especiais, regulados no novo Código de Processo Civil, com a nota de que se apontam as repetições e as alterações com a finalidade de remeter à doutrina e à jurisprudência desses dispositivos. Assinalam-se e se explicam as inovações.

Distribuição da matéria.
Os procedimentos especiais, o Código os dispôs, no seu Livro IV, reunindo, no Título I, os de jurisdição contenciosa (arts. 890 a 1.102) e, no Título II, os de jurisdição voluntária (arts. 1.103 a 1.210). Com razão, já se assinalou, em autorizada doutrina, que a divisão, no direito positivo, entre as duas espécies, pode decorrer da vontade do legislador, que põe, numa categoria, o que, noutra lei, se encontra em parte diferente. A nota distintiva, entretanto, e a doutrina faz essa diferença, está em que a jurisdição contenciosa aplica o Direito para compor ou prevenir lides, como nos casos do interdito proibitório e das ações de manutenção e reintegração

na posse, enquanto a jurisdição voluntária administra interesses sociais relevantes, assim, por exemplo, a de interdição.

Capítulo I

Da Ação de Consignação em Pagamento
(arts. 539 a 549)

Art. 539. Nos casos previstos em lei, poderá o devedor ou terceiro requerer, com efeito de pagamento, a consignação da quantia ou da coisa devida.

§ 1º Tratando-se de obrigação em dinheiro, poderá o valor ser depositado em estabelecimento bancário, oficial onde houver, situado no lugar do pagamento, cientificando-se o credor por carta com aviso de recebimento, assinado o prazo de 10 (dez) dias para a manifestação de recusa.

§ 2º Decorrido o prazo do § 1º, contado do retorno do aviso de recebimento, sem a manifestação de recusa, considerar-se-á o devedor liberado da obrigação, ficando à disposição do credor a quantia depositada.

§ 3º Ocorrendo a recusa, manifestada por escrito ao estabelecimento bancário, poderá ser proposta, dentro de 1 (um) mês, a ação de consignação, instruindo-se a inicial com a prova do depósito e da recusa.

§ 4º Não proposta a ação no prazo do § 3º, ficará sem efeito o depósito, podendo levantá-lo o depositante.

Art. 540. Requerer-se-á a consignação no lugar do pagamento, cessando para o devedor, à data do depósito, os juros e os riscos, salvo se a demanda for julgada improcedente.

Art. 541. Tratando-se de prestações sucessivas, consignada uma delas, pode o devedor continuar a depositar, no mesmo processo e sem mais formalidades, as que se forem vencendo, desde que o faça em até 5 (cinco) dias contados da data do respectivo vencimento.

Art. 542. Na petição inicial, o autor requererá:
I – o depósito da quantia ou da coisa devida, a ser efetivado no prazo de 5 (cinco) dias contados do deferimento, ressalvada a hipótese do art. 539, § 3º;
II – a citação do réu para levantar o depósito ou oferecer contestação.
Parágrafo único. Não realizado o depósito no prazo do inciso I, o processo será extinto sem resolução do mérito.

Art. 543. Se o objeto da prestação for coisa indeterminada e a escolha couber ao credor, será este citado para exercer o direito dentro de 5 (cinco) dias, se outro prazo não constar de lei ou do contrato, ou para aceitar que o devedor a faça, devendo o juiz, ao despachar a petição inicial, fixar lugar, dia e hora em que se fará a entrega, sob pena de depósito.

Art. 544. Na contestação, o réu poderá alegar que:
I – não houve recusa ou mora em receber a quantia ou a coisa devida;
II – foi justa a recusa;
III – o depósito não se efetuou no prazo ou no lugar do pagamento;
IV – o depósito não é integral.
Parágrafo único.No caso do inciso IV, a alegação somente será admissível se o réu indicar o montante que entende devido.

Art. 545. Alegada a insuficiência do depósito, é lícito ao autor completá-lo, em 10 (dez) dias, salvo se corresponder a prestação cujo inadimplemento acarrete a rescisão do contrato.

§ 1º No caso do *caput*, poderá o réu levantar, desde logo, a quantia ou a coisa depositada, com a consequente liberação parcial do autor, prosseguindo o processo quanto à parcela controvertida.

§ 2º A sentença que concluir pela insuficiência do depósito determinará, sempre que possível, o montante devido e valerá como título executivo, facultado ao credor promover-lhe o cumprimento nos mesmos autos, após liquidação, se necessária.

Art. 546. Julgado procedente o pedido, o juiz declarará extinta a obrigação e condenará o réu ao pagamento de custas e honorários advocatícios.

Parágrafo único. Proceder-se-á do mesmo modo se o credor receber e der quitação.

Art. 547. Se ocorrer dúvida sobre quem deva legitimamente receber o pagamento, o autor requererá o depósito e a citação dos possíveis titulares do crédito para provarem o seu direito.

Art. 548. No caso do art. 547:
I – não comparecendo pretendente algum, converter-se-á o depósito em arrecadação de coisas vagas;
II – comparecendo apenas um, o juiz decidirá de plano;
III – comparecendo mais de um, o juiz declarará efetuado o depósito e extinta a obrigação, continuando o processo a correr unicamente entre os presuntivos credores, observado o procedimento comum.

Art. 549. Aplica-se o procedimento estabelecido neste Capítulo, no que couber, ao resgate do aforamento.

1. Observações. **2.** Repetições. **3.** Alterações. **4.** Inovações.

1. Observações – A disciplina da ação de consignação em pagamento, ou melhor, o procedimento do processo dessa ação, traçado nos arts. 539 a 549, onde se distingue normas de direito material, ficou muito próximo dos dispositivos do CPC de 1973. A leitura dos artigos, agora examinados, mostra que a nova lei se manteve fiel à antiga, razão por que é indispensável a consulta à doutrina e àjurisprudência anterior. Consoante o propósito deste livro, de tratar somente das inovações, apenas se assinalam aqui as repetições e as alterações, explicadas estas, na medida do necessário.

2. Repetições – A epígrafe deste Capítulo I é igual à do Capítulo I do Título I do Livro IV do Código anterior. Assim também o art. 539, que reproduz o art. 890. A epígrafe do vigente art. 544 é igual à do revogado art. 896, assim como os incisos II, III, IV e parágrafo único deste espelham iguais incisos daquele artigo. O parágrafo único do art. 546 é igual ao parágrafo único do anterior art. 897. Assim também o art. 549, cópia do art. 900.

3. Alterações – O § 1º do art. 539 omitiu a desnecessária referência do § 1º do art. 890 ao devedor e ao terceiro legitimado. Suprimiu-se ainda, corretamente, a referência à quantia devida, pois não se sabe se o depósito realmente corresponde a um débito, falando-se apenas em valor. Deixou-se de aludir àcorreção monetária porque ela é ínsita ao depósito bancário. Fala-se agora em carta com aviso de recebimento, em vez de recepção. O § 2º fez remissão ao § 1º, e não ao parágrafo anterior, como fazia a lei revogada. Trocou-se aí também o verbo "reputar" pelo verbo "considerar", mantendo-se todavia a mesóclise. No § 3º já não se mencionam devedor e terceiro, como anteriormente, falando-se apenas que a ação poderá ser proposta, evidentemente, pelo legitimado. Cabe dizer aqui que, feito o depósito por terceiro, a ação pode ser ajuizada pelo devedor e vice-versa porque a mora que leva à propositura é a mesma. A *fortiori*, se houver substituição processual (art. 18). O § 4º só difere de igual parágrafo do art. 890 por causa da remissão. Assinale-se, porém, que só o depositante, devedor ou terceiro, pode levantar o depósito, como estava e está no dispositivo.

No art. 540 apenas se suprimiu a supérflua oração "tudo que se efetue", sem contudo se alterar o sentido do texto.

O art. 541 substituiu prestações periódicas, do art. 892, por prestações sucessivas. A modificação é correta porque prestações periódicas nem sempre são prestações que se sucedem, um vínculo regencial. Anódina a troca de consignar, do texto anterior, por depositar. Irrelevantes a mudança da frase "que os depósitos sejam efetuados", do art. 892 por "desde que o faça". Desimportante a indicação do prazo de cinco dias também em algarismo.

O *caput* do art. 542 antepôs o adjunto adverbial no início da oração, como não fazia o anterior art. 893. O inciso I do artigo exprimiu também em numeral o prazo e trocou a remissão ao § 3º do art. 890 pela remissão ao § 3º do art. 539. O inc. II do mesmo art. 542 instituiu o substantivo **resposta**, de igual item do anterior art. 893 por **contestação**, indicando com isto que não se admite reconvenção na ação de que se trata. A incompetência e a suspeição se farão na conformidade do art. 146, admitida a alegação da primeira em preliminar da contestação (art. 337, II).

Distingue-se o art. 543 do velho art. 894 apenas porque se pôs no feminino **a** o objeto de **faça**, antes no masculino.

No inc. I do art. 544 somente se definiu pelo artigo a o substantivo coisa.

O art. 545, *caput*, é mais conciso que o anterior art. 899, pois se substituiu a oração temporal deste pela referência à alegação de insuficiência, que se faz sempre na contratação. O § 1º do artigo faz remissão ao seu *caput*, enquanto o § 1º do art. 899 refere-se à alegação de insuficiência do depósito. Adequada a eliminação, no § 2º, do adjunto "neste caso", de igual parágrafo do revogado art. 899, que não era necessário. Substituiu-se **execução** por **cumprimento**, para adequar a norma ao sistema do novo Código, onde não mais se fala em executar a sentença, mas, sim, em cumpri-la.

O art. 546 do novo Código avantaja o anterior art. 897 porque alude apenas à improcedência do pedido, não mais à falta da contestação e à ocorrência da revelia, porque essas circunstâncias não levam, necessariamente, à procedência do pedido, que pode ser rejeitado, apesar dessas anomalias, bastando imaginar-se o caso da questão da dívida dada a um devedor solidário. A alteração da última frase do art. 897, no texto do art. 546, onde se escreveu **de custas** e não mais **nas custas**, é irrelevante.

Comparem-se o art. 547 do novo Código e o art. 895 do antigo. Dizia este que, ocorrendo dúvida sobre quem devesse legitimamente receber o pagamento, o autor requeria o depósito e a citação dos que o disputavam para provarem o seu direito. Não tinha o autor meios de pedir a citação dos que disputavam o crédito, a menos que soubesse dessa disputa por manifestações omnimodamente feitas pelos postulantes, por exemplo, em depoimentos prestados neste juízo, declarações e escrituras. Mesmo assim, poderiam ficar de fora outras pessoas a cuja pretensão o consignante não teve acesso.

O art. 547 aprimorou o dispositivo que o precedeu. Manda ele que, se ocorrer dúvida sobre quem legitimamente deve receber o pagamento, dúvida dele, autor, requererá ele a citação dos possíveis titulares do crédito para provarem o seu direito. Possíveis titulares são as pessoas que possam deduzir pretensão ao crédito; pessoas determináveis, ou indetermináveis. Pense-se na hipótese de estar o credor, que não se consegue identificar, numa comunidade determinada, cujos membros, entretanto, não são conhecidos, como os sapateiros de certa cidade. Nesse caso, o credor é incerto. Imagine-se agora aquele caso em que, tendo assaltado algumas casas de certo bairro, fato também acontecido, os ladrões puseram o saque numa caixa que, ao fugirem da polícia, entregaram a um passante, situação em que esse receptor tem de entregar o dinheiro a quem pertença ou às partes. Nesta circunstância, os réus serão desconhecidos. Num como noutro caso, a citação se faz por edital. No primeiro, porque o credor é incerto; no segundo, porque desconhecido (art. 231, inc. I). Diferente será a situação em que, caso real, arrombadores de três das cinquenta caixas-fortes de um banco, na iminente chegada da polícia, saem em fuga, deixando dinheiro espalhado pelo chão. Aqui, o dinheiro será, por certo, de um dos três depositantes, para que provem o seu direito às espécies abandonadas. O art. 547 incide nas três hipóteses, sem que, em nenhuma delas, haja ainda disputa.

O art. 548, parcialmente extraído do anterior art. 898, que não se desdobra em incisos, determina, no primeiro deles, que, não comparecendo pretendente algum, o depósito se converterá em arrecadação de coisas vagas (art. 746, § 2º). Já não fala o novo Código em arrecadação de bens dos ausentes, como fazia o velho (art. 1.159, hoje, 744). O inc. II do art. 548 já se encontrava embutido no art. 898. Conforme o inciso III, se comparecerem mais de um pretendente, o juiz declarará efetuado o depósito e extinta a obrigação, evidentemente do devedor. Nesse caso, o processo continuará a correr, unicamente, entre os **presuntivos** credores que houverem comparecido.

4. Inovações – As alterações de textos trouxeram inovações, já apontadas no item anterior. Alude-se, neste, como se faz ao longo destas páginas, apenas aos dispositivos inteiramente novos para o processo.

Novo, no Capítulo, é apenas o parágrafo único do art. 542. Ele estipula que o processo será extinto por sentença terminativa, sem julgamento do mérito, se não se realizar o depósito da quantia ou da coisa devida, no prazo de cinco dias, contados do deferimento, ressaltada a hipótese do art. 539, § 3º. Entende-se esse parágrafo único porque o depósito da quantia, ou da coisa devida, é condição da ação, sem cujo preenchimento não se pode proferir sentença definitiva, de mérito.

Capítulo II

Da Ação de Exigir Contas
(Arts. 550 a 553)

Art. 550. Aquele que afirmar ser titular do direito de exigir contas requererá a citação do réu para que as preste ou ofereça contestação no prazo de 15 (quinze) dias.

§ 1º Na petição inicial, o autor especificará, detalhadamente, as razões pelas quais exige as contas, instruindo-a com documentos comprobatórios dessa necessidade, se existirem.

§ 2º Prestadas as contas, o autor terá 15 (quinze) dias para se manifestar, prosseguindo-se o processo na forma do Capítulo X do Título I deste Livro.

§ 3º A impugnação das contas apresentadas pelo réu deverá ser fundamentada e específica, com referência expressa ao lançamento questionado.

§ 4º Se o réu não contestar o pedido, observar-se-á o disposto no art. 355.

§ 5º A decisão que julgar procedente o pedido condenará o réu a prestar as contas no prazo de 15 (quinze) dias, sob pena de não lhe ser lícito impugnar as que o autor apresentar.

§ 6º Se o réu apresentar as contas no prazo previsto no § 5º, seguir-se-á o procedimento do § 2º, caso contrário, o autor apresentá-las-á no prazo de 15 (quinze) dias, podendo o juiz determinar a realização de exame pericial, se necessário.

Art. 551. As contas do réu serão apresentadas na forma adequada, especificando-se as receitas, a aplicação das despesas e os investimentos, se houver.

§ 1º Havendo impugnação específica e fundamentada pelo autor, o juiz estabelecerá prazo razoável para que o réu apresente os documentos justificativos dos lançamentos individualmente impugnados.

§ 2º As contas do autor, para os fins do art. 550, § 5º, serão apresentadas na forma adequada, já instruídas com os documentos justificativos, especificando-se as receitas, a aplicação das despesas e os investimentos, se houver, bem como o respectivo saldo.

Art. 552. A sentença apurará o saldo e constituirá título executivo judicial.

Art. 553. As contas do inventariante, do tutor, do curador, do depositário e de qualquer outro administrador serão prestadas em apenso aos autos do processo em que tiver sido nomeado.

Parágrafo único. Se qualquer dos referidos no *caput* for condenado a pagar o saldo e não o fizer no prazo legal, o juiz poderá destituí-lo, sequestrar os bens sob sua guarda, glosar o prêmio ou a gratificação a que teria direito e determinar as medidas executivas necessárias à recomposição do prejuízo.

1. Observações. 2. Alterações. 3. Inovações.

1. Observações – Corretamente, o Capítulo II não define a obrigação de apontar custas, assunto do direito material. O Código de Processo

Civil adota normas através das quais se aplicam a regra jurídica incidente, valendo-se do importe fático, que é a lide, e do jurídico, consistente na norma ou normas que presidem a relação.

Na prestação de contas, há a obrigação do devedor de demonstrá-las e o direito do credor de exigi-las, a menos que errôneas, ou incompletas. A ação foi instituída para a satisfação do direito do credor às contas e também do direito do devedor de livrar-se da obrigação.

Neste tipo de ação, ou melhor, de processo, tem significativo uso da prova pericial (art. 550, § 6º), sem que contudo o juiz fique adstrito a ela (art. 479), adiante do princípio do livre convencimento (art. 371).

Sobre a ação de oferecimento de outras, o item seguinte.

2. Alterações – A epígrafe do Capítulo II é diferente da epígrafe do revogado Capítulo V. O Título desta aludia à ação de prestação de contas, ao passo que o atual fala em ação de exigir contas. O CPC de 1973, no art. 914, falava em ação de prestação de contas de quem tivesse o direito de exigi-las (inc. I), com a obrigação de prestá-las (inc. II). Não mais. No procedimento regulado no art. 550 e seguintes, o citado Código só regula a ação de exigir contas. Esta, entretanto, seguirá pelo procedimento comum com subsídios do procedimento especial. Aqui o devedor pedirá a citação do credor, oferecendo as contas com a inicial. O credor a contestará, podendo retificá-las e o juiz julgará, depois da intimação que dificilmente dispensará a prova pericial. Cabe a procedência parcial do pedido, ficando o autor exonerado da obrigação, nesta parte.

O art. 550 assemelha-se ao revogado art. 965, dando ao réu, entretanto, não mais o prazo de cinco dias, porém o de quinze para prestar contas, ou contestar. A prestação de contas tem a natureza de resposta, submetida ao tempo regular de contestação. O *caput* do artigo fala na simples afirmação do dever de prestar como fundamento da legitimidade, que existe quando conciliar o pedido do autor com o esquema estabelecido pela lei. Basta a assunção para legitimar, ainda que direito não exista e a falta dele poderá ser arguida na contestação.

Mais sintético do que o § 1º do anterior art. 954, o § 2º do art. 550 aumentou de cinco para quinze dias o prazo para a manifestação do autor. A partir daí, de acordo com essa norma, o procedimento passa a ser o do Capítulo X do Título I do Livro I da Parte Especial (q.v.).

O § 2º do anterior art. 914 foi desdobrado nos §§ 4º e 5º do seguinte art. 550. Previa nessa parte do § 2º que, se o réu não contestasse a ação, ou não negasse a obrigação de prestar, incidiria o art. 330 da antiga lei. O atual § 4º já não fala na alegação de falta de obrigação de prestar contas, mas só na contestação que, como defesa, negará a obrigação. Nesse caso, observa-se o art. 355. A segunda parte do § 2º do revogado art. 914 está agora no § 5º do art. 550, onde se fala, corretamente, em procedência do pedido, no lugar de procedência da ação, e se aumenta de quarenta e oito horas para quinze dias o prazo de prestação das contas. O § 6º não fica longe do anterior § 3º, mas não fala em prudente arbítrio do juiz, em prova pericial **contábil** porque a prova atenderá as necessidades da instrução (arts. 464).

4. Inovações – Sem correspondente no Código anterior, o § 1º do art. 550 explicita, na verdade, o que, implicitamente, se encontra no inc. III do art. 319. O advérbio **detalhadamente**, exige que o autor explique o seu pedido, mostrando as contas que não foram prestadas, sem necessidade de ditar-se na demonstração de cada parcela, a menos que deva-se assinalar particularidade relativa a alguma delas. Os documentos a que alude o parágrafo são os que demonstram a obrigação, de prestar contas, provando os fatos que a determinaram. É explicativa a oração condicional "se existirem" *ad impossibilia nemo tenetur*, bastando que o autor aluda à inexistência e à sua causa. O parágrafo trata, na realidade, da causa de pedir, consubstanciada no fato gerador que criou a obrigação e as consequências jurídicas que o autor lhe atribui, a responsabilidade do obrigado a prestá-las.

Sem correspondente no velho diploma, também o § 3º do art. 550 explicita obrigação inerente ao contraditório. Não basta que o autor impugne, vagamente, as contas apresentadas pelo réu. É preciso que ele fundamente a impugnação, explicando a erronia das contas apresentadas, ainda quando ela se limitar a uma ou algumas geradas.

O § 1º do art. 551, outra inovação, mostra quão complexo pode tornar-se o desenvolvimento do processo de prestação de contas. Se o autor impugnar a prestação, o juiz determinará que o réu apresente os documentos que demonstrem a correção dos lançamentos, fixando prazo razoável para que o faça. Mede-se a razoabilidade, considerando-se a natureza dos lançamentos, se intrincado ou simples. Pode haver agravo de instrumento da decisão que dá prazo excessivo, não razoável ao réu. Fundar-se-á o agravo no inc. VI do art. 1.015, pois se trata de ato decisório inerente à exibição de documento.

CAPÍTULO III

DAS AÇÕES POSSESSÓRIAS
(ARTS. 554 A 568)

SEÇÃO I

DISPOSIÇÕES GERAIS
(ARTS. 554 A 559)

Art. 554. A propositura de uma ação possessória em vez de outra não obstará a que o juiz conheça do pedido e outorgue a proteção legal correspondente àquela cujos pressupostos estejam provados.

§ 1º No caso de ação possessória em que figure no polo passivo grande número de pessoas, serão feitas a citação pessoal dos ocupantes que forem encontrados no local e a citação por edital dos demais, determinando-se, ainda, a intimação do Ministério Público e, se envolver pessoas em situação de hipossuficiência econômica, da Defensoria Pública.

§ 2º Para fim da citação pessoal prevista no § 1º, o oficial de justiça procurará os ocupantes no local por uma vez, citando-se por edital os que não forem encontrados.

§ 3º O juiz deverá determinar que se dê ampla publicidade da existência da ação prevista no § 1º e dos respectivos prazos processuais, podendo, para tanto, valer-se de anúncios em jornal ou rádio locais, da publicação de cartazes na região do conflito e de outros meios.

Art. 555. É lícito ao autor cumular ao pedido possessório o de:
I – condenação em perdas e danos;
II – indenização dos frutos.
Parágrafo único. Pode o autor requerer, ainda, imposição de medida necessária e adequada para:
I – evitar nova turbação ou esbulho;
II – cumprir-se a tutela provisória ou final.

Art. 556. É lícito ao réu, na contestação, alegando que foi o ofendido em sua posse, demandar a proteção possessória e a indenização pelos prejuízos resultantes da turbação ou do esbulho cometido pelo autor.

Art. 557. Na pendência de ação possessória é vedado, tanto ao autor quanto ao réu, propor ação de reconhecimento do domínio, exceto se a pretensão for deduzida em face de terceira pessoa.

Parágrafo único. Não obsta à manutenção ou à reintegração de posse a alegação de propriedade ou de outro direito sobre a coisa.

Art. 558. Regem o procedimento de manutenção e de reintegração de posse as normas da Seção II deste Capítulo quando a ação for proposta dentro de ano e dia da turbação ou do esbulho afirmado na petição inicial.

Parágrafo único. Passado o prazo referido no *caput*, será comum o procedimento, não perdendo, contudo, o caráter possessório.

Art. 559. Se o réu provar, em qualquer tempo, que o autor provisoriamente mantido ou reintegrado na posse carece de idoneidade financeira para, no caso de sucumbência, responder por perdas e danos, o juiz designar-lhe-á o prazo de 5 (cinco) dias para requerer caução, real ou fidejussória, sob pena de ser depositada a coisa litigiosa, ressalvada a impossibilidade da parte economicamente hipossuficiente.

1. Observações. **2.** Repetições. **3.** Alterações. **4.** Inovações.

1. Observações – O Capítulo III do Título III do Livro I da Parte Especial do novo Código distribuiu em três seções as ações possessórias, significando as ações que buscam a tutela da posse turbada, esbulhada ou ameaçada, o processo que a propositura delas desencadeia e o respectivo procedimento.

O legislador teve o cuidado de não se intrometer na seara do direito material, definindo figuras como posse, turbação, esbulho. As ações de que trata o Capítulo III são possessórias, não petitórias. O Código distribui a matéria em três seções distintas, às quais se dedicam estas notas com a repetida advertência de que elas focalizam, rapidamente, as repetições e alterações, para fazer remissão à doutrina e à jurisprudência das normas repetidas ou alteradas, destinam-se a analisar as inovações.

2. Repetições – A epígrafe do Capítulo ou elemento repete, literalmente, a do Capítulo V do Título I do Livro IV do CPC de 1973. Também o *caput* e o inc. I do art. 555 reproduzem iguais partes do art. 94. O art. 556 é igual ao art. 922. Essas, as repetições fiéis.

3. Alterações – Na Seção I, aqui comentada, aparecem textos constantes do Código anterior, alguns ligeiramente modificados.

No *caput* do art. 554, apenas se trocou o substantivo **requisito** do art. 920 do Código anterior, por **pressupostos**. De rigor, ambos os objetivos exprimem a mesma ideia, sem que a substituição altere o sentido da tutela.

No art. 555, o inc. II permite ao autor a cumulação, que já era permitida no diploma revogado, ao pedido possessório do de indenização por frutos perdidos ou danificados, em decorrência da turbação ou do esbulho. Essa cumulação se permite também no pedido de interdito, bastando imaginar-se que só avança contra quem a ele se insurja, possa causar algum prejuízo, como o afastamento de pretendentes à aquisição dos frutos que terminam por se deteriorarem. O parágrafo único do mesmo art. 555, não se afasta, na essência, de igual princípio do 921.

O novo Código trouxe um acréscimo ao texto do art. 557. Permite que se deduza a pretensão contra terceira pessoa porque a lide é outra, já que se distingue o pedido de tutela possessória do pedido de reconhecimento. Então, por exemplo, pode o autor pedir a manutenção da posse contra uma pessoa e o reconhecimento de que adquiriu a propriedade por usucapião, contra outra, chamada, no texto, de terceira. Mais técnico do que o anterior art. 923, o parágrafo único do art. 557 permite que se peça a manutenção na posse turbada, ou a reintegração na posse esbulhada, ainda que se alegue a propriedade ou outro direito sobre a coisa. Também aqui se reconhece a autonomia da posse, desgarrada do domínio no qual é fenômeno estranho. Nada em comum existe entre posse e propriedade, embora se possa depor, para ênfase, que aquela decorra da aquisição desta.

O art. 558 desdobrou, no parágrafo único, a última proposição do art. 924 do código anterior. Mudou o verbo **intentar** pelo verbo **propor** e alterou a remissão, feita agora à Seção II do Capítulo ora examinado.

O art. 559 mudou, corretamente, o errôneo "decair da ação", do revogado art. 925 por **sucumbência**, pois não se decai da ação, como direito à jurisdição. Trocou-se a mesóclise **assinar-lhe-á** por **designar-se-á**. Trouxe um benefício à parte hipossuficiente, que, pela falta de recursos, se encontra impossibilitada de prestar caução real ou fidejussória. A hipossuficiência prova-se nos próprios autos, se não demonstrada anteriormente. Rejeitada a arguição de hipossuficiência como peremptória da ação, ou incidentalmente, fica o autor obrigado à garantia. Quanto ao depósito, não houve modificação do direito anterior (q.v.).

4. Inovações –Os três parágrafos do art. 554 não constavam do art. 920. O § 1º já se pergunta se se assemelha ao § 1º do art. 253. Não. Ele trata da limitação do litisconsórcio facultativo, o que não ocorre naquele parágrafo, onde se cuida de situação diferente. Conforme esse parágrafo, se a ação for proposta contra grande número de pessoas, citam-se, pessoalmente, os ocupantes aos quais se imputa a turbação, ou o esbulho. Só se consideram não encontrados no local, os que dele se houverem afastado; não os que, ocasionalmente, não se localizarem, como as pessoas que, por exemplo, saíram para trabalhar, ou se encontram em viagem. O § 2º do art. 554 reputa insuficiente a ausência do citando procurado somente uma vez, mas não se aplica ao caso da ausência ocasional. Ainda no § 1º, é preciso que o juiz estabeleça o que seja "grande número", situação indefinida, que o próprio órgão jurisdicional definirá, à vista das circunstâncias. A citação por edital se fará nos termos dos arts. 256

a 258. O Ministério Público só será intimado, no caso de citação por edital para intervir como fiscal da lei, desnecessária a intimação dele se já estiver no processo por outro motivo que justifique a sua presença ali. Se impossível a determinação da hipossuficiência das pessoas não encontradas, o juiz determinará a intimação do Ministério Público e, simultaneamente, da Defensoria, à qual incumbirá encontrar os citandos pobres e permanecer no feito, se não o conseguir.

O § 3º ordena a ampla publicidade da ação, mas só no caso do § 2º. Aí, a citação por edital será complementada pelos meios indicados, tudo cobrado do autor (art. 82, § 2º). O juiz estabelecerá a região, o número de cartazes e outros meios, como o anúncio feito em veículos munidos de alto-falantes.

No art. 555, o inc. II explicita o que já estava implícito no Código anterior, que não proibia a cumulação de pedidos, no caso cumulação sucessiva porque tem por prejudicial o interdito de manutenção ou de reintegração. O art. 555 não repetiu o anterior art. 921. Norma nova, o inciso II do parágrafo único desse artigo permite ao juízo impor medida necessária e adequada para evitar nova turbação ou esbulho. Essa medida não constará somente da sentença, mas pode ser imposta na decisão concessiva da liminar, contanto que a requeira o autor, desobrigado de explicitar a providência, que pode ser alterada e substituída, se se tornar frustrânea a anterior. Essa medida pode constituir uma restituição da coisa ao *statu quo ante*, como se fosse sentença proferida na ação incidental de atentado (art. 879, III, do Código anterior).

Seção II
Da Manutenção E Da Reintegração De Posse
(arts. 560 a 566)

Art. 560. O possuidor tem direito a ser mantido na posse em caso de turbação e reintegrado em caso de esbulho.

Art. 561. Incumbe ao autor provar:
 I – a sua posse;
 II – a turbação ou o esbulho praticado pelo réu;
 III – a data da turbação ou do esbulho;
 IV – a continuação da posse, embora turbada, na ação de manutenção, ou a perda da posse, na ação de reintegração.

Art. 562. Estando a petição inicial devidamente instruída, o juiz deferirá, sem ouvir o réu, a expedição do mandado liminar de manutenção ou de reintegração, caso contrário, determinará que o autor justifique previamente o alegado, citando-se o réu para comparecer à audiência que for designada.

Parágrafo único. Contra as pessoas jurídicas de direito público não será deferida a manutenção ou a reintegração liminar sem prévia audiência dos respectivos representantes judiciais.

Art. 563. Considerada suficiente a justificação, o juiz fará logo expedir mandado de manutenção ou de reintegração.

Art. 564. Concedido ou não o mandado liminar de manutenção ou de reintegração, o autor promoverá, nos 5 (cinco) dias subsequentes, a citação do réu para, querendo, contestar a ação no prazo de 15 (quinze) dias.

Parágrafo único. Quando for ordenada a justificação prévia, o prazo para contestar será contado da intimação da decisão que deferir ou não a medida liminar.

Art. 565. No litígio coletivo pela posse de imóvel, quando o esbulho ou a turbação afirmado na petição inicial houver ocorrido há mais de ano e dia, o juiz, antes de apreciar o pedido de concessão da medida liminar, deverá designar audiência de mediação, a realizar-se em até 30 (trinta) dias, que observará o disposto nos §§ 2º e 4º.

§ 1º Concedida a liminar, se essa não for executada no prazo de 1 (um) ano, a contar da data de distribuição, caberá ao juiz designar audiência de mediação, nos termos dos §§ 2º a 4º deste artigo.

§ 2º O Ministério Público será intimado para comparecer à audiência, e a Defensoria Pública será intimada sempre que houver parte beneficiária de gratuidade da justiça.

§ 3º O juiz poderá comparecer à área objeto do litígio quando sua presença se fizer necessária à efetivação da tutela jurisdicional.

§ 4º Os órgãos responsáveis pela política agrária e pela política urbana da União, de Estado ou do Distrito Federal e de Município onde se situe a área objeto do litígio poderão ser intimados para a audiência, a fim de se manifestarem sobre seu interesse no processo e sobre a existência de possibilidade de solução para o conflito possessório.

§ 5º Aplica-se o disposto neste artigo ao litígio sobre propriedade de imóvel.

Art. 566. Aplica-se, quanto ao mais, o procedimento comum.

1. Observações. 2. Repetições. 3. Alterações. 4. Inovações. 5. Cumulação de pedidos.

1. Observações – As ações de manutenção e reintegração de posse são, se se permite o truísmo, ações de proteção da posse, tal como o interdito proibitório. Não visam à proteção de propriedade, que se obtém por outros meios, como a decisão, a demarcação, em cujos processos se podem pedir, incidentalmente, as medidas protetivas, como da retirada de muros já fincados. Pouco inovou o CPC de 2015 no trato dos dois institutos e também do interdito proibitório. Corretamente, o novo Código não define posse, turbação, esbulho, nem traça a diferença entre essas duas violações à posse, como não explica, no tocante ao interdito, posse direta e indireta, ou justo rateio, tudo isso objeto do direito material.

Na substância, turbação e esbulho se assemelham porque ambos molestam a posse, direito de alguém, pessoa física, jurídica ou formal. Tanto o possuidor quanto o turbador ou esbulhador podem ser pessoa jurídica, ou formal, esta a universalidade despojada de personalidade, como, v.g., a herança, a massa falida, ou a pessoa jurídica em constituição. A posse é direito pessoal. Essa natureza não impede todavia que ela seja exercida por pessoas morais, ou que delas parta o ato de agressão.

Sobre cumulação de pedidos de manutenção, reintegração, interdito, veja-se o quinto item desta exposição.

2. Repetições – A epígrafe da Seção II do Capítulo II do Título III do Livro I da Parte Especial do Código de 2015 é rigorosamente igual à do Capítulo V do Título I do Livro IV do diploma de 1973. Fiéis à tradição, falam ambas em manutenção e reintegração de posse, quando correto seria propor aos dois substantivos a aglutinação **na**. Há, entretanto, também na linguagem científica, palavras e expressões que permanecem pela tradição, como no caso do instituto objeto da Seção.

Verifica-se também repetição, no *caput* do art. 561 e nos seus incs. I a III, iguais ao art. 927 da lei anterior, também no art. 563. Repetição verifica-se, por igual, no parágrafo único do art. 562, que reproduz, *verbatim*, o parágrafo único do revogado art. 928.

3. Alterações – O art. 560 é gêmeo do art. 926 do Código anterior, dele se diferençando pela troca da partícula **no** pela preposição **em**.

O inc. IV do art. 561 diferencia-se de igual inciso do art. 927 pela substituição do ponto e vírgula pela conjunção **ou**.

No art. 562, eliminou-se o ponto e vírgula, existente após o substantivo **reintegração**, no extinto art. 928, colocando-se ali uma vírgula que desconserta o texto. Suprimiu-se sem a variação **no** do texto precedente. Como se vê, não se alterou a redação do art. 928, nem o seu sentido.

O art. 563 do novo Código substituiu a oração "julgada procedente a justificação" por "considerada suficiente a justificação". Correta a troca porque a justificação de que trata o art. 562 é incidente de prova porque visa ao convencimento do juiz. Inconvincente a justificação, o juiz negará a liminar. Convencido pela justificação do alegado pelo autor, ele outorgará a providência, salvo se verificar a existência de algum óbice àconcessão, como, por exemplo, a falta de uma condição da ação ou pressuposto processual.

O art. 564 é diferente, na redação, do anterior art. 930. O gerúndio **querendo**, que não constava do texto revogado, é desnecessário porque também a contestação é regida pelo princípio dispositivo. O réu contesta, se quiser, sem necessidade de autorização legal. Demasiada a referência ao prazo da contestação, que só seria recomendável se o prazo fosse diferente do estabelecido no art. 335. No parágrafo único eliminou-se a remissão de igual ponto do art. 930 do CPC anterior e substitui-se a palavra **despacho** por **decisão**, pois o ato de deferimento ou indeferimento é interlocutório.

Em harmonia com a sistemática do novo Código, que instituiu o procedimento comum em vez do ordinário, o art. 566 modificou o texto do revogado art. 931, que aludia a esta espécie.

4. Inovações – São poucas as inovações da Seção II. Sem correspondente no Código revogado, o art. 565, *caput*, não proíbe a outorga de liminar no litígio coletivo pela posse do imóvel. Esse litígio caracteriza-se pelo litisconsórcio ativo quando ocorre litígio coletivo, ação concreta se extrai das normas regentes das ações transindividuais. A outorga da liminar, ou a denegação dela dependem da audiência, isto é, a apreciação do respectivo pedido, será, necessariamente, precedida de audiência de mediação, que se realizará num trintídio, observadas as normas dos §§ 2º e 4º, que já se examinarão. Os autores não podem, nem sozinhos, nem com a aquiescência do réu, ou réus, dispensar essa audiência, que é ato de instrução, necessário ao convencimento do juiz. Pode qualquer autor abster-se de requerer a liminar que, neste caso, não será concedida. A desobediência da norma pela falta de designação da audiência não gera nulidade absoluta. O art. 277 incide, salvo se a parte ré alegar prejuízo do seu direito da ampla defesa, caso em que se anulará a decisão de deferimento e se designará a audiência. A audiência é de mediação; não de instrução e julgamento. Nela não se colhem provas. Apenas se busca levar as partes à autocomposição.

A situação contemplada no § 1º do art. 565 é diferente da prevista no seu *caput*. Esse parágrafo cuida da hipótese em que a liminar permanece sem efetivação por um ano. Foi concedida mas não executada, durante um ano, como se sua eficácia estivesse suspensa, ao longo desse período. Conforme o parágrafo, conta-se tal prazo a partir da data da distribuição da ação (arts. 284 a 286), não importa o tempo decorrido entre a demanda e a distribuição da ação judicial. Interprete-se, entretanto, a norma à luz do princípio feito, contudo, no § 2º do art. 223. Se distribuída a ação, a apreciação da liminar for feita além dos prazos previstos para isto, o autor não pode ser prejudicado pela deficiência do Judiciário. Conhecem-se casos em que mediaram meses entre a data da distribuição e o deferimento da liminar. Nessa hipótese, o prazo de um ano se contará, não a partir da distribuição, porém a partir da data da entrega da liminar. Decorrido um ano, o juiz designará audiência de mediação, que se regerá pelas normas reguladoras desse instituto.

Conforme o § 2º do art. 565, o Ministério Público será intimado para comparecer à audiência de mediação, ainda que não ocorra qualquer das hipóteses do art. 178. A Defensoria Pública só será intimada, se, no polo passivo ou ativo da relação processual, houver beneficiário de gratuidade de Justiça. Verificada a hipossuficiência somente no curso do processo, a Defensoria será intimada a partir daí.

O § 3º não trata da inspeção judicial (art. 481), embora possa proceder a ela. No caso do parágrafo, ele poderá, de ofício, ou a requerimento, comparecer à área objeto do litígio, quando a sua presença se fizer necessária ao cumprimento da liminar, exercendo a sua autoridade, ou melhor, a sua competência, que não se limita só ao poder de decidir. A presença do juiz viabiliza a efetivação da liminar de modo pacífico e adequado, sem excessos nem reduções.

Norma que constitui inovação, o § 4º permite ao juiz intimar as autoridades nele indicadas para comparecerem à audiência: todas, uma ou algumas delas. A ausência dessas pessoas gera a presunção do seu desinteresse. Comparecendo, numa posição que lembra o caso de *amicus curiae*, os comparecentes, além de afirmar a possibilidade de solução do conflito mediante autocomposição, auxiliarão o juiz para alcançar esse objetivo. Não se trata, porém, de intervenção, coercitiva ou voluntária, mas de simples comparecimento.

Novo também, o § 5º do mesmo art. 565 manda aplicar o disposto no *caput* do artigo e seus parágrafos ao processo cujo objeto for lide sobre propriedade de imóvel, como é o caso da ação reivindicatória. A regra aplica-se, pois, às ações petitórias.

Note-se, por derradeiro, que as disposições do art. 565 só se aplicam nos processos coletivos, não nos individuais. Busca-se o conceito da coletividade nos princípios disciplinadores das ações transindividuais, entre as quais se incluem os processos em que somente haja litisconsórcio.

5. Cumulação de pedidos – Nem o CPC de 1973, nem o atual Código de Processo Civil proíbem a cumulação de pedidos possessórios, inclusive com petitórios. Vejam-se os arts. 242 do velho Código e o art. 327 do vigente. Imagine-se uma área, dividida em porções. Numa delas, houve turbação da posse; noutra porção, esbulho possessório; relativamente a outra, há somente ameaça e o autor quer reivindicar uma quarta gleba.

Aplicar-se-á, na hipótese agora imaginada o art. 566, com as devidas modificações e incidentes.

Seção III
Do Interdito Proibitivo
(arts. 567 e 568)

Art. 567. O possuidor direto ou indireto que tenha justo receio de ser molestado na posse poderá requerer ao juiz que o segure da turbação ou esbulho iminente, mediante mandado proibitório em que se comine ao réu determinada pena pecuniária caso transgrida o preceito.

Art. 568. Aplica-se ao interdito proibitório o disposto na Seção II deste Capítulo.

1. Observações. 2. Alterações.

1. Observações – Ação também de natureza possessória, tanto que a legitimidade será do possuidor direto ou indireto, o interdito é caso de exercício de jurisdição de natureza preventiva. Ele se exerce para impedir o litígio entre o possuidor e a pessoa que ameaça molestar a posse. Desrespeitado o mandado proibitivo, a ação de interdito transforma-se em ação de manutenção ou de reintegração, sem necessidade de outra propositura. Não se trata de caso de uma ação por outra, porém de uma sucessão objetiva, configurada no prolongamento de tutela jurisdicional da posse.

2. Alterações – Sem repetições, salvo na epígrafe da seção e sem inovações, os arts. 567 e 568 se mantiveram rentes aos anteriores arts. 932 e 933, a cuja doutrina e jurisprudência se deve recorrer.

O texto do art. 567 é, praticamente, igual ao do revogado art. 932. Suprimiram-se, entretanto as vírgulas colocadas, no dispositivo revogado, depois do substantivo **indireto** e do substantivo **posse**. Trocou-se o verbo **impetrar** pelo verbo **requerer** e se antepôs uma vírgula à oração condicional "caso transgrida o preceito".

O art. 568 suprimiu a referência do anterior art. 933 à Seção anterior, fazendo revisão ao disposto na Seção II deste Capítulo III.

Capítulo IV

Das Ações de Divisão e da Renovação de Terras Particulares
(arts. 569 a 598)

1. Observações. 2. Divisão da matéria.

1. Observações – Sob a epígrafe Da Ação de Divisão e da Demarcação de Terras Particulares, o novo Código, tal como o antigo, disciplina o processo de duas ações autônomas: a de divisão e a de demarcação, tratando primeiro desta (arts. 574 a 587) e depois daquela (arts. 588 a 598). São ações que geram processos de procedimento complexo, inçado de tecnicidades. Não são ações possessórias, nem petitórias, mas de conteúdo declaratório e constitutivo.

A comparação dos artigos da nova lei com os da antiga mostra que ocorreram poucas inovações. Se essas ações estranhem as pessoas das cidades e metrópoles, são de inegável utilidade num país ainda novo em que as propriedades carecem de divisão e de demarcação, processos de grande utilidade, que dividem porções entre pessoas distintas, ou para uso da mesma pessoa, e estabelecem os seus limites.

Só se admitem essas ações para a divisão de demarcação de terras particulares. Eles não cabem no tocante às terras públicas, nem mesmo às devolutas, enquanto conservarem essa natureza.

2. Divisãoda matéria – As três dezenas de artigos deste Capítulo demonstram a complexidade dos processos de divisão e demarcação. O novo Código organiza a matéria em três seções distintas, a primeira delas voltada para as disposições gerais. A segunda, invertendo a ordem da epígrafe, regula a demarcação, e a terceira, a divisão. As diferentes normas são subsidiárias umas das outras. Na interpretação e aplicação dos artigos deve-se recorrer às lições da doutrina e aos julgados do Código anterior e dos seus precedentes.

Seção I
Das Disposições Gerais
(arts. 569 a 573)

Art. 569. Cabe:
 I – ao proprietário a ação de demarcação, para obrigar o seu confinante a estremar os respectivos prédios, fixando-se novos limites entre eles ou aviventando-se os já apagados;

II – ao condômino a ação de divisão, para obrigar os demais consortes a estremar os quinhões.

Art. 570. É lícita a cumulação dessas ações, caso em que deverá processar-se primeiramente a demarcação total ou parcial da coisa comum, citando-se os confinantes e os condôminos.

Art. 571. A demarcação e a divisão poderão ser realizadas por escritura pública, desde que maiores, capazes e concordes todos os interessados, observando-se, no que couber, os dispositivos deste Capítulo.

Art. 572. Fixados os marcos da linha de demarcação, os confinantes considerar-se-ão terceiros quanto ao processo divisório, ficando-lhes, porém, ressalvado o direito de vindicar os terrenos de que se julguem despojados por invasão das linhas limítrofes constitutivas do perímetro ou de reclamar indenização correspondente ao seu valor.

§ 1º No caso do caput, serão citados para a ação todos os condôminos, se a sentença homologatória da divisão ainda não houver transitado em julgado, e todos os quinhoeiros dos terrenos vindicados, se a ação for proposta posteriormente.

§ 2º Neste último caso, a sentença que julga procedente a ação, condenando a restituir os terrenos ou a pagar a indenização, valerá como título executivo em favor dos quinhoeiros para haverem dos outros condôminos que forem parte na divisão ou de seus sucessores a título universal, na proporção que lhes tocar, a composição pecuniária do desfalque sofrido.

Art. 573. Tratando-se de imóvel georreferenciado, com averbação no registro de imóveis, pode o juiz dispensar a realização de prova pericial.

1. Observações. 2. Repetições. 3. Alterações. 4. Inovações.

1. Observações – De que se trata de duas ações distintas, não bastasse a natureza de cada uma, fala o art. 570. A propositura delas desencadeia um processo, cujo procedimento se encontra minudenciado nos dispositivos regulares de cada feito,

2. Repetições – Só existe repetição literal nas epígrafes da Seção I e do *caput* do art. 569 e na epígrafe do Capítulo IV, igual à do anterior Capítulo VIII. Há, entretanto, alterações que não dissimulam a cópia de normas anteriores, ab-rogadas ainda quando as que as sucedem sejam semelhantes e tenham o mesmo sentido. A norma reguladora revoga a repetida, ainda quando do mesmo teor.

3. Alterações – O inc. I do art. 569 deslocou o objeto indireto **ao proprietário**, do anterior art. 946 para o início do período, sem alterar a norma. O inciso II substituiu, corretamente, a frase "partilha a coisa comum", do inciso II desse artigo para "estremar os quinhões". Parece inadequada a troca porque estremar não é dividir, separar, partir, como acontece na ação divisória. O sentido da norma, no entanto, é o mesmo.

No art. 570, que mostra serem distintas as ações de demarcação e de divisão, apenas se substituiu o anterior demonstrativo **destas** por **dessas**, a fim de indicar as duas ações. Nem sempre é fácil determinar o melhor cabimento dos dois pronomes.

Comparado o revogado art. 948 com o vigente 572, vê-se que, neste, se substituiu o indicativo **fica-lhes** pelo gerúndio **ficando-lhes** e se colocaram os verbos "indicar" e "reclamar" no infinitivo impessoal. No § 1º, remeteu-se ao *caput*, como não acontecia no art. 949. Demais disso, foi posta a oração condicional na ordem direta, trazendo-se à tona o sujeito **ação**. No § 2º, escreveu-se **a título** no lugar de **por título**.

4. Inovações – O art. 571 explicitou a possibilidade, já existente no Código anterior, embora não explicitada, de fazer-se a demarcação e a divisão por escritura pública, desde que maiores e capazes todos os interessados, demasiado o adjetivo plural **concordes**, pois se não houve acordo, escritura não haverá. Admite-se que por escritura só tem por acompanhante cópia do terreno demarcado ou dividido e não precisará ser homologada por sentença para produzir seus efeitos.

Sem correspondente no diploma anterior, o art. 573 permite ao juiz dispensar a prova pericial, se o imóvel for georreferenciado, isto é, demarcado. O georreferenciamento, palavra igual à demarcação, pode, entretanto, ser questionado, caso em que o juiz pode ordenar a prova pericial.

Seção II

Da Demarcação

(Arts. 574 a 587)

Art. 574. Na petição inicial, instruída com os títulos da propriedade, designar-se-á o imóvel pela situação e pela denominação, descrever-se-ão os limites por constituir, aviventar ou renovar e nomear-se-ão todos os confinantes da linha demarcanda.

Art. 575. Qualquer condômino é parte legítima para promover a demarcação do imóvel comum, requerendo a intimação dos demais para, querendo, intervir no processo.

Art. 576. A citação dos réus será feita por correio, observado o disposto no art. 247.

Parágrafo único. Será publicado edital, nos termos do inc. III do art. 259.

Art. 577. Feitas as citações, terão os réus o prazo comum de 15 (quinze) dias para contestar.

Art. 578. Após o prazo de resposta do réu, observar-se-á o procedimento comum.

Art. 579. Antes de proferir a sentença, o juiz nomeará um ou mais peritos para levantar o traçado da linha demarcanda.

Art. 580. Concluídos os estudos, os peritos apresentarão minucioso laudo sobre o traçado da linha demarcanda, considerando os títulos, os marcos, os rumos, a fama da vizinhança, as informações de antigos moradores do lugar e outros elementos que coligirem.

Art. 581. A sentença que julgar procedente o pedido determinará o traçado da linha demarcanda.
    Parágrafo único. A sentença proferida na ação demarcatória determinará a restituição da área invadida, se houver, declarando o domínio ou a posse do prejudicado, ou ambos.

Art. 582. Transitada em julgado a sentença, o perito efetuará a demarcação e colocará os marcos necessários.
    Parágrafo único. Todas as operações serão consignadas em planta e memorial descritivo com as referências convenientes para a identificação, em qualquer tempo, dos pontos assinalados, observada a legislação especial que dispõe sobre a identificação do imóvel rural.

Art. 583. As plantas serão acompanhadas das cadernetas de operações de campo e do memorial descritivo, que conterá:
    I – o ponto de partida, os rumos seguidos e a aviventação dos antigos com os respectivos cálculos;
    II – os acidentes encontrados, as cercas, os valos, os marcos antigos, os córregos, os rios, as lagoas e outros;
    III – a indicação minuciosa dos novos marcos cravados, dos antigos aproveitados, das culturas existentes e da sua produção anual;
    IV – a composição geológica dos terrenos, bem como a qualidade e a extensão dos campos, das matas e das capoeiras;
    V – as vias de comunicação;
    VI – as distâncias a pontos de referência, tais como rodovias federais e estaduais, ferrovias, portos, aglomerações urbanas e polos comerciais;
    VII – a indicação de tudo o mais que for útil para o levantamento da linha ou para a identificação da linha já levantada.

Art. 584. É obrigatória a colocação de marcos tanto na estação inicial, dita marco primordial, quanto nos vértices dos ângulos, salvo se algum desses últimos pontos for assinalado por acidentes naturais de difícil remoção ou destruição.

Art. 585. A linha será percorrida pelos peritos, que examinarão os marcos e os rumos, consignando em relatório escrito a exatidão do memorial e da planta apresentados pelo agrimensor ou as divergências porventura encontradas.

Art. 586. Juntado aos autos o relatório dos peritos, o juiz determinará que as partes se manifestem sobre ele no prazo comum de 15 (quinze) dias.

Parágrafo único. Executadas as correções e as retificações que o juiz determinar, lavrar-se-á, em seguida, o auto de demarcação em que os limites demarcandos serão minuciosamente descritos de acordo com o memorial e a planta.

Art. 587. Assinado o auto pelo juiz e pelos peritos, será proferida a sentença homologatória da demarcação.

1. Observações. **2.** Repetições. **3.** Alterações. **4.** Inovações.

1. Observações – Diferente da ação de divisão, a ação de demarcação pede que se delimite determinada área de terras particulares. Pode-se propor a ação de demarcação autonomamente, ou cumulada com a divisão, não importa a extensão da área. A sentença de procedência do pedido é declaratória porque não aumenta o espaço demarcando. Acontecendo essa anomalia, a sentença transitada em julgado será desconstituída por ação rescisória que, procedente o pedido, diminuirá o terreno demarcado da porção excessiva. Note-se que, após o prazo da resposta, o procedimento será o comum, mas com as adaptações inerentes ao pedido.

2. Repetições – Repete, literalmente, o Código anterior a epígrafe da Seção II e os incisos I, II e VII, iguais aos itens I, II e VII da lei revogada. Assim também o inc.V do art. 583, idêntico a igual item do art. 962. Todavia, encontram-se, nos textos dos artigos, repetições virtuais, já que alterados, por vezes minimamente, só na forma.

3. Alterações – Comparado com o anterior art. 950, vê-se que o art. 574 apenas antepôs ao substantivo "denominação" a aglutinação **pelo**.

Enquanto o anterior art. 952 falava em citação dos demais condôminos como litisconsortes, o art. 575 alude à intimação dos demais condôminos para intervir no processo. Essa intimação equivale à citação (art. 238) porque integra a pessoa intimada no processo. Não se fala em intimação de pessoa como litisconsorte porque o inquilino é chamado no processo para ser litisconsorte e, sim, para ficar nele, ocorrendo o litisconsórcio pela revisão de obras com mais pessoas no mesmo polo da relação processual. O comparecimento espontâneo supre a falta da intimação (art. 239, § 1º). O litisconsórcio de que trata o artigo é ativo e necessário, conforme o art. 114. Faltando a intimação, o parágrafo único do art. 115 **incide**.

O art. 576 manda que se citem os réus pelo correio, mas o art. 247 incide, não se fazendo a citação postal nos casos previstos nesta norma.

O parágrafo único do mesmo artigo manda que se publique edital. Grave aqui a situação prevista no inc. III do art. 254. A publicação do edital é condição de validade do processo, que não se supre pelo comparecimento de pessoas que a ele ocorrem, já que é indeterminável o número de interessados.

O art. 577 fixa o prazo de quinze dias, não mais de vinte, como no anterior art. 954, para a contestação. Conta-se o prazo na conformidade dos artigos regentes da contagem. O adjetivo **comum** não arreda a ocorrência do art. 229. Significa apenas que os réus terão, conjuntamente, o prazo de quinze dias para contestar, a partir da citação completa do último deles.

O art. 578, providencialmente mais singelo do que o anterior art. 995, manda observar o procedimento ordinário, depois do prazo para contestar, haja essa resposta, ou não. Inadmissível reconvenção nessa ação e na de divisão porque a sentença responderá a pretensão de todas as partes.

Mais simples que o revogado art. 956, o art. 579 determina que o juiz nomeie, a seu critério, um, dois, ou mais pleitos para levantar o traçado da linha demarcanda. Os peritos não precisam ser agrimensores, conquanto, obviamente, possam ter uma qualificação. Basta disporem dos conhecimentos técnicos. Admite-se a perícia feita por pessoa jurídica. Não se fala, como anteriormente, em perícia anterior àsentença definitiva mas o juiz não determinará a perícia se extinguir o processo por sentença terminativa, sem julgamento do mérito (art. 485). O art. 580 não difere do anterior art. 957, embora haja substituído **arbitradores** por **peritos**, e "tendo em vista" pelo gerúndio de "considerar".

O art. 581 fala, corretamente, em procedência do pedido e não da ação, como o art. 958. Cochilou, entretanto, o § 2º do art. 572, quando fala em procedência da ação.

O art. 582 desdobrou no *caput* e no parágrafo único, o anterior art. 959. A frase "tanto que passe" deste último foi substituída pela participação "transitada em julgado", sem que essa troca haja importado a alteração do sentido. Substituiu-se o substantivo **agrimensor** por **perito**, em consórcio com os arts. 579 e 580. A determinação da última parte do parágrafo único é ociosa porque a legislação especial seria aplicada mesmo sem a ressalva.

No *caput* do art. 583, o futuro do presente **acompanharão** foi substituído pela oração passiva "serão acompanhadas". Substituiu-se o artigo **o** pela preposição **do**, antes de "memorial descritivo". No inciso III, acrescentou-se **da** antes de "na produção animal". No item IV, aparece o artigo definido **a**, antes da extensão e a aglutinação **das** antes de capoeiras. O inciso VI refere-se a pontos da referência, que podem ser federais, estaduais e também municipais, apesar da omissão do dispositivo quanto a estes últimos. Melhor que a lei não houvesse se demorado nas especificações e aludisse apenas a pontos de referência.

No art. 584, substituiu-se o advérbio **assim** pela palavra **tanto**, da mesma categoria gramatical. Retirou-se a intercalada "marco primordial", agora integrada ao texto e mudou-se a conjunção **como** pelo advérbio **quanto**, assim como o demonstrativo **destes** por **desses**. O art. 585 substituiu a referência a arbitradores, do anterior art. 964, pela alusão aos peritos. Antepôs-se a **planta** a aglutinação **da**. Nada mais.

Juntado, em vez de **junto** é a mínima modificação do art. 586, onde se trocou a referência a **arbitradores** pela referência aos peritos, invertendo-se a ordem da frase "determinará o juiz" pela colocação do sujeito antes do verbo **determinará**. Alterou-se o prazo de dez para quinze dias. Desdobrou-se a segunda parte do revogado art. 965 no parágrafo único do novo art. 586. Eliminou-se a temporal "em seguida". Antepôs-se um **as** ao substantivo plural **retificações**. Trocou-se "que ao juiz pareçam necessárias" por "que o juiz determinará".

Finalmente, o art. 587 fala somente em peritos, não mais em arbitradores e agrimensor, do revogado art. 966.

Como se vê, as alterações da Seção II, em relação a igual ponto do Código anterior são irrelevantes quanto ao conteúdo, não modificado pela nova redação dos textos.

4. Inovações – A única inovação da Seção II está no parágrafo único do art. 581. A sentença ali aludida determinará a restituição da área invadida, óbvio que se houver a inversão, ao prejudicado, senhor, ou possuidor, ou a ambos, se existentes. Essa sentença não dependerá da integração dessas pessoas no processo ao qual podem ser alheias. Elas poderão pedir que se lhes entregue a posse ou a propriedade invadida, mas mediante a citação dos ocupantes invasores. Haverá aí o cumprimento da sentença, cuja ordem permitirá impugnação, ou embargos de terceiro.

Seção III

Da Divisão

(arts. 588 a 598)

Art. 588. A petição inicial será instruída com os títulos de domínio do promovente e conterá:

I – a indicação da origem da comunhão e a denominação, a situação, os limites e as características do imóvel;

II – o nome, o estado civil, a profissão e a residência de todos os condôminos, especificando-se os estabelecidos no imóvel com benfeitorias e culturas;
III – as benfeitorias comuns.

Art. 589. Feitas as citações como preceitua o art. 576, prosseguir-se-á na forma dos arts. 577 e 578.

Art. 590. O juiz nomeará um ou mais peritos para promover a medição do imóvel e as operações de divisão, observada a legislação especial que dispõe sobre a identificação do imóvel rural.

Parágrafo único. O perito deverá indicar as vias de comunicação existentes, as construções e as benfeitorias, com a indicação dos seus valores e dos respectivos proprietários e ocupantes, as águas principais que banham o imóvel e quaisquer outras informações que possam concorrer para facilitar a partilha.

Art. 591. Todos os condôminos serão intimados a apresentar, dentro de 10 (dez) dias, os seus títulos, se ainda não o tiverem feito, e a formular os seus pedidos sobre a constituição dos quinhões.

Art. 592. O juiz ouvirá as partes no prazo comum de 15 (quinze) dias.

§ 1º Não havendo impugnação, o juiz determinará a divisão geodésica do imóvel.

§ 2º Havendo impugnação, o juiz proferirá, no prazo de 10 (dez) dias, decisão sobre os pedidos e os títulos que devam ser atendidos na formação dos quinhões.

Art. 593. Se qualquer linha do perímetro atingir benfeitorias permanentes dos confinantes feitas há mais de 1 (um) ano, serão elas respeitadas, bem como os terrenos onde estiverem, os quais não se computarão na área dividenda.

Art. 594. Os confinantes do imóvel dividendo podem demandar a restituição dos terrenos que lhes tenham sido usurpados.

§ 1º Serão citados para a ação todos os condôminos, se a sentença homologatória da divisão ainda não houver transitado em julgado, e todos os quinhoeiros dos terrenos vindicados, se a ação for proposta posteriormente.

§ 2º Nesse último caso terão os quinhoeiros o direito, pela mesma sentença que os obrigar à restituição, a haver dos outros condôminos do processo divisório ou de seus sucessores a título universal a composição pecuniária proporcional ao desfalque sofrido.

Art. 595. Os peritos proporão, em laudo fundamentado, a forma da divisão, devendo consultar, quanto possível, a comodidade das partes, respeitar, para adjudicação a cada condômino, a preferência dos terrenos contíguos às suas residências e benfeitorias e evitar o retalhamento dos quinhões em glebas separadas.

Art. 596. Ouvidas as partes, no prazo comum de 15 (quinze) dias, sobre o cálculo e o plano da divisão, o juiz deliberará a partilha.

Parágrafo único. Em cumprimento dessa decisão, o perito procederá à demarcação dos quinhões, observando, além do disposto nos arts. 584 e 585, as seguintes regras:
I – as benfeitorias comuns que não comportarem divisão cômoda serão adjudicadas a um dos condôminos mediante compensação;
II – instituir-se-ão as servidões que forem indispensáveis em favor de uns quinhões sobre os outros, incluindo o respectivo valor no orçamento para que, não se tratando de servidões naturais, seja compensado o condômino aquinhoado com o prédio serviente;
III – as benfeitorias particulares dos condôminos que excederem à área a que têm direito serão adjudicadas ao quinhoeiro vizinho mediante reposição;
IV – se outra coisa não acordarem as partes, as compensações e as reposições serão feitas em dinheiro.

Art. 597. Terminados os trabalhos e desenhados na planta os quinhões e as servidões aparentes, o perito organizará o memorial descritivo.

§ 1º Cumprido o disposto no art. 586, o escrivão, em seguida, lavrará o auto de divisão, acompanhado de uma folha de pagamento para cada condômino.

§ 2º Assinado o auto pelo juiz e pelo perito, será proferida sentença homologatória da divisão.

§ 3º O auto conterá:
I – a confinação e a extensão superficial do imóvel;
II – a classificação das terras com o cálculo das áreas de cada consorte e com a respectiva avaliação ou, quando a homogeneidade das terras não determinar diversidade de valores, a avaliação do imóvel na sua integridade;
III – o valor e a quantidade geométrica que couber a cada condômino, declarando-se as reduções e as compensações resultantes da diversidade de valores das glebas componentes de cada quinhão.

§ 4º Cada folha de pagamento conterá:
I – a descrição das linhas divisórias do quinhão, mencionadas as confinantes;
II – a relação das benfeitorias e das culturas do próprio quinhoeiro e das que lhe foram adjudicadas por serem comuns ou mediante compensação;
III – a declaração das servidões instituídas, especificados os lugares, a extensão e o modo de exercício.

Art. 598. Aplica-se às divisões o disposto nos arts. 575 a 578.

1. Observações. 2. Repetições. 3. Alterações. 4. Inovações.

1. Observações – A ação de divisão, assim chamada pela sentença que busca, é constitutiva porque, repartindo a terra, cria uma nova situação jurídica. Rejeitado o pedido, a sentença será declaratória negativa, como são todas as sentenças de improcedência.

Não cabe cogitar da ação de divisão, tampouco da ação de demarcação, pelo dono que quer dividir ou demarcar em seu favor porque isto ele pode fazer, e deve fazer sem vir a juízo, por ato unilateral, suscetível de dar origem a uma lide cuja composição pode depender da prestação jurisdicional. O processo da ação que o proprietário propusesse só para demarcar ou dividir, sem ajuizá-la contra um réu, estava fadado à extinção por sentença terminativa.

De novo, a ação de divisão pode ser proposta independentemente da ação de demarcação porque uma coisa é demarcar e outra, dividir, concebendo-se a divisão de área não demarcada.

2. Repetições – Encontram-se repetições, *verbum de verbo*, na epígrafe da Seção III, igual à Seção do mesmo número do Capítulo VIII do Título I do Livro IV do CPC de 1973, bem como nos incs. I e III do art. 588, iguais aos incs. II e III do revogado art. 967. O art. 593 repete o art. 973 do Código anterior. Os itens I, II e IV do vigente art. 596 é reprodução fiel dos incs. I, II e IV do art. 979.

No art. 597 o *caput* do § 3º e seus incs. I e III espelham iguais partes do anterior art. 980. Ainda nesse artigo, o § 4º e seu inc. I são iguais ao § 2º e inc. I do mesmo art. 980.

3. Alterações – O *caput* do art. 588 suprimiu a referência aos requisitos da inicial, feita no anterior art. 967. O inciso I só é diferente de igual inciso do art. 967 pela anteposição do artigo **as** ao substantivo plural **características**, posto agora no feminino.

O art. 589 apenas fez remissão aos artigos do Código, como figura o art. 968, remetendo a dispositivos do diploma revogado.

O art. 590 é diferente do anterior art. 956. Fala em peritos, não mais em arbitradores e agrimensor, embora aqueles possam ter a qualificação destes. Medição do imóvel é a determinação das medidas de todos os lados, o que equivale a levantamento do traçado, referido no artigo anterior. É ociosa a determinação de observância da lei especial, que se aplica, independentemente da remissão. Obviamente, não haverá a nomeação se o juiz extinguir o processo sem julgamento do mérito ao qual a medição do imóvel está vinculada.

O art. 591 fala "dentro de 10 (dez) dias", e não mais "dentre em", como no art. 970. A indicação do prazo é feita agora também em numerais, posto entre parênteses o extenso correspondente.

O *caput* do art. 592 aumentou o prazo de dez dias, assinado no anterior art. 971, para quinze dias. Os §§ 1º e 2º resultaram da divisão do parágrafo único do anterior art. 971.

A norma do *caput* do art. 594 é igual à do *caput* do revogado art. 974, mas com oportuna substituição da frase "é lícito" pelo verbo **podem**.

Apesar da troca da oração "se ainda não transitou em julgado a sentença" pela oração "se a sentença homologatória da divisão ainda não houver transitado em julgado", o § 1º do art. 594 não é diferente do § 1º do art. 974. Igual ao § 2º deste artigo, o § 2º do art. 594 mudou a aglutinação **neste** por **nesse** e reiterou as vírgulas postas, no texto anterior, antes de "ou de seus sucessores" e depois de "universal".

No art. 595, fala-se "nos peritos" e não mais nos arbitradores e agrimensor.

O art. 596 aumentou o prazo de um decêndio, assinalado no anterior art. 979 para quinze dias e antepôs o sujeito no verbo **deliberará**. O parágrafo único desse artigo, é desdobramento do anterior art. 979, com alteração de **desta** para **dessa**, mudança da alusão a agrimensor e arbitradores pela referência a perito e atualização da remissão. O inciso III viu crase antes do substantivo área e retirou a vírgula após **direito**.

O art. 597 retirou a referência do anterior art. 980 a agrimensor, falando agora somente em perito. Os §§ 1º e 2º daquele artigo são desdobramentos das proposições do anterior art. 980, mas falam em assinatura do ato pelo juiz e pelo perito, não por agrimensor e arbitradores.

O inc. II do § 3º do mesmo art. 597 antepôs ao adjetivo **respectiva** a preposição **com**, não consistente de igual item do § 1º do revogado art. 980. O inciso II do artigo apresenta a referência à avaliação do imóvel na sua integridade no fim do texto, como não fazia igual item do texto revogado. O inc. II do § 4º ainda do art. 597 só se diferencia pela colocação da proposição **das** antes do nome **culturas**. O inc. III colocou o artigo **o**, antes de **modo**, como não fizera o inc. III do § 2º do art. 980.

O art. 598 apenas atualizou a remissão, vinculando-a a dispositivos do novo Código, enquanto o revogado art. 981 se refere a dispositivos do velho diploma.

Seria procedente o argumento de que é tarefa inútil apontar modificações irrelevantes, como a anteposição de artigos a substantivos, ou quejandos. Optei, no entanto, por fazer isto, a fim de demonstrar todas as diferenças entre os dois Códigos, ainda quando insignificantes as eliminações e as adições. Essas sutilezas contribuem para demonstrar a inutilidade, nunca assaz denúncia da gravosa substituição do Código de 1973 pelo de 2015.

4. Inovações – Além das alterações indicadas, algumas das quais podem ser tomadas como inovadoras, só aparece novo, na Seção III, o parágrafo único do art. 590. As indicações determinadas nesse parágrafo concorrem para facilitar a partilha, como demonstra a última oração do texto. A falta de uma delas não vicia o processo. Sendo reputada necessária alguma dessas indicações, o juiz a determinará, de ofício ou a requerimento da parte ou mesmo de terceiros, que, já no processo, ou fora dele, demonstraram interesse jurídico na explicação desses dados.

Capítulo V

Da Ação de Dissolução Parcial de Sociedade
(arts. 599 a 609)

Art. 599. A ação de dissolução parcial de sociedade pode ter por objeto:
 I – a resolução da sociedade empresária contratual ou simples em relação ao sócio falecido, excluído ou que exerceu o direito de retirada ou recesso; e
 II – a apuração dos haveres do sócio falecido, excluído ou que exerceu o direito de retirada ou recesso; ou
 III – somente a resolução ou a apuração de haveres.
 § 1ºA petição inicial será necessariamente instruída com o contrato social consolidado.
 § 2ºA ação de dissolução parcial de sociedade pode ter também por objeto a sociedade anônima de capital fechado quando demonstrado, por acionista ou acionistas que representem cinco por cento ou mais do capital social, que não pode preencher o seu fim.

Art. 600. A ação pode ser proposta:
 I – pelo espólio do sócio falecido, quando a totalidade dos sucessores não ingressar na sociedade;
 II – pelos sucessores, após concluída a partilha do sócio falecido;
 III – pela sociedade, se os sócios sobreviventes não admitirem o ingresso do espólio ou dos sucessores do falecido na sociedade, quando esse direito decorrer do contrato social;
 IV – pelo sócio que exerceu o direito de retirada ou recesso, se não tiver sido providenciada, pelos demais sócios, a alteração contratual consensual formalizando o desligamento, depois de transcorridos 10 (dez) dias do exercício do direito;
 V – pela sociedade, nos casos em que a lei não autoriza a exclusão extrajudicial; ou
 VI – pelo sócio excluído.
 Parágrafo único.O cônjuge ou companheiro do sócio cujo casamento, união estável ou convivência terminou poderá requerer a apuração de seus haveres na sociedade, que serão pagos à conta da quota social titulada por este sócio.

Art. 601. Os sócios e a sociedade serão citados para, no prazo de 15 (quinze) dias, concordar com o pedido ou apresentar contestação.
 Parágrafo único.A sociedade não será citada se todos os seus sócios o forem, mas ficará sujeita aos efeitos da decisão e à coisa julgada.

Art. 602. A sociedade poderá formular pedido de indenização compensável com o valor dos haveres a apurar.

Art. 603. Havendo manifestação expressa e unânime pela concordância da dissolução, o juiz a decretará, passando-se imediatamente à fase de liquidação.

§ 1º Na hipótese prevista no *caput*, não haverá condenação em honorários advocatícios de nenhuma das partes, e as custas serão rateadas segundo a participação das partes no capital social.

§ 2º Havendo contestação, observar-se-á o procedimento comum, mas a liquidação da sentença seguirá o disposto neste Capítulo.

Art. 604. Para apuração dos haveres, o juiz:
I – fixará a data da resolução da sociedade;
II – definirá o critério de apuração dos haveres à vista do disposto no contrato social; e
III – nomeará o perito.

§ 1º O juiz determinará à sociedade ou aos sócios que nela permanecerem que depositem em juízo a parte incontroversa dos haveres devidos.

§ 2º O depósito poderá ser, desde logo, levantando pelo ex-sócio, pelo espólio ou pelos sucessores.

§ 3º Se o contrato social estabelecer o pagamento dos haveres, será observado o que nele se dispôs no depósito judicial da parte incontroversa.

Art. 605. A data da resolução da sociedade será:
I – no caso de falecimento do sócio, a do óbito;
II – na retirada imotivada, o sexagésimo dia seguinte ao do recebimento, pela sociedade, da notificação do sócio retirante;
III – no recesso, o dia do recebimento, pela sociedade, da notificação do sócio dissidente;
IV – na retirada por justa causa de sociedade por prazo determinado e na exclusão judicial de sócio, a do trânsito em julgado da decisão que dissolver a sociedade; e
V – na exclusão extrajudicial, a data da assembleia ou da reunião de sócios que a tiver deliberado.

Art. 606. Em caso de omissão do contrato social, o juiz definirá, como critério de apuração de haveres, o valor patrimonial apurado em balanço de determinação, tomando-se por referência a data da resolução e avaliando-se bens e direitos do ativo, tangíveis e intangíveis, a preço de saída, além do passivo também a ser apurado de igual forma.

Parágrafo único. Em todos os casos em que seja necessária a realização de perícia, a nomeação do perito recairá preferencialmente sobre especialista em avaliação de sociedades.

Art. 607. A data da resolução e o critério de apuração de haveres podem ser revistos pelo juiz, a pedido da parte, a qualquer tempo antes do início da perícia.

Art. 608. Até a data da resolução, integram o valor devido ao ex-sócio, ao espólio ou aos sucessores a participação nos lucros ou os juros sobre o capital próprio declarados pela sociedade e, se for o caso, a remuneração como administrador.

Parágrafo único. Após a data da resolução, o ex-sócio, o espólio ou os sucessores terão direito apenas à correção monetária dos valores apurados e aos juros contratuais ou legais.

Art. 609. Uma vez apurados, os haveres do sócio retirante serão pagos conforme disciplinar o contrato social e, no silêncio deste, nos termos do § 2º do art. 1.031 da Lei nº 10.406, de 10 de janeiro de 2002 (Código Civil).

1. Objeto. **2.** Legitimidade. **3.** Procedimento. **4.** Julgamento.

1. Objeto – O Capítulo V começa por declinar os objetos da ação de dissolução parcial da sociedade.

O art. 599 declara o objeto da ação, que haverá de corresponder a um dos seus três incisos, ou ao seu § 2º. Se o pedido exorbitar desses dispositivos, o processo será extinto pela falta de interesse, mediante o indeferimento da inicial (art. 330, III, art. 485, I), ou em qualquer tempo e grau de jurisdição (art. 485, VI e § 3º), proferindo sentença em ambas as hipóteses (art. 203, § 1º). Nada obsta, entretanto, a que o juiz, em vez de extinguir o processo, determine ao autor que formule pelo procedimento comum, o pedido apto à obtenção da tutela jurisdicional.

Conforme o inc. I do art. 599, pode o autor pedir a dissolução da sociedade empresária contratual ou simples (figuras definidas pelo direito material). Fala o inciso que o pedido pode ser formulado em relação ao sócio falecido, não contra ele que, pela morte, perdeu a personalidade, mas contra o seu espólio, ou sucessores. Cabe também a propositura da ação contra o sócio excluído, ou contra o sócio que exerceu o direito de retirada ou recesso. O § 2º do mesmo artigo permite a propositura da ação de dissolução parcial de sociedade anônima de capital fechado, assim definida na legislação específica. Entretanto, esse dispositivo só incide se o autor, ou os litisconsortes ativos representarem, no mínimo, cinco por cento do capital social. Não fala o dispositivo em titularidade de pelo menos cinco por cento, mas, sim, em representação, abrangente esse substantivo de qualquer hipótese em que houver representação válida, inclusive no caso de substituição processual. Vai além o parágrafo, exigindo que a parte autora demonstre, já na inicial, que a sociedade não pode preencher o seu fim, que é o seu objeto. A inobservância desses requisitos leva ao indeferimento da inicial não emendada, com a extinção do processo.

O inc. II do art. 599 consente a propositura da ação para se obter a apuração dos haveres do sócio falecido (ação contra o seu espólio, ou sucessores), do sócio que foi excluído, ou que exerceu o direito da retirada ou recesso. A demonstração dessas situações será questão prejudicial do pedido, nada impedindo que seja objeto de pedido próprio, cumulado ou deduzido em ação conexa.

O inc. III, ainda do art. 599, permite que se peça somente a resolução da sociedade, caso em que a sentença será constitutiva, ou, unicamente, a apuração de haveres que terminarão por sentença condenatória. Os pedidos podem, no entanto, ser conjuntamente formulados.

2. Legitimidade – A legitimidade para a propositura da ação, sem a qual o processo se extinguirá sem julgamento do mérito (arts. 330, II; 485, VI), é declarada nos incisos do art. 600. Conquanto, como condição da ação, ela decorra da simples coincidência entre a asserção do autor e o esquema da lei, o processo será extinto por sentença terminativa, se se verificar errônea essa afirmação.

O inc. I do art. 600 estatui que a ação será proposta pelo espólio do falecido, a menos que a totalidade dos sucessores ingresse na sociedade. Esse ingresso, se configurado, leva à ilegitimidade do espólio. O § 1º do art. 75 incide, ocorrendo a hipótese nele considerada.

Conforme o inciso II, a ação poderá ser proposta pelos sucessores, após "a partilha do sócio falecido", diz esse item, referindo-se, claro, à partilha dos bens. Qualquer dos sucessores tem legitimidade para propor sozinho a ação, porém, os demais deverão ser citados como litisconsortes ativos, pela natureza da relação jurídica (art. 114).

O inc. III do art. 600 estabelece as condições da propositura da ação pela sociedade. Ela só poderá demandar, se os sócios sobreviventes não admitem o ingresso do espólio, ou o ingresso, na sociedade, dos sucessores do falecido, de todos eles, sem que nenhum falte. É preciso, segundo a oração temporal, que fecha o inciso, que o direito ao ingresso esteja assegurado no contrato social. Esta exigência pode contudo ser substituída pela aquiescência da unanimidade dos sócios supérstites.

De acordo com o extenso inc. IV do art. 600, a ação pode ser proposta também pelo sócio que exerceu o direito de retirada ou recesso. Neste caso, a legitimidade depende da falta da alteração consensual, promovida pelos demais sócios, formalizando o desligamento. Essa providência tem que ser adotada no prazo de dez dias seguintes à data de exercício do direito de retirada ou recesso. Decorrido esse prazo, subsiste a legitimidade do sócio, se os demais sócios não houverem providenciado o desligamento. A legitimidade subsistirá se depois de decorridos os dez dias, não houver a providência. Efetivada, desaparecerá tal legitimidade.

A ação poderá ser proposta também pela sociedade cuja dissolução parcial se pede, mas só naqueles casos em que a lei não autorizar a exclusão extrajudicial. Embora conveniente, não é preciso que se demonstre a existência dessa lei, diante do princípio do conhecimento presumido. É o que se extrai do inc.V do art. 600. No inciso seguinte, o Código atribui legitimidade ao próprio sócio excluído, certo que somente depois de formalizada a exclusão.

O parágrafo único do art. 600 não confere legitimidade às pessoas nele indicadas para a propositura da ação de dissolução parcial. Atribui-lhes legitimidade para requerer à sociedade a aprovação dos seus haveres. Apurados, eles serão pagos, como se se pagasse ao titular da quota, mas só na proporção a que os requerentes têm direito. Negado o requerimento, as pessoas têm legitimidade para propor a ação de apuração de haveres. Sem prova da formulação desse requerimento e da negativa, ou do silêncio da sociedade, não estará demonstrado o interesse de agir. Obviamente, deve--se demonstrar que, segundo a lei civil, houve o casamento, a união, ou a convivência, bem como o respectivo término, fatos de que depende a configuração da legitimidade.

3. Procedimento – A petição inicial, como dito, deve preencher os requisitos do art. 319 do novo Código de Processo Civil, cujo art. 320 dita a regra de que ela será instruída com os documentos indispensáveis à propositura da ação. O § 1º do art. 599 vai na mesma linha, dispondo que a inicial será, necessariamente, instruída com o contrato social considerado. A falta desse documento levará o juiz a determinar sua juntada, sob pena de indeferimento da inicial (art. 321 e parágrafo único).

O art. 601 determina que os sócios e a sociedade serão citados para, no prazo de quinze dias, concordar com o pedido, ou apresentar contestação. Entretanto, o parágrafo único desse mesmo artigo dispõe, na sua primeira parte, que a sociedade não será citada se todos os seus sócios o forem. Condicionada, portanto, a citação da sociedade à citação de todos os sócios, ela será citada se não forem citados todos os sócios, situação difícil de ocorrer, mesmo considerando os amplos meios de realizar-se essa comunicação. Imagine-se, entretanto, a situação em que a sociedade anônima fechada (art. 599, § 2º) tenha milhentos sócios, o que torna demorada a citação, a hipótese de citando demente, em que não se faça a citação, a não ser depois de um demorado procedimento (art. 245 e parágrafos), ou caso emque o sócio tenha endereço certo, num país estrangeiro que cumpre cartas rogatórias. Nesses casos, e noutros semelhantes, em que for impossível a citação do sócio, será citada a sociedade. Citados todos os sócios, não se cita a sociedade. Ela, no entanto, diz o parágrafo, na sua última proposição, ficará sujeita aos efeitos da decisão transitada em julgado. Decisão é a sentença, ou o acórdão, que julgar a ação. Coisa julgada é a material, definida no art. 502. Trata-se, não de efeito reflexo da coisa julgada, mas direto, já que, na unanimidade, os sócios representam a sociedade.

O art. 603 dispõe que, havendo manifestação expressa e unânime pela concordância da dissolução, o juiz a decretará, passando-se, imediatamente, à tese da liquidação. Repita-se isto, para dizer que a manifestação expressa é a manifestação declarada, não presumida, porém a que revela inequivocamente, a vontade do civilista. Manifestação unânime, se se permite o óbvio, é a de todos os acionistas, não importa o número deles, nem o lugar onde coloquem. Claro está que o pronunciamento poderá ser feito por processualista legal. Evidente também que, em vez de decretar a dissolução, o juiz poderá extinguir o processo por sentença terminativa, quando não concorrem os requisitos para um julgamento do mérito.

A norma do art. 603, segundo a qual, havendo manifestação expressa de concordância com a dissolução nenhuma parte será condenada em honorários de advogado e as custas serão rateadas, é benefício que não se pede em reconvenção, incabível no processo de que se trata, mas, sim, em requerimento. Pode o juiz, entretanto, abster-se da condenação de ofício, assim como de ofício poderá determinar o rateio das custas. Essa divisão dar-se-á proporcionalmente à participação das partes autora, ou ré, no capital social, a qual se calculará pelo início de quotas, ou de ações da companhia fechada.

No caso de contestação de qualquer dos sócios, ou acionistas, o processo seguirá pelo procedimento comum. A liquidação se fará conforme o disposto no próprio Capítulo V.

4. Julgamento – O art. 604 determina ao juiz que, para a aprovação dos haveres, tome as providências previstas nos seus três incisos. O perito será pessoa qualificada (art. 606, parágrafo único) e sua atenção no processo se fará conforme as regras que presidem ao desempenho das suas funções, como as dos arts. 566, *caput*, 467 e 468. Não se trata, entretanto, de prova pericial, não se aplicando, por isto, normas reguladoras desse meio de convencimento, não cabendo, por exemplo, a sanção de assistentes técnicos. As partes podem impugnar a nomeação e se oporem, fundamentadamente, ao laudo do perito, que determinará os haveres. Conforme o § 1º, o juiz determinará à sociedade, ou aos sócios, que nela permanecem, o pagamento da parte incontroversa dos haveres. Se não fizerem, essa decisão será suscetível de cumprimento (art. 513 e ss.). A determinação será dirigida aos sócios, ou à sociedade, indistintamente, inclusive se ela não for citada porque sujeita aos efeitos da coisa julgada. De acordo com o § 2º do art. 604, o depósito pode ser levantado, desde logo, pelo ex-sócio, por seu espólio ou pelos sucessores, que deverão provar a sua condição sujeita a impugnações, que o juiz decidirá. O levantamento será disciplinado pelas regras do cumprimento provisório (art. 520). Se o contrato social, ou os estatutos da companhia fechada dispuserem sobre o depósito, serão cumpridas as pertinentes disposições. No silêncio deles, o depósito se faz pelos quotistas, ou acionistas, conforme as suas quotas ou ações.

O art. 605 define, nos seus cinco itens, autoexplicativos, a data da resolução da sociedade, prevista no inc. I do art. 604. As figuras indicadas nesses incisos são do direito material, onde deverá ser buscada a respectiva definição, complementada pela doutrina e jurisprudência.

Os arts. 606, 607, 608 e 609 tinham critérios de apuração de haveres e correlatos. O art. 609 determina que os haveres do sócio retirante serão pagos, depois de apurados, na forma do contrato, ou do estatuto, devendo-se recorrer àlei especial (q.v.) à que remete o dispositivo.

Da sentença que julga a ação especial cabe apelação (art. 1.009), não agravo de instrumento (art. 1.015) mas, nesse caso, o § 1º do art. 1.009 incide.

Capítulo VI
Do Inventário e da Partilha
(Arts. 610 a 673)

1. Observações. 2. Divisão das matérias.

1. Observações – Já se estranhou que, excluído dos procedimentos de jurisdição voluntária (Capítulo XV) e posto entre os de jurisdição contenciosa, o art. 612 – tal como o art. 984 do Código anterior, que remeteria aos meios ordinários as questões de alta indagação – ordem que a elas se mantém, quando dependerem de provas excedentes das documentais. Realmente, nada impedia que o legislador determinasse que o próprio juízo do inventário decidisse as matérias complexas, salvo quando lhe faltasse competência. Todavia, os dois Códigos enveredaram por outro caminho. A remessa dessa matéria de relevo a outro juízo pode acarretar a suspensão do processo de inventário (art. 313, V, *a*). Mas a dicotomia visa a evitar que a necessidade de dirimir matéria complexa tumultue o processo a que, comumente, acorrem mais de um sucessor do falecido. O fato da colocação do inventário entre os procedimentos de jurisdição contenciosa é irrelevante. Decorre essa colocação de uma escolha axiológica. Como já se ressaltou em doutrina, não existe critério absolutamente seguro para distinguir uma espécie de jurisdição da outra. Questões de alta indagação, cujo deslinde depende de mais provas do que as feitas por documentos, podem surgir também nos processos de jurisdição voluntária. Pode acontecer que o próprio órgão jurisdicional tenha competência dada às vias ordinárias, bastando lembrar-se das Comarcas onde haja apenas um juízo de competência cível. Acrescente-se, por derradeiro, que, no processo de inventário, a jurisdição pode ser prestada em porções. Daí o parágrafo único do art. 1.015, que concede agravo de instrumento das decisões interlocutórias proferidas no processo de inventário.

2. Divisão das matérias – Na disciplina do processo de inventário, no Capitulo VI do Título III do Livro I da Parte Especial, o CPC seguiu as pegadas da lei anterior, que colocou o inventário no Capítulo IX do seu Livro IV, dividindo-o também em dez seções, todas, salvo a décima, com a mesma epígrafe.

A leitura dos dispositivos do novo Código, reguladores do inventário, mostra que ele repetiu, praticamente, as normas do diploma revogado. Por isso, é indispensável recorrer à doutrina e jurisprudência daquelas regras jurídicas, o que não se faz, neste livro, voltado apenas para as inovações, como se registrou, várias vezes, ao longo destas páginas.

Ao examinar as seções do capítulo, destacam-se, sob cada uma delas, as repetições literais, as alterações e as poucas inovações, fazendo-se as observações cabíveis dentro desses itens. A falta de item indicativo de repetições significa, evidentemente, a inocorrência delas na seção examinada.

Seção I

Disposições Gerais

(Arts. 610 a 614)

Art. 610. Havendo testamento ou interessado incapaz, proceder-se-á ao inventário judicial.

§ 1º Se todos forem capazes e concordes, o inventário e a partilha poderão ser feitos por escritura pública, a qual constituirá documento hábil para qualquer ato de registro, bem como para levantamento de importância depositada em instituições financeiras.

§ 2º O tabelião somente lavrará a escritura pública se todas as partes interessadas estiverem assistidas por advogado ou por defensor público, cuja qualificação e assinatura constarão do ato notarial.

Art. 611. O processo de inventário e de partilha deve ser instaurado dentro de 2 (dois) meses, a contar da abertura da sucessão, ultimando-se nos 12 (doze) meses subsequentes, podendo o juiz prorrogar esses prazos, de ofício ou a requerimento de parte.

Art. 612. O juiz decidirá todas as questões de direito desde que os fatos relevantes estejam provados por documento, só remetendo para as vias ordinárias as questões que dependerem de outras provas.

Art. 613. Até que o inventariante preste o compromisso, continuará o espólio na posse do administrador provisório.

Art. 614. O administrador provisório representa ativa e passivamente o espólio, é obrigado a trazer ao acervo os frutos que desde a abertura da sucessão percebeu, tem direito ao reembolso das despesas necessárias e úteis que fez e responde pelo dano a que, por dolo ou culpa, der causa.

1. Observações. 2. Repetições. 3. Alterações.

1. Observações – Nem a epígrafe da Seção I, ora examinada, repete a epígrafe da Seção I do Capítulo IX do Título I do Livro IV do CPC anterior, já que começa pela aglutinação **das**, enquanto esta tem apenas o título "Disposições Gerais". Note-se contudo que, se não constituem repetições literais de dispositivos do diploma anterior, os artigos desta Seção se assemelham aos revogados.

2. Repetições – Como observado no item anterior desta exposição, as repetições não são literais, salvo no caso do art. 614, que reproduz, sem tirar nem pôr, o revogado art. 986.

3. Alterações – O anterior art. 982 aparece repartido entre o *caput* do art. 610 e seu § 1º. O *caput* deste artigo é igual à primeira proposição do artigo revogado. O § 1º, no entanto, substitui a passada oração "poderá fazer-se o inventário e partilha" por "o inventário e partilha poderão ser feitos". A redação anterior não estava errada, porque posposto ao verbo, o sujeito de duas palavras ou mais, deixa o predicado no singular ou no plural ([...] "se a tanto me ajudar engenho e arte"). Muda-se **título** por **documento**, este, expressão material daquele. Ampliou-se a finalidade do documento, que se presta, não apenas para o registro imobiliário, como ainda para qualquer ato de registro, como o de embarcação, aeronave, ou veículo terrestre. O § 1º acrescenta que a escritura pública, não o escrito particular, se presta para o levantamento de importância depositada em instituições financeiras, assim entendidos os bancos e outras entidades a que a lei der a mesma natureza. O levantamento se fará mediante a exibição da escritura, observado o § 2º desse artigo. Apresentada a escritura, a instituição entregará a importância depositada às pessoas que esse instrumento designar, a todos, em conjunto, ou a uma, se intitulada a receber, no lugar de todos ou de algumas. Recusando-se a instituição a fazer a entrega, o herdeiro poderá pedir a expedição de inventário ao juiz competente para homologar a partilha (art. 659). Note-se todavia que a escritura pública, referida no parágrafo, vale por si só, dispensando as formalidades dos arts. 660 a 663. Não assina a escritura pública que partilhar outros bens, sujeita a partilha, neste caso, à homologação do art. 659.

O § 2º do art. 610 é pouco diferente do § 1º do revogado art. 982. Exige a desnecessária atenção a advogado comum ou advogados de cada uma das partes, subentendidas essas situações na exigência de que todas as partes interessadas estejam assistidas por advogado ou defensor. Eventual desavença, por mínima que seja, o serventuário não lavrará a escritura, pois o § 1º fala em interessados concordes.

O art. 611 só se diferencia do revogado art. 983 porque fala em processo instaurado e não em aberto, assina prazo, não de sessenta dias, mas de dois meses que pode ter menos ou mais dias (vejam-se os casos de janeiro e fevereiro, ou de julho e agosto). Usou-se, agora, o demonstrativo **esses** em vez do pronome **tais**.

Melhor que o anterior art. 986, o art. 612 dispõe que o juiz decidirá todas as questões de direito, desde que os fatos relevantes, de que provém o direito, estejam provados por documentos. Insuficientes os documentos para a prova dos fatos, daí surgindo a necessidade de demonstrá-los por meio de outras provas, o juiz remeterá a questão às vias ordinárias, para que nelas se provem, cumpridamente, os fatos, e se decidam as questões de direito de que eles derivam. Não se trata de questão de alta indagação, como estava no anterior art. 984, porém de questões de fato, não importa se complexas ou singelas, quando os fatos não puderem ser provados só por documentos. O juízo do inventário é o competente para decidir se a demonstração dos fatos depende de outras provas (art. 371). O juiz das chamadas vias ordinárias colherá as provas necessárias ainda que as repute despiciendas e decidirá ele próprio, por sentença, a questão, cuja eficácia se estenderá ao inventário, que pode ser suspenso, até que isto aconteça (art. 313, V, *a*). Não cabe conflito negativo de competência porque distinta a competência do juiz do inventário da do juiz da via ordinária, nada obstando contudo a que ele seja um só órgão, como acontecerá, por exemplo, nas comarcas de um só juízo.

O art. 613 apenas suprimiu a remissão que o art. 985 fazia a dispositivo do velho Código, mantendo, no entanto, a mesma redação.

Seção II
Da Legitimidade Para Requerero Inventário
(arts. 615 a 616)

Art. 615. O requerimento de inventário e de partilha incumbe a quem estiver na posse e na administração do espólio, no prazo estabelecido no art. 611.
Parágrafo único. O requerimento será instruído com a certidão de óbito do autor da herança.

Art. 616. Têm, contudo, legitimidade concorrente:
I – o cônjuge ou companheiro supérstite;
II – o herdeiro;
III – o legatário;
IV – o testamenteiro;
V – o cessionário do herdeiro ou do legatário;
VI – o credor do herdeiro, do legatário ou do autor da herança;
VII – o Ministério Público, havendo herdeiros incapazes;
VIII – a Fazenda Pública, quando tiver interesse;
IX – o administrador judicial da falência do herdeiro, do legatário, do autor da herança ou do cônjuge ou companheiro supérstite.

1. Repetições. 2. Alterações.

1. Repetições – Repetem, *verbatim*, o Código anterior o parágrafo único do art. 615, igual no parágrafo único do art. 987 e os incs. II a VIII do art. 616, idênticos aos incs. II a VIII do anterior art. 988. O inc. IX do vigente art. 616 é semelhante, mas não igual, ao inciso VII do artigo revogado.

2. Alterações – Sem inovações, nota-se, na Seção II, aqui examinada, que o art. 615 só não é igual ao anterior art. 987 porque pôs na ordem direta o que neste estava na indireta e suprimiu a referência deste dispositivo do Código no qual se inseria.
O *caput* do art. 616 pôs no plural –"têm" –o verbo que, no *caput* do anterior art. 988 estava no singular. Ignorou o legislador que o uso de ambas as pessoas verbais está correto. O *caput* do anterior art. 988 apresenta o verbo "ter", no singular porque toma por sujeito cada um dos seus incisos, ao passo que o *caput* do art. 616 pôs o verbo no plural, tomando por sujeitos todos os incisos. Neste mesmo artigo, o inc. I só difere de igual tópico do anterior art. 988 porque ao cônjuge supérstite juntou também o

companheiro sobrevivente. O inciso IX mudou **síndico** do anterior inciso VII por **administrador judicial**, para ajustar o *nomen iuris* à terminologia agora vigente na legislação falimentar. Acrescentou-se a figura do companheiro supérstite.

Seção III
Da Inventariante e das Primeiras Declarações
(Arts. 617 a 625)

Art. 617. O juiz nomeará inventariante na seguinte ordem:
I – o cônjuge ou companheiro sobrevivente, desde que estivesse convivendo com o outro ao tempo da morte deste;
II – o herdeiro que se achar na posse e na administração do espólio, se não houver cônjuge ou companheiro sobrevivente ou se estes não puderem ser nomeados;
III – qualquer herdeiro, quando nenhum deles estiver na posse e na administração do espólio;
IV – o herdeiro menor, por seu representante legal;
V – o testamenteiro, se lhe tiver sido confiada a administração do espólio ou se toda a herança estiver distribuída em legados;
VI – o cessionário do herdeiro ou do legatário;
VII – o inventariante judicial, se houver;
VIII – pessoa estranha idônea, quando não houver inventariante judicial.
Parágrafo único. O inventariante, intimado da nomeação, prestará, dentro de 5 (cinco) dias, o compromisso de bem e fielmente desempenhar a função.

Art. 618. Incumbe ao inventariante:
I – representar o espólio ativa e passivamente, em juízo ou fora dele, observando-se, quanto ao dativo, o disposto no art. 75, § 1º;
II – administrar o espólio, velando-lhe os bens com a mesma diligência que teria se seus fossem;
III – prestar as primeiras e as últimas declarações pessoalmente ou por procurador com poderes especiais;
IV – exibir em cartório, a qualquer tempo, para exame das partes, os documentos relativos ao espólio;
V – juntar aos autos certidão do testamento, se houver;
VI – trazer à colação os bens recebidos pelo herdeiro ausente, renunciante ou excluído;
VII – prestar contas de sua gestão ao deixar o cargo ou sempre que o juiz lhe determinar;
VIII – requerer a declaração de insolvência.

Art. 619. Incumbe ainda ao inventariante, ouvidos os interessados e com autorização do juiz:

I – alienar bens de qualquer espécie;
II – transigir em juízo ou fora dele;
III – pagar dívidas do espólio;
IV – fazer as despesas necessárias para a conservação e o melhoramento dos bens do espólio.

Art. 620. Dentro de 20 (vinte) dias contados da data em que prestou o compromisso, o inventariante fará as primeiras declarações, das quais se lavrará termo circunstanciado, assinado pelo juiz, pelo escrivão e pelo inventariante, no qual serão exarados:
I – o nome, o estado, a idade e o domicílio do autor da herança, o dia e o lugar em que faleceu e se deixou testamento;
II – o nome, o estado, a idade, o endereço eletrônico e a residência dos herdeiros e, havendo cônjuge ou companheiro supérstite, além dos respectivos dados pessoais, o regime de bens do casamento ou da união estável;
III – a qualidade dos herdeiros e o grau de parentesco com o inventariado;
IV – a relação completa e individualizada de todos os bens do espólio, inclusive aqueles que devem ser conferidos à colação, e dos bens alheios que nele forem encontrados, descrevendo-se:
a) os imóveis, com as suas especificações, nomeadamente local em que se encontram, extensão da área, limites, confrontações, benfeitorias, origem dos títulos, números das matrículas e ônus que os gravam;
b) os móveis, com os sinais característicos;
c) os semoventes, seu número, suas espécies, suas marcas e seus sinais distintivos;
d) o dinheiro, as joias, os objetos de ouro e prata e as pedras preciosas, declarando-se-lhes especificadamente a qualidade, o peso e a importância;
e) os títulos da dívida pública, bem como as ações, as quotas e os títulos de sociedade, mencionando-se-lhes o número, o valor e a data;
f) as dívidas ativas e passivas, indicando-se-lhes as datas, os títulos, a origem da obrigação e os nomes dos credores e dos devedores;
g) direitos e ações;
h) o valor corrente de cada um dos bens do espólio.
§ 1º O juiz determinará que se proceda:
I – ao balanço do estabelecimento, se o autor da herança era empresário individual;
II – à apuração de haveres, se o autor da herança era sócio de sociedade que não anônima.
§ 2º As declarações podem ser prestadas mediante petição, firmada por procurador com poderes especiais, à qual o termo se reportará.

Art. 621. Só se pode arguir sonegação ao inventariante depois de encerrada a descrição dos bens, com a declaração, por ele feita, de não existirem outros por inventariar.

Art. 622. O inventariante será removido de ofício ou a requerimento:
I – se não prestar, no prazo legal, as primeiras ou as últimas declarações;

II – se não der ao inventário andamento regular, se suscitar dúvidas infundadas ou se praticar atos meramente protelatórios;

III – se, por culpa sua, bens do espólio se deteriorarem, forem dilapidados ou sofrerem dano;

IV – se não defender o espólio nas ações em que for citado, se deixar de cobrar dívidas ativas ou se não promover as medidas necessárias para evitar o perecimento de direitos;

V – se não prestar contas ou se as que prestar não forem julgadas boas;

VI – se sonegar, ocultar ou desviar bens do espólio.

Art. 623. Requerida a remoção com fundamento em qualquer dos incisos do art. 622, será intimado o inventariante para, no prazo de 15 (quinze) dias, defender-se e produzir provas.

Parágrafo único. O incidente da remoção correrá em apenso aos autos do inventário.

Art. 624. Decorrido o prazo, com a defesa do inventariante ou sem ela, o juiz decidirá.

Parágrafo único. Se remover o inventariante, o juiz nomeará outro, observada a ordem estabelecida no art. 617.

Art. 625. O inventariante removido entregará imediatamente ao substituto os bens do espólio e, caso deixe de fazê-lo, será compelido mediante mandado de busca e apreensão ou de imissão na posse, conforme se tratar de bem móvel ou imóvel, sem prejuízo da multa a ser fixada pelo juiz em montante não superior a três por cento do valor dos bens inventariados.

1. Observações. **2.** Repetições. **3.** Alterações.

1. Observações – Postos frente a frente os artigos desta Seção e os da Seção do Código anterior, que regulou o mesmo assunto, ver-se-á que o novo Código, também aqui, copiou, praticamente o anterior. Esse fato contribui deveras para mostrar a desnecessidade da substituição de um diploma pelo outro. Tarde demais para impedir a estranha e enigmática sucessão de leis idênticas, aconselha-se a consulta à doutrina e jurisprudência dos dispositivos repetidos, ou alterados, para a melhor interpretação e aplicação das normas iguais ou parecidas.

2. Repetições – Assinalam-se aqui os dispositivos que constituem literais repetições de normas do Código anterior, estas indicadas entre parênteses.

Além da epígrafe da Seção III, que reproduz a de igual Seção do CPC de 1973, são repetições os seguintes dispositivos: art. 617, *caput*, I, II, VII e parágrafo único (art. 990, incs. I, II, V e parágrafo único); art. 618, *caput*, incs. III, IV, VI e VII (art. 991, *caput*, incs. III, IV, V, VI e VII); art. 619, *caput*, incs. I, II e III (art. 992, *caput*, incs. I, II e III); art. 620, inc. IV, b, c, d, g, h, § 1º, II (art. 992, inc. IV, b, c, d, g, h, parágrafo único, II); art. 621 (art. 994); art. 622, incs. V e VI, parágrafo único (art. 995, incs. V, VI); art. 623, parágrafo único (art. 996, parágrafo único).

3. Alterações – O *caput* do art. 617 é desigual do *caput* do anterior art. 990 pelo adjunto "na seguinte ordem". O inciso III, porque substituiu o gerúndio **estando** por **nenhum deles estiver**. O inciso V, pela troca de **foi** por **tiver sido**. O inciso VIII é diferente do VI do art. 990, pela troca de **onde** por **quando**.

No art. 618, comparado com o anterior art. 991, o inc. I é diferente pela troca da remissão, o inc. II, pela mudança de **como** para **que teria**, e o inc.VIII, pela retirada da referência a dispositivo.

No art. 619, apenas o inc. IV não é igual ao mesmo inciso do art. 992 pela conversão de **com** em **para**.

O art. 620, *caput*, é diferente do *caput* do revogado art. 993 porque tirou a vírgula posterior ao substantivo **dias**, pela colocação de "fará o inventariante" na ordem direta e pela eliminação da segunda parte, incorporada à primeira, sem o substantivo **termo**. No inciso I, se antepôs o artigo definido **o** aos nomes estado, domicílio e lugar, e o artigo **a** ao substantivo "idade", apagando-se a locução "bem ainda". No item II, além do uso dos artigos **o** e **a**, intrometeu-se a referência a endereço eletrônico e a dados pessoais, adicionando-se a menção à união estável. No inciso III, retirou-se o possessivo **seu** de igual inciso do art. 993. No inciso IV, aparece **individualizada**, no lugar de **individuada**; juntando-se a referência aos bens que devem ser conferidos à colação. Na alínea *a* deste inciso, substituiu-se a referência anterior a transcrições aquisitivas por matrículas. Na alínea *e*, escreveu-se, corretamente, **quotas**, em vez de **cotas** e, na letra *f*, retirou-se "bem como". No inciso I do § 1º aparece referência a empresário individual, no lugar de comerciante em nome individual.

No art. 622, *caput*, acrescenta-se a norma de que o inventariante pode ser removido de ofício, ou a requerimento, certo que de qualquer integrante do processo ou a de terceiro, que demonstre interesse jurídico. No inciso I, trocou-se a conjunção alternativa **ou** pela aditiva **e**. No inciso II, substituiu-se o gerúndio **suscitando** pela condicional **se suscitar** e **praticando** por **se praticar**. No item III, apenas se destacou a menção a bens do espólio e, no inciso IV, antepôs-se a condicional **se** ao verbo **promover**.

No art. 623, fez-se remissão aos incisos, qualquer deles, do art. 622 e aumentou-se o prazo, de cinco para quinze dias.

No art. 624, a segunda parte do anterior art. 997 aparece como parágrafo único, explícito o juiz, como sujeito de "decidirá", eliminada a referência ao revogado art. 990.

No art. 625, o gerúndio **deixando**, do anterior art. 928 transformou-se na oração **e, caso deixe**. Trocou-se a vírgula depois de apreensão, trocou-se "imissão de posse" por "imissão na posse". Ressalvou-se a possibilidade de imposição de multa fixada pelo juiz, estabelecendo-se que ela pode ascender a três por cento do valor dos bens penhorados, percentual suscetível de chegar a enormes somas. Isto mostra a desatenção do legislador à realidade e, conforme o caso, permite a alegação de inconstitucionalidade da multa, por ser atentatória às garantias constitucionais da razoabilidade e da proporcionalidade, apanágios do devido processo legal (Constituição, art. 5º, LIV).

4. Inovações – Registram-se apenas duas tímidas inovações, na seção de que se trata. No inc. IV do art. 617, acrescentou-se, entre os possíveis inventariantes, o herdeiro menor, que atuará por seu representante, este transformado, na prática, em exercente da função, o que pode acarretar complicações se ele for substituído. Assumindo o menor a capacidade plena, será ele o inventariante, não mais representado nem assistido. No seu § 2º, o art. 620 declara possíveis as declarações prestadas por petição assinada pelo procurador do inventariante, desde que munido de poderes especiais, isto é, expressos para essa finalidade, indispensável que a existência do mandato seja mencionada no termo das primeiras declarações, admitindo-se a menção em termo apontado e posterior.

SEÇÃO IV

DAS CITAÇÕES E DAS IMPUGNAÇÕES

(ARTS. 626 A 629)

Art. 626. Feitas as primeiras declarações, o juiz mandará citar, para os termos do inventário e da partilha, o cônjuge, o companheiro, os herdeiros e os legatários e intimar a Fazenda Pública, o Ministério Público, se houver herdeiro incapaz ou ausente, e o testamenteiro, se houver testamento.

§ 1º O cônjuge ou o companheiro, os herdeiros e os legatários serão citados pelo correio, observado o disposto no art. 247, sendo, ainda, publicado edital, nos termos do inciso III do art. 259.

§ 2º Das primeiras declarações extrair-se-ão tantas cópias quantas forem as partes.

§ 3º A citação será acompanhada de cópia das primeiras declarações.

§ 4º Incumbe ao escrivão remeter cópias à Fazenda Pública, ao Ministério Público, ao testamenteiro, se houver, e ao advogado, se a parte já estiver representada nos autos.

Art. 627. Concluídas as citações, abrir-se-á vista às partes, em cartório e pelo prazo comum de 15 (quinze) dias, para que se manifestem sobre as primeiras declarações, incumbindo às partes:

I – arguir erros, omissões e sonegação de bens;
II – reclamar contra a nomeação de inventariante
III – contestar a qualidade de quem foi incluído no título de herdeiro.

§ 1º Julgando procedente a impugnação referida no inciso I, o juiz mandará retificar as primeiras declarações.

§ 2º Se acolher o pedido de que trata o inciso II, o juiz nomeará outro inventariante, observada a preferência legal.

§ 3º Verificando que a disputa sobre a qualidade de herdeiro a que alude o inciso III demanda produção de provas que não a documental, o juiz remeterá a parte às vias ordinárias e sobrestará, até o julgamento da ação, a entrega do quinhão que na partilha couber ao herdeiro admitido.

Art. 628. Aquele que se julgar preterido poderá demandar sua admissão no inventário, requerendo-a antes da partilha.

§ 1º Ouvidas as partes no prazo de 15 (quinze) dias, o juiz decidirá.

§ 2º Se para solução da questão for necessária a produção de provas que não a documental, o juiz remeterá o requerente às vias ordinárias, mandando reservar, em poder do inventariante, o quinhão do herdeiro excluído até que se decida o litígio.

Art. 629. A Fazenda Pública, no prazo de 15 (quinze) dias, após a vista de que trata o art. 627, informará ao juízo, de acordo com os dados que constam de seu cadastro imobiliário, o valor dos bens de raiz descritos nas primeiras declarações.

1. Repetições. 2. Alterações.

1. Repetições – A epígrafe da Seção IV do Capítulo VI do Título III do Livro I da Parte Especial do Código de Processo Civil de 2015 é igual à da Seção IV do Título II do Livro IV do CPC de 1973. Cuida ela da citação que, desnecessariamente definida no art. 238, é meio de integração da pessoa na relação processual, podendo ser suprida pelo comparecimento espontâneo (art. 239, § 1º, que, incompleto, fala apenas em comparecimento do réu ou do executado). As impugnações criam um incidente, a ser decidido pelo juiz por decisão interlocutória (art. 203, § 2º), que pode ser impugnada por agravo de instrumento, conforme o parágrafo único do art. 1.015.

Os §§ 2º e 4º do art. 626 repetem iguais parágrafos do anterior art. 999.

O inc. III do art. 627 é igual ao inc. III do revogado art. 1.000, repetição que se assinala, como as demais, para recomendar-se a consulta à jurisprudência e à doutrina dos dispositivos repetidos.

2. Alterações – De pequena monta as alterações encontradas na Seção IV, comparada com igual seção do Código anterior.

No art. 626, *caput*, encontra-se, como diferença, a menção ao companheiro do *de cujus*, já denominado **decujo**, sem que esse nome seja usado. Fala o artigo não em citação, porém em intimação (art. 269) do Ministério Público, que só ocorre se houver herdeiro incapaz, relativa ou absolutamente, e o testamenteiro, falando-se, ali, em finado, não em autor da herança. Mais singelo do que o § 1º do anterior art. 999, o § 1º do art. 626 manda citar as pessoas aí referidas, observando-se o art. 247 (q.v.). É obrigatória a publicação do edital, como dispõe o inc. III do art. 259. A falta do edital gera a nulidade do processo, que pode ser arguida pelo interessado que intervier no feito, pelo Ministério Público, ou decretada pelo juiz, de ofício (arts. 280, 281, 283).

O *caput* do art. 627 é diferente do anterior art. 1.000 porque aumenta de dez para quinze dias o prazo e substitui o verbo **dizerem** por **se manifestarem**. A oração "cabe à parte" foi incorporada ao texto do *caput*, mediante o gerúndio **incumbindo**. No inciso I, incluiu-se referência à sonegação de bens, antecedida pela aditiva **e**, já implícito o acréscimo no inc. I do art. 1.000. No inciso II, substituiu-se **do** por **de**. No § 1º, ainda do art. 627, suprimiu-se a abreviatura **n**. A primeira parte do parágrafo único do artigo revogado foi transportada para o § 1º do atual. A segunda parte do *caput* anterior está agora no § 2º. A terceira porção daquele parágrafo foi posta no § 3º, do qual se tirou a abreviatura **n** antes da indicação do inciso e se substituiu "meios ordinários" por "vias ordinárias". Fala o parágrafo em produção de prova não documental, abandonando a referência à matéria de alta indagação porque a prova de qualquer matéria pode ser feita por outros meios, que não documentos.

No art. 628, *caput*, a segunda parte do anterior art. 1.000 veio no § 1º do atual art. 628, aumentando o prazo de dez para quinze dias. O § 2º, que encerra a última parte do revogado *caput*, já não alude a meios ordinários, referindo-se agora a vias ordinárias.

Finalmente, o art. 629 reduziu de vinte para quinze dias o prazo do art. 1.002 e abreviou a palavra "artigo", por extenso neste dispositivo.

Seção V
Da Avaliação e do Cálculo do Imposto
(Arts. 630 a 638)

Art. 630. Findo o prazo previsto no art. 627 sem impugnação ou decidida a impugnação que houver sido oposta, o juiz nomeará, se for o caso, perito para avaliar os bens do espólio, se não houver na comarca avaliador judicial.

Parágrafo único. Na hipótese prevista no art. 620, § 1º, o juiz nomeará perito para avaliação das quotas sociais ou apuração dos haveres.

Art. 631. Ao avaliar os bens do espólio, o perito observará, no que for aplicável, o disposto nos arts. 872 e 873.

Art. 632. Não se expedirá carta precatória para a avaliação de bens situados fora da comarca onde corre o inventário se eles forem de pequeno valor ou perfeitamente conhecidos do perito nomeado.

Art. 633. Sendo capazes todas as partes, não se procederá à avaliação se a Fazenda Pública, intimada pessoalmente, concordar de forma expressa com o valor atribuído, nas primeiras declarações, aos bens do espólio.

Art. 634. Se os herdeiros concordarem com o valor dos bens declarados pela Fazenda Pública, a avaliação cingir-se-á aos demais.

Art. 635. Entregue o laudo de avaliação, o juiz mandará que as partes se manifestem no prazo de 15 (quinze) dias, que correrá em cartório.

§ 1º Versando a impugnação sobre o valor dado pelo perito, o juiz a decidirá de plano, à vista do que constar dos autos.

§ 2º Julgando procedente a impugnação, o juiz determinará que o perito retifique a avaliação, observando os fundamentos da decisão.

Art. 636. Aceito o laudo ou resolvidas as impugnações suscitadas a seu respeito, lavrar-se-á em seguida o termo de últimas declarações, no qual o inventariante poderá emendar, aditar ou completar as primeiras.

Art. 637. Ouvidas as partes sobre as últimas declarações no prazo comum de 15 (quinze) dias, proceder-se-á ao cálculo do tributo.

Art. 638. Feito o cálculo, sobre ele serão ouvidas todas as partes no prazo comum de 5 (cinco) dias, que correrá em cartório, e, em seguida, a Fazenda Pública.

§ 1º Se acolher eventual impugnação, o juiz ordenará nova remessa dos autos ao contabilista, determinando as alterações que devam ser feitas no cálculo.

§ 2º Cumprido o despacho, o juiz julgará o cálculo do tributo.

1. Repetições. 2. Alterações.

1. Repetições – A Seção V repete, na epígrafe, igual seção do Código anterior. O art. 632 é igual ao anterior art. 1.006. O art. 634 reproduz o art. 1.008. O § 1º do art. 635 espelha o § 1º do art. 1.009. O art. 636 é igual ao art. 1.011. O art. 638, *caput*, é idêntico ao *caput* do art. 1.013.

2. Alterações – Sem inovações, a Seção V apresenta modificações sem relevo, a começar pelo art. 630, diferente do art. 1.003 anterior somente pela troca de remissão é pelo emprego do artigo indefinido **um**, para explicitar que único será o perito. O parágrafo único do mesmo artigo muda **caso** por **hipótese**, atualiza a remissão, especifica que o juiz nomeará um só perito, não necessariamente contador, mas qualificado, e fala em "avaliação das quotas sociais", em vez de balanço e substitui o infinitivo **aprovar** pelo substantivo **aprovação**.

No art. 631, colocou-se o sujeito antes do verbo "observar" e trocou-se a remissão.

No art. 633, comparado com o anterior art. 1.007: retirou-se a remissão do Código anterior para usar o advérbio **pessoalmente**. Utilizou-se "de forma expressa", a fim de evitar a rima com **pessoalmente**.

O *caput* do art. 635 eliminou o "sobre ele" do anterior art. 1.009 e aumentou de dez para quinze dias o prazo da manifestação. O § 2º pôs na ordem direta a oração "o juiz determinará", que estava na ordem inversa, no § 2º do artigo revogado.

O art. 637, além de aumentar o prazo, de dez para quinze dias, substituiu a palavra **imposto** por **tributo**, mais abrangente.

No art. 638, o § 1º trocou a condicional "se houver impugnação julgada procedente", de igual parágrafo do art. 1.013, pela condicional "se acolher eventual impugnação", desnecessário o adjetivo. Usou, em vez de **contador**, o vocábulo **contabilista**, referindo-se, naquele como neste, ao serventuário incumbido da função pela norma judiciária. No § 2º do mesmo art. 638, tal qual no art. 637, substituiu-se o vocábulo **imposto** pela palavra **tributo**.

Seção VI
Das Colações
(Arts. 639 a 641)

Art. 639. No prazo estabelecido no art. 627, o herdeiro obrigado à colação conferirá por termo nos autos ou por petição à qual o termo se reportará os bens que recebeu ou, se já não os possuir, trar-lhes-á o valor.

Parágrafo único. Os bens a serem conferidos na partilha, assim como as acessões e as benfeitorias que o donatário fez, calcular-se-ão pelo valor que tiverem ao tempo da abertura da sucessão.

Art. 640. O herdeiro que renunciou à herança ou o que dela foi excluído não se exime, pelo fato da renúncia ou da exclusão, de conferir, para o efeito de repor a parte inoficiosa, as liberalidades que obteve do doador.

§ 1º É lícito ao donatário escolher, dentre os bens doados, tantos quantos bastem para perfazer a legítima e a metade disponível, entrando na partilha o excedente para ser dividido entre os demais herdeiros.

§ 2º Se a parte inoficiosa da doação recair sobre bem imóvel que não comporte divisão cômoda, o juiz determinará que sobre ela se proceda a licitação entre os herdeiros.

§ 3º O donatário poderá concorrer na licitação referida no § 2º e, em igualdade de condições, terá preferência sobre os herdeiros.

Art. 641. Se o herdeiro negar o recebimento dos bens ou a obrigação de os conferir, o juiz, ouvidas as partes no prazo comum de 15 (quinze) dias, decidirá à vista das alegações e das provas produzidas.

§ 1º Declarada improcedente a oposição, se o herdeiro, no prazo improrrogável de 15 (quinze) dias, não proceder à conferência, o juiz mandará sequestrar-lhe, para serem inventariados e partilhados, os bens sujeitos à colação ou imputar ao seu quinhão hereditário o valor deles, se já não os possuir.

§ 2º Se a matéria exigir dilação probatória diversa da documental, o juiz remeterá as partes às vias ordinárias, não podendo o herdeiro receber o seu quinhão hereditário, enquanto pender a demanda, sem prestar caução correspondente ao valor dos bens sobre os quais versar a conferência.

1. Observações. 2. Alterações.

1. Observações – Mínimas e, na verdade, desnecessárias as alterações que aparecem nos dispositivos desta Seção comparada com a anterior Seção VI. Essas modificações indicam provável tentativa de justificar a necessidade de um novo Código por meio de filigranas.

2. Alterações – Sem repetições, salvo na epígrafe, sem inovações, o novo Código pouco alterou a redação dos dispositivos reguladores do instituto, mantendo, na prática, o que estava no Código anterior.

No art. 639, comparado com o anterior art. 1.014, foi retirada a remissão à lei anterior, acrescentada a possibilidade de conferência dos bens por petição. Mandando que o termo se refira a esta petição, a regra manteve a sua necessidade. A frase "se já os não possuir", do texto anterior, é tão vernacular quanto a "se já não os possui". O parágrafo único substituiu "que devem ser conferidos" por "a serem conferidos".

No *caput* do art. 640, nota-se a troca de **houve**, do anterior art. 1.015 por **obteve**, o que é de igual significado. No § 1º desse artigo a diferença é o uso de "dentre os bens", no lugar de "dos bens". No § 2º, retirou-se a vírgula depois de imóvel. No§ 3º, a adição "terá preferência sobre os herdeiros" não modifica o § 2º do revogado art. 1.015.

No art. 641, *caput*, aumentou-se o prazo de cinco dias, do *caput* do anterior art. 1.016, para quinze dias. No § 1º, o anterior prazo de um quinquídio foi ampliado para quinze dias. Alterou-se, sem proveito, a frase "se já os não possuir", substituída por "se já não os possuir". No § 2º, o art. 641 fala na exigência de dilação probatória, eliminando a alusão a meios ordinários para referir-se a vias ordinárias. Mudou-se para "os quais" o pronome **que** do § 2º do revogado art. 1.016.

Seção VI

Do Pagamento das Dívidas

(arts. 642 a 646)

Art. 642. Antes da partilha, poderão os credores do espólio requerer ao juízo do inventário o pagamento das dívidas vencidas e exigíveis.

§ 1º A petição, acompanhada de prova literal da dívida, será distribuída por dependência e autuada em apenso aos autos do processo de inventário.

§ 2º Concordando as partes com o pedido, o juiz, ao declarar habilitado o credor, mandará que se faça a separação de dinheiro ou, em sua falta, de bens suficientes para o pagamento.

§ 3º Separados os bens, tantos quantos forem necessários para o pagamento dos credores habilitados, o juiz mandará aliená-los, observando-se as disposições deste Código relativas à expropriação.

§ 4º Se o credor requerer que, em vez de dinheiro, lhe sejam adjudicados, para o seu pagamento, os bens já reservados, o juiz deferir-lhe-á o pedido, concordando todas as partes.

§ 5º Os donatários serão chamados a pronunciar-se sobre a aprovação das dívidas, sempre que haja possibilidade de resultar delas a redução das liberalidades.

Art. 643. Não havendo concordância de todas as partes sobre o pedido de pagamento feito pelo credor, será o pedido remetido às vias ordinárias.

Parágrafo único. O juiz mandará, porém, reservar, em poder do inventariante, bens suficientes para pagar o credor quando a dívida constar de documento que comprove suficientemente a obrigação e a impugnação não se fundar em quitação.

Art. 644. O credor de dívida líquida e certa, ainda não vencida, pode requerer habilitação no inventário.

Parágrafo único. Concordando as partes com o pedido referido no *caput*, o juiz, ao julgar habilitado o crédito, mandará que se faça separação de bens para o futuro pagamento.

Art. 645. O legatário é parte legítima para manifestar-se sobre as dívidas do espólio:

I – quando toda a herança for dividida em legados;

II – quando o reconhecimento das dívidas importar redução dos legados.

Art. 646. Sem prejuízo do disposto no art. 860, é lícito aos herdeiros, ao separarem bens para o pagamento de dívidas, autorizar que o inventariante os indique à penhora no processo em que o espólio for executado.

1. Repetições. **2.** Alterações. **3.** Inovações.

1. Repetições – São iguais as epígrafes da vigente Seção VII e da Seção VII do Código anterior.

Encontram-se repetições nos seguintes dispositivos, postas entre parênteses as normas repetidas: art. 642 e §§ 1º, 2º e 4º (art. 1.027 e §§ 1º, 2º e 4º), art. 645 e incs. I e II (art. 1.020 e seus dois incisos).

2. Alterações – O § 3º do art. 642 é diferente do § 3º do revogado art. 1.017. O novo parágrafo já não fala em praça, ou leilão, como fazia o artigo, e remete às disposições do Código relativas à expropriação (art. 876 e ss. – q.v.).

O *caput* do art. 643 substituiu o pronome **ele** do *caput* do anterior art. 1.018 por **pedido** e remeteu as partes às vias ordinárias, e não aos meios ordinários. O parágrafo único desse artigo pôs vírgula antes e depois da frase "em poder do inventariante" e a suprimiu depois de credor.

O art. 644 desdobrou o anterior art. 1.019 no *caput* e no parágrafo único. Neste último, assinalou que o pedido é aquele a que se refere o *caput*.

O art. 646, além de atualizar a remissão do anterior art. 1.021 ao Código passado, abreviou o vocábulo **artigo**. Substituiu **nomeie** por **indique**.

3. Inovações – Não há dúvida de que todas as alterações de texto repetido são também inovações. Neste livro, entretanto, assinalam-se sob este item somente as normas que aparecem pela primeira vez, no direito processual civil positivo. Nesse sentido, a única, que se encontra na Seção, é o § 5º do art. 642, que leva em conta a possibilidade de que a liquidação das dívidas consuma as doações, no todo ou em parte. Por isto, ordena, sob a frase "serão chamados", a citação, se não estiverem no processo, ou a intimação, se aí já se encontrarem, os donatários, a fim de que se manifestem sobre a liquidação das dívidas. Os donatários podem impugnar o pagamento, em parte, ou na totalidade, ou sugerirem outros modos de liquidação, livres para formularem qualquer pleito.

Seção VIII

Da Partilha

(Arts. 647 a 658)

Art. 647. Cumprido o disposto no art. 642, § 3º, o juiz facultará às partes que, no prazo comum de 15 (quinze) dias, formulem o pedido de quinhão e, em seguida, proferirá a decisão de deliberação da partilha, resolvendo os pedidos das partes e designando os bens que devam constituir quinhão de cada herdeiro e legatário.

Parágrafo único. O juiz poderá, em decisão fundamentada, deferir antecipadamente a qualquer dos herdeiros o exercício dos direitos de usar e de fruir de determinado bem, com a condição de que, ao término do inventário, tal bem integre a cota desse herdeiro, cabendo a este, desde o deferimento, todos os ônus e bônus decorrentes do exercício daqueles direitos.

Art. 648. Na partilha, serão observadas as seguintes regras:
I – a máxima igualdade possível quanto ao valor, à natureza e à qualidade dos bens;
II – a prevenção de litígios futuros;
III – a máxima comodidade dos coerdeiros, do cônjuge ou do companheiro, se for o caso.

Art. 649. Os bens insuscetíveis de divisão cômoda que não couberem na parte do cônjuge ou companheiro supérstite ou no quinhão de um só herdeiro serão licitados entre os interessados ou vendidos judicialmente, partilhando-se o valor apurado, salvo se houver acordo para que sejam adjudicados a todos.

Art. 650. Se um dos interessados for nascituro, o quinhão que lhe caberá será reservado em poder do inventariante até o seu nascimento.

Art. 651. O partidor organizará o esboço da partilha de acordo com a decisão judicial, observando nos pagamentos a seguinte ordem:
I – dívidas atendidas;
II – meação do cônjuge;
III – meação disponível;
IV – quinhões hereditários, a começar pelo coerdeiro mais velho.

Art. 652. Feito o esboço, as partes manifestar-se-ão sobre esse no prazo comum de 15 (quinze) dias, e, resolvidas as reclamações, a partilha será lançada nos autos.

Art. 653. A partilha constará:
I – de auto de orçamento, que mencionará:
a) os nomes do autor da herança, do inventariante, do cônjuge ou companheiro supérstite, dos herdeiros, dos legatários e dos credores admitidos;
b) o ativo, o passivo e o líquido partível, com as necessárias especificações;
c) o valor de cada quinhão;
II – de folha de pagamento para cada parte, declarando a quota a pagar-lhe, a razão do pagamento e a relação dos bens que lhe compõem o quinhão, as características que os individualizam e os ônus que os gravam.
Parágrafo único. O auto e cada uma das folhas serão assinados pelo juiz e pelo escrivão.

Art. 654. Pago o imposto de transmissão a título de morte e juntada aos autos certidão ou informação negativa de dívida para com a Fazenda Pública, o juiz julgará por sentença a partilha.
Parágrafo único. A existência de dívida para com a Fazenda Pública não impedirá o julgamento da partilha, desde que o seu pagamento esteja devidamente garantido.

Art. 655. Transitada em julgado a sentença mencionada no art. 654, receberá o herdeiro os bens que lhe tocarem e um formal de partilha, do qual constarão as seguintes peças:

I – termo de inventariante e título de herdeiros;
II – avaliação dos bens que constituíram o quinhão do herdeiro;
III – pagamento do quinhão hereditário;
IV – quitação dos impostos;
V – sentença.

Parágrafo único. O formal de partilha poderá ser substituído por certidão de pagamento do quinhão hereditário quando esse não exceder a 5 (cinco) vezes o salário-mínimo, caso em que se transcreverá nela a sentença de partilha transitada em julgado.

Art. 656. A partilha, mesmo depois de transitada em julgado a sentença, pode ser emendada nos mesmos autos do inventário, convindo todas as partes, quando tenha havido erro de fato na descrição dos bens, podendo o juiz, de ofício ou a requerimento da parte, a qualquer tempo, corrigir-lhe as inexatidões materiais.

Art. 657. A partilha amigável, lavrada em instrumento público, reduzida a termo nos autos do inventário ou constante de escrito particular homologado pelo juiz, pode ser anulada por dolo, coação, erro essencial ou intervenção de incapaz, observado o disposto no § 4º do art. 966.

Parágrafo único. O direito à anulação de partilha amigável extingue-se em 1 (um) ano, contado esse prazo:

I – no caso de coação, do dia em que ela cessou;
II – no caso de erro ou dolo, do dia em que se realizou o ato;
III – quanto ao incapaz, do dia em que cessar a incapacidade.

Art. 658. É rescindível a partilha julgada por sentença:

I – nos casos mencionados no art. 657;
II – se feita com preterição de formalidades legais;
III – se preteriu herdeiro ou incluiu quem não o seja.

1. Repetições. 2. Alterações. 3. Inovações

1. Repetições – A epígrafe da Seção VIII é idêntica à da anterior. Os incs. I a IV do art. 651 reproduzem iguais do art. 1.023. O *caput* do art. 653, seu inc. I com três alíneas e o parágrafo único espelham iguais pontos do anterior art. 1.025. Os incs. I a V do art. 655 repetem os itens do art. 1.027. Os incs. I, II e III do parágrafo único do art. 657 são idênticos aos incs. I, II e III do parágrafo único do art. 1.029. O *caput* do art. 658 e seus incs. II e III reproduzem o *caput* e os incs. II e III do art. 1.030.

2. Alterações – O art. 647, contrariamente ao anterior art. 1.022, abreviou o substantivo **artigo** e aumentou o prazo, de dez para quinze dias.

Retirou, ademais, o prazo de dez dias para o despacho, agora chamado **decisão**.

No art. 651, *caput*, acrescentou-se o adjetivo **judicial** ao substantivo **decisão**, e nada mais.

O art. 652 trocou, sem alterar o sentido, a frase "dirão sobre ele as partes", que estava no art. 1.024, pela oração "as partes manifestar-se-ão sobre esse", novo também o demonstrativo. Pôs na ordem direta a frase sobre o lançamento da partilha, depois de estender para quinze dias o prazo anterior de um quinquídio.

No art. 653, o inc. I suprimiu o artigo **um** e o inc. II colocou a conjunção aditiva coordenativa **e** antes de **relação**.

No *caput* do art. 654, contrastado com o anterior art. 1.026, nota-se a troca de **junto** por **juntada**.

O art. 655 substituiu sentença "passada em julgado" por "transitada em julgado a sentença". Fez remissão ao art. 654. O parágrafo único desse artigo trocou a contração **do** pela preposição **de**. Mudou **este** para **esse** e referiu-se apenas ao salário-mínimo, que é o mesmo em todo o país.

No art. 657, desapareceu a vírgula antes de "por dolo" e mandou-se observar o § 4º do art. 966 (q.v.). O parágrafo único desse artigo fala em direito à anulação, em vez de direito de propor ação anulatória, implícito naquele direito. Fala em "extinção do direito", assim indicando que é de decadência o prazo de um ano.

O inc. I do art. 658 remete ao art. 657 do novo Código, enquanto igual inciso do revogado art. 1.030 remetia ao art. 1.029.

3. Inovações – O parágrafo único do art. 647 atende eventual necessidade de herdeiros, em particular os carentes. Permite a qualquer deles, mediante requerimento, inclusive do inventariante, obter antecipadamente, isto é, logo após o requerimento, a anuência de todos os interessados sobre o exercício dos direitos de usar e de fruir de "determinado bem", acentua o dispositivo, sem impedir contudo que o benefício se estende a mais de um bem. A antecipação é condicional porque o bem objeto da antecipação caberá ao requerente, que fica responsável por todos os encargos e benefícios, desde o deferimento. O parágrafo escolheu o deferimento como termo inicial de responsabilidade; não a investidura do herdeiro no uso e fruição do bem. No término do inventário, far-se--ão ajustes impostos pela partilha, se o bem não couber no quinhão do requerente.

Sem igual no diploma anterior, o *caput* do art. 648 e seus incs. I a III. O inciso I deixa explícito o que se deve observar na partilha: a igualdade entre os herdeiros, ainda que, para isso, se torne necessária uma reposição.

O inciso II contém princípio que seria observado mesmo se a norma não existisse. A partilha deve evitar possíveis litígios, como, por exemplo, o condomínio de bens por herdeiros desavindos. O inciso III fala em comodidade dos coerdeiros do cônjuge, que serão as pessoas que com ele concorrem. Volta-se o dispositivo também para a eventual existência de companheiro, definida a figura pelo direito material.

Sem correspondência na lei anterior, o art. 650 determina que o bem quinhoado ao nascituro fique em poder do inventariante. Após o nascimento, o bem passa à guarda do representante da pessoa que estava por nascer. Até o nascimento, o inventariante atuará como representante do nascituro, mas, na impossibilidade dele, o quinhão poderá ficar, no todo ou em parte, confiado a terceiro idôneo, que assinará um termo, no qual se definirá a sua responsabilidade e a extensão do seu encargo.

Seção IX

DO ARROLAMENTO

(ARTS. 659 A 667)

Art. 659. A partilha amigável, celebrada entre partes capazes, nos termos da lei, será homologada de plano pelo juiz, com observância dos arts. 660 a 663.

§ 1º O disposto neste artigo aplica-se, também, ao pedido de adjudicação, quando houver herdeiro único.

§ 2º Transitada em julgado a sentença de homologação de partilha ou de adjudicação, será lavrado o formal de partilha ou elaborada a carta de adjudicação e, em seguida, serão expedidos os alvarás referentes aos bens e às rendas por ele abrangidos, intimando-se o fisco para lançamento administrativo do imposto de transmissão e de outros tributos porventura incidentes, conforme dispuser a legislação tributária, nos termos do § 2º do art. 662.

Art. 660. Na petição de inventário, que se processará na forma de arrolamento sumário, independentemente da lavratura de termos de qualquer espécie, os herdeiros:

I – requererão ao juiz a nomeação do inventariante que designarem;

II – declararão os títulos dos herdeiros e os bens do espólio, observado o disposto no art. 630;

III – atribuirão valor aos bens do espólio, para fins de partilha.

Art. 661. Ressalvada a hipótese prevista no parágrafo único do art. 663, não se procederá à avaliação dos bens do espólio para nenhuma finalidade.

Art. 662. No arrolamento, não serão conhecidas ou apreciadas questões relativas ao lançamento, ao pagamento ou à quitação de taxas judiciárias e de tributos incidentes sobre a transmissão da propriedade dos bens do espólio.

§ 1º A taxa judiciária, se devida, será calculada com base no valor atribuído pelos herdeiros, cabendo ao fisco, se apurar em processo administrativo valor diverso do estimado, exigir a eventual diferença pelos meios adequados ao lançamento de créditos tributários em geral.

§ 2º O imposto de transmissão será objeto de lançamento administrativo, conforme dispuser a legislação tributária, não ficando as autoridades fazendárias adstritas aos valores dos bens do espólio atribuídos pelos herdeiros.

Art. 663. A existência de credores do espólio não impedirá a homologação da partilha ou da adjudicação, se forem reservados bens suficientes para o pagamento da dívida.

Parágrafo único. A reserva de bens será realizada pelo valor estimado pelas partes, salvo se o credor, regularmente notificado, impugnar a estimativa, caso em que se promoverá a avaliação dos bens a serem reservados.

Art. 664. Quando o valor dos bens do espólio for igual ou inferior a 1.000 (mil) salários-mínimos, o inventário processar-se-á na forma de arrolamento, cabendo ao inventariante nomeado, independentemente de assinatura de termo de compromisso, apresentar, com suas declarações, a atribuição de valor aos bens do espólio e o plano da partilha.

§ 1º Se qualquer das partes ou o Ministério Público impugnar a estimativa, o juiz nomeará avaliador, que oferecerá laudo em 10 (dez) dias.

§ 2º Apresentado o laudo, o juiz, em audiência que designar, deliberará sobre a partilha, decidindo de plano todas as reclamações e mandando pagar as dívidas não impugnadas.

§ 3º Lavrar-se-á de tudo um só termo, assinado pelo juiz, pelo inventariante e pelas partes presentes ou por seus advogados.

§ 4º Aplicam-se a essa espécie de arrolamento, no que couber, as disposições do art. 672, relativamente ao lançamento, ao pagamento e à quitação da taxa judiciária e do imposto sobre a transmissão da propriedade dos bens do espólio.

§ 5º Provada a quitação dos tributos relativos aos bens do espólio e às suas rendas, o juiz julgará a partilha.

Art. 665. O inventário processar-se-á também na forma do art. 664, ainda que haja interessado incapaz, desde que concordem todas as partes e o Ministério Público.

Art. 666. Independerá de inventário ou de arrolamento o pagamento dos valores previstos na Lei nº 6.858, de 24 de novembro de 1980.

Art. 667. Aplicam-se subsidiariamente a esta Seção as disposições das Seções VII e VIII deste Capítulo.

1. Repetições. 3. Alterações. 3. Inovações.

1. Repetições – A epígrafe da Seção IX, agora examinada, repete a epígrafe de igual parte do CPC de 1973. Assim também o § 1º do art. 659, que reproduz o § 1º do anterior art. 1.031. O *caput* do art. 660 é igual ao do art. 1.032, assim como coincidem os incisos I e II de um e do outro. O art. 662 e seus dois parágrafos repetem o revogado art. 1.034 e parágrafos. O art. 663 e seu parágrafo único outra coisa não é que o anterior art. 1.035 e seu parágrafo. Os §§ 1º, 2º e 5º dos arts. 664 e 1.036 são rigorosamente idênticos. O art. 666 reproduz o art. 1.037 da lei revogada. Os incs. I, III e IV do art. 669 são cópias de iguais itens do art. 1.040.

2. Alterações – O art. 659 suprimiu as referências ao revogado art. 1.031, aludindo à lei incidente, e reportando-se aos arts. 660 a 663 (q.v.). O § 2º desse artigo manda lavrar o formal de partilha ou elaborar a carta de adjudicação. Logo após, serão expedidos os alvarás relativos aos bens e às rendas abrangidas pelo formal. Tudo isto feito, o Fisco será intimado para o lançamento, que ele fará, do imposto de transmissão e de outros tributos, incidentes conforme a legislação tributária, e pelos princípios nela consagrados. O § 2º do art. 662 (q.v.) incide. O revogado § 2º do art. 1.031 condicionava a entrega do formal e dos alvarás às partes, após a comprovação do pagamento de todos os tributos verificada pela Fazenda Pública. O § 2º do art. 659 fala apenas em lançamento administrativo, ficando implícito que a entrega fica dependente da quitação dos tributos, a ser verificada pela autoridade fiscal. Entretanto, ela poderá corrigir erros do lançamento, assim como as partes, impugná-los, criando incidente que o juiz julgará, cabível o agravo de instrumento de sua decisão, conforme o parágrafo único do art. 1.015. O lançamento menor do que o devido deverá ser implementado. Se maior, pode o espólio, por seus avaliantes, requerer a repetição do indébito, dividido o respectivo montante aos herdeiros, na forma que convencionarem, mediante homologação, feita consoante o *caput* do art. 659.

Note-se, no inc. II do art. 660, apenas a localização da referência, feita agora no art. 630 (q.v.) do novo Código. No inciso III, eliminou-se o artigo **o**, anteposto ao substantivo **valor** no revogado inciso I e substituiu-se **dos** bens por **aos** bens.

No art. 661, atualizou-se a remissão, feita agora no art. 663 e se substituiu o pronome **qualquer**, do anterior art. 1.033 pelo vocábulo **nenhuma**.

No art. 664, *caput*, note-se a substituição do valor, estipulado em duas mil ORTNs, no anterior art. 1.036, por 20 mil salários-mínimos. Trocou-se, ali, **da** e **do**, do texto revogado, por **de** e **aos**. No § 3º desse mesmo artigo, permite-se a substituição das partes por seus advogados, desde que presentes, nada impedindo a que elas também assinem junto com os seus patronos. No § 4º, substituiu-se o demonstrativo **esta**, do parágrafo anterior, por **essa**, colocou-se no singular o verbo **couber**, pois é **que** o seu sujeito e atualizou-se a remissão.

No art. 666, antepôs-se a preposição **de** ao substantivo **arrolamento**.

No art. 667, tudo o que se fez já determinou a aplicação subsidiária das Seções do Capítulo.

3. Inovações – Constituem inovações as alterações apontadas no item anterior, integrados no corpo de cada dispositivo. Autônomo, porém, posto, isoladamente, neste Capítulo, como outros, que se descobrem nos demais, só o art. 665, que se segue ao art. 664. Dispõe que, quando o valor dos bens do espólio for igual ou inferior a mil salários-mínimos, o inventário se processará em forma de arrolamento.

O art. 665, usando o advérbio "também", permite que o inventário se processe na forma de arrolamento, aplicáveis, estão, todas as normas regentes dessa modalidade, desde que concordem todas as partes, isto é, todos os herdeiros, inclusive os respectivos cônjuges assim como o Ministério Público, quando houver a intervenção dele no processo. De acordo com esse art. 665, admite-se o inventário, processado na forma do art. 664, ainda que haja interessado incapaz, absoluta ou relativamente, representado ou assistido, conforme a lei civil. Neste caso, a intervenção do Ministério Público é obrigatória, como ordena o inc. II do art. 178.

Seção X
Disposições Comuns A Todas As Ações
(Arts. 668 a 673)

Art. 668. Cessa a eficácia da tutela provisória prevista nas Seções deste Capítulo:
I – se a ação não for proposta em 30 (trinta) dias contados da data em que da decisão foi intimado o impugnante, o herdeiro excluído ou o credor não admitido;
II – se o juiz extinguir o processo de inventário com ou sem resolução de mérito.

Art. 669. São sujeitos à sobrepartilha os bens:
I – sonegados;
II – da herança descobertos após a partilha;
III – litigiosos, assim como os de liquidação difícil ou morosa;
IV – situados em lugar remoto da sede do juízo onde se processa o inventário.
Parágrafo único. Os bens mencionados nos incisos III e IV serão reservados à sobrepartilha sob a guarda e a administração do mesmo ou de diverso inventariante, a consentimento da maioria dos herdeiros.

Art. 670. Na sobrepartilha dos bens, observar-se-á o processo de inventário e de partilha.
Parágrafo único. A sobrepartilha correrá nos autos do inventário do autor da herança.

Art. 671. O juiz nomeará curador especial:
I – ao ausente, se não o tiver;
II – ao incapaz, se concorrer na partilha com o seu representante, desde que exista colisão de interesses.

Art. 672. É lícita a cumulação de inventários para a partilha de heranças de pessoas diversas quando houver:
I – identidade de pessoas entre as quais devam ser repartidos os bens;
II – heranças deixadas pelos dois cônjuges ou companheiros;
III – dependência de uma das partilhas em relação à outra.
Parágrafo único. No caso previsto no inciso III, se a dependência for parcial, por haver outros bens, o juiz pode ordenar a tramitação separada, se melhor convier ao interesse das partes ou à celeridade processual.

Art. 673. No caso previsto no art. 672, inciso II, prevalecerão as primeiras declarações, assim como o laudo de avaliação, salvo se alterado o valor dos bens.

1. Observações. 2. Repetições. 3. Alterações. 4. Inovações.

1. Observações – No pórtico do exame dos artigos dedicados às disposições comuns a todas as Seções deste Capítulo VI do Título III do Livro I da Parte Especial do Código de Processo Civil, instituído pela Lei nº 13.105, de 16 de março de 2015, faz-se com melancolia e desapontamento a crítica inevitável de que essa lei, na sua maior parte, apresenta modificações irrelevantes, desnecessárias e errôneas dos textos do anterior Código de Processo Civil, Lei nº 5.869, de 11 de janeiro de 1973.

Comparem-se os textos do novo diploma com os do antigo e se verá que, ignorando o ônus da implantação de um novo Código, o legislador levou adiante o seu projeto e terminou na produção de um pastiche, imitação servil, e de pouca utilidade para a administração da Justiça.

2. Repetições– O inc. I do art. 669 regula igual item do anterior art. 1.040, assim como os incs. III, IV e o parágrafo único do mesmo dispositivo reproduzem iguais pontos do revogado.

3. Alterações – A epígrafe da Seção X copiou parcialmente, a de igual seção do Código anterior. Suprimiu a contração **das** antes do substantivo **disposições** e, para mostrar a aplicação geral das normas, acrescentou o adjetivo **todas**, que dispensou o adjetivo **precedentes**.

O art. 668, ao contrário do precedente art. 1.039, não fala em medidas cautelares, porém na tutela provisória, que tem natureza cautelar. O inciso I retirou do seu texto as remissões que o inciso I do artigo revogado fazia ao diploma anterior. O inciso II usa o verbo **extinguir**, em vez da frase **declarar nulo** e troca o substantivo **julgamento** por **resolução**.

O *caput* do art. 669 mudou **ficam sujeitos** para **são sujeitos**, sem alterar o conteúdo da norma anterior. O inc. II reduz o "que se descobrirem depois da partilha" a "descobertos". O parágrafo único trocou "ns. III e IV deste artigo" por "nos incisos III e IV" e substituiu o desusado **aprazimento** por **consentimento**.

O art. 670 tudo o que fez foi deslocar a mesóclise, no início do art. 1.041.

No *caput* do art. 671, nota-se a substituição do verbo **dará** por **nomeará** – troca sem sentido. No inc. II desse dispositivo, o legislador procedeu a um acréscimo dispensável para dizer que o juiz só dará, ou – vá lá – nomeará curador especial ao incapaz, se, concorrendo ele, na partilha, com o seu representante, como ocorrerá se este também for herdeiro, houver colisão de interesses entre eles. O juiz deliberará sobre a ocorrência desse conflito, mediante decisão interlocutória agravável (art. 1.015, parágrafo único).

O art. 672 apresenta, no *caput* e nos seus três incisos, enunciado mais claro do que o do anterior art. 1.043. O *caput* do novo artigo permite a cumulação de involuntários, não importa se dois ou mais, para a partilha de heranças de pessoas diferentes. A norma obsequeia o princípio da economia processual. A cumulação de inventários é a cumulação de ações. Essa cumulação depende, conforme o inciso I, da identidade de pessoas entre as quais devam ser repartidos os bens, isto é, as pessoas precisam ser as mesmas em todos os inventários, todas partícipes do mesmo acervo, ainda que em proporções diferentes e que herdem por força de lei ou de testamento. O juiz poderá limitar o número de partilhas ou determinar o desmembramento delas se eventuais conflitos entre herdeiros prejudicar a eles ou o desenvolvimento dos feitos. A norma do § 1º do art. 113 inspira, *mutatis mutandis*, essa possibilidade. É lícita também a cumulação se se tratar de heranças deixadas por dois cônjuges, ou dois companheiros, ainda que não tenha ocorrido convivência. Cabe ainda a cumulação se uma partilha depender da outra, como no caso em que, em testamento, o testador deixou a um legatário porção menor, indefinida, de um bem transmitido aos seus herdeiros em parte maior. Atenta-se ao fato de que as condições postas nos três incisos não são cumulativas. Admite-se a cumulação de inventários, bastando que ocorra uma das situações previstas em qualquer dos três incisos que devem ser isoladamente vinculados no *caput*. O parágrafo único do art. 672 complementa o seu inc. III. No caso ali previsto, pode acontecer que a partilha não dependa em parte da outra, porque existem outros bens a se partilharem. Nessa hipótese, o juiz, já tendo admitido a cumulação, poderá ordenar que, desmembrados, os inventários se desenvolvam isoladamente. Partilhados os bens no inventário subordinante, far-se-á a partilha da parte dependente, no outro inventário. Fala o parágrafo em interesse das partes e celeridade processual. Nesta última proposição, a norma confirma a possibilidade, inerente à sua função, de o juiz dirigir os inventários do modo mais prático a evitar que eles se eternizem, como documenta a realidade forense.

Desapareceram no novo Código as normas dos §§ 1º e 2º do revogado art. 1.043. Pode haver agora mais de um inventariante e o segundo inventário será distribuído por dependência do primeiro, para que com ele se processe.

Conforme o art. 673, prevalecerá as primeiras declarações e também o laudo de avaliação, no caso de heranças deixadas pelos dois cônjuges ou pelos dois companheiros, como previsto no inc. II do art. 672. A norma não obsta contudo a que se retifique ou se complemente as primeiras declarações e o laudo.

4. Inovações – Embora sem correspondente no Código anterior, o parágrafo único do art. 672 não chega a ser uma inovação porque o disposto nessa norma já estava implicitamente contido nas normas e princípios regentes do processo de inventário. Incorporadas nos textos preexistentes as inovações neles intrometidas foram tratadas nos itens concernentes às alterações.

Capítulo VII

Dos Embargos De Terceiro
(arts. 674 a 681)

Art. 674. Quem, não sendo parte no processo, sofrer constrição ou ameaça de constrição sobre bens que possua ou sobre os quais tenha direito incompatível com o ato constritivo, poderá requerer seu desfazimento ou sua inibição por meio de embargos de terceiro.

§ 1º Os embargos podem ser de terceiro proprietário, inclusive fiduciário, ou possuidor.

§ 2º Considera-se terceiro, para ajuizamento dos embargos:

I – o cônjuge ou companheiro, quando defende a posse de bens próprios ou de sua meação, ressalvado o disposto no art. 843;

II – o adquirente de bens cuja constrição decorreu de decisão que declara a ineficácia da alienação realizada em fraude à execução;

III – quem sofre constrição judicial de seus bens por força de desconsideração da personalidade jurídica, de cujo incidente não fez parte;

IV – o credor com garantia real para obstar expropriação judicial do objeto de direito real de garantia, caso não tenha sido intimado, nos termos legais dos atos expropriatórios respectivos.

Art. 675. Os embargos podem ser opostos a qualquer tempo no processo de conhecimento enquanto não transitada em julgado a sentença e, no cumprimento de sentença ou no processo de execução, até 5 (cinco) dias depois da adjudicação, da alienação por iniciativa particular ou da arrematação, mas sempre antes da assinatura da respectiva carta.

Parágrafo único. Caso identifique a existência de terceiro titular de interesse em embargar o ato, o juiz mandará intimá-lo pessoalmente.

Art. 676. Os embargos serão distribuídos por dependência ao juízo que ordenou a constrição e autuados em apartado.

Parágrafo único. Nos casos de ato de constrição realizado por carta, os embargos serão oferecidos no juízo deprecado, salvo se indicado pelo juízo deprecante o bem constrito ou se já devolvida a carta.

Art. 677. Na petição inicial, o embargante fará a prova sumária de sua posse ou de seu domínio e da qualidade de terceiro, oferecendo documentos e rol de testemunhas.

§ 1º É facultada a prova da posse em audiência preliminar designada pelo juiz.

§ 2º O possuidor direto pode alegar, além da sua posse, o domínio alheio.

§ 3º A citação será pessoal, se o embargado não tiver procurador constituído nos autos da ação principal.

§ 4º Será legitimado passivo o sujeito a quem o ato de constrição aproveita, assim como o será seu adversário no processo principal quando for sua a indicação do bem para a constrição judicial.

Art. 678. A decisão que reconhecer suficientemente provado o domínio ou a posse determinará a suspensão das medidas constritivas sobre os bens litigiosos objeto dos embargos, bem como a manutenção ou a reintegração provisória da posse, se o embargante a houver requerido.

Parágrafo único. O juiz poderá condicionar a ordem de manutenção ou de reintegração provisória de posse à prestação de caução pelo requerente, ressalvada a impossibilidade da parte economicamente hipossuficiente.

Art. 679. Os embargos poderão ser contestados no prazo de 15 (quinze) dias, findo o qual se seguirá o procedimento comum.

Art. 680. Contra os embargos do credor com garantia real, o embargado somente poderá alegar que:

I – o devedor comum é insolvente;

II – o título é nulo ou não obriga a terceiro;

III – outra é a coisa dada em garantia.

Art. 681. Acolhido o pedido inicial, o ato de constrição judicial indevida será cancelado, com o reconhecimento do domínio, da manutenção da posse ou da reintegração definitiva do bem ou do direito ao embargante.

1. Observações. 2. Repetições. 3. Alterações. 4. Inovações.

1. Observações – O exame dos artigos que disciplinam os embargos de terceiro mostra que o de 2015 incorporou lições da doutrina e construções da jurisprudência que se ocuparam do instituto. Daí, as normas que, por assim dizer, atualizam os embargos, mantidos no Código mas disciplinados por dispositivos mais propícios, consecução dos objetivos dessa ação acessória.

2. Repetições – A epígrafe do Capítulo repete, literalmente, a epígrafe de igual Seção do Código anterior. Também os §§ 1º e 3º do art. 677 reproduzem iguais parágrafos do anterior art. 1.050. Repetições ainda encontram-se nos três incisos do art. 680, iguais aos três do art. 1.054.

3. Alterações – Diferente do art. 1.046 do CPC de 1973, que falava em turbação ou esbulho na posse de seus bens, o art. 674, acompanhando as avenças da doutrina, prestigiada pela jurisprudência, alude à constituição ou ameaça a ela sobre bens que possua ou tenha direito incompatível com o ato constitutivo qualquer pessoa, física, jurídica, ou formal, que não seja parte no processo de onde proveio o ato. Constrição atual ou iminente é o ato que priva o terceiro, que está fora do processo e nele de nenhum modo interveio, de um bem, ou do exercício de direito sobre ele. O esbulho, a turbação, ou mesmo a ameaça são espécies de atos constritivos que todavia não abrangem todo o gênero, como é, por exemplo, caso da penhora, do sequestro, do arresto, a enumeração do revogado art. 1.046 não era exaustiva. O art. 674 não fala em manutenção ou restituição dos bens, porém, corretamente, em desfazimento do ato. Desfeita a constrição ou anulada a ameaça de constrição, o bem ou o direito voltarão incólumes ao requerente, que terá assegurado o direito a ressarcimento de eventuais danos. No exame do art. 674, é necessária a consulta às substanciosas doutrina e jurisprudência do Código anterior. Os incs. I a IV do § 2º tratam de figuras definidas pelo direito material, e as situações nelas previstas são desdobramentos da norma do *caput* que, só por si, seria suficiente para proteger os bens e direitos violados e ameaçados, nas situações previstas nesses itens.

O art. 675 incluiu referência ao cumprimento da sentença, diverso do processo de execução de título extrajudicial. Acrescentou a alienação por iniciativa particular entre os atos referidos no revogado art. 1.048.

O parágrafo único, também do art. 675, permite ao juiz ordenar a intimação, não importa qual o meio do terceiro interessado em embargar, se consegue identificá-lo, só por si, ou por indicação da parte. Essa intimação, cujas custas são do beneficiário ou referente de ato constitutivo, não rompe o princípio dispositivo porque não força o intimado a opor os embargos. Aliás, ele pode recorrer da decisão que ordena o ato constitutivo ou coonestar a ameaça, como terceiro prejudicado (art. 996).

O art. 676 está em consonância com as novas funções dos embargos de terceiro. Correrão em autos físicos ou eletrônicos, apontados depois de distribuídos por dependência. Processo acessório será conduzido pelo juízo do ato constitutivo, ou de sua ameaça, salvo se a este faltar competência em razão da matéria, da pessoa, ou funcional. Nesta hipótese, o processo principal será enviado ao juízo competente junto com os embargos. Sem correspondência no velho Código, o parágrafo único do art. 676 manda que os embargos se ofereçam, no juízo deprecado, se deste partir a constrição. Se, entretanto, o juízo deprecante houver designado o bem, ou o direito objeto da constrição, ou se já devolvida a carta, os embargos se oferecerão no juízo deprecante. Este os julgará em qualquer caso, já que o juiz deprecado exerce a jurisdição em nome do deprecante. Não há lugar para a aplicação analógica do § 2º do art. 914, já que, no tocante aos embargos de terceiro, o novo Código não criou a situação excepcional ali considerada.

O art. 677 não cai longe do anterior art. 1.050. O embargante deve fazer prova sumária, isto é, reduzida mas convincente, da sua posse ou do seu domínio – figuras diferentes, definidas pelo direito material – acompanhada de documentos ou de rol de testemunhas. A prova pericial é também admissível, se configurados os seus pressupostos. O § 2º permite ao possuidor direito algum, não apenas a sua posse como ainda o domínio alheio; domínio de terceiro, como já permitia o § 2º do revogado art. 1.050, indiferente a expressão "com a sua posse", ali usada, da frase "além da sua posse", usando aqui o advérbio para indicar um *plus*. "Pode alegar", sem haver sanção se não o fizer.

O art. 678, parecido com o revogado art. 1.051 do Código anterior, e seu parágrafo, usando o adjetivo **provisório**, mostram que a decisão a que alude o *caput* não é a sentença final, porém providência liminar, que não pode ser outorgada se o embargante a requerer, como demonstra a oração condicional do fecho do *caput*. A suspensão da medida constritiva restitui ao embargante o pleno exercício do seu direito, ou atesta a violação iminente. Pode ser revogada ou modificada, a qualquer tempo, como só acontece às decisões de natureza cautelar. O parágrafo único permite ao juiz exigir caução real ou fidejussória, a ser oferecida pelo autor da ação de embargos, ou por outra pessoa, para impedir eventuais prejuízos ao beneficiário do ato constitutivo. Fala o parágrafo em manutenção ou reintegração provisória, mas a caução pode estender-se à liminar dada contra qualquer ato constitutivo. A caução é garantia admissível no caso de outorga de qualquer medida urgente e provisória, como demonstra o § 1º do art. 300. A última proposição do parágrafo permite ao juiz dispensar a caução quando, comprovadamente desprovido de recursos, o autor da ação de embargos não puder prestar a garantia. Pode o juiz, entretanto, deixar de conceder a medida circunstancialmente, naquelas hipóteses em que a efetivação da medida visivelmente mostrar a probabilidade do prejuízo.

O art. 679 não é, na essência, diferente do anterior art. 1.053, salvo quanto ao prazo. Findo esse prazo, o processo seguirá o procedimento comum, mesmo no caso de revelia.

O *caput* do art. 680 é igual ao *caput* do revogado art. 1.054, salvo na colocação do último período na ordem direta.

4. Inovações – No exame do Capítulo III duas inovações merecem destaque. São elas o § 4º do art. 677 e o art. 681, ambos sem correspondentes no Código anterior.

De acordo com o § 4º do art. 677, a ação de embargos de terceiro pode ser proposta contra a pessoa a quem a constrição aproveitar, seja ela autora ou ré no processo em que se praticou o ato constritivo. Se esse ato beneficiar terceiro não integrante do processo principal, contra este também se proporá a ação de embargos de terceiro, apesar de não ser ele parte no processo principal. Os embargos insurgem-se contra o ato constritivo e para eles serão citados, em litisconsórcio necessário, o beneficiário e as partes do processo principal. Esse § 4º fala em sujeito a quem aproveita a constrição e ao adversário dele, fazendo alusão ao antagonismo das partes no processo principal. A alusão, entretanto, se refere ao que normalmente acontece, não excluindo, entretanto, a possibilidade de ajuizamento da ação contra o terceiro. A locução "assim como", usada no parágrafo, determina a constituição do litisconsórcio necessário exclusivamente quando o ato constitutivo recair sobre o bem indicado pelo adversário do legitimado passivo apontado na oração inicial do parágrafo.

Outra inovação, ou melhor, uma explicitação do que é inerente à sentença de procedência, está no art. 681. Julgado procedente o pedido inicial por sentença transitada em julgado, o ato de constrição será cancelado, revogado, apagado. Fala o artigo em reconhecimento, não em declaração. Esse reconhecimento implica a afirmação da posse ou da existência do direito, referida no *caput* do art. 674. Isto fundamenta a sentença de cancelamento do ato constitutivo, mas a sentença não faz coisa julgada sobre a existência da posse ou do direito. A coisa julgada recairá somente sobre o dispositivo da sentença da procedência que revoga o ato constitutivo.

Capítulo VIII

Da Oposição
(arts. 682 a 686)

Art. 682. Quem pretender, no todo ou em parte, a coisa ou o direito sobre que controvertem autor e réu poderá, até ser proferida a sentença, oferecer oposição contra ambos.

Art. 683. O opoente deduzirá o pedido em observação aos requisitos exigidos para propositura da ação.
    Parágrafo único. Distribuída a oposição por dependência, serão os opostos citados, na pessoa de seus respectivos advogados, para contestar o pedido no prazo comum de 15 (quinze) dias.

Art. 684. Se um dos opostos reconhecer a procedência do pedido, contra o outro prosseguirá o opoente.

Art. 685. Admitido o processamento, a oposição será apensada aos autos e tramitará simultaneamente à ação originária, sendo ambas julgadas pela mesma sentença.
    Parágrafo único. Se a oposição for proposta após o início da audiência de instrução, o juiz suspenderá o curso do processo ao fim da produção das provas, salvo se concluir que a unidade da instrução atende melhor ao princípio da duração razoável do processo.

Art. 686. Cabendo ao juiz decidir simultaneamente a ação originária e a oposição, desta conhecerá em primeiro lugar.

1. Observações. **2.** Repetições. **3.** Alterações.

1. Observações – O Código de Processo Civil de 1973 colocou aoposição no Capítulo VI do Título II do seu Livro I (arts. 56 a 61) dedicado àintervenção de terceiros, como se ela fosse espécie desse gênero. Não é. Trata-se de uma ação que de nenhum modo configura a intervenção do aporte num processo que concorram outras pessoas.

O novo Código pôs-se em harmonia com a doutrina, que afasta a oposição dos modos de intervenção de terceiros. Seguem as pegadas de outras legislações como a alemã, que vê a oposição, corretamente, como ação autônoma acessória, no sentido de que o ajuizamento dela pressupõe a existência de um processo no qual contendam duas ou mais pessoas. O art. 682 deixa isto muito claro.

2. Repetições – A epígrafe do Capítulo VIII, ora examinado, coincide com a epígrafe da Seção I do Capítulo VI, apontado no item precedente. A diferença está em que, no Código anterior, como já assinalado, a oposição figurava entre as modalidades de intervenção de terceiros, ao passo que, na lei vigente, ela está entre os procedimentos especiais, isto é, entre os processos que se desenvolvem consoante certas normas distintas das reguladoras do procedimento comum, sempre subsidiário aos demais. Constituem também repetições o art. 684, igual ao anterior art. 58 e o art. 686, reprodução do anterior art. 61.

3. Alterações – O art. 682 só é diferente do revogado art. 56 porque, corretamente, retirou a vírgula que, no texto anterior, se encontrava antes do verbo **poderá**, cujo sujeito é **quem**.

O *caput* do art. 683 retira do texto revogado o possessivo **seu** e o gerúndio **observando**, trocado por "em observação". Eliminou o artigo **a**, antes de **propositura**, bem como a remissão a artigos da lei anterior. A segunda proposição do anterior art. 57 passou para o parágrafo único do art. 683, substituindo-se **dos** por **de**. Desapareceu a regra do anterior parágrafo único do artigo revogado, que mandava citar o réu revel na ação principal. Interprete-se o parágrafo único do artigo no sentido de que, se não tiver advogado no processo da ação principal, o réu revel será citado pelos meios de citação admissíveis (art. 246).

O art. 685 não dispõe de modo diferente do anterior art. 59 quanto à apensação, o processamento simultâneo e o julgamento pela mesma sentença, causando, por isto, a necessidade de se verificar a doutrina e a jurisprudência do dispositivo, já que, como escrito e repetido, este livro só se ocupa das inovações, limitando-se a assinalar as repetições e alterações, fazendo comentários a estas quando necessário.

O parágrafo único do art. 687 volta-se para a propositura da oposição (art. 312) após o início da audiência. Nesse caso, o juiz suspende o processo e também a audiência, logo que produzidas as provas a cuja colheita ela se destina. O art. 364 mostra que a instrução se encerra com as provas orais, mencionadas no art. 361. Tomadas essas provas, o juiz suspende a audiência e o processo. Assim ele faz para aguardar a fase contemporânea do processo de oposição, a fim de julgá-los como determina o art. 686, reprodução do revogado art. 61. Entretanto, se o juiz entender que a unidade da instrução atende a garantia da duração razoável do processo, assegurada no inciso LXXVIII do art. 5º da Constituição, ele não suspenderá a audiência mas alevará adiante, procedendo conforme o disposto nos arts. 364 e 366. Deve-se entender por **unidade da instrução**, referida no parágrafo, o conjunto de atos que se praticam na audiência. No parágrafo, essa expressão tem sentido mais amplo do que o extraído do art. 364. Nesse caso, o juiz julga, sem observar o disposto no art. 686. A superveniente sentença de procedência do pedido do opoente torna ineficaz a sentença de mérito dada no processo principal.

Capítulo IX

Da Habilitação
(Arts. 687 a 692)

Art. 687. A habilitação ocorre quando, por falecimento de qualquer das partes, os interessados houverem de suceder-lhe no processo.

Art. 688. A habilitação pode ser requerida:
I – pela parte, em relação aos sucessores do falecido;
II – pelos sucessores do falecido, em relação à parte.

Art. 689. Proceder-se-á à habilitação nos autos do processo principal, na instância em que estiver, suspendendo-se, a partir de então, o processo.

Art. 690. Recebida a petição, o juiz ordenará a citação dos requeridos para se pronunciarem no prazo de 5 (cinco) dias.
Parágrafo único. A citação será pessoal, se a parte não tiver procurador constituído nos autos.

Art. 691. O juiz decidirá o pedido de habilitação imediatamente, salvo se este for impugnado e houver necessidade de dilação probatória diversa da documental, caso em que determinará que o pedido seja autuado em apartado e disporá sobre a instrução.

Art. 692. Transitada em julgado a sentença de habilitação, o processo principal retomará o seu curso, e cópia da sentença será juntada aos autos respectivos.

1. Repetições. 2. Alterações. 3. Inovações.

1. Repetições – A epígrafe do Capítulo IX, agora examinada, repete a do capítulo que, no Código anterior, disciplinou a habilitação. O *caput* e os dois incisos do art. 688 reproduzem, na íntegra, o art. 1.056, *caput* e incisos, do Código anterior.

2. Alterações – O art. 689 é igual ao anterior art. 1.060, até o ponto onde diz que a habilitação se fará nos autos do processo principal, não nos autos da causa, como no dispositivo revogado. Enquanto não transitar em julgado a sentença de habilitação, o processo ficará suspenso, como dito na última proposição do artigo e confirma o art. 692.

O art. 690 só se afasta do anterior art. 1.057 pela irrelevante supressão do adjetivo **inicial** após a palavra **petição** e a troca de **contestação** por **pronunciamento**, que pode conter qualquer alegação de descabimento, impugnação ou concordância. O parágrafo único desse art. 690 substituiu o adjunto "na causa", de igual parágrafo do anterior art. 1.057, por "dos autos", que podem ser físicos ou eletrônicos.

O art. 692 determina a retomada, isto é, a continuação do processo principal após o trânsito em julgado da decisão de procedência ou improcedência do pedido, ao qual será juntada, por cópia, aos autos. Talvez o requisito do trânsito em julgado se deva ao fato de que, geralmente, não há recurso da sentença concessiva de habilitação, que é apelável e só transita em julgado na hipótese do art. 502. Transitada em julgado sentença terminativa, ou de improcedência do pedido, o processo também retomará o seu curso.

3. Inovações – Além das inovações embutidas nos textos vindos do Código anterior, destaca-se a do art. 691. Conforme a primeira proposição do artigo, o juiz decidirá imediatamente o pedido de habilitação. O advérbio indica que o pedido deve ser julgado logo após o pronunciamento, ou depois do decurso do respectivo prazo, ainda quando houver impugnação. Havendo impugnação e sendo necessária a produção de prova, além dos documentos acompanhantes do pedido, o juiz determinará que o requerimento de habilitação, que ação é, seja retirado dos autos principais, onde foi formulado (art. 690) com todos os documentos e a impugnação para formar os autos apartados, onde se processará como o juiz dispuser.

Capítulo X

Das Ações De Família
(Arts. 693 a 699)

Art. 693. As normas deste Capítulo aplicam-se aos processos contenciosos de divórcio, separação, reconhecimento e extinção de união estável, guarda, visitação e filiação.

Parágrafo único. A ação de alimentos e a que versar sobre interesse de criança ou de adolescente observarão o procedimento previsto em legislação específica, aplicando-se, no que couber, as disposições deste Capítulo.

Art. 694. Nas ações de família, todos os esforços serão empreendidos para a solução consensual da controvérsia, devendo o juiz dispor do auxílio de profissionais de outras áreas de conhecimento para a mediação e conciliação.

Parágrafo único. A requerimento das partes, o juiz pode determinar a suspensão do processo enquanto os litigantes se submetem a mediação extrajudicial ou a atendimento multidisciplinar.

Art. 695. Recebida a petição inicial e, se for o caso, tomadas as providências referentes à tutela provisória, o juiz ordenará a citação do réu para comparecer à audiência de mediação e conciliação, observado o disposto no art. 694.

§ 1º O mandado de citação conterá apenas os dados necessários à audiência e deverá estar desacompanhado de cópia da petição inicial, assegurado ao réu o direito de examinar seu conteúdo a qualquer tempo.

§ 2º A citação ocorrerá com antecedência mínima de 15 (quinze) dias da data designada para a audiência.

§ 3º A citação será feita na pessoa do réu.

§ 4º Na audiência, as partes deverão estar acompanhadas de seus advogados ou de defensores públicos.

Art. 696. A audiência de mediação e conciliação poderá dividir-se em tantas sessões quantas sejam necessárias para viabilizar a solução consensual, sem prejuízo de providências jurisdicionais para evitar o perecimento do direito.

Art. 697. Não realizado o acordo, passarão a incidir, a partir de então, as normas do procedimento comum, observado o art. 335.

Art. 698. Nas ações de família, o Ministério Público somente intervirá quando houver interesse de incapaz e deverá ser ouvido previamente à homologação de acordo.

Art. 699. Quando o processo envolver discussão sobre fato relacionado a abuso ou a alienação parental, o juiz, ao tomar o depoimento do incapaz, deverá estar acompanhado por especialista.

1. Observações. 2. Alcance das normas. 3. Procedimento.

1. Observações – Não constava do Código de Processo Civil de 1973, nem de nenhum outro anterior a ele, um capítulo sobre ações de família, como o que agora aparece, novo no direito processual civil positivo. O próprio nome, **ação de família**, não designa um instituto processual específico, senão a ação que se propõe para a prevenção ou composição de uma lide de pretensão e resistência inerentes às relações familiares, ou ao denominado Direito de Família, nos seus múltiplos segmentos. A ação de família pode ser meramente declaratória, como, por exemplo, a de afirmar ou negar a paternidade ou a maternidade, constitutiva, como a que anula o casamento, ou condenatória, assim a que impõe a prestação de alimentos. Improcedente o pedido, a ação, como todas as dessa espécie, será declaratória negativa, o que demonstra que é a sentença, não a ação, que declara, constitui e condena.

Existe, em inglês, uma expressão de uso corrente, *can do without*, para designar o que se dispensa por inútil, desnecessário, ou inconveniente. O capítulo ora analisado lembra essa fórmula porque com ele ou sem ele, as normas do Código já permitem amplas providências destinadas à efetividade do – na esteira da epígrafe – processo de família. Não se critique o legislador pelo saudável propósito inspirador dos artigos que agora se comentam.

2. Alcance das normas – O art. 693 traça os limites de incidência e conseguinte aplicação das normas. Para isto, ele enuncia figuras que, estranhas à processualística, são definidas pelo direito material. As regras jurídicas integrantes do capítulo aplicam-se aos processos relativos a esses elementos, sejam eles de jurisdição contenciosa, sejam de jurisdição voluntária. Dir-se-á, usando-se uma frase quase oca, porém frequente, que as normas do capítulo se aplicam "no que couber", ou onde couberem.

O art. 693 fala em processos contenciosos de divórcio, separação, reconhecimento e extinção de união estável, guarda, visitação, filiação, tudo definido pelo direito material. O dispositivo contudo, falando em aplicação do Capítulo aos processos contenciosos disse menos do que quis. As normas aplicam-se também na jurisdição voluntária. A separação consensual, por exemplo, posta na Seção IV do Capítulo XV (arts. 719 e ss.) é processo de jurisdição voluntária, nem por isto ofende as normas do Capítulo X.

O parágrafo único do art. 693 estatui que, tanto a ação de alimentos quanto a que versar sobre interesse de criança ou de adolescente observarão a legislação específica, mas o próprio dispositivo manda aplicar as regras reunidas no Capítulo.

O art. 694 explicita o que é dever do juiz, das partes e de todos os que acorrem ao processo: esforçar-se para a solução do conflito. Desnecessário o artigo para permitir que o juiz busque o auxílio de profissionais de outras áreas de conhecimento, ou melhor, de pessoas atuantes nesses setores da humana atividade. Isto podem, por igual, fazer as partes, trazendo aos autos pareceres, opiniões, ou sugerindo ao juízo que se valha da ajuda de especialistas.

3. Procedimento – A incidência e aplicação do parágrafo único do art. 694 depende, claro é, da existência do processo. Qualquer das partes, assim como o Ministério Público podem requerer e o juiz determinar, inclusive de ofício, a suspensão do processo. Essa suspensão durará, conforme a norma, enquanto os litigantes se submetem àmediação extrajudicial ou ao atendimento multidisciplinar, que é o que se obtém recorrendo a especialistas, como psicólogos, médicos, consultores. O juiz fixará o prazo da suspensão ou simplesmente suspenderá o processo sem estipular o tempo da paralisação. Poderá estender o prazo assinado ou prorrogar a suspensão, na medida em que as partes o forem informando do desenrolar da mediação ou do atendimento. Cessará a suspensão se frustrânea a iniciativa.

De acordo com o art. 695, recebida a inicial e depois de emendada, se foro caso, o juiz poderá decretar, liminarmente, providências de tutela provisória, de natureza cautelar, e deverá ordenar a citação do réu. Essa citação intima o réu, no processo, para a audiência de mediação e conciliação, de realização obrigatória. O artigo manda observar a norma do art. 694, querendo isto dizer que, desde o início, o juiz poderá providenciar o auxílio ali autorizado.

O § 3º ainda do art. 695 manda que a citação se faça na pessoa do réu, se ele tiver capacidade para recebê-lo. Vale a procuração com poderes específicos (art. 105). Falando em mandado de citação, o § 1º determina que a citação se faça por oficial de justiça, mas não efetivada por esse meio, cabem os demais pela necessidade de integrar o réu ao processo. A norma do § 2º, que estabelece o prazo dilatório de quinze dias, atinge a sua finalidade se o réu comparecer à audiência ainda que citado em prazo menor, não havendo nulidade insanável se isso acontecer (art. 277). Compreende-se o § 1º do artigo, atentando-se à necessidade de preservar o segredo de justiça (art. 189, II) e de impedir a transgressão da garantia assegurada pelo inc. X do art. 5º da Constituição da República. O § 4º, sem correspondência no Código anterior, obriga as partes a comparecerem à audiência acompanhadas de advogados ou defensores públicos, assim formada a capacidade postulatória. O art. 103 incide mas, não havendo defensores públicos, o juiz pode designar quem lhes faça as vezes.

O art. 696 permite que a audiência, em vez de una e contínua seja fracionada em sessões de modo a propiciar a solução consensual, que pode tornar-se complexa, por exemplo, pela necessidade de dispor sobre posse e guarda de filhos, direito de visita, divisão de bens. Sem igual no CPC de 1973, o art. 696 dispõe, na sua última proposição, que serão tomadas providências para evitar perecimento do direito. Esse perecimento compreende todos os atos de preservação, como os de conservar a coisa, para que ela não desapareça, proteger pessoas, interromper prazos extintivos, pôr pessoas sob cuidados médico-hospitalares.

Conforme o art. 697, não realizado o acordo, o processo seguirá o procedimento ordinário, assegurando ao réu o direito de contestar, como estabelece o art. 335 a que o artigo ora examinado faz remissão. A frustração da tentativa de acordo terá que ser declarada pelo juiz em despacho, ou constar o termo de encerramento da sessão em que se verifique o malogro. Conquanto desnecessário, o réu pode demonstrar a tempestividade da contestação, no início dessa resposta.

O art. 698 determina a intervenção do Ministério Público no processo apenas quando houver interesse de incapaz. O órgão será ouvido antes da indispensável homologação do acordo, ainda que, até então ausente do processo, tenha que ser intimado para esse fim. O acordo a que se refere o artigo é o que se realiza no processo em que há interesse de incapazes. O uso da conjunção coordenativa aditiva e, na última parte do artigo esclarece esse ponto.

O art. 699 manda que o juiz se faça acompanhar por especialista, ao tomar depoimento de incapaz no processo que envolva discussão sobre fato relativo a abuso, ou alienação parental, figuras definidas no direito material. O especialista será aquele necessário ou útil à colheita do depoimento, amplo o campo de sua atuação, que pode ir da tradução da linguagem à aplicação de medicamentos. Não havendo especialista, o juiz fica eximido do cumprimento da norma, ou fazer-se acompanhar de pessoa que, não sendo especialista, tenha aptidão para exercer o encargo.

Capítulo XI

Da Ação Monitória
(Arts. 700 a 702)

Art. 700. A ação monitória pode ser proposta por aquele que afirmar, com base em prova escrita sem eficácia de título executivo, ter direito de exigir do devedor capaz:

I – o pagamento de quantia em dinheiro;
II – a entrega de coisa fungível ou infungível ou de bem móvel ou imóvel;
III – o adimplemento de obrigação de fazer ou de não fazer.

§ 1º A prova escrita pode consistir em prova oral documentada, produzida antecipadamente nos termos do art. 381.

§ 2º Na petição inicial, incumbe ao autor explicitar, conforme o caso:
I – a importância devida, instruindo-a com memória de cálculo;
II – o valor atual da coisa reclamada;

III – o conteúdo patrimonial em discussão ou o proveito econômico perseguido.

§ 3º O valor da causa deverá corresponder à importância prevista no § 2º, incisos I a III.

§ 4º Além das hipóteses do art. 330, a petição inicial será indeferida quando não atendido o disposto no § 2º deste artigo.

§ 5º Havendo dúvida quanto à idoneidade de prova documental apresentada pelo autor, o juiz intimá-lo-á para, querendo, emendar a petição inicial, adaptando-a ao procedimento comum.

§ 6º É admissível ação monitória em face da Fazenda Pública.

§ 7º Na ação monitória, admite-se citação por qualquer dos meios permitidos para o procedimento comum.

Art. 701. Sendo evidente o direito do autor, o juiz deferirá a expedição de mandado de pagamento, de entrega de coisa ou para execução de obrigação de fazer ou de não fazer, concedendo ao réu prazo de 15 (quinze) dias para o cumprimento e o pagamento de honorários advocatícios de cinco por cento do valor atribuído à causa.

§ 1º O réu será isento do pagamento de custas processuais se cumprir o mandado no prazo.

§ 2º Constituir-se-á de pleno direito o título executivo judicial, independentemente de qualquer formalidade, se não realizado o pagamento e não apresentados os embargos previstos no art. 702, observando-se, no que couber, o Título II do Livro I da Parte Especial.

§ 3º É cabível ação rescisória da decisão prevista no *caput* quando ocorrer a hipótese do § 2º.

§ 4º Sendo a ré Fazenda Pública, não apresentados os embargos previstos no art. 702, aplicar-se-á o disposto no art. 496, observando-se, a seguir, no que couber, o Título II do Livro I da Parte Especial.

§ 5º Aplica-se à ação monitória, no que couber, o art. 916.

Art. 702. Independentemente de prévia segurança do juízo, o réu poderá opor, nos próprios autos, no prazo previsto no art. 701, embargos à ação monitória.

§ 1º Os embargos podem se fundar em matéria passível de alegação como defesa no procedimento comum.

§ 2º Quando o réu alegar que o autor pleiteia quantia superior à devida, cumprir-lhe-á declarar de imediato o valor que entende correto, apresentando demonstrativo discriminado e atualizado da dívida.

§ 3º Não apontado o valor correto ou não apresentado o demonstrativo, os embargos serão liminarmente rejeitados, se esse for o seu único fundamento, e, se houver outro fundamento, os embargos serão processados, mas o juiz deixará de examinar a alegação de excesso.

§ 4º A oposição dos embargos suspende a eficácia da decisão referida no *caput* do art. 701 até o julgamento em primeiro grau.

§ 5º O autor será intimado para responder aos embargos no prazo de 15 (quinze) dias.

§ 6º Na ação monitória admite-se a reconvenção, sendo vedado o oferecimento de reconvenção à reconvenção.

§ 7º A critério do juiz, os embargos serão autuados em apartado, se parciais, constituindo-se de pleno direito o título executivo judicial em relação à parcela incontroversa.

§ 8º Rejeitados os embargos, constituir-se-á de pleno direito o título executivo judicial, prosseguindo-se o processo em observância ao disposto no Título II do Livro I da Parte Especial, no que for cabível.

§ 9º Cabe apelação contra a sentença que acolhe ou rejeita os embargos.

§ 10. O juiz condenará o autor de ação monitória proposta indevidamente e de má-fé ao pagamento, em favor do réu, de multa de até dez por cento sobre o valor da causa.

§ 11. O juiz condenará o réu que de má-fé opuser embargos à ação monitória ao pagamento de multa de até dez por cento sobre o valor atribuído à causa, em favor do autor.

1. Observações. 2. Repetições. 3. Alterações. 4. Inovações.

1. Observações – Já escrevi que, na falta do título executivo, mas existindo o que denomino título **para executivo**, cabe a ação monitória. Esse título para executivo consiste em documento, nova escrita de obrigação de pagamento de soma em dinheiro, de entrega da coisa fungível, ou de determinado bem móvel.

O Código de Processo Civil de 1973 regula a ação monitória nos seus arts. 1.102-A a 1.102-C, constantes do Capítulo XV do Título I do seu Livro IV, nele intrometido pelo art.1º da Lei 9.079, de 14 de julho de 1995.

O vigente Código de Processo Civil colocou a ação monitória no Capítulo XI do Título III do Livro I da sua Parte Especial, arts. 700 a 703, vários deles sem correspondência no Código anterior. Se monitório vem de *monere*, advertir, lembrar, exortar, fica aqui a lembrança da conveniência da consulta ao quanto se escreveu e decidiu sobre a matéria, na vigência do diploma anterior.

2. Repetições – Tirante a epígrafe do Capítulo XI, igual à do Capítulo pertinente do CPC de 1973, não há repetições literais de dispositivos desse Código, embora alguns deles sejam modelo das normas que agora aparecem.

3. Alterações – O *caput* do art. 700 aproxima-se do art. 1.102-A do Código anterior, mas o desdobrou e desenvolveu, em três incisos e seus parágrafos.

No *caput*, o vigente art. 700 substituiu a oração "a oração monitória compete a quem pretender" por "pode ser proposta por quem afirmar".

Trata-se da legitimidade ativa para a ação monitória, que se consubstancia na afirmação, ainda que desprovida de veracidade do direito de exigir. "Com base em prova escrita", diz o artigo, tal qual o anterior, exigindo que, embora inexistente título executivo, há documentos da obrigação. "Exigir do devedor capaz", reza ainda o *caput*, tratando da legitimidade passiva, que não existirá, se o devedor for incapaz, inadmissível, portanto, a ação contra a pessoa física que não tem capacidade. O incapaz não pode sofrer a ação proposta contra ela, na pessoa se representante, nem contra eventual substituto processual (art. 18). Todas as pessoas arroladas no art. 75, ou noutro, equivalentes, têm legitimidade passiva e contra elas pode ser proposta a ação monitória.

O inc. I do art. 700 não mais fala em soma em dinheiro, mas em quantia. O inc. II permite a ação fundada em documento que, sem ser título executivo extrajudicial (art. 784), demonstre a obrigação de entregar coisa fungível, ou infungível, inclusive quando se tratar de bem móvel ou imóvel, todas essas coisas definidas no direito material. Pode ainda ser fundada, conforme o inc. III, em prova escrita da obrigação de fazer, ou de não fazer. Já se vê que esse art. 700 alterou o texto do anterior art. 1.102-A porque permite a ação monitória também para a entrega de coisa infungível, de bem imóvel, ou para o adimplemento de obrigação de fazer ou de não fazer (incs. I, II e III).

Outra alteração está no art. 701, comparado com o anterior art. 1.102-B. A expedição do mandado nele contido, ordenada por decisão que, sob a forma de interlocutória, é sentença, na substância, depende da evidência do direito do autor; da demonstração inequívoca desse direito, que pode ser questionada nos embargos (art. 702). Conforme o art. 701, o juiz ordenará a entrega da coisa, mediante imissão na posse quando se tratar de imóvel, ou o cumprimento da obrigação de fazer ou de não fazer, no prazo de quinze dias. Do mandado constará a condenação em honorários advocatícios de cinco por cento do valor da causa. Esse percentual poderá, no entanto, ser reduzido, quando violar as garantias constitucionais da proporcionalidade e razoabilidade, inerentes ao devido processo legal (Constituição Federal, art. 5º, LIV). Do mandado constará também a condenação nas custas, não referida no *caput* do artigo mas inferida do § 2º.

A condenação ao pagamento de honorários e custas não é condicional. Condicional será a obrigação de pagar essas verbas, configurada a condição ao não cumprimento do mandado, como se verifica no § 1º do mesmo art. 701, que repete, com alteração no texto, o art. 1.102-C do velho Código.

O § 2º do art. 701 coincide, em parte, com o art. 1.102-C do diploma anterior, alterado todavia o texto desta disposição. Não realizado o pagamento, ou melhor, não cumprido o mandado e não oferecidos os embargos a ação monitória atinge o seu objetivo, que é a formação do título executivo judicial, que será executado mediante o cumprimento de sentença que se fará de acordo com o disposto no Título II da Parte Especial, incidindo as normas desse título, concernentes à natureza do título executivo, criado na forma do § 2º.

O § 2º do art. 701 estatui que, não cumprido o mandado de que trata o *caput*, nem opostos embargos, nos respectivos prazos, o título executivo se constitui no termo final do prazo, estipulado no art. 701, ao qual remete o art. 702. A constituição do título opera-se de pleno direito, independentemente de sentença, como dispõe o § 2º, onde a frase "independentemente de qualquer formalidade" dispensa a sentença, que é, aliás, o ato decisório que ordena a expedição do mandado (art. 701). O executado poderá insurgir-se contra a sentença, mediante impugnação (art. 525, § 1º).

O art. 702, *caput*, não fica longe do anterior art. 102-C, § 2º, do Código anterior. Ambos dispõem que os embargos não dependem de prévia segurança do juízo e poderão ser opostos nos próprios autos. Constituem, entretanto, uma ação, da mesma natureza da impugnação ou dos embargos à execução de título extrajudicial. O Código anterior dispunha que eles seguissem o procedimento ordinário. Processam-se, agora, pelo procedimento comum, pois não se constituiu, para eles, um procedimento especial.

O § 8º do art. 702, semelhante ao revogado § 3º do art. 1.102-C trata de hipótese diferente da prevista no § 2º do art. 701. Trata-se, ali, do caso da constituição do título, se não houver cumprimento do mandado nem oposição dos embargos. Nesse § 8º, a hipótese é de rejeição dos embargos por sentença de improcedência do pedido neles formulado. A rejeição leva à constituição do título, no momento em que a sentença é publicada, já que dela cabe apelação, porém despojada de efeito suspensivo. Executa-se a sentença, mediante o cumprimento, como dispõe o título referido no parágrafo, admissível a impugnação.

4. Inovações – Sem correspondência no Código anterior, a norma do inc. III do art. 700 concede a ação monitória para exigir do devedor capaz o adimplemento de obrigação de fazer ou não fazer. Constituído o título judicial (arts. 701, § 2º e 702, § 8º), a ele se executa mediante o cumprimento de sentença porque é título executivo judicial, como preceituam esses dois parágrafos.

O § 1º do art. 700, que só agora aparece, estranha, à primeira vista, porque declara que a prova escrita pode consistir em prova oral. Não é assim todavia. O parágrafo alude à prova oral, declaração verbal reduzida a escrito, como acontecerá, por exemplo, com o depoimento tomado por termo em juízo, ou numa escritura declaratória. Evidentemente, o réu pode questionar a autenticidade da declaração, ou o seu conteúdo. Conforme o § 2º, o autor da ação monitória deve explicitar, isto é, declarar, inequivocamente, a importância devida. Se houver incapacidade de indicar as razões por que se chegou à quantia, o autor deverá fazer a inicial acompanhada de memória de cálculo, demonstrativo da operação realizada para apurar o valor. Dispensa-se essa memória, quando se tratar de juros ou atualização monetária. Nesse caso, a indicação dos fatores será suficiente. Deve ainda o autor indicar, como exige o inciso II, o valor atual da coisa reclamada, que será o valor do dia do ajuizamento ou dos dias próximos. Pode o autor justificar o valor com qualquer tipo de documento, ou, simplesmente, declarar o valor, que o réu pode impugnar nos embargos, levando o juiz a determinar a produção de prova demonstrativa, inclusive pericial. O valor da causa é, como dispõe o § 3º, conforme o caso, um dos valores referidos nos três incisos do § 2º, cabendo ao demandante estimar, em números, o valor do conteúdo patrimonial referida no inciso III, também impugnável nos embargos.

Conforme o § 4º do art. 700, a petição inicial será indeferida também no caso do descumprimento da exigência do § 2º, mas o indeferimento ocorrerá se o autor não atender o despacho que ordenar a entrada dessa petição.

A dívida a que se refere o § 5º será do próprio juiz, ou suscitada pelo réu. Nesses casos, se, tiver dúvida, ou se acolher a alegação da dívida feita pelo réu, determinará que o autor emende a inicial, a fim de que o processo siga pelo procedimento comum. Esse procedimento levará a uma sentença que, se for de procedência, constituirá título executivo judicial (art. 515, I).

O § 6º do mesmo art. 700 adotou o entendimento doutrinário de que cabe a ação monitória contra a Fazenda Pública. No entanto, não sendo a Fazenda Pública uma pessoa, a ação proposta contra a União, o Estado federado, ou o Município de que a Fazenda for órgão. Aliás, admite-se a ação contra as entidades da Administração indireta, bem como contra as pessoas jurídicas de direito público. Imagine-se, por exemplo, que uma autarquia, ou um Município, tendo se obrigado a entregar uma pintura a certa pessoa se haja recusado afazê-lo.

O § 7º, ainda do art. 700, permite a citação por qualquer meio admissível para a prática desse ato no procedimento comum (art. 246, I a V).

A citação deverá ser pessoal (art. 242, primeira parte) no sentido de que deve ser dirigida diretamente ao réu, ou entregue a ele, se for oficial. Não se admite a citação ficta, nem a feita em pessoa de qualquer modo ligada ao citando, como o porteiro do edifício, ou empregado da sua residência.

O § 3º do art. 701 mostra que é sentença o ato decisório que ordena a citação e a expedição do mandado referido no dispositivo. Não havendo embargos (art. 702), o prazo dessa rescisória correrá a partir do termo final do prazo de quinze dias fixado no *caput*. Condição específica da ação rescisória de que trata o § 3º é a constituição do título executivo judicial, referido no § 2º.

Mandando aplicar o art. 496, que trata da remessa necessária, o § 4º do art. 701 obriga o juiz a enviar ao tribunal o processo da ação monitória, se não houver embargos opostos pela Fazenda. Negado provimento à remessa necessária, o acórdão que a decidir substituirá a sentença, consubstanciada na decisão, referida no art. 701, que ordena o mandado (art. 1.008). Esse acórdão será executado por meio do cumprimento de sentença, regulado no Título II do Livro I da Parte Especial.

De acordo com o § 5º do art. 701, aplica-se à ação monitória o art. 916. Considerando o que dispõe esse artigo, ele só se aplicará no caso da obrigação de pagamento.

O § 1º do art. 702 edita norma semelhante à do inc. VI do art. 917 (q.v.). Conforme o § 2º do artigo, o réu, se alegar que o autor pleiteia quantia maior que a dívida, deverá declarar-lhe o montante arresto, acompanhado de demonstrativo da dívida. Esse demonstrativo deve decompor a dívida, mostrando como ela se formou e a atualizando, até a data da oposição dos embargos, ou data próxima, podendo o juiz determinar ao réu que complemente a atualização, O § 3º ordena a rejeição liminar dos embargos, se descumprido o § 3º. Neste caso, o processo de embargos se extingue, subsistindo o processo principal, da ação monitória. Assentados os embargos noutro fundamento, o parágrafo determina que o juiz o aprecie, proibido, entretanto de julgar a obrigação do excesso.

O § 4º do art. 702 determina que a oposição dos embargos, obviamente tempestiva, suspende a eficácia da decisão referida no art. 701, mas só até o julgamento dos embargos, se não acolhidos porque, acolhidos, o pedido de formação do título será julgado improcedente.

Conforme o § 5º sempre do art. 702, o autor disporá de quinze dias para responder os embargos.

O § 6º do art. 702 permite que o réu reconvenha ao autor, processando-se a reconvenção consoante o disposto nos dispositivos pertinentes (art. 343 e parágrafos). A última parte do § 6º obedece o princípio da celeridade, acolhendo a lição doutrinária, apoiada por eventuais julgados, de que não se admite reconvenção à reconvenção.

O § 7º, mas um dos muitos desdobramentos do art. 702, manda que se autuem em apartado os embargos parciais, a fim de que aí se processem. Nos autos da ação monitória se procede ao cumprimento do título judicial correspondente à parte da sentença consubstanciada na ordem da expedição do mandado (art. 701), não abrangida pelos embargos. Pode, entretanto o juiz, conforme o seu pendente arbítrio, deixar que os embargos parciais se processem nos autos da própria ação monitória, como se colhe na primeira frase do parágrafo.

O § 9º do art. 702 dá apelação da sentença de mérito, quer ela acolha ou rejeite os embargos. A apelação tem efeito suspensivo (art. 1.012, *caput*). É também apelável a sentença que extingue os embargos sem julgamento do mérito (art. 1.009). Se os embargos se processarem nos autos da ação monitória, deverão ser compostos autos apartados, a fim de que neles se processe a apelação.

A multa prevista no § 10 do art. 702 pode ser impugnada pela alegação de que o seu montante, que pode ascender a dez por cento do valor da causa, fere as garantias constitucionais da razoabilidade e proporcionalidade, inerentes ao devido processo legal (Constituição Federal, art. 5º, LIV). Diga-se o mesmo relativamente ao § 11 do artigo. As multas cominadas pelos dois últimos parágrafos serão recebidas pelo réu, no caso do § 10 e pelo autor, na hipótese do § 11.

Capítulo XII

Da Homologação Do Penhor Legal
(Arts. 703 a 706)

Art. 703. Tomado o penhor legal nos casos previstos em lei, requererá o credor, ato contínuo, a homologação.

§ 1º Na petição inicial, instruída com o contrato de locação ou a conta pormenorizada das despesas, a tabela dos preços e a relação dos objetos retidos, o credor pedirá a citação do devedor para pagar ou contestar na audiência preliminar que for designada.

§ 2º A homologação do penhor legal poderá ser promovida pela via extrajudicial mediante requerimento, que conterá os requisitos previstos no § 1º deste artigo, do credor a notário de sua livre escolha.

§ 3º Recebido o requerimento, o notário promoverá a notificação extrajudicial do devedor para, no prazo de 5 (cinco) dias, pagar o débito ou impugnar sua cobrança, alegando por escrito uma das causas previstas no art. 704, hipótese em que o procedimento será encaminhado ao juízo competente para decisão.

§ 4º Transcorrido o prazo sem manifestação do devedor, o notário formalizará a homologação do penhor legal por escritura pública.

Art. 704. A defesa só pode consistir em:
I – nulidade do processo;
II – extinção da obrigação;
III – não estar a dívida compreendida entre as previstas em lei ou não estarem os bens sujeitos a penhor legal;
IV – alegação de haver sido ofertada caução idônea, rejeitada pelo credor.

Art. 705. A partir da audiência preliminar, observar-se-á o procedimento comum.

Art. 706. Homologado judicialmente o penhor legal, consolidar-se-á a posse do autor sobre o objeto.

§ 1º Negada a homologação, o objeto será entregue ao réu, ressalvado ao autor o direito de cobrar a dívida pelo procedimento comum, salvo se acolhida a alegação de extinção da obrigação.

§ 2º Contra a sentença caberá apelação, e, na pendência de recurso, poderá o relator ordenar que a coisa permaneça depositada ou em poder do autor.

1. Repetições. 2. Alterações. 3. Inovações.

1. Repetições – No Código de Processo Civil de 1973, a homologação do penhor legal foi regulada no Título Único do Livro III, dedicado ao processo cautelar. Não assim no Código novo, onde, sob a mesma rubrica, ela foi posta no Capítulo II do Título III do Livro I, da Parte Especial, não só pelo desaparecimento do livro dedicado ao processo cautelar mas, principalmente, pelo fato de consistir em um processo cognitivo, de procedimento especial da jurisdição contenciosa.

O art. 703, *caput*, repete o anterior art. 874, na primeira proposição. O art. 704, *caput* e os seus três primeiros incisos coincidem, literalmente, com o anterior art. 875, *caput* e itensI a III.

2. Alterações – O § 1º do art. 703 só não é igual à segunda parte do art. 874 porque, além de haver aproximado o sujeito credor do verbo **pedirá**, o dispositivo determina que se instrua o pedido com o contrato de locação, ou com a conta. Pode haver instrução com ambos. Se o contrato de locação for verbal, o autor declarará a inexistência do respectivo instrumento.

O art. 706 e seu § 1º distanciam-se do revogado art. 876, que mandava entregar os autos ao requerente, agora denominado autor. Oficia o § 1º do artigo que, negada a homologação, o objeto tomado será restituído ao réu, mas o autor poderá cobrar a dívida pelo procedimento comum. A sentença que acolhe a alegação de extinção da dívida faz coisa julgada material, nos termos do art. 502.

3. Inovações – Os §§ 2º, 3º e 4º do art. 703 dispõem sobre a homologação extrajudicial do penhor. Conforme o § 2º, o requerente formulará ao notário da sua livre escolha o requerimento referido no § 2º. O notário poderá ser designado para a função pela norma de organização judiciária. O § 2º começa pela oração participial "recebido o requerimento". O notário, serventuário de um cartório ou da repartição forense, poderá determinar que o requerente emende o pedido, ou indeferi-lo se não for feita a emenda, ou se não preencher os requisitos legais. Nesse caso, o requerente poderá requerer ao juiz que ordene o recebimento, ou formulá-lo diretamente em juízo. Recebido o requerimento, o notário notificará o devedor, requerido, para, num quinquídio, pagar o débito ou impugnar sua cobrança. A notificação será feita por pessoa da serventia, ou por via postal, ou eletrônica. Se, em vez de atender a notificação, o notificado fizer uma das alegações previstas no art. 704 (q.v.), com a doutrina e jurisprudência pertinentes), o notário, sem competência para decidir, encaminhará o requerimento ao juiz designado pela norma de organização judiciária. O juiz, ou indeferirá o pedido, ou o acolherá por sentença, que produzirá os efeitos previstos nos arts. 706 e 502.

Transcorrido o prazo sem manifestação do devedor, ou com a concordância dele, o notário formalizará a homologação por escritura pública, que declarará o penhor homologado, incidindo, a partir daí, o *caput* do art. 706. Negada a homologação, a providência será a do § 2º desse artigo. A escritura será título executivo extrajudicial, cabendo no inc. II do art. 784.

O art. 705 fala em audiência preliminar, que só em juízo poderá ser realizada, se o requerente formular o pedido de homologação em juízo, ou se ao juiz for enviado o requerimento.

O § 2º do art. 706 dá apelação da sentença da procedência ou improcedência do pedido. Essa apelação produz efeito suspensivo (art. 1.012, *caput*). O relator desse recurso poderá determinar que a coisa penhorada figure em poder do autor, em depósito. Essa deverá ter natureza de procedência cautelar e substitutiva. Deve-se extrair do parágrafo a competência de juiz apelado para decretar a mesma medida, enquanto se processa a apelação. Não fará sentido entregar-se ao réu a coisa objeto do penhor para retirá-lo dele, na hipótese do desprovimento do recurso.

Vale anotar que nos §§2º e 4º do art. 703, o Código institui uma espécie de contencioso administrativo, convertido, peculiarmente, em jurisdicional se o requerimento for remetido a juízo, como previsto no § 3º do art. 703.

CAPÍTULO XIII

DA REGULAÇÃO DE AVARIA GROSSA
(ARTS. 707 A 711)

Art. 707. Quando inexistir consenso acerca da nomeação de um regulador de avarias, o juiz de direito da comarca do primeiro porto onde o navio houver chegado, provocado por qualquer parte interessada, nomeará um de notório conhecimento.

Art. 708. O regulador declarará justificadamente se os danos são passíveis de rateio na forma de avaria grossa e exigirá das partes envolvidas a apresentação de garantias idôneas para que possam ser liberadas as cargas aos consignatários.

§ 1º A parte que não concordar com o regulador quanto à declaração de abertura da avaria grossa deverá justificar suas razões ao juiz, que decidirá no prazo de 10 (dez) dias.

§ 2º Se o consignatário não apresentar garantia idônea a critério do regulador, este fixará o valor da contribuição provisória com base nos fatos narrados e nos documentos que instruírem a petição inicial, que deverá ser caucionado sob a forma de depósito judicial ou de garantia bancária.

§ 3º Recusando-se o consignatário a prestar caução, o regulador requererá ao juiz a alienação judicial de sua carga na forma dos arts. 879 a 903.

§ 4º É permitido o levantamento, por alvará, das quantias necessárias ao pagamento das despesas da alienação a serem arcadas pelo consignatário, mantendo-se o saldo remanescente em depósito judicial até o encerramento da regulação.

Art. 709. As partes deverão apresentar nos autos os documentos necessários à regulação da avaria grossa em prazo razoável a ser fixado pelo regulador.

Art. 710. O regulador apresentará o regulamento da avaria grossa no prazo de até 12 (doze) meses, contado da data da entrega dos documentos nos autos pelas partes, podendo o prazo ser estendido a critério do juiz.

§ 1º Oferecido o regulamento da avaria grossa, dele terão vista as partes pelo prazo comum de 15 (quinze) dias, e, não havendo impugnação, o regulamento será homologado por sentença.

§ 2º Havendo impugnação ao regulamento, o juiz decidirá no prazo de 10 (dez) dias, após a oitiva do regulador.

Art. 711. Aplicam-se ao regulador de avarias os arts. 156 a 158, no que couber.

1. Observações. 2. Disposições legais. 3. Exposição da matéria.

1. Observações – De rigor, as avarias são matéria do Direito Comercial Marítimo, que as define e regula, mediante normas do Código e das leis comerciais. Como se vê, nos arts. 707 a 711, o novo Código de Processo Civil não define o fato, mas apenas dita as regras da sua regulação.

O Código Comercial conceitua avaria, no seu art. 761, quando diz que "todas as despesas extraordinárias feitas a bem do navio ou da carga, conjunta ou separadamente, e todos os danos acontecidos àquele ou a esta, desde o embarque e partida até a sua volta e desembarque, são reputadas avarias".

No art. 763 do velho Código Comercial, vê-se que as avarias são grossas ou comuns; e avarias simples ou particulares. Colhem-se, no art. 764 daquele Código, os casos de avarias grossas. Talvez no rol das avarias grossas, o segundo item do aludido art. 764 exprima a ideia que comumente se tem do fenômeno, quando diz que ele consiste, dentre outras hipóteses, nas coisas alijadas para salvação comum. "Cargas ao mar!" É a apóstrofe que evoca o lançamento de cargas nas águas marítimas ou fluviais, sem dúvida fato causador de prejuízo, como para evitar mal maior, situação inversa da ameaça do gigante Adamastor, nos Lusíadas, à gente ousada lusitana que se atreveu a vencer o Cabo das Tormentas: "E farei de improviso tal castigo/que seja mór o dano que o perigo". No caso, o perigo é maior que o dano.

A regulação da avaria consiste na estipulação do valor dela e na determinação da contribuição de cada interessado, já que, na avaria comum, ou grossa, arcam com os prejuízos o proprietário da embarcação e o dono das cargas transportadas.

O vigente Código de Processo Civil trata da regulação da avaria grossa. Ela se desdobra na fixação do preço dos prejuízos e na contribuição de cada interessado, feita por um **regulador de avarias**. O CPC trata desde a falta de consenso acerca do regulador, o que gera uma lide, do procedimento para solucionar-lhe e da composição do conflito. Há uma ação de regulação de navio, um processo dessa ação, o procedimento respectivo e a homologação, que pode ser deferida ou indeferida por sentença de que cabe apelação.

2. Disposições legais – No campo do Direito Comercial, a avaria é tratada no Código respectivo, bem como em leis especiais, resoluções, portarias e atos semelhantes. O Código de Processo Civil, instituído pelo Decreto-Lei nº 1.608, de 18 de setembro de 1939, tratava das avarias, nos arts. 765 a 768, colocadas no Título XX do seu Livro V. O Código de Processo Civil de 1973 limitou-se a dispor, no seu art. 1.218, que continuavam em vigor aquelas normas. Finalmente, o CPC de 2015 dedicou à regulação de avaria grossa os arts. 765 a 768.

3. Exposição da matéria – Não são os processualistas, mas sim, os comercialistas, mormente os especializados em Direito Marítimo, que se ocupam da matéria. Entretanto, dentre aqueles, há alguns poucos que se dedicaram ao assunto, obras valiosas. Dentre esses destacam-se Hugo Simas, no volume VIII, tomo 3º, dos *Comentários ao Código de Processo Civil de 1939*, atualizado por João Vicente Campos, Forense, Rio e Pontes de Miranda, nos *Comentários ao Código de Processo Civil de 1939*, volume IV, Forense, Rio, 1949.

Capítulo XIV

Da Restauração De Autos
(arts. 712 a 718)

Art. 712. Verificado o desaparecimento dos autos, eletrônicos ou não, pode o juiz, de ofício, qualquer das partes ou o Ministério Público, se for o caso, promover-lhes a restauração.

Parágrafo único. Havendo autos suplementares, nesses prosseguirá o processo.

Art. 713. Na petição inicial, declarará a parte o estado do processo ao tempo do desaparecimento dos autos, oferecendo:

I – certidões dos atos constantes do protocolo de audiências do cartório por onde haja corrido o processo;

II – cópia das peças que tenha em seu poder;

III – qualquer outro documento que facilite a restauração.

Art. 714. A parte contrária será citada para contestar o pedido no prazo de 5 (cinco) dias, cabendo-lhe exibir as cópias, as contrafés e as reproduções dos atos e dos documentos que estiverem em seu poder.

§ 1º Se a parte concordar com a restauração, lavrar-se-á o auto que, assinado pelas partes e homologado pelo juiz, suprirá o processo desaparecido.

§ 2º Se a parte não contestar ou se a concordância for parcial, observar-se-á o procedimento comum.

Art. 715. Se a perda dos autos tiver ocorrido depois da produção das provas em audiência, o juiz, se necessário, mandará repeti-las.

§ 1º Serão reinquiridas as mesmas testemunhas, que, em caso de impossibilidade, poderão ser substituídas de ofício ou a requerimento.

§ 2º Não havendo certidão ou cópia do laudo, far-se-á nova perícia, sempre que possível pelo mesmo perito.

§ 3º Não havendo certidão de documentos, esses serão reconstituídos mediante cópias ou, na falta dessas, pelos meios ordinários de prova.

§ 4º Os serventuários e os auxiliares da justiça não podem eximir-se de depor como testemunhas a respeito de atos que tenham praticado ou assistido.

§ 5º Se o juiz houver proferido sentença da qual ele próprio ou o escrivão possua cópia, esta será juntada aos autos e terá a mesma autoridade da original.

Art. 716. Julgada a restauração, seguirá o processo os seus termos.

Parágrafo único. Aparecendo os autos originais, neles se prosseguirá, sendo-lhes apensados os autos da restauração.

Art. 717. Se o desaparecimento dos autos tiver ocorrido no tribunal, o processo de restauração será distribuído, sempre que possível, ao relator do processo.

§ 1º A restauração far-se-á no juízo de origem quanto aos atos nele realizados.

§ 2º Remetidos os autos ao tribunal, nele completar-se-á a restauração e proceder-se-á ao julgamento.

Art. 718. Quem houver dado causa ao desaparecimento dos autos responderá pelas custas da restauração e pelos honorários de advogado, sem prejuízo da responsabilidade civil ou penal em que incorrer.

1. Observações. **2.** Repetições. **3.** Alterações. **4.** Inovações.

1. Observações – Há uma ação de restauração de autos, como se vê no art. 714. Ação de processo de procedimento especial, peculiar ao evento processual, que pode ser fato, ocorrido independentemente da vontade humana, como um incêndio involuntário, ou um desdobramento, ou decorrente da vontade humana, resultante de deliberação, ou de culpa.

Problemática é a restauração dos autos eletrônicos, pois, não raramente, eles podem ser agrupados, ou desaparecerem, por uma dessas cidades dos aparelhos de fixação. Os artigos da seção ora examinada cuidam do desaparecimento e da restauração dos autos desaparecidos e também da sua recuperação, deixando ao juiz os atos necessários à sanação do fenômeno, que podem ser praticados também por requerimento dos legitimados.

2. Repetições – A epígrafe do Capítulo XIV respeita, literalmente, a do Capítulo correspondente do Código anterior. Repetem também o art. 713, *caput* e seu inc. I, os revogados art. 1.064 e primeiro inciso. Iguais ainda são ao art. 716, *caput* do anterior art. 1.067. O art. 718 reflete o art. 1.069 do Código anterior.

3. Alterações – O art. 712 ficou próximo do art. 1.063 com a diferença de que alude também aos autos eletrônicos e permite que, de ofício, o juiz ordena a restauração que pode ser requerida, ademais, pelas partes, aí incluído o terceiro interveniente, ou que demonstra o interesse em intervir, e o Ministério Público. O parágrafo único apenas substituiu **nesses** por **nestes**.

O art. 713, *caput*, mudou "estado da causa" por "estado do processo". Mais abrangente, o inc. II fala em peça que o requerente tem em seu poder, mas ele pode indicar qualquer pessoa que tenha quaisquer dados. O inc. III permite ao requerente oferecer qualquer documento dos autos desaparecidos, ou outras que facilitam a restauração.

O *caput* do art. 714 suprimiu o advérbio **mais** do *caput* do art. 1.065. O § 1º suprimiu a palavra **respectivo**. O § 2º, suprimindo a remissão do anterior art. 803 do velho Código, manda o processo seguir o procedimento comum, assim permitindo a prática de todos os atos inerentes.

O *caput* do art. 715 pôs o substantivo **perda** no lugar de **desaparecimento** do art. 1.066, *caput*, e o § 1º permite a substituição da testemunha impossibilitada por qualquer motivo por outra, que será inquerida conforme dispuser o procedimento comum. O juiz decidirá quanto à conveniência do depoimento por carta rogatória da testemunha que se houver mudado para o exterior, ou da expedição de carta de ordem, precatória, ou edital. O § 2º do mesmo art. 715 não mudou o sentido do § 2º do revogado art. 1.066 e o § 3º substituiu **estes** por **esses**. O § 5º permite ao juiz bem como ao escrivão (leia-se serventuário) apresentar cópia que possua. Estende-se o permissivo a qualquer outra pessoa. A cópia será juntada, ouvindo-se as partes sobre sua autenticidade. Questionado, o juiz decidirá. O parágrafo fala em cópia da sentença mas deve-se entender que a cópia pode ser de todo e qualquer ato do processo. O emprego do substantivo **autoridade** é inadequado. Preferível teria sido aludir ao valor da cópia.

O parágrafo único do art. 716, *caput*, substituiu **nestes** por **neles**.

O art. 717 substituiu a palavra **ação** do anterior art. 1.068 por **processo**, olvidado de que a metonímia é admissível mesmo na linguagem técnica. O § 1º desse artigo pôs "atos nele realizados" no lugar de "atos neste se tinham realizados", do § 1º do art. 1.068. O § 2º, ainda do art. 1.068, preferiu as mesóclises "completar-se-á" e "proceder-se-á".

Finalmente, o art. 718 do novo Código.

4. Inovações – As inovações do Capítulo XIV estão embutidas nos seus artigos. Por isto, aludiu-se a elas no item anterior desta exposição, que cuidou das alterações feitas pelo novo diploma aos textos do anterior.

Não se pode omitir a nota de que as regras do Capítulo nada substancioso acrescentam ao tratamento dado ao assunto pelo Código anterior. Além disso, deixaram de disciplinar, mais detalhadamente, a restauração dos autos eletrônicos.

Capítulo XV

Dos Procedimentos Da Jurisdição Voluntária
(Arts. 719 a 770)

1. Observações. 2. Distribuição da matéria.

1. Observações – O Código de Processo Civil de 1973 reservou aos procedimentos especiais de jurisdição voluntária o Título II do seu Livro IV (arts. 1.103 a 1.210), ao passo que esse segmento da jurisdição ocupa no CPC de 2015, o Capítulo XV do Título III do Livro I da Parte Especial (arts. 719 a 770).

Costuma-se distinguir a jurisdição voluntária da jurisdição contenciosa, afirmando-se que, enquanto esta última se volta para a composição das lides, visando à sua prevenção ou solução, aquela tem por objeto a administração de interesses sociais de relevo. Aceitável embora essa distribuição, é preciso ponderar que pode existir lide na jurisdição voluntária, tanto assim que o art. 721 manda citar os interessados para que se manifestem sobre o pedido ao qual, evidentemente, se poderão opor, incumbindo ao juiz, no prazo de dez dias, decidir o pedido (art. 723), por sentença, da qual caberá apelação, conforme o art. 724. Já se observou que algumas legislações põem entre os processos de jurisdição contenciosa, feitos iguais aos que outras leis disciplinam como se fossem de jurisdição voluntária. O inventário e a restauração de autos, por exemplo, podem ser partes lá e cá. É a pretensão que qualifica a jurisdição voluntária. O requerente a deduz por meio de pedido que não pressupõe a existência de uma lide atual ou iminente, mas para obter a tutela jurisdicional em casos que a lei especifica, para não deixá-los sob o domínio exclusivo dos interessados.

Não raramente, a doutrina, no empenho de dissociar uma espécie da outra, aponte diferenças postiças entre as duas, dizendo que, na jurisdição voluntária, não se propõe ação, fazendo-se apenas um requerimento ou provocação, há partes, só interessados, não ocorre lide, porém interesse, não existe sentença mas decisão (o art. 724 onde fica?), não se forma um processo, pois tudo é um procedimento, como se pudesse ocorrer um movimento sem móvel.

Na jurisdição voluntária, não importa a terminologia empregada, existem ação, processo, procedimento, sentença, recurso e tudo o mais que configura a relação jurídica processual. Não é este todavia o lugar para digressões doutrinárias próprias a um debate.

2. Distribuição da matéria – O novo Código de Processo Civil regulou os principais procedimentos de jurisdição voluntária, nas onze seções, que vão do art. 726 ao art. 770.

O legislador tentou concentrar na Seção I do Capítulo XV os princípios governantes da jurisdição voluntária sem contudo afastar a necessária observância das normas e preceitos gerais, aplicáveis a todo o processo, sem proibir a indispensável aplicação das regras do procedimento comum como subsidiárias aos especiais.

No exame das seções assinalam-se as repetições e alterações com o propósito de aconselhar a consulta à doutrina e jurisprudência de dispositivos repetidos e alterados.

Seção I

Disposições Gerais

(arts. 719 a 725)

Art. 719. Quando este Código não estabelecer procedimento especial, regem os procedimentos de jurisdição voluntária as disposições constantes desta Seção.

Art. 720. O procedimento terá início por provocação do interessado, do Ministério Público ou da Defensoria Pública, cabendo-lhes formular o pedido devidamente instruído com os documentos necessários e com a indicação da providência judicial.

Art. 721. Serão citados todos os interessados, bem como intimado o Ministério Público, nos casos do art. 178, para que se manifestem, querendo, no prazo de 15 (quinze) dias.

Art. 722. A Fazenda Pública será sempre ouvida nos casos em que tiver interesse.

Art. 723. O juiz decidirá o pedido no prazo de 10 (dez) dias.
Parágrafo único. O juiz não é obrigado a observar critério de legalidade estrita, podendo adotar em cada caso a solução que considerar mais conveniente ou oportuna.

Art. 724. Da sentença caberá apelação.

Art. 725. Processar-se-á na forma estabelecida nesta Seção o pedido de:
I – emancipação;
II – sub-rogação;
III – alienação, arrendamento ou oneração de bens de crianças ou adolescentes, de órfãos e de interditos;
IV – alienação, locação e administração da coisa comum;
V – alienação de quinhão em coisa comum;
VI – extinção de usufruto, quando não decorrer da morte do usufrutuário, do termo da sua duração ou da consolidação, e de fideicomisso, quando decorrer

de renúncia ou quando ocorrer antes do evento que caracterizar a condição resolutória;
VII – expedição de alvará judicial;
VIII – homologação de autocomposição extrajudicial, de qualquer natureza ou valor.
Parágrafo único. As normas desta Seção aplicam-se, no que couber, aos procedimentos regulados nas seções seguintes.

1. Repetições. **2.** Alterações. **3.** Inovações.

1. Repetições – O art. 722 do Código vigente é igual ao art. 1.018 do anterior. O art. 724 reproduz o art. 1.110. Os incs. I, II, IV e V repetem iguais itens e art. 1.112.

2. Alterações – A epígrafe da Seção atual e da anterior só se diferenciam porque se eliminou, naquela, a contração **das**.

O atual art. 719 é diferente do anterior art. 1.103 porque fala que "regem os procedimentos de jurisdição voluntária" e não "regem a jurisdição voluntária". Eliminou-se também a remissão ao Capítulo, todavia pela referência à Seção.

No art. 720, retirou-se a alternativa **ou**, antes de Ministério Público, e acrescentou-se referência à Defensoria Pública, retirando-se a frase "em requerimento dirigido ao juiz".

A alteração do art. 721 consistiu em suprimir a referência à pena de nulidade, já cominada no art. 239 e em acrescentar que o MP será intimado nos casos do art. 278, aumentando-se para quinze dias o prazo para a manifestação de todos, de dez dias no anterior art. 1.106.

No art. 723, desdobrou-se no parágrafo único a regra da segunda parte do art. 1.209, trocando-se **reputar** por **considerar**.

O *caput* do art. 725 já não faz remissão ao capítulo, como no revogado art. 1.112. No inciso III, fala-se, não em bens dotais de menores, mas de crianças e adolescentes, definidos em lei específica. No inciso VI, fala-se em extinção do usufruto, quando não decorrer de morte do usufrutuário, do termo da sua duração ou da consolidação, e de fideicomisso, quando decorrer de renúncia ou quando ocorrer antes do evento que caracterizar a condição resolutória, todas essas situações disciplinadas pelo direito material.

3. Inovações – Os incs. VII e VIII do art. 725, sem correspondência no Código anterior, falam que se processe na forma estabelecida na Seção os pedidos de expedição de alvará judicial, para distingui-lo do alvará administrativo e de homologação da autocomposição extrajudicial de qualquer natureza. Podem as partes compor o litígio, prevenindo-o ou o solucionando por autocomposição, constante a avença em documento público ou particular. Em ambos os casos, a homologação é necessária (art. 487, III, *b*), por sentença, que fará coisa julgada material (art. 502). A homologação só é necessária quando feita em processo judicial, ou no próprio procedimento de jurisdição voluntária. Novo também, posto que supérfluo, o parágrafo único do artigo manda aplicar as disposições gerais aos procedimentos regulados nas seções seguintes, aos quais também se aplicam as regras gerais e, subsidiariamente, as do procedimento comum. As decisões interlocutórias são suscetíveis de agravo, se caírem num dos casos do art. 1.015.

Seção II
Da Notificação E Da Interpelação
(Arts. 726 a 729)

Art. 726. Quem tiver interesse em manifestar formalmente sua vontade a outrem sobre assunto juridicamente relevante poderá notificar pessoas participantes da mesma relação jurídica para dar-lhes ciência de seu propósito.

§ 1º Se a pretensão for a de dar conhecimento geral ao público, mediante edital, o juiz só a deferirá se a tiver por fundada e necessária ao resguardo de direito.

§ 2º Aplica-se o disposto nesta Seção, no que couber, ao protesto judicial.

Art. 727. Também poderá o interessado interpelar o requerido, no caso do art. 726, para que faça ou deixe de fazer o que o requerente entenda ser de seu direito.

Art. 728. O requerido será previamente ouvido antes do deferimento da notificação ou do respectivo edital:

I – se houver suspeita de que o requerente, por meio da notificação ou do edital, pretende alcançar fim ilícito;

II – se tiver sido requerida a averbação da notificação em registro público.

Art. 729. Deferida e realizada a notificação ou interpelação, os autos serão entregues ao requerente.

1. Observações. 2. Notificação, interpelação, protesto. 3. Deferimento da medida. 4. Procedimento.

1. Observações – Comparada a Seção II do Capítulo XV do Título III do Livro I (arts. 726 a 728) da Parte Especial do Código de Processo Civil de 2015 com a Seção X do Capítulo II do Título Único do Livro III (arts. 867 a 873), vê-se que o novo diploma, além de alterar dispositivos do anterior, editou novas regras, que merecem particular atenção.

O CPC de 1973, sob a epígrafe "Dos protestos, notificações e interpelações", pôs as medidas no Livro dedicado ao processo cautelar, enquanto o novo Código as colocou nos procedimentos especiais de jurisdição voluntária, integrados ao livro consagrado no processo de conhecimento. Nos procedimentos (**rectius**, processos) de que se trata existe jurisdição de natureza cognitiva e também de natureza cautelar, assim como se encontra conteúdo de jurisdição contenciosa e de jurisdição voluntária. Importante, então, é observar a disciplina que a lei vigente dáaos institutos, sob a epígrafe "Da notificação e da interpretação", que omite menção ao protesto, referido, entretanto, no § 2º do art. 726.

2. Notificação, interpelação, protesto – Esta Seção II cuida de três providências distintas, que se assemelham pelo fato de serem meios de comunicação de vontade, destinados a alcançar pessoas específicas, ou terceiros, com o fim que nelas se declara.

Destina-se a notificação, conforme o *caput* do art. 726, semelhante ao art. 867 do Código anterior, a manifestar formalmente sua vontade. Essa manifestação será dirigida a outrem, pessoas específicas, físicas, jurídicas, formais, nada obstando a que se juntem, em litisconsórcio passivo, seres de diferente natureza, nem que o ato parta de mais de um requerente. Num sentido lato, a notificação, a interpelação, o protesto são ações.

O objeto da notificação, conforme o artigo, é "assunto juridicamente relevante". No texto, assunto juridicamente relevante será o que produz consequências jurídicas de qualquer natureza; o que envolve direito ou obrigação do requerente, ou requerentes, do requerido, ou requeridos. A notificação é providência de repercussão no universo jurídico. Essa repercussão constitui a determinante da relevância. Irrelevante será o ato desnecessário ao fim declarado, como se se exortasse um dos membros de certo contrato a cumprir, genericamente, as obrigações, ou a exercer direitos dele emergentes. Em vez de falar em prevenir responsabilidade, conservar e ressalvar direitos, manifestar intenção, o novo Código decidiu adotar fórmula ampla e abrangente.

Sujeito passivo das comunicações de que se trata, diz o art. 726, é pessoa participante da mesma relação jurídica, isto é, qualquer pessoa que, de qualquer forma, possa estar ligada ao requerente por um vínculo tutelado pelo Direito. Não haveria essa relação, por exemplo, se, sem ser substituto processual, nem titular de um interesse juridicamente protegido, para repetir a definição clássica, uma pessoa notificasse outra para respeitar o patrimônio material ou moral de terceiro. O juiz determinará a existência de assunto juridicamente relevante, podendo determinar qualquer emenda aditiva, modificativa ou redutora da inicial.

O art. 727 permite a interpelação do requerido para fazer ou deixar de fazer "o que o requerente entende ser de seu direito". Entenda-se que o requerente interpelará o requerido a uma prática ou obtenção relativa a direito dele, requerente. Sutil a diferença entre notificação e interpelação, o art. 727 remete ao art. 726. A notificação dá ciência; a interpelação pede, solicita, exorta, admoesta. Pressupostos da interpelação são os mesmos indicados no art. 726. Embora não nomeado na epígrafe, o § 2º do art. 726 inclui o protesto judicial entre as providências de que trata a seção. O protesto judicial, diferente de outros protestos, como o comercial ou marítimo, é feito em juízo para caracterizar uma situação específica, como a mora, ou a interrupção da prescrição ou de outro prazo extintivo.

3. Deferimento da medida – O juiz competente de qualquer instância, singular ou coletivo, apreciará o pedido do requerente (notificante, interpelante, protestante). Poderá deferi-lo ou indeferi-lo, no todo ou em parte, assim como determinar-lhe a alteração.

Admissível, não apenas a notificação, mas também a interpelação ou o protesto por edital, o deferimento dela, conforme o § 1º, dependerá se a pretensão de comunicar estiver fundada e for necessária ao resguardo do direito do requerente, ou mesmo do requerido. Imagina-se, por exemplo, a interpelação por edital a uma comunidade, no sentido de que, exercendo o direito de justiça aos Poderes Públicos, se oponha à implantação, em certo local, de uma indústria de produtos nocivos.

O art. 728 estabelece condição ao deferimento da providência. Exige a prévia audiência do requerido antes do deferimento da notificação ou do protesto e, implícita nesta, também da interpelação, se o juiz suspeita, por si, ou alertado por terceiro, inclusive o Ministério Público, que o requerente pretenda alcançar fim ilícito, v.g., impedir a legal construção de um edifício, ou a comercialização de certo medicamento. Assim dispõe o inciso I do artigo. Conforme o inciso II, a prévia manifestação do requerido é também exigida, se o requerente pedir que a notificação, e, por igual, o protesto e a interpelação, seja averbada em registro público, obviamente se tal averbação depender de ordem judicial. A intimação para o fim do artigo não deixa de ser uma comunicação mas sem efeito jurídico do ato requerido.

Deferido o requerimento, efetiva-se a providência. Indeferida, pode o requerente apelar da decisão, que é sentença. Deferida ou modificada parcialmente, caberá agravo de instrumento, se a decisão couber no elenco do art. 1.015. Não cabendo, o requerente aguardará a decisão final, da qual apelará, insurgindo-se contra a parte denegatória do seu pedido. Aplica-se, então, *mutatis mutandis*, o § 1º do art. 1.009.

4. Procedimento – Aplicam-se ao processo de notificação, interpelação ou protesto as regras e parágrafos gerais seguintes do processo de conhecimento. Assim, serão obedecidos, por exemplo, as normas relativas à distribuição, competência, representação, citação, intimação. Por sua natureza, a notificação, a interpelação e o protesto não admitem defesa, nem providência igual do requerido, nos próprios atos. Desnecessária, por isto, a norma do art. 871 do Código anterior.

Conforme o art. 729, deferidaa notificação com a interpelação e também o protesto, os autos respectivos serão entregues ao requerente, se físicos. Se eletrônicos, ele terá o direito de obter certidões de todo o processo, ou de parte dele.

As medidas de que trata a seção analisada não previnem a competência do juízo em que se efetivaram, para qualquer fim nem mesmo para medidas complementares que poderão ser requeridas a outro órgão jurisdicional.

Seção III
Da Alienação Judicial
(Art. 730)

Art. 730. Nos casos expressos em lei, não havendo acordo entre os interessados sobre o modo como se deve realizar a alienação do bem, o juiz, de ofício ou a requerimento dos interessados ou do depositário, mandará aliená-lo em leilão, observando-se o disposto na Seção I deste Capítulo e, no que couber, o disposto nos arts. 879 a 903.

1. Observações. **2.** O art. 730.

1. Observações – A Seção III do Capítulo XV, agora examinada, não repete os arts. 1.113 a 1.119 do Código anterior, integrantes do Capítulo II do Título II do seu Livro IV. Sob a epígrafe "Da alienação Judicial", posta no singular, o novo Código tratou da matéria num único artigo, mas determinando a observância da Seção I, dedicada às disposições gerais, fosse a remissão necessária, e o exposto nos art. 879 a 903 (q.v.). Trata-se da medida cautelar, destinada a evitar prejuízos decorrentes do perecimento ou deterioração da coisa. Proveitosa será a consulta à doutrina e jurisprudência do Código anterior sobre a alienação judicial e sobre a alienação.

2. O art. 730 – Na essência, o art. 730 não fica longe do art. 1.113 do CPC anterior.

Fala o artigo em desacordo entre os interessados, que são as pessoas de qualquer modo vinculadas ao bem, como o proprietário, ou o possuidor, ou credor garantido, ou quem for parte no processo noqual a medida é incidente. A divergência quanto ao modo de alienação não é, no entanto, pressuposto inafastável dela, porque pode ser determinada pelo juiz, de ofício, ou a requerimento de qualquer interessado, inclusive o depositário e o Ministério Público.

A alienação se fará em leilão, como dispõe o artigo. Nada impede, entretanto, que, concordando as partes, ela se faça a determinada pessoa, com autorização do juiz. A alienação não é ato da expropriação, porém, venda judicial, destinada à preservação do bem ou do seu valor.

Seção IV
Do Divórcio e da Separação Consensuais,
da Extinção Consensual de União Estável e
da Alteração de Bens do Matrimônio
(arts. 731 a 734)

Art. 731. A homologação do divórcio ou da separação consensuais, observados os requisitos legais, poderá ser requerida em petição assinada por ambos os cônjuges, da qual constarão:
I – as disposições relativas à descrição e à partilha dos bens comuns;
II – as disposições relativas à pensão alimentícia entre os cônjuges;
III – o acordo relativo à guarda dos filhos incapazes e ao regime de visitas; e
IV – o valor da contribuição para criar e educar os filhos.
Parágrafo único. Se os cônjuges não acordarem sobre a partilha dos bens, far-se-á esta depois de homologado o divórcio, na forma estabelecida nos arts. 647 a 658.

Art. 732. As disposições relativas ao processo de homologação judicial de divórcio ou de separação consensuais aplicam-se, no que couber, ao processo de homologação da extinção consensual de união estável.

Art. 733. O divórcio consensual, a separação consensual e a extinção consensual de união estável, não havendo nascituro ou filhos incapazes e observados os requisitos legais, poderão ser realizados por escritura pública, da qual constarão as disposições de que trata o art. 731.
§ 1º A escritura não depende de homologação judicial e constitui título hábil para qualquer ato de registro, bem como para levantamento de importância depositada em instituições financeiras.
§ 2º O tabelião somente lavrará a escritura se os interessados estiverem assistidos por advogado ou por defensor público, cuja qualificação e assinatura constarão do ato notarial.

Art. 734. A alteração do regime de bens do casamento, observados os requisitos legais, poderá ser requerida, motivadamente, em petição assinada por ambos os cônjuges, na qual serão expostas as razões que justificam a alteração, ressalvados os direitos de terceiros.

§ 1º Ao receber a petição inicial, o juiz determinará a intimação do Ministério Público e a publicação de edital que divulgue a pretendida alteração de bens, somente podendo decidir depois de decorrido o prazo de 30 (trinta) dias da publicação do edital.

§ 2º Os cônjuges, na petição inicial ou em petição avulsa, podem propor ao juiz meio alternativo de divulgação da alteração do regime de bens, a fim de resguardar direitos de terceiros.

§ 3º Após o trânsito em julgado da sentença, serão expedidos mandados de averbação aos cartórios de registro civil e de imóveis e, caso qualquer dos cônjuges seja empresário, ao Registro Público de Empresas Mercantis e Atividades Afins.

1. Observações. **2.** Repetições. **3.** Alterações. **4.** Inovações.

1. Observações – O Código de Processo Civil de 1973 não continha seção semelhante à Seção IV, que agora se examina. Ela trata do divórcio, da separação, da união estável, do regime de bens do matrimônio, que são figuras do direito material, cujas normas estabelecerão os conceitos e elementos. As normas da Seção agora comentada são formais porque visam à aplicação de outras, materiais. Devem, então, ser interpretadas e aplicadas em consonância com o direito processual positivo e os princípios da processualística.

2. Repetições – Na Seção IV, a única repetição literal está no quarto inciso do art. 731, idêntico ao terceiro do revogado art. 1.121.

3. Alterações – A epígrafe da Seção ora examinada não alterou a epígrafe do Capítulo do Código anterior que com ela só coincide na referência à separação consensual.

O art. 731, diferente do anterior art. 1.120, fala em homologação do divórcio consensual e da separação consensual. Trata-se da homologação seguinte à verificação dos requisitos desses atos, que decorrem, não da vontade estatal, formulada através do juiz, mas da vontade das partes. Não há homologação do desfazimento do noivado porque os esponsais, no direito positivo brasileiro, não constituem negócio jurídico, embora o seu desfazimento possa, circunstancialmente, configurar dano material, ou moral.

O art. 731 declina os requisitos da homologação do divórcio e da separação. No inciso I está dito que o requerimento deve conter o que as partes decidiram quanto à partilha dos bens mas não se trata de exigência inafastável, pois o afastamento é visto como negócio entre os cônjuges. De acordo com o inciso II, o requerimento deve conter as disposições relativas à pensão alimentícia devida pelos cônjuges que todavia poderão dispensá-la, sem contanto poderem renunciar a ela porque indispensável o direito a alimentos. O inciso III do artigo substituiu a expressão "filhos menores" por "filhos incapazes", no que andou bem. O parágrafo único do artigo em causa alude somente à homologação do divórcio mas se aplica, também à separação, como impõe a sua interpretação, feita à luz do *caput*.

O art. 733, tal qual o art. 1.123-A do diploma precedente, permite o divórcio, a separação e a extinção da união estável, óbvio que consensuais, mas só por escritura pública, forma essencial de ato. Esse ato só será possível se não houver nascituro, ou filhos incapazes, mas de ambos os cônjuges não de cada um deles. O dispositivo manda observar o art. 731 (q.v.). O § 1º do artigo vai além do § 1º do anterior art. 1.124-A, quando, além de permitir o registro da escritura para qualquer fim, inclusive o de averbação no registro civil, torna possível o uso dela para o levantamento de importância depositada em instituições financeiras, assim os entes definidos na legislação específica. É preciso, entretanto, que a escritura disponha, claramente, a respeito, definindo qual dos cônjuges poderá resgatar a importância e as condições do levantamento, inclusive o valor. O § 2º, ainda do art. 733, é diferente do § 2º do revogado art. 1.124-A, já que fala em assistência por advogado ou defensor público, impedindo que um só deles atenda ambas as partes.

4. **Inovações** – Além das intrometidas nos textos alterados, o novo Código apresenta inovações no *caput* do art. 734 e nos seus parágrafos.

O *caput* do art. 734 contém norma de direito material, quando permite que as partes convencionem a alteração do regime de bens. É regra de Direito Processual, quando permite o requerimento motivado, no qual serão expostas as razões pelas quais se pede a alteração, que será concedida por decisão constitutiva, ou negada por ato decisório de declaração negativa. É ainda material a última oração do *caput*, que ressalva o direito de terceiro. O § 1º manda que, antes de decidir o pedido, o juiz ouça o Ministério Público e ordene a expedição do edital. A decisão só pode ser proferida decorrido o prazo dilatório de trinta dias, contados da publicação do edital, que será único. O § 2º permite aos requerentes pedirem, na própria petição em que postulam a alteração, ou em peça avulsa, a adoção de meio alternativo de divulgação da alteração do regime de bens. Meio alternativo ao edital que divulgará o deferimento da alteração, não o requerimento dela. A adoção desse meio destina-se a resguardar direitos de terceiros, que poderiam ser afetados pela divulgação ilimitada.

O requerimento de alteração do regime não é um pedido de homologação, porém uma ação de procedimento especial que pode inclusive ser proposta por um cônjuge contra o outro; ação que gera um processo de uma só parte, se o requerimento é dos dois cônjuges. De acordo com o § 3º, transitada em julgado a sentença que concede a alteração serão expedidos mandados de averbação dessa modificação aos registros civil e de imóveis, subentendendo-se que também a qualquer outro órgão onde esteja registrado o regime de bens anterior. Empresário qualquer dos cônjuges, o mandado será enviado também às repartições que disciplinam o exercício da função empresarial, como as juntas do comércio, ou o órgão indicado na última parte do parágrafo.

Seção V
Dos Testamentos e Codicilos
(Arts. 735 a 737)

Art. 735. Recebendo testamento cerrado, o juiz, se não achar vício externo que o torne suspeito de nulidade ou falsidade, o abrirá e mandará que o escrivão o leia em presença do apresentante.

§ 1º Do termo de abertura constarão o nome do apresentante e como ele obteve o testamento, a data e o lugar do falecimento do testador, com as respectivas provas, e qualquer circunstância digna de nota.

§ 2º Depois de ouvido o Ministério Público, não havendo dúvidas a serem esclarecidas, o juiz mandará registrar, arquivar e cumprir o testamento.

§ 3º Feito o registro, será intimado o testamenteiro para assinar o termo da testamentária.

§ 4º Se não houver testamenteiro nomeado ou se ele estiver ausente ou não aceitar o encargo, o juiz nomeará testamenteiro dativo, observando-se a preferência legal.

§ 5º O testamenteiro deverá cumprir as disposições testamentárias e prestar contas em juízo do que recebeu e despendeu, observando-se o disposto em lei.

Art. 736. Qualquer interessado, exibindo o traslado ou a certidão de testamento público, poderá requerer ao juiz que ordene o seu cumprimento, observando-se, no que couber, o disposto nos parágrafos do art. 735.

Art. 737. A publicação do testamento particular poderá ser requerida, depois da morte do testador, pelo herdeiro, pelo legatário ou pelo testamenteiro, bem como pelo terceiro detentor do testamento, se impossibilitado de entregá-lo a algum dos outros legitimados para requerê-la.

§ 1º Serão intimados os herdeiros que não tiverem requerido a publicação do testamento.

§ 2º Verificando a presença dos requisitos da lei, ouvido o Ministério Público, o juiz confirmará o testamento.

§ 3º Aplica-se o disposto neste artigo ao codicilo e aos testamentos marítimo, aeronáutico, militar e nuncupativo.

§ 4º Observar-se-á, no cumprimento do testamento, o disposto nos parágrafos do art. 735.

1. Observações. 2. Alterações.

1. Observações – Com epígrafe ligeiramente alterada pela colocação da contração **dos** antes do vocábulo plural **codicilos**, esta Seção V cuida, não do conceito, da formação, modificação ou revogação do testamento, porém do seu registro, ou melhor de procedimento pelo qual se obtém o registro, requerido pelos legitimados. Os artigos da seção se distanciam dos dispositivos que, no Código anterior, regulavam a matéria, menos pelo conteúdo do que pela forma.

2. Alterações – Sem dispositivos inovadores, salvo o irrelevante § 5º do art. 735, que explicita deveres inerentes à função de testamenteiro, a Seção V apresenta dispositivos cuja interpretação e aplicação devem ser buscadas na doutrina e jurisprudência das normas ab-rogadas.

O art. 735 e seu *caput* são semelhantes, no conteúdo, ao art. 1.125 e parágrafo único do diploma revogado. O parágrafo exige que do termo conste a afirmação, a cuja falsidade a lei penal cominará pena, da circunstância em que o apresentante obteve o testamento, dado que contribuirá para o convencimento do órgão jurisdicional quanto à autenticidade do ato. A prova do falecimento é a certidão do óbito do testador, o testamento é o próprio instrumento e eventual documentação de fato útil ao registro, todos esses documentos juntos ao termo de abertura.

O § 2º do art. 735 é semelhante, no conteúdo, ao revogado art. 1.126. Mais singelos os §§ 3º e 4º aproximam-se do anterior art. 1.127, este mais explícito do que os atuais.

Com redação diferente, o art. 736 é gêmeo, na disposição, do anterior art. 1.128 e seu parágrafo, voltados os dispositivos ao cumprimento do testamento público.

Semelhantes também aos arts. 1.130 ou 1.134, o art. 737 e seus quatro parágrafos tratam da publicação do testamento particular. Nota-se, nestes dispositivos, a ausência da norma do revogado art. 1.130, que determinava a inquirição das testemunhas que ouviram a leitura do ato e o assinaram. O direito material disporá junto às testemunhas e a eventual inquirição delas, que podem ser ouvidas, conforme o prudente arbítrio do juiz.

Mais uma vez, o Código de 2015 repete as normas do diploma anterior, dissimulando-as em normas diferente na existência mas não na essência.

Seção VI

Da Herança Jacente

(Arts. 738 a 743)

Art. 738. Nos casos em que a lei considere jacente a herança, o juiz em cuja comarca tiver domicílio o falecido procederá imediatamente à arrecadação dos respectivos bens.

Art. 739. A herança jacente ficará sob a guarda, a conservação e a administração de um curador até a respectiva entrega ao sucessor legalmente habilitado ou até a declaração de vacância.

§ 1º Incumbe ao curador:

I – representar a herança em juízo ou fora dele, com intervenção do Ministério Público;

II – ter em boa guarda e conservação os bens arrecadados e promover a arrecadação de outros porventura existentes;

III – executar as medidas conservatórias dos direitos da herança;

IV – apresentar mensalmente ao juiz balancete da receita e da despesa;

V – prestar contas ao final de sua gestão.

§ 2º Aplica-se ao curador o disposto nos arts. 159 a 161.

Art. 740. O juiz ordenará que o oficial de justiça, acompanhado do escrivão ou do chefe de secretaria e do curador, arrole os bens e descreva-os em auto circunstanciado.

§ 1º Não podendo comparecer ao local, o juiz requisitará à autoridade policial que proceda à arrecadação e ao arrolamento dos bens, com 2 (duas) testemunhas, que assistirão às diligências.

§ 2º Não estando ainda nomeado o curador, o juiz designará depositário e lhe entregará os bens, mediante simples termo nos autos, depois de compromissado.

§ 3º Durante a arrecadação, o juiz ou a autoridade policial inquirirá os moradores da casa e da vizinhança sobre a qualificação do falecido, o paradeiro de seus sucessores e a existência de outros bens, lavrando-se de tudo auto de inquirição e informação.

§ 4º O juiz examinará reservadamente os papéis, as cartas missivas e os livros domésticos e, verificando que não apresentam interesse, mandará empacotá-los e lacrá-los para serem assim entregues aos sucessores do falecido ou queimados quando os bens forem declarados vacantes.

§ 5º Se constar ao juiz a existência de bens em outra comarca, mandará expedir carta precatória a fim de serem arrecadados.

§ 6º Não se fará a arrecadação, ou essa será suspensa, quando, iniciada, apresentarem-se para reclamar os bens o cônjuge ou companheiro, o herdeiro ou o testamenteiro notoriamente reconhecido e não houver oposição motivada do curador, de qualquer interessado, do Ministério Público ou do representante da Fazenda Pública.

Art. 741. Ultimada a arrecadação, o juiz mandará expedir edital, que será publicado na rede mundial de computadores, no sítio do tribunal a que estiver vinculado o juízo e na plataforma de editais do Conselho Nacional de Justiça, onde permanecerá por 3 (três) meses, ou, não havendo sítio, no órgão oficial e na imprensa da comarca, por 3 (três) vezes com intervalos de 1 (um) mês, para que os sucessores do falecido venham a habilitar-se no prazo de 6 (seis) meses contado da primeira publicação.

§ 1º Verificada a existência de sucessor ou de testamenteiro em lugar certo, far-se-á a sua citação, sem prejuízo do edital.

§ 2º Quando o falecido for estrangeiro, será também comunicado o fato à autoridade consular.

§ 3º Julgada a habilitação do herdeiro, reconhecida a qualidade do testamenteiro ou provada a identidade do cônjuge ou companheiro, a arrecadação converter-se-á em inventário.

§ 4º Os credores da herança poderão habilitar-se como nos inventários ou propor a ação de cobrança.

Art. 742. O juiz poderá autorizar a alienação:
I – de bens móveis, se forem de conservação difícil ou dispendiosa;
II – de semoventes, quando não empregados na exploração de alguma indústria;
III – de títulos e papéis de crédito, havendo fundado receio de depreciação;
IV – de ações de sociedade quando, reclamada a integralização, não dispuser a herança de dinheiro para o pagamento;
V – de bens imóveis:
a) se ameaçarem ruína, não convindo a reparação;
b) se estiverem hipotecados e vencer-se a dívida, não havendo dinheiro para o pagamento.

§ 1º Não se procederá, entretanto, à venda se a Fazenda Pública ou o habilitando adiantar a importância para as despesas.

§ 2º Os bens com valor de afeição, como retratos, objetos de uso pessoal, livros e obras de arte, só serão alienados depois de declarada a vacância da herança.

Art. 743. Passado 1 (um) ano da primeira publicação do edital e não havendo herdeiro habilitado nem habilitação pendente, será a herança declarada vacante.

§ 1º Pendendo habilitação, a vacância será declarada pela mesma sentença que a julgar improcedente, aguardando-se, no caso de serem diversas as habilitações, o julgamento da última.

§ 2º Transitada em julgado a sentença que declarou a vacância, o cônjuge, o companheiro, os herdeiros e os credores só poderão reclamar o seu direito por ação direta.

1. Repetições. 2. Alterações.

1. Repetições – Assinalam-se as repetições sem comentá-las porque o propósito deste livro é apontar e explicar apenas as inovações. Muito se aproveitará pela consulta à doutrina e à jurisprudência dos dispositivos repelidos.

A epígrafe da Seção VI, agora comentada, é igual à do Capítulo V anterior, dedicado ao mesmo instituto.

O *caput* do § 1º do art. 739 e os incs. II e III são idênticos ao *caput* do anterior art. 1.144 e seus incs. II e III.

O § 5º do art. 740 repete o anterior art. 1.149.

Os §§ 1º a 4º do art. 741 reproduzem, os dois primeiros, os §§ 1º e 2º do art. 1.152; o § 3º, o art. 2.153, e o § 4º, o art. 1.154 do Código revogado.

Rigorosamente idênticos são o art. 742, seus cinco incisos e §§ 1º e 2º, e iguais pontos do art. 1.155.

Finalmente, o § 2º do art. 743 é repetição literal do art. 1.158 do Código antigo.

2. Alterações – Sem inovações, salvo aquelas incorporadas aos novos textos, o CPC de 2015 procedeu a várias alterações a artigos da Seção VI.

No art. 738, substitui-se "sem perda de tempo", do anterior art. 1.142, trocando-se "arrecadação de todos os bens" por "arrecadação dos respectivos bens".

No art. 739 suprime a última oração do anterior art. 1.143 por ser regra do direito material. No inciso I, fala-se em intervenção do Ministério Público, e não em assistência do órgão, como no revogado inc. I do art. 1.144. O inciso IV desse artigo suprimiu o artigo **um** antes do substantivo balancete. O inciso V escreveu **ao final**, em vez do anterior **a final**. O § 2º atualizou a remissão ao novo código que, no parágrafo único do mesmo artigo remetia ao diploma anterior.

O art. 740 já não usa a gerundiva "comparecendo à residência do morto", empregada desnecessariamente no anterior art. 1.145 porque o arrolamento pode fazer-se alhures. Acrescentou menção ao chefe de secretaria e trocou **mandará** por **ordenará**. No § 1º do mesmo artigo 740, excluiu-se "imediatamente por motivo justo", bem como "por estarem os bens em local muito distante" e se incluiu a presença de duas testemunhas. Encontrando-se os bens em local muito distante, estimada a distância também pela dificuldade de acesso, a arrecadação e o arrolamento dos bens se farão por precatória, admitido também a rogatória, se a tanto consentir a legislação do país estrangeiro. No § 2º, suprimiu-se o artigo **um** antes de **depositário**. No § 3º, permite-se que também a autoridade policial faça a inquirição. O § 4º, ainda do art. 740, apresenta a aditiva **e**, antes de **verificando**. No§ 6º substituiu-se a frase "suspender-se-á esta" por "essa será suspensa" e colocou-se **apresentou-se**, no lugar de "se se apresentarem".

No art. 741, o **estampado**, do anterior art. 1.152, foi substituído por **publicado**, determinando-se que a publicação se faça na sede mundial de computadores, no sítio do tribunal a que se subordinou o juiz e na plataforma de editais do CNJ. O prazo é de três meses para a permanência do edital. Só se fará a publicação no órgão oficial e na imprensa da comarca, admitindo-se que se recorra a comarca seguinte, se não houver sítio nem plataforma, usando-se o existente em conjunto com a publicação. O edital será publicado três vezes, com intervalo de um mês de uma publicação para outra. Fala-se em **falecido** no lugar de **finado** do art. 1.152.

No art. 743, *caput*, suprimiu-se a referência a artigo do Código anterior. No§ 1º desse artigo pôs-se a oração gerundial do verbo **aguardar** para não se fazer autônoma a última proposição, como acontecem no parágrafo único do anterior art. 1.157.

Como se acaba de demonstrar, as alterações dos textos do Código anterior, para colocá-los no vigente diploma, são irrelevantes.

Seção VII
Dos Bens Dos Ausentes
(ARTS. 744 E 745)

Art. 744. Declarada a ausência nos casos previstos em lei, o juiz mandará arrecadar os bens do ausente e nomear-lhes-á curador na forma estabelecida na Seção VI, observando-se o disposto em lei.

Art. 745. Feita a arrecadação, o juiz mandará publicar editais na rede mundial de computadores, no sítio do tribunal a que estiver vinculado e na plataforma de editais do Conselho Nacional de Justiça, onde permanecerá por 1 (um) ano, ou, não havendo sítio, no órgão oficial e na imprensa da comarca, durante 1 (um) ano, reproduzida de 2 (dois) em 2 (dois) meses, anunciando a arrecadação e chamando o ausente a entrar na posse de seus bens.

§ 1º Findo o prazo previsto no edital, poderão os interessados requerer a abertura da sucessão provisória, observando-se o disposto em lei.

§ 2º O interessado, ao requerer a abertura da sucessão provisória, pedirá a citação pessoal dos herdeiros presentes e do curador e, por editais, a dos ausentes para requererem habilitação, na forma dos arts. 689 a 692.

§ 3º Presentes os requisitos legais, poderá ser requerida a conversão da sucessão provisória em definitiva.

§ 4º Regressando o ausente ou algum de seus descendentes ou ascendentes para requerer ao juiz a entrega de bens, serão citados para contestar o pedido os sucessores provisórios ou definitivos, o Ministério Público e o representante da Fazenda Pública, seguindo-se o procedimento comum.

1. Observações. 2. Alterações.

1. Observações – Sem repetições, salvo na epígrafe, igual à do Capítulo do Código anterior, reguladora da mesma matéria, o novo Código não apresenta inovações autônomas. As que quis fazer, o diploma as juntou nos textos extraídos do Código de 1973.

2. Alterações – Ao contrário do revogado art. 1.160, o art. 744 deixa claro que a arrecadação dos bens e a nomeação do curador se farão depois de declarada a ausência. O artigo remete à Seção VI, nesse passo atualizando o dispositivo que se refere ao novo Código.

Diferente do anterior art. 1.161, o art. 745 ordena a publicação na forma idêntica à prescrita no art. 741 (q.v.). O prazo dos editais é de um ano, mas publicado bimestralmente. Conforme o § 1º, mais sintético do que o revogado art. 1.163, o requerimento dos interessados na doutrina da sucessão provisória poderá ser feito depois do prazo previsto no edital. O § 2º é diferente do art. 1.164 porque fala em requerimento de habilitação, na forma dos arts. 689 a 692 (q.v.), não mais em artigos de habilitação. A remissão aos artigos aludidos explica a falta de repetição do parágrafo único do anterior art. 1.164. O § 3º, em vez de enumerar os requisitos da conversão da sucessão provisória em definitiva, como o anterior art. 1.167, fala apenas em requisitos legais, que serão os enumerados na lei material. O § 4º. ainda do art. 745. não estipula o prazo de dez anos do anterior art. 1.168. Deve-se recorrer ao direito material no tocante ao ponto. A citação das pessoas referidas no parágrafo destina-se a integrá-las no processo de entrega dos bens, que sofrerão o procedimento comum, conforme a última proposição do dispositivo.

SEÇÃO VIII

DAS COISAS VAGAS

(ARTS. 746)

Art. 746. Recebendo do descobridor coisa alheia perdida, o juiz mandará lavrar o respectivo auto, do qual constará a descrição do bem e as declarações do descobridor.

§ 1º Recebida a coisa por autoridade policial, esta a remeterá em seguida ao juízo competente.

§ 2º Depositada a coisa, o juiz mandará publicar edital na rede mundial de computadores, no sítio do tribunal a que estiver vinculado e na plataforma de editais do Conselho Nacional de Justiça ou, não havendo sítio, no órgão oficial e na imprensa da comarca, para que o dono ou o legítimo possuidor a reclame, salvo se se tratar de coisa de pequeno valor e não for possível a publicação no sítio do tribunal, caso em que o edital será apenas afixado no átrio do edifício do fórum.

§ 3º Observar-se-á, quanto ao mais, o disposto em lei.

1. Repetições. 2. Alterações.

1. Repetições – Salvo a epígrafe da Seção VIII, igual à do Capítulo VII do Código anterior, não há repetições. Os textos aqui examinados saíram do Código anterior, mas com alterações.

2. Alterações – O art. 746 do novo Código de Processo Civil e seus parágrafos contêm todos os elementos dos arts. 1.170 e 1.171 e respectivos parágrafos da lei anterior. O *caput* daquele artigo não fala em recepção da coisa alheia pela autoridade policial, fato só tratado no § 1º, onde se diz que ela remeterá esse bem ao juízo competente. Substituiu-se a palavra **inventor** do *caput* do aludido art. 1.170 pelo substantivo **descobridor**, não menos correto, porém de mais fácil acesso.

Conforme o § 2º do mesmo e único artigo, o juiz mandará publicar edital, como disposto no art. 745 (q.v.), para que o dono ou o legítimo possuidor reclame a coisa, evidentemente provando sua condição por qualquer meio probatório admitido. A regra do § 2º, sem correspondente no Código anterior, é algo supérfluo porque obrigatório o cumprimento de norma imperativa incidenta.

Seção IX

Da Interdição

(Arts. 747 a 758)

Art. 747. A interdição pode ser promovida:
I – pelo cônjuge ou companheiro;
II – pelos parentes ou tutores;
III – pelo representante da entidade em que se encontra abrigado o interditando;
IV – pelo Ministério Público.
Parágrafo único. A legitimidade deverá ser comprovada por documentação que acompanhe a petição inicial.

Art. 748. O Ministério Público só promoverá interdição em caso de doença mental grave:

I – se as pessoas designadas nos incisos I, II e III do art. 747 não existirem ou não promoverem a interdição;

II – se, existindo, forem incapazes as pessoas mencionadas nos incisos I e II do art. 747.

Art. 749. Incumbe ao autor, na petição inicial, especificar os fatos que demonstram a incapacidade do interditando para administrar seus bens e, se for o caso, para praticar atos da vida civil, bem como o momento em que a incapacidade se revelou.

Parágrafo único. Justificada a urgência, o juiz pode nomear curador provisório ao interditando para a prática de determinados atos.

Art. 750. O requerente deverá juntar laudo médico para fazer prova de suas alegações ou informar a impossibilidade de fazê-lo.

Art. 751. O interditando será citado para, em dia designado, comparecer perante o juiz, que o entrevistará minuciosamente acerca de sua vida, negócios, bens, vontades, preferências e laços familiares e afetivos e sobre o que mais lhe parecer necessário para convencimento quanto à sua capacidade para praticar atos da vida civil, devendo ser reduzidas a termo as perguntas e respostas.

§ 1º Não podendo o interditando deslocar-se, o juiz o ouvirá no local onde estiver.

§ 2º A entrevista poderá ser acompanhada por especialista.

§ 3º Durante a entrevista, é assegurado o emprego de recursos tecnológicos capazes de permitir ou de auxiliar o interditando a expressar suas vontades e preferências e a responder às perguntas formuladas.

§ 4º A critério do juiz, poderá ser requisitada a oitiva de parentes e de pessoas próximas.

Art. 752. Dentro do prazo de 15 (quinze) dias contado da entrevista, o interditando poderá impugnar o pedido.

§ 1º O Ministério Público intervirá como fiscal da ordem jurídica.

§ 2º O interditando poderá constituir advogado, e, caso não o faça, deverá ser nomeado curador especial.

§ 3º Caso o interditando não constitua advogado, o seu cônjuge, companheiro ou qualquer parente sucessível poderá intervir como assistente.

Art. 753. Decorrido o prazo previsto no art. 752, o juiz determinará a produção de prova pericial para avaliação da capacidade do interditando para praticar atos da vida civil.

§ 1º A perícia pode ser realizada por equipe composta por expertos com formação multidisciplinar.

§ 2º O laudo pericial indicará especificadamente, se for o caso, os atos para os quais haverá necessidade de curatela.

Art. 754. Apresentado o laudo, produzidas as demais provas e ouvidos os interessados, o juiz proferirá sentença.

Art. 755. Na sentença que decretar a interdição, o juiz:

I – nomeará curador, que poderá ser o requerente da interdição, e fixará os limites da curatela, segundo o estado e o desenvolvimento mental do interdito;

II – considerará as características pessoais do interdito, observando suas potencialidades, habilidades, vontades e preferências.

§ 1º A curatela deve ser atribuída a quem melhor possa atender aos interesses do curatelado.

§ 2º Havendo, ao tempo da interdição, pessoa incapaz sob a guarda e a responsabilidade do interdito, o juiz atribuirá a curatela a quem melhor puder atender aos interesses do interdito e do incapaz.

§ 3º A sentença de interdição será inscrita no registro de pessoas naturais e imediatamente publicada na rede mundial de computadores, no sítio do tribunal a que estiver vinculado o juízo e na plataforma de editais do Conselho Nacional de Justiça, onde permanecerá por 6 (seis) meses, na imprensa local, 1 (uma) vez, e no órgão oficial, por 3 (três) vezes, com intervalo de 10 (dez) dias, constando do edital os nomes do interdito e do curador, a causa da interdição, os limites da curatela e, não sendo total a interdição, os atos que o interdito poderá praticar autonomamente.

Art. 756. Levantar-se-á a curatela quando cessar a causa que a determinou.

§ 1º O pedido de levantamento da curatela poderá ser feito pelo interdito, pelo curador ou pelo Ministério Público e será apensado aos autos da interdição.

§ 2º O juiz nomeará perito ou equipe multidisciplinar para proceder ao exame do interdito e designará audiência de instrução e julgamento após a apresentação do laudo.

§ 3º Acolhido o pedido, o juiz decretará o levantamento da interdição e determinará a publicação da sentença, após o trânsito em julgado, na forma do art. 755, § 3º, ou, não sendo possível, na imprensa local e no órgão oficial, por 3 (três) vezes, com intervalo de 10 (dez) dias, seguindo-se a averbação no registro de pessoas naturais.

§ 4º A interdição poderá ser levantada parcialmente quando demonstrada a capacidade do interdito para praticar alguns atos da vida civil.

Art. 757. A autoridade do curador estende-se à pessoa e aos bens do incapaz que se encontrar sob a guarda e a responsabilidade do curatelado ao tempo da interdição, salvo se o juiz considerar outra solução como mais conveniente aos interesses do incapaz.

Art. 758. O curador deverá buscar tratamento e apoio apropriados à conquista da autonomia pelo interdito.

1. Observação. 2. Repetições. 3. Alterações. 4. Inovações.

1. Observações – Em doze artigos, a Seção IX do Capítulo XV do Título III do Livro I da Parte Especial do Código de Processo Civil de 2015 regula a interdição. Ao fazê-lo, o diploma menciona figuras do direito material cujos elementos se deverão buscar nas normas pertinentes, fora do campo de incidência das regras processuais.

2. Repetições – Encontra-se, na sua Seção, uma repetição literal, que é o *caput* do art. 747, idêntico ao do revogado art. 1.177, ambos meramente enunciativos. Outras repetições existem, porém não feitas com as mesmas palavras. Por isto, para elas se voltarão as notas do item seguinte, que trata das alterações.

3. Alterações – A epígrafe da Seção foi alterada porque só fala na interdição, ao passo que a epígrafe do Capítulo específico do Código anterior aludia à curatela dos interditos.

O inc. I do art. 747 fala em cônjuge, tal como no inc. II do anterior art. 1.777, mas também em companheiro, que demonstrará a condição, atento às normas do direito material que caracterizam essa figura, com as respectivas provas. O inciso II fala em parentes, sem usar o adjetivo próximo, do inciso I daquele artigo. A condição de parente pode ser aferida pela aplicação analógica da ordem de vocação hereditária, mas não exclui o parentesco que vai além dela, contanto que se demonstre o envolvimento dele com o interditando, junto com a prova do parentesco ainda que remota. Urge notar que o novo Código, tal como o anterior (arts. 134, IV e V e 136), fala em parente consanguíneo ou afim, nos arts. 144, III e IV, e 147). Diante dessa classificação, também os afins podem requerer a interdição, desde que provem a convivência com o interditando. O inciso IV do artigo suprimiu o substantivo órgão, ao mencionar o Ministério Público, como fazia o anterior art. 1.177, no item III.

No *caput* do art. 748, já não se encontra o nome órgão, do *caput* do anterior art. 1.178. O novo inciso I deste artigo não menciona o caso de anomalia psíquica, como fazia o item I do art. 1.178. O *caput* do dispositivo condiciona o requerimento do Ministério Público à existência de doença mental grave, a ser documentada por especialista e, na falta dele, por pessoa idônea e, simultaneamente, se ali os referidos não existirem ou, existindo, não promoverem a interdição, como dispunha o anterior inc. II do art. 1.178. É também condição do requerimento do Ministério Público a existência de pessoas que seriam legitimadas, se tivessem capacidade. É suficiente a afirmação do órgão do Ministério Público sob a inocorrência das condições aludidas, sem que isto impeça o juiz de determinar o exame do requerido, ou a publicação de edital de convocação das pessoas legitimadas.

O art. 749 exige a indicação dos fatos determinantes da incapacidade do interditando também para praticar atos da vida civil, além da informação do momento em que a incapacidade se revelou. Necessária a prova desses fatos; pode, entretanto, o requerente informar que ignora o momento da manifestação da incapacidade porque ninguém pode ser compelido a fazer o impossível.

Muito próximo do revogado art. 1.181, o art. 751 substituiu **ajuizar** por **convencimento**, e havendo antes explicitado, desnecessariamente, que o interrogatório do interditando pode alcançar as preferências dele e informações sobre laços familiares e afetivos. Fala o artigo em redação a termo, que é a documentação do ato processual, lavrada por serventuário, e não mais o auto.

O art. 752, *caput*, aumentou, de cinco para quinze dias o prazo para a impugnação do pedido pelo requerente. Esse prazo se conta da entrevista, que pode ser além da audiência. O § 2º do artigo fala em curador especial, que pode ser o Ministério Público, o defensor, ou qualquer pessoa idônea. O § 3º do artigo acrescenta o companheiro às figuras mencionadas no § 3º do revogado art. 1.182. Fala o parágrafo em assistência, possível somente se o interditando não constituir advogado. Essa constituição, entretanto, dependerá da lucidez do interditando, cuja interdição, poderá operar-se extrativamente, se demonstrada a incapacidade do requerido no tempo da outorga, preservados os atos praticados pelo procurador, salvo quando a lei decretar-lhe a nulidade.

O art. 754 alude ao laudo previsto no art. 753. Apresentado o laudo pelo perito, produzidas todas as provas, o juiz proferirá sentença constitutiva, se decretou a interdição, ou declaratória, se julgar improcedente o pedido. Conforme o art. 755, inc. I, o juízo poderá conceder curatela parcial, especificando os limites da interdição, que será plena se faltar a limitação. O § 3º, ainda do art. 755, contém disposição semelhante à do art. 745 (q.v.). Os prazos ali fixados são declaratórios.

O art. 756 fala em levantamento da interdição; não da curatela, que pode ser levantada para a substituição do curador, ou para a redação ou ampliação dos seus limites. O § 1º do anterior art. 1.186 veio desdobrado, no Código, nos arts. 756, §§ 1º e 2º, este examinado no próximo item, que cuidará das inovações. O § 3º do artigo substituiu a forma verbal **mandará** por **determinará**.

4. Inovações – No art. 747, introduziram-se o inc. III e o parágrafo único. O inciso permite o requerimento da interdição pelo representante da entidade, como hospital, asilo, residência, onde se encontra o interditando. O requerente fará prova do abrigo e da sua condição, permitida a verificação do local por quem o juiz designar, assim como a inspeção judicial (art. 481 e ss.). A prova da legitimidade se fará por meio de documentos que acompanharão a inicial, como dispõe o parágrafo único do artigo, que, no entanto, não exclui outros meios do convencimento do órgão judicial.

O art. 750, sem correspondente no Código anterior, determina a apresentação de laudo médico, ou a declaração de impossibilidade de apresentá-lo, caso em que o juiz poderá determinar, de ofício ou mediante requerimento, a produção de outras provas.

No art. 751, aparece o supérfluo § 1º, que permite ao juiz ir ao local onde estiver o interditando impossibilitado de comparecer à sede do juízo, por razão física ou psíquica, afirmada pelo requerente. A desnecessária ida do juízo não anulará o que ele colher na visita ao interditando. Novo também o desnecessário § 2º, que permite ao juiz fazer-se prestar de especialista por ele designado, o qual assinará o termo do inspeção, declarando o que verificou. O § 3º fala no uso de recursos tecnológicos, que será os humanos ou mecânicos, que o juiz designar. A oitiva a que se refere o §4º se dará na sede do juízo, ou em local que o juiz determinar, inclusive onde estiver o interditando.

O § 1º do art. 752, posto que colocado, inadequadamente, no art. 752, determina a intervenção do Ministério Público, como fiscal da lei, em todo o processo, inconcebível que ele só possa manifestar-se sobre a impugnação do interditando e sobre nenhum outro ato.

O § 1º do art. 753 permite a perícia por uma equipe de variados especialistas, como médicos de mais de um segmento da profissão, psicanalistas, tradutores, enfermeiros. O § 2º impõe ao perito a obrigação de designar os atos abrangidos pelo avalista pericial, podendo também recomendá-la em toda a extensão possível, neste caso sem enumerar os atos jurídicos.

Normas desnecessárias, são autoexplicativas o§ 1º, inc. II e o § 1º do art. 755, mas conveniente e lógico o § 2º, que estende a curatela, nomeando curador que possa atender aos interesses do interdito e do incapaz. Interditando também este, pode o juiz designar um só curador para ambos, assim como curador diferente a cada um.

O § 2º do art. 756 determina a designação da audiência após a apresentação do laudo, mas ela pode ser desmarcada, houvesse prova suficiente da necessidade ou desnecessidade da interdição, porque não se devem realizar atos supérfluos. O § 4º do artigo permite o levantamento parcial de interdição, sabido que o interdito pode, às vezes, estar habilitado à prática de atos da vida civil.

O art. 758 obriga o curador definitivo ou provisório a buscar a recuperação ou melhora do interdito. Ele será responsável pelos danos físicos, materiais e morais decorrentes de sua inércia.

Por derradeiro, o § 2º do art. 763 obriga o tutor, ou o curador à prestação das contas da sua gestão. Pode o juiz determinar que ela se faça periodicamente, antes da cessação da tutela ou da curatela. Ouvidos os interessados, Ministério Público, se necessário, o obrigado, ou o perito nomeado para examiná-las, o juiz aprovará essas contas ou as rejeitará determinando a complementação delas, não excluída a possibilidade de legítima nomeação de um curador, para pedir ressarcimento de prejuízos, nem a remessa de peças ao Ministério Público, para fins da responsabilidade criminal.

Seção X
Disposições Comuns À Tutela E À Curatela
(arts. 759 a 763)

Art. 759. O tutor ou o curador será intimado a prestar compromisso no prazo de 5 (cinco) dias contado da:

I – nomeação feita em conformidade com a lei;

II – intimação do despacho que mandar cumprir o testamento ou o instrumento público que o houver instituído.

§ 1º O tutor ou o curador prestará o compromisso por termo em livro rubricado pelo juiz.

§ 2º Prestado o compromisso, o tutor ou o curador assume a administração dos bens do tutelado ou do interditado.

Art. 760. O tutor ou o curador poderá eximir-se do encargo apresentando escusa ao juiz no prazo de 5 (cinco) dias contado:

I – antes de aceitar o encargo, da intimação para prestar compromisso;

II – depois de entrar em exercício, do dia em que sobrevier o motivo da escusa.

§ 1º Não sendo requerida a escusa no prazo estabelecido neste artigo, considerar-se-á renunciado o direito de alegá-la.

§ 2º O juiz decidirá de plano o pedido de escusa, e, não o admitindo, exercerá o nomeado a tutela ou a curatela enquanto não for dispensado por sentença transitada em julgado.

Art. 761. Incumbe ao Ministério Público ou a quem tenha legítimo interesse requerer, nos casos previstos em lei, a remoção do tutor ou do curador.

Parágrafo único. O tutor ou o curador será citado para contestar a arguição no prazo de 5 (cinco) dias, findo o qual observar-se-á o procedimento comum.

Art. 762. Em caso de extrema gravidade, o juiz poderá suspender o tutor ou o curador do exercício de suas funções, nomeando substituto interino.

Art. 763. Cessando as funções do tutor ou do curador pelo decurso do prazo em que era obrigado a servir, ser-lhe-á lícito requerer a exoneração do encargo.

§ 1º Caso o tutor ou o curador não requeira a exoneração do encargo dentro dos 10 (dez) dias seguintes à expiração do termo, entender-se-á reconduzido, salvo se o juiz o dispensar.

§ 2º Cessada a tutela ou a curatela, é indispensável a prestação de contas pelo tutor ou pelo curador, na forma da lei civil.

1. Repetições. **2.** Alterações. **3.** Inovações.

1. Repetições – Os incs. I e II do art. 760 regulam iguais itens do revogado art. 1.192. Esta é a única repetição literal. As demais repetições estão dissimuladas nas alterações.

2. Alterações – A epígrafe da Seção X aparece sem acontração **das** antes de **disposições**.

No *caput* do art. 759, a alteração consistiu em dizer que o prazo de cinco dias é contado, e não contados, como estava no *caput* do art. 1.187. No inciso I, a grande alteração está na troca do **na** pela preposição **em** e na eliminação do adjetivo **civil**. No inciso II, retirou-se o **da** antes de **intimação**. Os §§ 1º e 2º do artigo são desdobramentos do revogado art. 1.188, suprimida a hipoteca legal, em que isso exima o tutor ou o curador de responder pela inidoneidade dos bens confiadas à sua administração.

O *caput* do art. 760 suprimiu a última oração do *caput* do art. 1.192. O § 1º é o parágrafo único do revogado art. 1.192, com a troca do verbo **repetir** pelo verbo **considerar**, em mesóclise. O § 2º do art. 760 é, em relação ao art. 1.193, mais inteiriço, não dividido em dois incisos. No art. 761, suprimiram-se as palavras órgão e **civil** e trocou-se **na** por **em**. Essas as diferenças entre o dispositivo apontado e o anterior art. 1.194. O parágrafo único do artigo determina que obedeça o procedimento comum o pedido de renovação do tutor ou do curador.

O art. 763 repetiu, no *caput* e no § 1º, o anterior art. 1.198.

3. Inovações – Salvo as que foram encaixadas nos textos do Código anterior, aproveitadas no diploma, a única inovação está no § 2º do art. 763, que torna indispensável a prestação de contas pelo tutor ou pelo curador, uma vez cessada, por qualquer motivo, a tutela ou a curatela. O prazo para a prestação será o quinquídio do § 3º do art. 218, ou o fixado pelo juiz, suscetível esse período de prorrogação requerida pelo prestador. As contas serão aprovadas pelo juiz, que poderá também determinar a sua complementação ou rejeitá-las, ficando o tutor ou o curador civilmente responsável por dolo ou culpa, bem como criminalmente, se o seu ilícito tipificar delito criminal.

Seção XI
Da Organização e da Fiscalização das Fundações
(arts. 764 a 765)

Art. 764. O juiz decidirá sobre a aprovação do estatuto das fundações e de suas alterações sempre que o requeira o interessado, quando:

I – ela for negada previamente pelo Ministério Público ou por este forem exigidas modificações com as quais o interessado não concorde;

II – o interessado discordar do estatuto elaborado pelo Ministério Público.

§ 1º O estatuto das fundações deve observar o disposto na Lei nº 10.406, de 10 de janeiro de 2002 (Código Civil).

§ 2º Antes de suprir a aprovação, o juiz poderá mandar fazer no estatuto modificações a fim de adaptá-lo ao objetivo do instituidor.

Art. 765. Qualquer interessado ou o Ministério Público promoverá em juízo a extinção da fundação quando:

I – se tornar ilícito o seu objeto;
II – for impossível a sua manutenção;
III – vencer o prazo de sua existência.

1. Observação. **2.** Repetições. **3.** Alterações. **4.** Inovações.

1. Observações – Já se disse que a fundação é um patrimônio a serviço de uma ideia. Melhor, de um ideal. Pela natureza e finalidade, a lei entrega ao Ministério Público papel fundamental na criação, existência, modificação e extinção das fundações, mas a garantia da inafastabilidade da jurisdição (Constituição, art. 5º, inc.XXXV) leva a lei a entregar ao Judiciário, mediante procedimento de jurisdição voluntária, poder supremo na organização e fiscalização desses entes, governados por regras de direito material.

2. Repetições – A epígrafe da Seção XI repete a epígrafe do Capítulo X do Código anterior. Os incs. I e II do art. 765 são iguais aos incs. I e II do anterior art. 1.204.

3. Alterações – O § 2º do art. 764 alterou a redação do anterior art. 1.201 apenas para aproximar o sujeito **juiz** do verbo **poderá**.

O *caput* do art. 765, comparado com o art. 1.204 do velho Código, alterou o *caput* do art. 1.204 apenas para retirar o substantivo órgão do texto anterior, que falava em órgão do Ministério Público. Nesse artigo, o inc. III despejou a conjunção **se** de igual item do mesmo artigo do CPC de 1973.

4. Inovações – O art. 764 dá ao juiz, que for designado pela organização judiciária, competência para decidir sobre a aprovação ou alteração das fundações, quando, conforme o inciso I, for negada pelo MP, ou modificações por ele exigidas forem recusadas, surgindo uma **lide** entre a instituição e o interessado, que pode ser o instituidor, ou qualquer outro membro da entidade. A negativa do Ministério Público é condição do requerimento e a discordância do interessado gera o interesse de agir. O juiz só procederá mediante requerimento do interessado, regido pelo princípio dispositivo, sem poder aturar de ofício.

Em vez de determinar que o estatuto das fundações observe a lei que menciona, o Código de 2015 deveria retirar a referência à lei, que pode ser ab-rogada e substituída por outra. Ademais, se a lei contém norma a ser observada, ela incide por si mesma, sem que o diploma tenha nada que ela seja obedecida, uma espécie de redundância.

SEÇÃO XII
DA RATIFICAÇÃO DOS PROTESTOS MARÍTIMOS E DOS PROCESSOS TESTEMUNHÁVEIS FORMADOS A BORDO
(ARTS. 766 A 770)

Art. 766. Todos os protestos e os processos testemunháveis formados a bordo e lançados no livro Diário da Navegação deverão ser apresentados pelo comandante ao juiz de direito do primeiro porto, nas primeiras 24 (vinte e quatro) horas de chegada da embarcação, para sua ratificação judicial.

Art. 767. A petição inicial conterá a transcrição dos termos lançados no livro Diário da Navegação e deverá ser instruída com cópias das páginas que contenham os termos que serão ratificados, dos documentos de identificação do comandante e das testemunhas arroladas, do rol de tripulantes, do documento de registro da embarcação e, quando for o caso, do manifesto das cargas sinistradas e a qualificação de seus consignatários, traduzidos, quando for o caso, de forma livre para o português.

Art. 768. A petição inicial deverá ser distribuída com urgência e encaminhada ao juiz, que ouvirá, sob compromisso a ser prestado no mesmo dia, o comandante e as testemunhas em número mínimo de 2 (duas) e máximo de 4 (quatro), que deverão comparecer ao ato independentemente de intimação.

§ 1º Tratando-se de estrangeiros que não dominem a língua portuguesa, o autor deverá fazer-se acompanhar por tradutor, que prestará compromisso em audiência.

§ 2º Caso o autor não se faça acompanhar por tradutor, o juiz deverá nomear outro que preste compromisso em audiência.

Art. 769. Aberta a audiência, o juiz mandará apregoar os consignatários das cargas indicadas na petição inicial e outros eventuais interessados, nomeando para os ausentes curador para o ato.

Art. 770. Inquiridos o comandante e as testemunhas, o juiz, convencido da veracidade dos termos lançados no Diário da Navegação, em audiência, ratificará por sentença o protesto ou o processo testemunhável lavrado a bordo, dispensado o relatório.

Parágrafo único. Independentemente do trânsito em julgado, o juiz determinará a entrega dos autos ao autor ou ao seu advogado, mediante a apresentação de traslado.

1. Observação. 2. Inovações.

1. Observações – O Código de Processo Civil de 1973 não se ocupou diretamente da matéria. O art. 1.218 daquele diploma manteve em vigor as disposições pertinentes do CPC de 1939, a cuja escassa doutrina e magra jurisprudência se deve recorrer. A manutenção da vigência de parte de um Código anterior pelo Código que o sucede fez aquele apenas derrogado, já que não revogado por inteiro, o que configuraria ab-rogação. O fenômeno acontece também no atual Código, como se vê no seu art. 1.052, que mantém em vigor o Título IV do Livro II do CPC de 1973, dedicado à execução por quantia certa contra devedor insolvente. A manutenção de parte de uma lei anterior na vigência da lei nova dá conta de empenho na aplicação da lei nova.

2. Inovações – O art. 766 não define os protestos nem os processos a que alude, institutos do direito material. Cuida somente da ratificação judicial deles, expediente hoje obsoleto. A data da chegada da embarcação é a constante do diário da navegação, ou a informada pela autoridade portuária. O descumprimento do prazo não gera nulidade porque não cominada. O art. 277 incide.

Como se vê no art. 767, sem correspondência no Código anterior, como acontece com todos os dispositivos que a ele se seguem, a retificação deve ser requerida por meio da petição, subscrita por advogado (art. 103), acompanhada dos documentos relacionados no dispositivo, definidos em leis materiais específicas.

O art. 768 dispõe sobre a distribuição urgente da inicial e do seu encaminhamento ao juiz, de modo também célere. Na parte final, o artigo dispõe que as testemunhas deverão comparecer à audiência independentemente da intimação, mas, por certo, a intimação pode ser feita à testemunha recalcitrante, que sofrerá as sanções da lei processual (v.g., art. 455, § 5º). O autor poderá pedir ao juiz que obrigue o tradutor a que se refere o § 1º, se não conseguir encontrar quem suas vezes faça. O juiz, conforme disposto no § 2º, designará um outro juízo, onde haja tradutor habilitado. Pode a inquisição ser feita por meio eletrônico. Faltando tradução, o juiz decidirá com base nos demais elementos probatórios.

Conforme o art. 769, o juiz mandará apregoar os consignatários das cargas, indicados na inicial e integrados no processo por meio da citação ou comparecimento espontâneo (art. 239 e § 1º). Ausentes, o juiz nomeará curador para o ato, isto é, para assistir os ausentes, podendo atuar por eles sem ser contudo seu substituto processual.

Conforme o art. 770, o juiz proferirá sentença de ratificação do protesto ou do processo, se convencido da veracidade das alegações da inicial. Tanto a sentença de procedência quanto a de improcedência são apeláveis, conforme o art. 1.009, cujo § 1º também incide. Interprete-se o parágrafo único do artigo, no sentido de que os autos não serão entregues ao autor, mas, sim um traslado, que pode ser feito por meio de certidão dos atos de eventual processo eletrônico.

Livro II
DO PROCESSO DE EXECUÇÃO
(ARTS. 771 A 925)

1. Observações. 2. Títulos executivos. 3. Distribuição da matéria. 4. Exceção de pré-executividade

1. Observações – Sempre útil a etimologia, que ajuda a compreender o significado das palavras. A partir da sua gênese lembrar-se-á que **execução** procede de **executório** e esta palavra vem de *exsegui*, seguir até o fim, acabar. O processo de execução a que o Código de Processo Civil de 2015 dedica o Livro II da sua Parte Especial principia pela ação de execução, ação executória, ação executiva, ou, como a consagrou a prática forense, simplesmente execução. Proferida uma sentença condenatória, que impõe uma obrigação de pagar certa soma, de dar alguma coisa certa, ou incerta, de fazer algo ou de abstenção de determinada prática, pode o devedor cumpri-la espontaneamente, como pode resistir à pretensão de cobrança do crédito, aparecendo, nesta última hipótese, uma lide, que, não alcançada uma composição, é julgada pelo Estado, independentemente da vontade do devedor.

A execução constitui uma das três modalidades do processo civil contencioso: processo de conhecimento, regulado pelo Livro I da Parte Especial do novo Código; processo cautelar, dissimulado nessa lei sob o título "Da Tutela Provisória", objeto do Livro V da mesma parte e processo de execução, objeto do Livro II, ainda da parte especial da mesma lei. Repita-se que o cumprimento da sentença, disciplinada no Título II do Livro I da Parte Especial, tem a natureza de execução. É execução que, provisória ou definitiva, leva à efetividade da sentença pela qual o Estado devolve ao grupo social, como fato social, o litígio, fato jurídico submetido a julgamento.

A sentença, que se cumpre por meio do processo de execução, é título executivo judicial, enumerando o art. 515 do CPC, de forma abrangente, a sentença proferida em processos regulados por lei especial. Há sentença também no processo cautelar, que assume natureza cognitiva, quando julga a lide, atendendo ao que já se chamou de necessidade primeira. Sentença existe, por igual, no processo de execução, como se vê no art. 925 do Código vigente. Pode-se falar também no que seria uma execução imperfeita, como aquela que efetiva providência determinada pela sentença, como a que determina o registro do divórcio, ou da retificação da metragem de um imóvel no respectivo registro. O livro que agora se examina, nas inovações trazidas pelo CPC, cuida da execução da sentença condenatória, como se vê nos dispositivos reguladores dela.

2. Títulos executivos – Não há execução sem título executivo (art. 786), que é uma situação jurídica que permite a certa pessoa exigir de outra o cumprimento de uma obrigação consubstanciada na sentença condenatória (art. 515). Razões de ordem política levaram à necessidade de equiparar determinados créditos às sentenças condenatórias, transformando-os também em títulos suscetíveis de execução. Trata-se de títulos executivos extrajudiciais (art. 784). Não pode haver execução sem título (*nulla executio sine titulo*). Essa execução faz-se através do cumprimento de sentença ou dos atos jurisdicionais, destinados à satisfação do direito do credor.

3. Distribuição da matéria – A execução das sentenças faz-se por meio do instituto que o novo Código denominou "cumprimento de sentença (Título II do Livro I da Parte Especial – arts. 513 a 538) e através de normas do Livro II da Parte Especial (arts. 771 a 925), aplicáveis também à execução de títulos extrajudiciais. Encontra-se também, ao longo do Código de 2015, outras regras de natureza executiva.

O Livro II do novo CPC divide-se em quatro Títulos, o primeiro dos quais em cinco Capítulos. O Título II, que reúne normas reguladoras das diversas espécies de execução, desdobra-se em seis Capítulos. O Título III disciplina os embargos à execução, de natureza cognitiva. Finalmente, o Título IV constitui-se de dois Capítulos, voltados para a suspensão e extinção do processo executivo.

Cumpre atentar no fato de que a maioria das normas do Livro II seguem na esteira do Livro II do Código anterior, repetindo-as, ora literalmente, ora com alterações de forma que contudo lhes mantêm a substância. Não são muitas as inovações, o que demonstra a desnecessidade de um novo Código. Ocorre, por isto, não apenas para a aplicação daquelas e mesmo para a compreensão destas, recorrer ao quanto escreveu a doutrina do Código de 1973 e ao que decidiram juízes e tribunais quanto à incidência das regras enfeixadas nele, sem fazer abstenção do Direito anterior.

4. Exceção de pré-executividade – O Código de Processo Civil de 2015 não regula a exceção de pré-executividade, defesa que leva à extinção do processo de execução sem que se chegue ao seu mérito, que é a satisfação do direito do credor, postulada na inicial do processo executivo, ou do pedido de cumprimento da sentença.

Por exorbitar ao propósito deste livro, que é assinalar as repetições de dispositivos do velho Código, apontar as alterações deles e explicar as inovações trazidas ao Direito Processual, não se demorará aqui em considerações sobre o instituto, de que se ocupou a doutrina e a jurisprudência, que firmaram o entendimento de que se pode pedir a extinção do processo de execução sem que se pratiquem atos que a consubstanciem. Podem, então, o devedor e terceiros, requerer a extinção do processo executivo se faltarem os requisitos necessários à sua instauração e prosseguimentos, como no caso da incidência do título, da falta das condições da ação, ou de pressupostos processuais insanáveis.

Título I
DA EXECUÇÃO EM GERAL
(ARTS. 771 A 796)

1. Observações. 2. Distribuição da matéria.

1. Observações – Há um processo de execução, que é o conjunto de todos os atos que compreendem da demanda executiva à sua extinção, e há procedimentos executórios, pelos quais se desenvolvem as diversas espécies de execução.

Como acontece nas três espécies da jurisdição contenciosa e também na jurisdição voluntária, o processo de execução é regido, não apenas por normas específicas, mas também por regras e princípios gerais, que se aplicam ao processo judicial. Por isto, conquanto não o diga explicitamente o Código, devem-se observar esses dispositivos e preceitos no desenvolvimento do processo executório, que nasce, se desenvolve e se extingue sob a égide dele.

2. Distribuição da matéria – O Título I, dedicado à execução em geral, divide-se em cinco capítulos, reguladores dessa espécie de jurisdição, composto de normas de incidência e aplicação amplas. Por isto, o título de que ora se trata nesse, no Capítulo I, disposições gerais; no Capítulo II, normas relativas às partes, e no Capítulo III, volta-se para a competência. No Capítulo IV, o Título I dispõe sobre os requisitos de qualquer exceção e, no Capítulo V, cuida da responsabilidade patrimonial. Sob regras específicas às quais se pautam as normas gerais, que se colhem ao longo da nova lei e devem ser observadas na condição do processo.

Capítulo I

Disposições Gerais
(Arts. 771 a 777)

Art. 771. Este Livro regula o procedimento da execução fundada em título extrajudicial, e suas disposições aplicam-se, também, no que couber, aos procedimentos especiais de execução, aos atos executivos realizados no procedimento de cumprimento de sentença, bem como aos efeitos de atos ou fatos processuais a que a lei atribuir força executiva.

Parágrafo único. Aplicam-se subsidiariamente à execução as disposições do Livro I da Parte Especial.

Art. 772. O juiz pode, em qualquer momento do processo:
I – ordenar o comparecimento das partes;
II – advertir o executado de que seu procedimento constitui ato atentatório à dignidade da justiça;
III – determinar que sujeitos indicados pelo exequente forneçam informações em geral relacionadas ao objeto da execução, tais como documentos e dados que tenham em seu poder, assinando-lhes prazo razoável.

Art. 773. O juiz poderá, de ofício ou a requerimento, determinar as medidas necessárias ao cumprimento da ordem de entrega de documentos e dados.

Parágrafo único. Quando, em decorrência do disposto neste artigo, o juízo receber dados sigilosos para os fins da execução, o juiz adotará as medidas necessárias para assegurar a confidencialidade.

Art. 774. Considera-se atentatória à dignidade da justiça a conduta comissiva ou omissiva do executado que:
I – frauda a execução;
II – se opõe maliciosamente à execução, empregando ardis e meios artificiosos;
III – dificulta ou embaraça a realização da penhora;
IV – resiste injustificadamente às ordens judiciais;
V – intimado, não indica ao juiz quais são e onde estão os bens sujeitos à penhora e os respectivos valores, nem exibe prova de sua propriedade e, se for o caso, certidão negativa de ônus.

Parágrafo único. Nos casos previstos neste artigo, o juiz fixará multa em montante não superior a vinte por cento do valor atualizado do débito em execução, a qual será revertida em proveito do exequente, exigível nos próprios autos do processo, sem prejuízo de outras sanções de natureza processual ou material.

Art. 775. O exequente tem o direito de desistir de toda a execução ou de apenas alguma medida executiva.

Parágrafo único. Na desistência da execução, observar-se-á o seguinte:
I – serão extintos a impugnação e os embargos que versarem apenas sobre questões processuais, pagando o exequente as custas processuais e os honorários advocatícios;
II – nos demais casos, a extinção dependerá da concordância do impugnante ou do embargante.

Art. 776. O exequente ressarcirá ao executado os danos que este sofreu, quando a sentença, transitada em julgado, declarar inexistente, no todo ou em parte, a obrigação que ensejou a execução.

Art. 777. A cobrança de multas ou de indenizações decorrentes de litigância de má-fé ou de prática de ato atentatório à dignidade da justiça será promovida nos próprios autos do processo.

1. Observações. **2.** Repetições. **3.** Alterações. **4.** Inovações.

1. Observações – O art. 771 traça os amplos limites do Livro II dedicado ao processo de execução. Principia ele pelo enunciado de que o seu objeto é a execução de títulos extrajudiciais, que são os arrolados nos incisos do art. 784 e todos os outros a que a lei atribuir força executiva, como preceitua o inciso XII desse dispositivo. Vai além o artigo, como se mostrará, em seguida, no item 3, dedicado ao exame das inovações do capítulo.

Observa-se que só há execução de título judicial, que se faz, principalmente, pelos dispositivos reguladores do cumprimento de sentença ou de título extrajudicial, indicados no art. 784, ou em disposição legal expressa, consoante o seu inciso XII, que, interpretado *a contrario sensu*, repele a ideia de que possa existir título executivo extrajudiciaL criado pela vontade exclusiva das partes, sem previsão legal, como aconteceu em cláusulas, encontradiças em contratos, segundo as quais certa dívida é executivamente exigível.

A leitura dos sete artigos deste Capítulo mostra que nele se editam normas aplicáveis a todo e qualquer tipo de execução, inclusive a que é disciplinada nas regras atinentes ao cumprimento de sentença.

2. Repetições – O *caput* e o inc. I do art. 772 repetem, respectivamente, o *caput* e o inc. I do art. 599. Os incs. I, II e IV reproduzem os incs. I e III do art. 774, assim como o inc. IV desse artigo já estava no inc. III do art. 600 da lei anterior. Eis aí as repetições, que se assinalam para mostrar a necessidade de consulta à doutrina a jurisprudência das normas repetidas.

3. Alterações – O art. 598 do CPC de 1973 mandava aplicar, subsidiariamente, à execução as disposições regentes do processo de conhecimento, objeto do Livro I daquela lei, que continha normas aplicáveis ao processo contencioso em geral e ao processo de jurisdição voluntária. O parágrafo único do art. 771 alterou aquele enunciado para dispor que se aplicam, subsidiariamente, à execução as disposições do Livro I da Parte Especial. Conforme sua epígrafe, esse livro regula o processo de conhecimento e o cumprimento da sentença. Retirem-se, conseguintemente, das normas que ali se encontram subsídios para a dinâmica da execução, na qual não se aplicam apenas os princípios que elas encerram, mas elas próprias, nas situações apropriadas à sua incidência. Deve-se compreender que a relação processual se guia através de um sistema de vasos comunicantes. Por isto, normas destinadas a uma espécie de processo, ou a certo procedimento se estendem a outras situações, nas quais elas incidem e se aplicam. Não se trata de recurso à analogia, como previsto no art. 126 do Código anterior, porém de aplicação direta da norma à situação, onde quer que ela incida.

O inc. II do art. 772 mudou o substantivo **devedor** por **executado**, procedendo a esse ajuste para usar o *nomen iuris* com que o novo Código designa o obrigado à satisfação do crédito objeto do título judicial, ou extrajudicial. Num prurido vernacular, que não teve na redação de outras normas, escritas várias delas em caçanje, o legislador fez transitivo direto o verbo **admitir** que, na redação anterior, se fez acompanhar de um objeto indireto. Melhor escrever advertiu **o** devedor do que **ao** devedor, conjunto em boa escrita o verbo aparece também como transitivo indireto.

Pode-se associar o inc. III do art. 772 ao que constava do art. 341, I e II, do CPC de 1973, que ao terceiro cabia informar ao juiz os fatos e as advertências de que tivesse conhecimento e exibir coisa ou documento que estivesseem seu poder. O atual art. 380, I e II, repete isto e o inc. III, ora examinado, segue na mesma linha. Fala o item no fornecimento de informações, "tais como documentos e dados [...]". O terceiro pode dar informações sobre documentos, bem como exibi-los, assim como oferecer dados, tudo indicando que pode fornecer essa atividade instrutória do modo mais amplo. Fala o texto em sujeitos indicados pelo exequente, devendo-se contudo estender a possibilidade de indicação ao executado, a terceiros, aos órgãos jurisdicionais auxiliares, nada obstando, claro, que o juiz de qualquer instância proceda a essa determinação de ofício.

Sem alterar a norma do *caput* do art. 600, anterior, o *caput* do art. 774 fala, não mais em ato, porém na conduta comissiva ou omissiva do executado. A enumeração não é exaustiva, levando-se a considerar atentatório à dignidade da justiça qualquer ato do executado ou do exequente que cause entraves à execução. O inciso V do mesmo artigo acrescenta ao rol dos atos atentatórios à dignidade da justiça, expressão deveras inadequada, a atitude do executado ali descrita. Já não estipula prazo para a indicação, que será o assinado pelo juiz, ou o do § 3º do art. 218. Acrescenta às indicações a exibição da propriedade dos bens penhoráveis e certidão negativa de ônus que não pode ser fornecida quanto a móveis e semoventes e até a imóveis, bastando imaginar-se a penhora de imóvel cuja propriedade alguém por usucapião ainda não haja declarado. No cumprimento desse dispositivo, o juiz deliberará conforme as circunstâncias. Impossível, por exemplo, por desconhecida a indicação do valor do bem, o órgão jurisdicional determinar que ela se faça mediante perícia, ou outro meio mais hábil. No parágrafo único. ainda do art. 774, retirou-se a descabida menção ao artigo anterior. A oração "o juiz fixará multa" equivale à frase "o devedor incidirá em multa", do revogado art. 600. É demasiada a ressalva de que a multa é imposta sem prejuízo de outras sanções de natureza processual ou material porque elas incidem quando, como no caso, não houver norma que afasta a sua imposição.

O art. 775 não ficou longe do revogado art. 569. A substituição da frase "tem a faculdade" por "tem o direito" não é relevante. Apenas levaria, noutro livro, a discorrer sobre a eventual diferença entre as duas figuras, o que escapa ao desiderato destas linhas. O conteúdo do inciso I desse artigo é igual ao da alínea *a* do parágrafo único do velho art. 569, substituído o vocábulo **credor** por **executado** e juntada ao enunciado a referência à impugnação que é meio de defesa do executado ao cumprimento de sentença, como são os embargos, oponíveis à execução de título extrajudicial. No inc. II juntou-se ao vocábulo **embargante** a palavra **impugnante**.

De pouca monta a alteração do art. 776 comparado com o anterior art. 574, já que apenas se substituíram **credor** e **devedor** por **exequente** e **executado** e a frase "deu lugar à execução" por "ensejam a execução".

No art. 777 do novo Código, o último Capítulo ora analisado, pôs-se no plural o substantivo **multa**, retirou-se a remissão da norma anterior a artigos do velho Código, acrescentou-se à indenização por litigância de má-fé a cobrança da multa por ato atentatório. Fala-se em cobrança nos próprios autos do processo, sejam físicos ou eletrônicos, e retirou-se a incabível confusa referência do anterior art. 739-B à compensação e execução. A cobrança de multas ou de indenizações, ou melhor, a cobrança do crédito decorrente da decisão que as estipula, que é título judicial, faz-se nos mesmos autos porém em consonância com as normas que presidem ao cumprimento de sentença, o que melhor ocorreria se ela se fizesse em apartado, nada obstando contudo a separação da execução e da cobrança, se esta se tornar complexa.

4. Inovações – Sem correspondência no Código de 1973, o art. 771 a que já se aludiu nas observações ao capítulo, constantes do item 1, antecedente, traça os limites da incidência das disposições gerais. Diz que ela regula o procedimento (*rectius*, o processo) da execução de título extrajudicial, para logo entendê-lo às modalidades especiais de execução ao cumprimento da sentença. Torna essas disposições aplicáveis também "efeitos de atos ou fatos processuais a que a leiatribuir força executiva". Essa obscura preferência tem por objeto as decisões cuja efetivação se fez por execução, como as que impõem multa ou indenização.

Lido com olhos de ler, o art. 771 estatui que as normas do capítulo das disposições gerais governam a execução de títulos extrajudiciais, incidem no cumprimento de sentença e se aplicam a qualquer cobrança de conteúdo executivo, como os créditos decorrentes de multas ou indenizações. Trata-se, pois, de norma enunciativa, sem sanções que se extraem das normas específicas regentes de execução e do cumprimento da sentença.

O art. 773 e seu parágrafo único devem ser dissociados na exegese e aplicação. O *caput* do artigo permite que o juiz, de ofício, ou a requerimento da parte, que pode pedir tudo o que a ele a lei permite fazer no exercício da sua função, estipula medidas necessárias ao cumprimento da ordem de entrega de documento ou dados. Essas medidas são de natureza processual, como as multas e a busca e apreensão. Aplicam-se, analogicamente, normas relativas à exibição de documentos (art. 396 e ss.). Devem eles obedecer à lei, aos princípios e as garantias constitucionais, não se admitindo, por isto, a pena de prisão, ou outras medidas, previstas nas leis penais.

O parágrafo único choveu no molhado, editando regra implícita mas inequivocamente contida nos atos que se praticam em segredo de justiça (art. 189).

A última inovação do Capítulo I é o inc. III do art. 774, sem correspondente no CPC de 1973. Essa norma é desdobramento da enunciada no inciso III do artigo, pois quem dificulta ou embaraça a realização da penhora se opõe, maliciosamente, à execução. São numerosos os atos que criam dificuldades à penhora ou embaracem a efetivação dela, bastando que se imagine a ocultação dos bens, a substituição deles por outros parecidos mas não autênticos, como a substituição da tela de um quadro e outros ilícitos de igual jaez.

Capítulo II

Das Partes
(Arts. 778 a 780)

Art. 778. Pode promover a execução forçada o credor a quem a lei confere título executivo.

§ 1º Podem promover a execução forçada ou nela prosseguir, em sucessão ao exequente originário:

I – o Ministério Público, nos casos previstos em lei;

II – o espólio, os herdeiros ou os sucessores do credor, sempre que, por morte deste, lhes for transmitido o direito resultante do título executivo;

III – o cessionário, quando o direito resultante do título executivo lhe for transferido por ato entre vivos;

IV – o sub-rogado, nos casos de sub-rogação legal ou convencional.

§ 2º A sucessão prevista no § 1º independe de consentimento do executado.

Art. 779. A execução pode ser promovida contra:

I – o devedor, reconhecido como tal no título executivo;

II – o espólio, os herdeiros ou os sucessores do devedor;

III – o novo devedor que assumiu, com o consentimento do credor, a obrigação resultante do título executivo;

IV – o fiador do débito constante em título extrajudicial;

V – o responsável titular do bem vinculado por garantia real ao pagamento do débito;

VI – o responsável tributário, assim definido em lei.

Art. 780. O exequente pode cumular várias execuções, ainda que fundadas em títulos diferentes, quando o executado for o mesmo e desde que para todas elas seja competente o mesmo juízo e idêntico o procedimento.

1. Observações. 2. Repetições. 3. Alterações. 4. Inovações.

1. Observações – Parte é qualquer pessoa física, jurídica, ou formal, que figura no polo ativo ou passivo do processo, e também o terceiro interveniente. Neste Capítulo II, sob a epígrafe "Das Partes", o Código trata dos sujeitos ativos e passivos da execução, fazendo poucas alterações no Direito anterior. Legitimado, ativa e passivamente, será quem se afirma credor, ou devedor, posto que não o seja, podendo ser questionado nos embargos ou na exceção de pré-executividade, se abusiva a falta de legitimação, que leva à extinção do processo executivo, ouque se ingresse no seu mérito, que é o pedido formulado pelo exequente em busca da satisfação do seu crédito. Aplicam-se às partes, *mutatis mutandis*, as regras do Livro III da Parte Geral do Código.

2. Repetições – O inc. II do art. 778 reproduz, literalmente, o inc. I do art. 567 da lei anterior e o inc. IV, o item III deste último. Igualmente, o inc. I do art. 779 é idêntico ao inc. I do art. 568, coincidindo também os incs. II e III do mesmo dispositivo. Impõe-se, por isto, a consulta à doutrina e à jurisprudência dessas normas, no Código de Processo Civil de 1973.

3. Alterações – O art. 778, *caput*, englobou o art. 566 e seu inc. I do diploma revogado, substituindo o verbo **podem** pelo singular **pode**, suprimindo do § 1º o advérbio **também**. No inciso I, mudou-se, vantajosamente, "casos previstos" por "caso previsto" o que todavia não alterou a vontade da norma. A mudança de **foi** do art. 567, inc. II, do Código anterior por **for**, no número III do mesmo artigo é irrelevante. Ela mostra todavia uma constante do novo Código que mudou a linguagem das normas sem contudo lhes alterar o sentido. O art. 779 fala em execução **contra** o devedor, conforme a tradição romano-lusitana do Direito Processual brasileiro, apesar do fato de a ação, inclusive a executiva, ser proposta contra o Estado, ao qual se pede providências vinculativas do demandado. O inciso IV desse artigo apenas esclareceu que o fiador judicial do inc. IV do revogado art. 568 é o fiador do débito constante do título extrajudicial, tomado o substantivo "fiador" no sentido que ele tem no direito material. Não há diferença entre a alusão à responsabilidade tributária definida em legislação própria e a definida em lei.

O art. 780 do CPC de 1973 iguala-se ao art. 573, que substitui. Fala-se ali no exequente, e não mais no credor, e no mesmo executado, enquanto lá se aludia ao mesmo executado, enquanto lá se aludia ao mesmo devedor, agora referido como executado. Forma de processo e idêntico procedimento são expressões equivalentes.

4. Inovações – De pequeno alcance as inovações do § 2º do art. 778, no qual se diz somente que a sucessão prevista no § 1º não depende de consentimento do executado. Correto o parágrafo, já que a sucessão é fato processual, previsto em lei e ocorre sem que o executado concorra para isto. A cessão exclui o cedente, salvo se for parcial, caso em que o cedente e o cessionário atuarão em litisconsórcio.

Capítulo III

Da Competência
(ARTS. 781 E 782)

Art. 781. A execução fundada em título extrajudicial será processada perante o juízo competente, observando-se o seguinte:

I – a execução poderá ser proposta no foro de domicílio do executado, de eleição constante do título ou, ainda, de situação dos bens a ela sujeitos;

II – tendo mais de um domicílio, o executado poderá ser demandado no foro de qualquer deles;

III – sendo incerto ou desconhecido o domicílio do executado, a execução poderá ser proposta no lugar onde for encontrado ou no foro de domicílio do exequente;

IV – havendo mais de um devedor, com diferentes domicílios, a execução será proposta no foro de qualquer deles, à escolha do exequente;

V – a execução poderá ser proposta no foro do lugar em que se praticou o ato ou em que ocorreu o fato que deu origem ao título, mesmo que nele não mais resida o executado.

Art. 782. Não dispondo a lei de modo diverso, o juiz determinará os atos executivos, e o oficial de justiça os cumprirá.

§ 1º O oficial de justiça poderá cumprir os atos executivos determinados pelo juiz também nas comarcas contíguas, de fácil comunicação, e nas que se situem na mesma região metropolitana.

§ 2º Sempre que, para efetivar a execução, for necessário o emprego de força policial, o juiz a requisitará.

§ 3º A requerimento da parte, o juiz pode determinar a inclusão do nome do executado em cadastros de inadimplentes.

§ 4º A inscrição será cancelada imediatamente se for efetuado o pagamento, se for garantida a execução ou se a execução for extinta por qualquer outro motivo.

§ 5º O disposto nos §§ 3º e 4º aplica-se à execução definitiva de título judicial.

1. Observações. 2. Repetições. 3. Alterações. 4. Inovações.

1. Observações – Costuma-se dizer que a competência é a medida da jurisdição, afirma-se que a competência é o âmbito de atuação de cada órgão jurisdicional. Da competência dos órgãos do Judiciário nacional incumbidos de administrar a justiça civil cuida o Título III do Livro II da Parte Geral do novo Código (arts. 42 a 69). O Capítulo III do Título I do Livro II da Parte Especial dessa lei (arts. 781 e 782 e respectivos desmembramentos) regula a competência para a execução de títulos extrajudiciais, como já revela o primeiro período do art. 781. A competência para a execução de títulos judiciais é do tribunal, nas causas da sua competência originária; do juízo cível competente (definidas em lei as suas competências), quando se tratar de sentença penal condenatória, de sentença arbitral, de sentença estrangeira, ou de acórdão do Tribunal Marítimo (art. 516).

Note-se que a satisfação do crédito criado pela sentença condenatória faz-se através das regras que disciplinam o cumprimento de sentença, regulado no Título II do Livro I da Parte Especial. A execução para a entrega de coisa (art. 806), a execução das obrigações de fazer ou não fazer (art. 814) e a execução por quantia certa (art. 824) são execuções de títulos extrajudiciais.

Com a mesma epígrafe do Capítulo II do Título I do seu Livro II, o Capítulo III do Título I do Livro II da Parte Especial do CPC de 2015 reúne os dois artigos determinantes da competência para a execução de títulos extrajudiciais, cabendo contudo observar que esses dispositivos se devem interpretar e aplicar à luz das normas e princípios sobre competência.

2. Repetições – Conquanto repita, na essência, normas do diploma revogado, o novo Código só reproduz, literalmente, o § 2º do art. 782, o fazendo igual ao art. 579.

3. Alterações – Sem repetir, literalmente, dispositivos do Código anterior, como sempre acontece ao longo dos seus artigos, o novo Código alterou a redação dos arts. 576, 577 e 579 do CPC de 1973.

O *caput* do vigente art. 781 acompanha o anterior art. 576, eliminando, como se imputa, a remissão à lei anterior. O art. 782 seria idêntico ao art. 577, não houvesse colocado no singular a referência ao oficial de justiça que também leva ao singular o verbo cumprir.

4. Inovações – O inciso I permite o ajuizamento da execução de título extrajudicial, em foros diferentes. É certo que a escolha de um foro exclui a competência dos demais, que se tornam absolutamente incompetentes. A violação do critério de determinação da competência em razão do território gera incompetência relativa, que, não alegada (art. 64), torna competente o juízo (art. 62, *a contrario sensu*).

A execução é proposta no foro escolhido pelo devedor, já que ele é quem ajuíza a ação executiva. Pode ele escolher o foro do domicílio do executado; em qualquer deles, se tiver mais de um, como dispõe o inciso II. O inciso III complementa os dois incisos anteriores. Permite que, sendo incerto ou desconhecido o domicílio do executado (não se trata da pluralidade de domicílio, referida no inciso II), a execução poderá ser proposta onde ele for encontrado, ainda que ali esteja de passagem, ou no foro do domicílio do exequente, em qualquer deles, se houver mais de um.

Fala o inciso I no foro da eleição constante do título. Esse foro é o indicado na cártula; no documento do título. Não se confunde com o lugar da assinatura do devedor. Pode o devedor indicar sozinho no título, o lugar da execução, reputando-se que o exequente o elegeu ao ajuizar ali a ação executiva. Podem, também, credor e devedor convencionar o foro de execução, mediante anotação no verso e anverso do próprio instrumento, como em papel separado, já que admissível a eleição do foro, consoante o art. 63.

O foro da situação dos bens sujeitos àexecução, como os do direito real de garantia, não é obrigatório, mas pode ser escolhido, independentemente de outros foros.

O inciso IV permite que a execução seja ajuizada no domicílio de qualquer dos devedores, se eles o tiverem diferentes. Incide o inciso II do artigo, se um dos devedores tiver mais de um domicílio. O fato de apenas um devedor ter domicílio diverso dos demais não obsta à incidência do inciso IV.

Falando no foro do lugar onde se praticou o ato, ou onde ocorreu o fato, o legislador, ao contrário do que por vezes se faz, distinguiu as demais figuras, uma da outra. Foro do lugar onde se praticou o ato é o lugar onde se compôs o título, o confeccionando com a indicação dos seus elementos, como valor, data da exigibilidade e assinatura. É também o lugar onde se praticou o ato que deu origem à obrigação, como, por exemplo, o lugar do acidente, causado pelo executado que se obrigou a ressarcir os respectivos danos mediante o pagamento da quantia indicada no título. Lugar onde ocorreu o fato é o local do acontecimento involuntário do qual, entretanto, decorra a responsabilidade reconhecida no título; a enchente que destruiu a plantação do semeador que se obrigou a indenizar o dono da terra no caso da intempérie que destruiu a colheita. Melhor seria que o novo Código determinasse a competência do lugar onde se firmou o título executivo, não importa o ato ou fato dos quais procede a sua gênese.

O § 1º do art. 782 não constitui inovação propriamente dita porque repete o art. 255, este, gênero do art. 230 do CPC de 1973, a cuja doutrina e jurisprudência se deve recorrer.

O § 3º permite a inclusão do nome do executado em cadastros de inadimplentes, como são os das entidades de proteção do crédito. Essa inclusão depende de requerimento da parte, diz o parágrafo, sem falar no exequente porque pode o executado pedir a inclusão para, por exemplo, justificar a sua insolvência, como no caso da inadimplência da obrigação de prestação alimentar. Não pode o juiz determinar a inclusão de ofício porque, credor, o exequente pode ter interesse na recuperação do executado, mais difícil se se demonstrar a sua condição de devedor. Ao deferir a medida, o juiz deverá arguir de modo a evitar irreversíveis prejuízos ao executado, no espírito do art. 805.

A inscrição, resultante da inclusão, será cancelada, se se efetuar o pagamento, ou melhor, o cumprimento da obrigação, se a execução for assegurada por garantia real ou fidejussória, ou se ela for extinta, por sentença definitiva ou terminativa. O emprego do advérbio **imediatamente** mostra que, embora impugnável por agravo de instrumento (art. 1.015, parágrafo único), o cancelamento se faz com abstenção desse recurso, logo após a decisão que o determina. Esse cancelamento o juiz poderá determinar de ofício, sem que o peça qualquer das partes.

O § 5º permite a inclusão quando se verificar o inadimplemento do devedor da obrigação reconhecida no título judicial, que é pressuposto jurídico da execução.

Capítulo IV

Dos Requisitos Necessários para Realizar Qualquer Execução
(arts. 783 a 788)

1. Observações.

1. Observações – O Capítulo III do Título I do Livro II do Código de Processo Civil de 1973 tinha a mesma rubrica, "Dos requisitos necessários para realizar qualquer execução" (arts. 580 a 590) do Capítulo IV do Título I do Livro II da Parte Especial do CPC de 2015, que ora se examina (arts. 783 a 788).

Perante os requisitos gerais para qualquer ação, dentre os quais avultam as condições da ação e os pressupostos processuais (art. 485, IV e VI), a execução de título judicial ou extrajudicial tem dois pressupostos específicos, o título executivo (*nulla executio sine titulo*) e o inadimplemento do devedor. Sem que se atendam esses pressupostos, o processo executivo está fadado à extinção, sem julgamento do mérito, que é o pedido formulado pelo autor e será acolhido nos atos de deferimento dela e da satisfação da obrigação (art. 924, II). Há lide na execução, consubstanciada na pretensão do exequente e na resistência do executado, que será composta pelo acatamento daquela, ou por ato equivalente (art. 924, III e IV).

O novo Código trata dos dois pressupostos nas duas Seções deste Capítulo, referindo-se a elas, especificamente, nos arts. 783 e 786.

Seção I
Do Título Executivo
(ARTS. 783 A 785)

Art. 783. A execução para cobrança de crédito fundar-se-á sempre em título de obrigação certa, líquida e exigível.

Art. 784. São títulos executivos extrajudiciais:
I – a letra de câmbio, a nota promissória, a duplicata, a debênture e o cheque;
II – a escritura pública ou outro documento público assinado pelo devedor;
III – o documento particular assinado pelo devedor e por 2 (duas) testemunhas;
IV – o instrumento de transação referendado pelo Ministério Público, pela Defensoria Pública, pela Advocacia Pública, pelos advogados dos transatores ou por conciliador ou mediador credenciado por tribunal;
V – o contrato garantido por hipoteca, penhor, anticrese ou outro direito real de garantia e aquele garantido por caução;
VI – o contrato de seguro de vida em caso de morte;
VII – o crédito decorrente de foro e laudêmio;
VIII – o crédito, documentalmente comprovado, decorrente de aluguel de imóvel, bem como de encargos acessórios, tais como taxas e despesas de condomínio;
IX – a certidão de dívida ativa da Fazenda Pública da União, dos Estados, do Distrito Federal e dos Municípios, correspondente aos créditos inscritos na forma da lei;
X – o crédito referente às contribuições ordinárias ou extraordinárias de condomínio edilício, previstas na respectiva convenção ou aprovadas em assembleia geral, desde que documentalmente comprovadas;
XI – a certidão expedida por serventia notarial ou de registro relativa a valores de emolumentos e demais despesas devidas pelos atos por ela praticados, fixados nas tabelas estabelecidas em lei;
XII – todos os demais títulos aos quais, por disposição expressa, a lei atribuir força executiva.

§ 1º A propositura de qualquer ação relativa a débito constante de título executivo não inibe o credor de promover-lhe a execução.

§ 2º Os títulos executivos extrajudiciais oriundos de país estrangeiro não dependem de homologação para serem executados.

§ 3º O título estrangeiro só terá eficácia executiva quando satisfeitos os requisitos de formação exigidos pela lei do lugar de sua celebração e quando o Brasil for indicado como o lugar de cumprimento da obrigação.

Art. 785. A existência de título executivo extrajudicial não impede a parte de optar pelo processo de conhecimento, a fim de obter título executivo judicial.

1. Observações. 2. Repetições. 3. Alterações.

1. Observações – Esta seção é dedicada aos títulos executivos extrajudiciais. Não aos títulos executivos judiciais, cuja satisfação faz-se por meio do cumprimento de sentença, como se vê no *caput* do art. 515.

Títulos executivos são aqueles como tal definidos em lei, seja no Código, seja em diplomas especiais. As partes só podem criar títulos mediante a declaração de que certas obrigações têm essa natureza. São títulos executivos extrajudiciais os documentos referidos nos incs. II e III do art. 784, não porque o queiram as partes mas porque assim a lei os declara.

2. Repetições – O art. 783 repete, literalmente, o anterior art. 586, assim como o art. 784, *caput*, e seus incs. I, VIII e VIII são iguais aos revogados art. 586 e incs. I, IV e V, respectivamente.

Assinalam-se, aqui, as repetições fiéis e no próximo item, as alterações porque este livro se volta para as inovações, limitando-se a referir as partes copiadas ou modificadas a fim de que a interpretação e aplicação das suas normas se busquem na doutrina e jurisprudência do Código anterior.

3. Alterações – O inc. IV do art. 783 reproduz, na maior parte, a última porção do inc. II do revogado art. 585, acrescentando-lhe todavia a menção à Advocacia Pública (arts. 182 a 184).

O inc.V do mesmo art. 784 põe no singular a referência a contratos garantidos, alude a outro direito real de garantia além dos ali enumerados e suprime a referência aos contratos de seguro de vida.

O inc. IX do art. 784 apenas apagou a referência do anterior item VII do art. 585 aos territórios, que já não existem. Se vierem a ser implantados, numa dessas nada infringentes reformas constitucionais, a eles se aplicará o dispositivo, mesmo sem que sejam numerados.

O inc. XII, ainda do art. 784, alterou o anterior inc.VIII para substituir **a que** por **aos quais**. Para essa desvantajosa alteração e quejandas se fez o novo Código?

Ainda no art. 784, o § 2º só é diferente do seu igual do art. 586 do Código anterior porque se substituiu a contração **ao** pela preposição **a**, antes de **débito**, e a contração **do** pela preposição **de**. O § 2º do mesmo art. 784 suprimiu a necessidade de homologação pelo Supremo Tribunal Federal dos títulos executivos extrajudiciais oriundos de país estrangeiro. Título judicial estrangeiro deve ser homologado pelo Superior Tribunal de Justiça, conforme a alínea *i* do inc. I do art. 105 da Constituição da República. A segunda parte do § 2º do art. 585, anterior, foi transformada no § 3º do vigente art. 784 com irrelevante alteração de linguagem.

O art. 785 do Código de Processo Civil de 2015 aparece como inovação, se bem que já se encontrava na prática forense, inclusive na vigência do CPC de 1939, o entendimento que ele transforma em norma. No artigo que agora se examina, o CPC de 2015 cria um concurso de ações, permitindo que o credor do título executivo extrajudicial, em vez de executá-lo, proponha ação de conhecimento, pedindo a condenação do devedor ao cumprimento da obrigação consubstanciada no título.

Pode o credor, a seu exclusivo critério, independentemente de justificativa, ajuizar a ação condenatória, em vez de propor a execução. Procedente a ação condenatória (*rectius*, o pedido nela formulado), a sentença de condenação será título executivo judicial, que se executará mediante os dispositivos regentes do cumprimento de sentença (art. 513).

Proposta a execução e ajuizada a ação condenatória, não haverá conexão entre elas, inocorrentes os elementos dessa figura, indicados no art. 55. Haverá, sim, litispendência, conforme a adequada interpretação dos §§ 1º, 2º e 3º do art. 337. Não incide o art. 58, pois não há conexão. A litispendência será produzida pela ação cuja citação ocorrer por último (art. 240), devendo o processo desta ser extinto (arts. 485, V e 771, parágrafo único). O fenômeno deixará de existir se o autor desistir de uma das ações. Homologada a desistência (art. 200, parágrafo único), o processo da outra ação prosseguirá.

O art. 785 trata de dois meios para veicular pretensões semelhantes mas não idênticas. Na execução, quer-se a satisfação do crédito mas, na ação cognitiva busca-se uma sentença, suscetível de fazer coisa julgada material, que, num fenômeno, constitui outro crédito, de tal sorte idêntico ao primeiro que a satisfação de um acarreta a extinção do outro. Pode-se dizer que, na existência, formalmente são dois créditos, mas, na essência, substancialmente, são um crédito só. O ajuizamento da ação de execução da sentença e da ação de execução do título extrajudicial geraria litispendência sem se falar na litigância de má-fé.

Seção II
Da Exigibilidade Da Obrigação
(Arts. 786 a 788)

Art. 786. A execução pode ser instaurada caso o devedor não satisfaça a obrigação certa, líquida e exigível consubstanciada em título executivo.

Parágrafo único. A necessidade de simples operações aritméticas para apurar o crédito exequendo não retira a liquidez da obrigação constante do título.

Art. 787. Se o devedor não for obrigado a satisfazer sua prestação senão mediante a contraprestação do credor, este deverá provar que a adimpliu ao requerer a execução, sob pena de extinção do processo.

Parágrafo único. O executado poderá eximir-se da obrigação, depositando em juízo a prestação ou a coisa, caso em que o juiz não permitirá que o credor a receba sem cumprir a contraprestação que lhe tocar.

Art. 788. O credor não poderá iniciar a execução ou nela prosseguir se o devedor cumprir a obrigação, mas poderá recusar o recebimento da prestação se ela não corresponder ao direito ou à obrigação estabelecidos no título executivo, caso em que poderá requerer a execução forçada, ressalvado ao devedor o direito de embargá-la.

1. Observações. 2. Repetições. 3. Alterações.

1. Observações – A Seção II, agora examinada, volta-se para o inadimplemento do devedor, que gera o interesse de agir, configurado no binômio necessidade e adequação. Ocorrendo um dos dois principais pressupostos da execução, o exequente passa a ter necessidade de movimentar a máquina jurisdicional para obter a satisfação do seu crédito, independentemente da vontade do devedor, e deve buscar a satisfação dessa necessidade através da ação executiva, que é um dos meios de satisfazer a sua pretensão, conquanto não seja o único, haja vista o art. 785. E o crédito só se torna exigível, quando ocorre o inadimplemento do devedor.

2. Repetições – Dentre os três artigos componentes da Seção, apenas o primeiro deles, 786, no seu *caput*, é repetição, no caso, do art. 580 do Código de 1973. A interpretação e aplicação dele não é outra senão a do dispositivo repetido.

3. Alterações – O art. 787 não repetiu o texto complexo do anterior art. 582. Tratando de uma exceção de obrigação não cumprida, o artigo condiciona a execução à prévia satisfação da obrigação do credor. Não satisfeita e nem comprovada pelos meios de prova, cuja demonstração pode abrir um incidente, o exequente pode, sem dúvida, propor essa satisfação pelos meios admissíveis, mas a sua prestação, que é pressuposto processual, leva o processo a extinguir-se sem que se atenda a pretensão do credor, que todavia poderá satisfazê-la mediante a propositura de outra ação (art. 486). O crédito do executado pode ser cobrado mediante a propositura de uma ação contra o exequente; ação executiva, se fundada em título executivo, ressalvada a hipótese do art. 785, ou cognitiva, se não houver título. Não se fará a cobrança por reconvenção, incabível no processo executivo (art. 343).

A prova da satisfação da prestação é pressuposto processual objetivo externo, pois a falta dela constitui fato impeditivo ao prosseguimento do processo. A prova da satisfação pode ser feita depois da propositura da ação ou da execução suscitada pelo executado porque as condições da ação e os pressupostos processuais podem ser atendidos no curso do processo. O parágrafo único do art. 787 repetiu igual ponto do anterior art. 582, fazendo somente alterações formais no texto.

O art. 788 também seguiu na esteira do revogado art. 585 com alteração de forma que não modifica a vontade deste último, a cuja doutrina e jurisprudência se deve recorrer.

Semelhante ao § 2º do art. 509, o parágrafo único do art. 786 permite ao credor proceder àliquidação do título, ou melhor, a liquidar o objeto da obrigação, se este for operável por simples operação aritmética. O executado pode todavia impugnar o cálculo, mediante petição, ou opor-se a ele em embargos do executado, fundados nos incs. I e III do art. 917. A impugnação cria um incidente; os embargos são ação que desencadeia um processo.

Qualificando as operações aritméticas a que alude com o objetivo **simples**, o parágrafo único do art. 786 afasta a ideia de provas, inclusive a pericial. Se a operação do crédito for complexa, ela poderá ser feita por cálculo do contador judicial, ou por perícia. Nada obsta, porém, a que o juiz indefira a inicial por falta de liquidez do título (art. 586). Neste caso, pode ser previamente instaurada a liquidação dele pela aplicação analógica da norma do art. 509, podendo contudo o exequente requerer a execução da parte líquida do título.

Capítulo V

Da Responsabilidade Patrimonial
(Arts. 789 a 796)

Art. 789. O devedor responde com todos os seus bens presentes e futuros para o cumprimento de suas obrigações, salvo as restrições estabelecidas em lei.

Art. 790. São sujeitos à execução os bens:
   I – do sucessor a título singular, tratando-se de execução fundada em direito real ou obrigação reipersecutória;
   II – do sócio, nos termos da lei;
   III – do devedor, ainda que em poder de terceiros;
   IV – do cônjuge ou companheiro, nos casos em que seus bens próprios ou de sua meação respondem pela dívida;

V – alienados ou gravados com ônus real em fraude à execução;

VI – cuja alienação ou gravação com ônus real tenha sido anulada em razão do reconhecimento, em ação autônoma, de fraude contra credores;

VII – do responsável, nos casos de desconsideração da personalidade jurídica.

Art. 791. Se a execução tiver por objeto obrigação de que seja sujeito passivo o proprietário de terreno submetido ao regime do direito de superfície, ou o superficiário, responderá pela dívida, exclusivamente, o direito real do qual é titular o executado, recaindo a penhora ou outros atos de constrição exclusivamente sobre o terreno, no primeiro caso, ou sobre a construção ou a plantação, no segundo caso.

§ 1º Os atos de constrição a que se refere o *caput* serão averbados separadamente na matrícula do imóvel, com a identificação do executado, do valor do crédito e do objeto sobre o qual recai o gravame, devendo o oficial destacar o bem que responde pela dívida, se o terreno, a construção ou a plantação, de modo a assegurar a publicidade da responsabilidade patrimonial de cada um deles pelas dívidas e pelas obrigações que a eles estão vinculadas.

§ 2º Aplica-se, no que couber, o disposto neste artigo à enfiteuse, à concessão de uso especial para fins de moradia e à concessão de direito real de uso.

Art. 792. A alienação ou a oneração de bem é considerada fraude à execução:

I – quando sobre o bem pender ação fundada em direito real ou com pretensão reipersecutória, desde que a pendência do processo tenha sido averbada no respectivo registro público, se houver;

II – quando tiver sido averbada, no registro do bem, a pendência do processo de execução, na forma do art. 828;

III – quando tiver sido averbado, no registro do bem, hipoteca judiciária ou outro ato de constrição judicial originário do processo onde foi arguida a fraude;

IV – quando, ao tempo da alienação ou da oneração, tramitava contra o devedor ação capaz de reduzi-lo à insolvência;

V – nos demais casos expressos em lei.

§ 1º A alienação em fraude à execução é ineficaz em relação ao exequente.

§ 2º No caso de aquisição de bem não sujeito a registro, o terceiro adquirente tem o ônus de provar que adotou as cautelas necessárias para a aquisição, mediante a exibição das certidões pertinentes, obtidas no domicílio do vendedor e no local onde se encontra o bem.

§ 3º Nos casos de desconsideração da personalidade jurídica, a fraude à execução verifica-se a partir da citação da parte cuja personalidade se pretende desconsiderar.

§ 4º Antes de declarar a fraude à execução, o juiz deverá intimar o terceiro adquirente, que, se quiser, poderá opor embargos de terceiro, no prazo de 15 (quinze) dias.

Art. 793. O exequente que estiver, por direito de retenção, na posse de coisa pertencente ao devedor não poderá promover a execução sobre outros bens senão depois de excutida a coisa que se achar em seu poder.

Art. 794. O fiador, quando executado, tem o direito de exigir que primeiro sejam executados os bens do devedor situados na mesma comarca, livres e desembargados, indicando-os pormenorizadamente à penhora.

§ 1º Os bens do fiador ficarão sujeitos à execução se os do devedor, situados na mesma comarca que os seus, forem insuficientes à satisfação do direito do credor.

§ 2º O fiador que pagar a dívida poderá executar o afiançado nos autos do mesmo processo.

§ 3º O disposto no *caput* não se aplica se o fiador houver renunciado ao benefício de ordem.

Art. 795. Os bens particulares dos sócios não respondem pelas dívidas da sociedade, senão nos casos previstos em lei.

§ 1º O sócio réu, quando responsável pelo pagamento da dívida da sociedade, tem o direito de exigir que primeiro sejam excutidos os bens da sociedade.

§ 2º Incumbe ao sócio que alegar o benefício do § 1º nomear quantos bens da sociedade situados na mesma comarca, livres e desembargados, bastem para pagar o débito.

§ 3º O sócio que pagar a dívida poderá executar a sociedade nos autos do mesmo processo.

§ 4º Para a desconsideração da personalidade jurídica é obrigatória a observância do incidente previsto neste Código.

Art. 796. O espólio responde pelas dívidas do falecido, mas, feita a partilha, cada herdeiro responde por elas dentro das forças da herança e na proporção da parte que lhe coube.

1. Observações. 2. Repetições. 3. Alterações. 4. Inovações.

1. Observações – Um dos mais importantes avanços do Direito em todos os tempos foi restringir a responsabilidade civil ao patrimônio, impedindo que o corpo do devedor respondesse por suas dúvidas. O Capítulo V, que ora se examina, disciplina a responsabilidade do devedor e do juiz nos vários artigos que regulam a matéria.

Esclareça-se que alguns poucos artigos repetiramo CPC de 1973. Outros alteram em maior ou menor grau, os textos calcados na lei revogada. Outros, porém, trazem inovações, incorporando à lei o que, em termo do instituto da responsabilidade, construíram doutrinadores e juízes de todos os níveis hierárquicos. Repetições, alterações, inovações, tudo gira, no Capítulo, ao redor do mesmo ponto: são os bens presentes e futuros do devedor que respondem pelas dívidas dele.

2. Repetições – Encontram-se, no Capitulo V, repetições literais de dispositivos do Código revogado, desde a epígrafe do setor ora examinado, igual à do precedente Capítulo IV.

Assim, os incs. I, II e V do art. 790 reproduzem os de igual numeração do anterior art. 592. O inciso V desse artigo, igual item do art. 593, e o § 2º do art. 794 repete o parágrafo único do art. 596.

3. Alterações – Aqui vão as alterações do Capítulo V, comparadas com o IV do CPC de 1973, apresentadas com o intuito de remeter o consulente aos artigos do diploma anterior, imitados pelo atual.

O art. 789 repete o art. 591 do Código revogado, apenas invertendo a ordem das frases, sem nenhuma utilidade prática.

O *caput* do art. 790 substituiu **ficam sujeitos** por **são sujeitos**. O inc. III do art. 790 trocou o temporal **quando** pelo advérbio **ainda**, significando **mesmo**, no texto. O inc. IV aboliu, corretamente, a alusão aos bens reservados do cônjuge, já incluídos nos bens próprios dele.

No art. 792, *caput*, houve apenas alteração do período sem contudo se mudar o sentido da oração. No seu inc. I, a primeira proporção é igual ao texto do inc. I do anterior art. 593. O inc. IV foi mais técnico do que o inc. II do mesmo art. 593, ao substituir o verbo **correr** pelo verbo **tramitar** e **demanda** por ação.

No art. 793, o novo Código apenas substituiu o vocábulo **credor**, do *caput* do anterior art. 594 por **exequente**.

No art. 794, a oração "poderá nomear à penhora" foi substituída por "tem o direito de exigir". Isto não altera a norma. Seguindo o artigo, novo no particular, os bens indicados, além de livres e desembargados, devem estar situados na mesma comarca. Com a restrição, a lei poupa o fiador dos incômodos e gastos de executar os bens em comarcas diferentes, assim entendidas as que estiverem fora dos limites territoriais do foro da execução, ainda quando em comarcas contíguas. Na indicação por menorizada deve-se indicar a característica dos bens, que são seus elementos distintivos e o registro imobiliário, ou outro a que se encontrarem vinculados.

O art. 795 repartiu entre o seu *caput* e § 1º a regra que se encontrava inteira no anterior art. 596. O § 2º trocou o verbo **cumprir** do texto anterior pelo verbo **sucumbir**, sem contudo alterar o dispositivo. O § 2º desse art. 795 não tem significado diferente do § 1º do revogado art. 596.

O art. 796 distingue-se do anterior art. 597 porque acrescenta que cada herdeiro responde dentro das forças da herança. Quer dizer com isto que não responde com os bens que, podendo embora integrar o acervo hereditário, ainda não o integrem. Tendo, porém, recebido quinhão de bem sobrepartilhado, a sua parte também responde pelas dívidas do falecido, sempre proporcionalmente.

4. Inovações – Sem correspondência no Código anterior, o inc.VI do art. 790 torna sujeitos à execução os bens que voltam ao patrimônio do executado, nos casos em que a alienação ou gravação deles, feita em parte contra credores, for anulada. Devolvida ao patrimônio do executado, esse bem, ou bens, ficam sujeitos à execução inclusive do saldo devedor. A prescrição das obrigações, na execução por quantia certa contra devedor insolvente não alcança os bens restituídos, que serão executados como se integrassem o acervo do devedor, no momento da declaração de insolvência. Esse bem entrará em novo rateio. O inciso VII põe na execução os bens removidos do patrimônio do executado no caso de desconsideração da pessoa jurídica que precisa ser decretada, consoante o art. 137.

O art. 791 também aparece no CPC de 2015 sem correspondência no de 1973. Entende-se, inicialmente, que a obrigação a que alude a oração condicional da abertura do artigo não diz respeito ao direito real de superfície, definido na lei material, mas é obrigação de que decorra a responsabilidade patrimonial do executado, que pode ser tanto o proprietário de terreno posto no regime de superfície quanto o superficiário titular da construção ou plantação, acessões feitas no exercício desse direito.

Na execução contra o proprietário, a penhora incide sobre o terreno. Na execução contra o superficiário, a penhora recai sobre as construções erigidas ou as plantações semeadas no terreno. Se, no entanto, já houve no terreno uma dessas acessões, pertencentes ao proprietário (v.g., ele construiu ou semeou, antes de conceder o direito de superfície, ou adquiriu a construção ou a plantação), esses bens ficarão sujeitos à responsabilidade patrimonial dele. O artigo trata da penhora, no âmbito do direito de superfície, mas exorbitam dele outros bens como as construções e semeaduras em terreno não submetido ao direito de superfície.

O *caput* fala em outros atos de constrição, que serão quaisquer atos, como o arresto, ou o sequestro. Estes recairão sobre o terreno ou sobre as acessões, sejam plantação ou construções, conforme a finalidade delas, restritos os seus efeitos ao sujeito contra quem elas se destinam, seja o proprietário, seja o superficiário, se, por exemplo, o ato decreta a inalienabilidade sobre as acessões ele não objetará nem à alienação, nem a oneração do terreno. O § 1º trata do procedimento do ato de constrição. Ele será averbado na matrícula do imóvel, com todas as suas características, indicadas no parágrafo, bem como a finalidade e o alcance do ato de constrição. A finalidade da averbação é dar publicidade ao ato, de modo a que terceiros tomem conhecimento dele. Se o terreno não estiver registrado, nem por isto fica proibida a penhora ou a constrição. Providenciar-se-á a matrícula, a fim de tornar possível a averbação, ou se deixará de fazê-la sem que o ato se oponha aos terceiros de boa-fé. O § 2º permite a penhora dos bens sujeitos aos regimes nele indicados, que são definidos pelo direito material. Semelhantes ao direito de superfície, a penhora e outras construções incidirão apenas sobre o que estiver no patrimônio do usuário. No caso do uso, por exemplo, a execução de alimentos devidos pelo usuário não pode recair sobre a coisa, mas poderá incidir sobre os frutos dela, na extensão das necessidades do familiar credor dos alimentos.

O inc. I do art. 792 foi além do que prescrevia igual item do revogado art. 593. Estariam nessa parte inicial que se considerava fraudulenta da execução a alienação ou oneração de bens, quando sobre eles ganhar ação fundada em direito real. Vai além o inc. I do artigo. O novo dispositivo considera em fraude de execução a alienação ou oneração de bem objeto de ação reipersecutória. Conforme o dispositivo, a fraude só ocorrerá, quando a ação pendente, fundada em direito real, ou deduzir pretensão reipersecutória for averbada no registro público. Inexistente a averbação, não estará configurada a fraude, e a alienação ou oneração serão eficazes. Vejam-se a doutrina e jurisprudência relativas ao inc. I do art. 593 do antigo Código, já que o propósito deste livro é explicar somente as inovações. Quanto ao inciso II, siga-se, *mutatis mutandis*, o que se afirmou sobre o inciso I e veja-se a anotação do art. 828. O inciso III inclui entre os atos de fraude à execução a alienação ou oneração de bens sujeitos à hipoteca judiciária, ou outros atos constritivos, desde que esses atos tenham sido ordenados no processo onde se surgiu a fraude. Aqui, a ocorrência da fraude é restrita à alienação ou oneração do bem objeto da hipoteca do ato constritivo, mas somente se averbador.

O art. 1º do art. 792 declara o que é consequência da fraude da execução: a ineficácia do ato no tocante ao exequente, processando-se a execução sobre o bem alienado ou onerado. Não trata o dispositivo da fraude contra credores, mas só da fraude de execução. O ato fraudatório pode repercutir em mais de um processo, já que a constrição pode decorrer de dois ou mais. Terá entretanto, que ser arguida em cada feito. O § 2º, também sem correspondência no Código anterior, dá ao adquirente do bem um direito de evitar a ineficácia, tomando as cautelas ali referidas. Nessa hipótese, o juiz, ouvidas todas as partes, rejeitará a arguição de fraude por decisão interlocutória. Note-se que o parágrafo só incide se a aquisição, ou a oneração, tiver por objeto bem não sujeito a registro. Se o bem estiver registrado, ou se for registrável pela existência do registro, as providências da cautela não podem apagar a fraude. O § 3º estatui que, no caso de desconsideração da pessoa jurídica, a fraude à execução ocorrerá se a alienação ou oneração se der após a citação para a ação em cuja inicial se pede a desconsideração (art. 134, § 2º), ou na hipótese prevista no art. 135. Nula essa citação, a fraude ainda ocorrerá se, inválida embora, a citação ocorrer, bastando que a comunicação da desconsideração tenha sidoarguida. Ciente o executado da arguição, o ato será fraudatório. Conforme o § 4º, alegada a fraude, o juiz antes de decidir a sua ocorrência, decerto ouvirá o executado, mas intimará o terceiro adquirente, ou credor garantido pela oneração, a opor embargos de terceiro, nos quinze dias contados da intimação. O caso é singular porque os embargos de terceiro serão opostos pela ameaça de constrição, a que alude o art. 674. Pode o intimado deixar de opor os embargos de terceiro, diante só da ameaça, mas poderá opô-los depois de efetivada a constrição, situação diferente da ameaça. Em ambos os casos, o processo da ação de embargos de terceiro, que constituem uma ação, seguirão o procedimento especial do Capítulo VII do Título III do Livro I da Parte Especial.

O art. 794 autoriza ao fiador o direito de exigir que, primeiramente, sejam executados os bens do afiançado situados na mesma comarca que os dele. Trata-se de um benefício do fiador, substituído pela lei processual. Nega o § 1º do artigo que os bens do fiador fiquem sujeitos à execução, se os bens do afiançado forem insuficientes para a satisfação do crédito exequendo. Essa insuficiência é determinada pela avaliação, não se devendo esperar que ocorra a alienação do bem por um dos meios indicados nos dois incisos do art. 879.

O § 4º do art. 795, também sem correspondência no Código revogado, manda que a desconsideração da personalidade jurídica seja decretada no incidente regulado nos arts. 133 a 137. Será nula a acolhida de que trata este último dispositivo se ele não obedecer ao procedimento ali estabelecido.

Título II
DAS DIVERSAS PEÇAS DA EXCEÇÃO
(ARTS. 797 A 913)

1. Observações. 2. Divisão do Título. 3. Repetições. 4. Alterações.

1. Observações – Uma das três modalidades do processo civil contencioso, o processo de execução é o conjunto de atos que se sucedem para satisfazer o crédito do exequente, consubstanciado num título, independentemente da vontade do executado. Superada controvérsia em torno do assunto, existe lide no processo da execução, consistente na pretensão do exequente de obter a satisfação do seu crédito e a resistência do devedor, executado, que a ela se opõe. Presume-se essa resistência pela inércia do devedor de não satisfazer, espontaneamente, a obrigação objeto do título.

O processo de execução desenvolve-se por modos diferentes, considerada a finalidade dela. Esses modos, a que os dois Códigos, passado e atual, se referem como espécies, são procedimentos, desenvolvidos em decorrência da qualidade da execução. Evidentemente, não pode o processo de execução da obrigação de fazer desenvolver-se do mesmo modo que a execução por quantia certa.

Interpretam-se o processo de execução, o de conhecimento e o cautelar, encontrando-se naquele elemento que compõe as outras espécies.

2. Divisão do Título – O Título II, para o qual agora se voltam estas considerações, divide-se em seis Capítulos, desdobrados eles em Seções, subseções, artigos, parágrafos e alíneas, que editam uma ou mais normas, quase todas cogentes, eis que a execução, também denominada pelo princípio dispositivo (art. 2º, primeira proposição), começa pela iniciatória da parte mas se desenvolve por impulso oficial, nos termos das normas pertinentes, para cuja adequada compreensão e aplicação concorria o direito anterior, bem como a doutrina e a jurisprudência respectivas.

3. Repetições – Repetição literal, feita letra a letra, só se encontra no Título II do Livro II da Parte Especial do novo Código, à epígrafe do Título II do Livro II do Código de Processo Civil de 1973.

Não se pense todavia que a ausência de repetições literais signifique que o novo diploma esteja refazendo os dispositivos do Código anterior. Ao contrário, a maioria dos artigos é igual aos do CPC de 1973, cuja redação foi desnecessariamente alterada, parecendo que se fez isto para dissimular a verdade de que um Código é a cópia do outro.

4. Alterações – Assinalam-se as alterações que se notam, comparando-se os artigos do Código atual com dispositivos semelhantes da lei precedente. Assim se faz para que, pela proximidade, se possam estender e aplicar os dispositivos atuais mediante o exame da jurisprudência e doutrina dos anteriores.

Capítulo I

Disposições Gerais
(Arts. 797 a 805)

Art. 797. Ressalvado o caso de insolvência do devedor, em que tem lugar o concurso universal, realiza-se a execução no interesse do exequente que adquire, pela penhora, o direito de preferência sobre os bens penhorados.

Parágrafo único. Recaindo mais de uma penhora sobre o mesmo bem, cada exequente conservará o seu título de preferência.

Art. 798. Ao propor a execução, incumbe ao exequente:
I – instruir a petição inicial com:
a) o título executivo extrajudicial;
b) o demonstrativo do débito atualizado até a data de propositura da ação, quando se tratar de execução por quantia certa;
c) a prova de que se verificou a condição ou ocorreu o termo, se for o caso;
d) a prova, se for o caso, de que adimpliu a contraprestação que lhe corresponde ou que lhe assegura o cumprimento, se o executado não for obrigado a satisfazer a sua prestação senão mediante a contraprestação do exequente;
II – indicar:
a) a espécie de execução de sua preferência, quando por mais de um modo puder ser realizada;
b) os nomes completos do exequente e do executado e seus números de inscrição no Cadastro de Pessoas Físicas ou no Cadastro Nacional da Pessoa Jurídica;
c) os bens suscetíveis de penhora, sempre que possível.
Parágrafo único. O demonstrativo do débito deverá conter:
I – o índice de correção monetária adotado;
II – a taxa de juros aplicada;
III – os termos inicial e final de incidência do índice de correção monetária e da taxa de juros utilizados;
IV – a periodicidade da capitalização dos juros, se for o caso;
V – a especificação de desconto obrigatório realizado.

Art. 799. Incumbe ainda ao exequente:
I – requerer a intimação do credor pignoratício, hipotecário, anticrético ou fiduciário, quando a penhora recair sobre bens gravados por penhor, hipoteca, anticrese ou alienação fiduciária;
II – requerer a intimação do titular de usufruto, uso ou habitação, quando a penhora recair sobre bem gravado por usufruto, uso ou habitação;
III – requerer a intimação do promitente comprador, quando a penhora recair sobre bem em relação ao qual haja promessa de compra e venda registrada;
IV – requerer a intimação do promitente vendedor, quando a penhora recair sobre direito aquisitivo derivado de promessa de compra e venda registrada;
V – requerer a intimação do superficiário, enfiteuta ou concessionário, em caso de direito de superfície, enfiteuse, concessão de uso especial para fins de moradia ou concessão de direito real de uso, quando a penhora recair sobre imóvel submetido ao regime do direito de superfície, enfiteuse ou concessão;
VI – requerer a intimação do proprietário de terreno com regime de direito de superfície, enfiteuse, concessão de uso especial para fins de moradia ou concessão de direito real de uso, quando a penhora recair sobre direitos do superficiário, do enfiteuta ou do concessionário;

VII – requerer a intimação da sociedade, no caso de penhora de quota social ou de ação de sociedade anônima fechada, para o fim previsto no art. 876, § 7º;
VIII – pleitear, se for o caso, medidas urgentes;
IX – proceder à averbação em registro público do ato de propositura da execução e dos atos de constrição realizados, para conhecimento de terceiros.
X – requerer a intimação do titular da construção-base, bem como, se for o caso, do titular de lajes anteriores, quando a penhora recair sobre o direito real de laje;(Incluído pela Lei nº 13.465, de 2017)
XI – requerer a intimação do titular das lajes, quando a penhora recair sobre a construção-base.(Incluído pela Lei nº 13.465, de 2017)

Art. 800. Nas obrigações alternativas, quando a escolha couber ao devedor, esse será citado para exercer a opção e realizar a prestação dentro de 10 (dez) dias, se outro prazo não lhe foi determinado em lei ou em contrato.

§ 1º Devolver-se-á ao credor a opção, se o devedor não a exercer no prazo determinado.

§ 2º A escolha será indicada na petição inicial da execução quando couber ao credor exercê-la.

Art. 801. Verificando que a petição inicial está incompleta ou que não está acompanhada dos documentos indispensáveis à propositura da execução, o juiz determinará que o exequente a corrija, no prazo de 15 (quinze) dias, sob pena de indeferimento.

Art. 802. Na execução, o despacho que ordena a citação, desde que realizada em observância ao disposto no § 2º do art. 240, interrompe a prescrição, ainda que proferido por juízo incompetente.

Parágrafo único. A interrupção da prescrição retroagirá à data de propositura da ação.

Art. 803. É nula a execução se:
I – o título executivo extrajudicial não corresponder a obrigação certa, líquida e exigível;
II – o executado não for regularmente citado;
III – for instaurada antes de se verificar a condição ou de ocorrer o termo.
Parágrafo único. A nulidade de que cuida este artigo será pronunciada pelo juiz, de ofício ou a requerimento da parte, independentemente de embargos à execução.

Art. 804. A alienação de bem gravado por penhor, hipoteca ou anticrese será ineficaz em relação ao credor pignoratício, hipotecário ou anticrético não intimado.

§ 1º A alienação de bem objeto de promessa de compra e venda ou de cessão registrada será ineficaz em relação ao promitente comprador ou ao cessionário não intimado.

§ 2º A alienação de bem sobre o qual tenha sido instituído direito de superfície, seja do solo, da plantação ou da construção, será ineficaz em relação ao concedente ou ao concessionário não intimado.

§ 3º A alienação de direito aquisitivo de bem objeto de promessa de venda, de promessa de cessão ou de alienação fiduciária será ineficaz em relação ao promitente vendedor, ao promitente cedente ou ao proprietário fiduciário não intimado.

§ 4º A alienação de imóvel sobre o qual tenha sido instituída enfiteuse, concessão de uso especial para fins de moradia ou concessão de direito real de uso será ineficaz em relação ao enfiteuta ou ao concessionário não intimado.

§ 5º A alienação de direitos do enfiteuta, do concessionário de direito real de uso ou do concessionário de uso especial para fins de moradia será ineficaz em relação ao proprietário do respectivo imóvel não intimado.

§ 6º A alienação de bem sobre o qual tenha sido instituído usufruto, uso ou habitação será ineficaz em relação ao titular desses direitos reais não intimado.

Art. 805. Quando por vários meios o exequente puder promover a execução, o juiz mandará que se faça pelo modo menos gravoso para o executado.

Parágrafo único. Ao executado que alegar ser a medida executiva mais gravosa incumbe indicar outros meios mais eficazes e menos onerosos, sob pena de manutenção dos atos executivos já determinados.

1. Alterações. 2. Inovações.

1. Alterações – A epígrafe do Capítulo I distingue-se de igual ponto do Código anterior somente pela anteposição da contração **das**.

O art. 797 só difere do art. 612 a que sucede por haver suprimido a remissão ao dispositivo ali referido e pela substituição da palavra **credor** por **exequente**. No parágrafo único, só se colocou no singular a referência a bens, que antes estava no singular e se substituiu **credor** por **exequente**.

O *caput* do art. 798 não é igual ao do anterior art. 614 porque, além de substituir **credor** por **exequente**, já não fala em requerimento de citação do executado, imanente a qualquer processo e, por isto, ao de execução e das suas diferentes espécies. O art. 259 condiciona a validade do processo à citação do réu ou do executado (art. 239), que será sempre requerida. O inciso I do artigo indica os acompanhados da inicial, cuja falta pode ser suprida. A alínea *a* desse inciso é diferente de igual letra do art. 614, I, porque eliminou a preposição **com**, o mesmo acontecendo na alínea *b*, onde também se trocou **da** por **e**. Na alínea *c* do inciso I, além de suprimir a preposição **com** do inc. III do anterior art. 614 também se apagou a remissão contida neste. A alínea *d* do mesmo inc. I do vigente art. 798 seria igual ao inc. IV do velho art. 615, não fossem a substituição do verbo **provar** por seu étimo **prova** e do vocábulo **credor** por **exequente**. O inc. II do art. 798 é semelhante ao inc. I do revogado art. 615 porque, em vez de se escrever "que prefere", se disse "de sua preferência" – grande mudança! – e "pode ser realizada" por "puder ser realizada". Essas modificações ligeiras, perfunctórias e despropositadas deixam a impressão de que o legislador supõe que os destinatários da lei são um bando de néscios. A alínea c do inc. II do art. 798 é substancialmente igual ao inc. I do anterior art. 615, convertendo-se a oração "pode ser efetuado" por "suscetíveis de penhora", explicativa a oração "sempre que possível".

O *caput* do art. 799 alterou o *caput* do anterior art. 615, colocando **incumbe**, no lugar de **cumpre** e **exequente**, no de **credor**. O inciso I desse artigo acrescentou ao texto do inc. II do referido art. 615, o adjetivo **fiduciário** e a expressão **alienação fiduciária**. O inciso VIII desse artigo, sem alterar, na essência, o inc. III do revogado art. 615, fala em medidas urgentes, em vez de medidas acautelatórias urgentes para evitar a redundância já que as medidas acautelatórias são providências urgentes. De redação mais simples do que a do anterior art. 615-A, o inc. IX do art. 799 tem a mesma abrangência. Não obriga o exequente a proceder à averbação do ato de propositura da ação e dos atos de constrição realizados. Entretanto, se não o fizer esses atos não serão oponíveis a terceiros porque é a averbação que gera a presunção do conhecimento. O dispositivo fala em "ato de propositura da execução". Sendo a execução uma ação, só haverá propositura quando a respectiva inicial for protocolada (art. 312). Indeferida a inicial, ou revogados os atos da constrição, a averbação perde o seu efeito sem necessidade de cancelamento.

No art. 800, a modificação do texto do anterior art. 571 se constitui na troca do demonstrativo **este** por **esse**, na indicação do decêndio em numerais, na substituição da contração **no**, antes de **contrato** por esse e na eliminação da referência à sentença porque a opção é ordenada na citação. Se, eventualmente, a opção só for determinada na sentença, ela se fará no prazo estipulado na decisão, ou, omissa ela, nos dez dias, assinados no artigo, que se contam a partir da intimação. No § 1º do art. 800, troca-se "não a exercitou", do § 1º do art. 571, por "não a exercer", e **marcado** por **determinado**. O § 2º no mesmo art. 800 é igual ao § 2º do revogado art. 571, salvo na redação.

O art. 801 começa pela repetição do verbo **estar**, usando o verbo **achar** do anterior art. 616 para evitar o emprego da mesma palavra em frase tão curta. Substituiu-se **credor** por **exequente**, a frase **ser indeferida** pelo substantivo **indeferimento,** e aumentou-se o prazo de dez para quinze dias.

No art. 802, a interrupção da prescrição decorre do despacho que ordena a citação condicionada à providência de que trata o § 2º do art. 240 (q.v.). Comparecendo o executado espontaneamente, é óbvio que esse dispositivo não se aplica e a presunção é interrompida somente pelo despacho. O parágrafo único desse artigo não alterou a redação do § 1º do revogado art. 219, salvo na troca da contração **da** pela preposição **de**.

Idênticas as epígrafes dos arts. 803 do atual Código e 618 do antigo, salvo no acréscimo da conjunção **se**, suprimida do texto do inciso I, onde se retirou a remissão, e do inciso II, onde se mudou a palavra **devedor** por **executado**. O inciso III suprimiu a condicional **se**, trocou **ocorrido** por **decorreu** e apagou a remissão do inc. III do revogado art. 618.

O art. 804 é diferente do anterior art. 619 pela supressão da referência ao desaparecido **aforamento** e ao usufruto. Eliminou-se, por isto, a menção ao senhorio direto e ao usufrutuário. Mudou-se "que não houver sido intimado" por "intimado". O desaparecimento da menção a usufrutuário deve-se ao fato de que a alienação do bem não altera o usufruto, que permanece.

No art. 805, *caput*, mudaram-se para **exequente** e **executado** os vocábulos **credor** e **devedor** do revogado art. 820.

2. Inovações – Apontam-se agora as inovações do Capítulo I do Título II, com a interpretação respectiva, assinalando-se que algumas refletem contribuições da jurisprudência que prestigiou a doutrina.

Sem correspondência no Código anterior, a alínea *b* do item II do art. 798 determina que o exequente, ao propor a execução, proceda a sua própria qualificação e do executado, nos termos ali indicados. Desconhecendo algum desses dados, o exequente protestará pela apresentação deles. Tão logo a obtenha, poderá pedir ao juiz as providências necessárias para alcançar essas informações, como a expedição de ofícios a órgãos ou pessoas capazes de fornecê-las. Tudo pode ser feito para se obterem as informações, inclusive diligências consistentes na audiência de partes e terceiros. Os elementos indicados na alínea visam a definir quem sejam as partes, evitando-se os riscos e prejuízos causados pela homonímia.

O parágrafo único do art. 798 e seus cinco incisos não correspondem a dispositivos do Código anterior, constituindo inovações. O *caput* desse parágrafo declina os elementos constitutivos da demonstração do crédito executado. Deve o exequente revelar qual o índice de correção monetária adotado (inc. I), inclusive para que se verifique se exata essa atualização. O inciso II exige a indicação da taxa de juros aplicada ao principal. O item III do parágrafo refere-se a ambos os incisos anteriores, pois impõe a indicação dos termos inicial e final da incoerência da correção e dos juros. Não se pode exigir do exequente a indicação do termo final dos juros e da correção porque ambas podem ser aplicadas até que se satisfaça o crédito. Só se devem apresentar esses dados quando possível, assinalando-se eventual impossibilidade com sua determinante. O inciso IV manda informar a periodicidade da capitalização dos juros, isto é, o período de tempo em que eles se computam, como mês, dia, semanas. Por derradeiro, o inciso

V exige que se especifique o desconto obrigatório sobre o montante exequendo com explicação dos motivos dessa diminuição, como, por exemplo, determinação da lei, de contrato ou de outro negócio. Indicam-se o valor bruto e o resultante do desconto.

Novos também são os incs. II a VII do art. 799. Conforme o inciso II, o exequente deve pedir a intimação do titular do usufruto, que é o usufrutuário, do uso ou da habitação se a penhora recair sobre bem onerado por esses gravames, que serão conhecidos pelo seu registro público. O inciso III manda que se intime o promitente-comprador do bem penhorado, a fim de que ele, ciente da penhora, possa tomar providências legais ao seu alcance, como a rescisão ou resilição do contrato. A intimação deve estender-se ao cessionário ou a quem se prometeu a cessão, sempre que conhecidos em função do registro do contrato. O inciso IV obriga a intimação do promitente-vendedor, quando a penhora recair sobre o direito do promitente-comprador, estendendo-se como tal também o cessionário ou promitente. O longo inciso V implica a definição das figuras do superficiário, do enfiteuta, se ainda existente a enfiteuse, desaparecida agora mas subsistente se antes constituída, ou da concessionária. Deste último, no caso da concessão de uso especial para moradia, ou concessão de direito real de uso, situações definidas pelo direito material. Não se procede à intimação se a penhora recair sobre imóvel submetido a um dos regimes indicados no inciso. A exigência do inciso VI é semelhante à do V, destinada, entretanto, àintimação ao proprietário do terreno, como indica o registro do bem. De acordo com o inciso VII, também se deve intimar a sociedade, no caso de penhora de quota, ou de ação da sociedade, mas só se esta for companhia fechada. O inciso ordena a intimação para os fins indicados no § 7º do art. 876 (q.v.). Essas intimações, pode o juiz ordená-las de ofício, já que por impulso oficial se desenvolve o processo. Se não feitas, a penhora não será oponível às pessoas que deveriam ter sido intimadas.

O parágrafo único do art. 803 é outra inovação, consubstanciada em norma incoerente ao sistema, agora explicitada. Se o juiz pode decretar a nulidade, nos casos indicados nos três incisos do artigo (e noutros, que por ele, espontaneamente, podem ser declarados), não haverá necessidade de embargos à execução que constituem ação, regida pelo princípio dispositivo. Essas nulidades podem, entretanto, ser alegadas nesses embargos (art. 917, inc. VI) e declaradas pelo juiz na respectiva sentença. Esse pronunciamento extinguirá a execução sem que se satisfaça o crédito. Por isto, a execução poderá ser renovada (art. 486), o que é possível acontecer também depois da aplicação de norma contida no parágrafo aqui examinado.

O *caput* do art. 804, praticamente igual ao anterior art. 619, apresenta, nos seus seis parágrafos, normas sem correspondentes no diploma revogado. O § 1º protege a promitente-compradora com o cessionário. A alienação do bem é ineficaz quanto a eles. O promitente continua obrigado pela promessa de compra e venda ou de cessão, subsistindo eventual penhora de direitos emergentes dessas promessas. No caso do § 2º, a alienação do bem objeto da instituição do direito de superfície é ineficaz, relativamente a quem a concedeu ou ao concessionário, se este último não for intimado. Ocorrendo a intimação, a alienação é eficaz mas a concessão subsiste e pode ser penhorada, substituído o alienante pelo adquirente. A alienação do direito aquisitivo referido no § 3º é ineficaz quanto ao promitente-vendedor, ao promitente- cedente ou ao proprietário fiduciário não intimado cujos direitos, por isto, são suscetíveis de penhora. Diga-se o mesmo no tocante à alienação de imóvel prevista no § 4º. A ineficácia não impedirá a penhora, o mesmo acontecendo nos casos dos §§ 5º e 6º. Eficaz, como não é, a alienação de que tratam os parágrafos tornaria frustrânea a execução.

Capítulo II

Da Execução Para Entrega de Coisa
(arts. 806 a 813)

Art. 806. O devedor de obrigação de entrega de coisa certa, constante de título executivo extrajudicial, será citado para, em 15 (quinze) dias, satisfazer a obrigação.

§ 1º Ao despachar a inicial, o juiz poderá fixar multa por dia de atraso no cumprimento da obrigação, ficando o respectivo valor sujeito a alteração, caso se revele insuficiente ou excessivo.

§ 2º Do mandado de citação constará ordem para imissão na posse ou busca e apreensão, conforme se tratar de bem imóvel ou móvel, cujo cumprimento se dará de imediato, se o executado não satisfizer a obrigação no prazo que lhe foi designado.

Art. 807. Se o executado entregar a coisa, será lavrado o termo respectivo e considerada satisfeita a obrigação, prosseguindo-se a execução para o pagamento de frutos ou o ressarcimento de prejuízos, se houver.

Art. 808. Alienada a coisa quando já litigiosa, será expedido mandado contra o terceiro adquirente, que somente será ouvido após depositá-la.

Art. 809. O exequente tem direito a receber, além de perdas e danos, o valor da coisa, quando essa se deteriorar, não lhe for entregue, não for encontrada ou não for reclamada do poder de terceiro adquirente.

§ 1º Não constando do título o valor da coisa e sendo impossível sua avaliação, o exequente apresentará estimativa, sujeitando-a ao arbitramento judicial.

§ 2º Serão apurados em liquidação o valor da coisa e os prejuízos.

Art. 810. Havendo benfeitorias indenizáveis feitas na coisa pelo executado ou por terceiros de cujo poder ela houver sido tirada, a liquidação prévia é obrigatória.
    Parágrafo único. Havendo saldo:
    I – em favor do executado ou de terceiros, o exequente o depositará ao requerer a entrega da coisa;
    II – em favor do exequente, esse poderá cobrá-lo nos autos do mesmo processo.

Art. 811. Quando a execução recair sobre coisa determinada pelo gênero e pela quantidade, o executado será citado para entregá-la individualizada, se lhe couber a escolha.
    Parágrafo único. Se a escolha couber ao exequente, esse deverá indicá-la na petição inicial.

Art. 812. Qualquer das partes poderá, no prazo de 15 (quinze) dias, impugnar a escolha feita pela outra, e o juiz decidirá de plano ou, se necessário, ouvindo perito de sua nomeação.

Art. 813. Aplicar-se-ão à execução para entrega de coisa incerta, no que couber, as disposições da Seção I deste Capítulo.

    1. Observações. 2. Repetições. 3. Alterações.

1. Observações – A epígrafe deste Capítulo é igual à do Capítulo III do Título II do Livro II do Código de Processo Civil de 1973. Divide-se esse Capítulo, todo ele dedicado à execução para a entrega de coisa, em livres sanções, dedicada à primeira à execução para a entrega de coisa certa (arts. 806 a 810) e a segunda, à execução para a entrega da coisa incerta (arts. 811 a 813), aplicando-se a esta segunda espécie as disposições relativas à primeira, como está no art. 813.

    Cumpre atentar na diferença entre a execução para a entrega de coisa certa e a execução para a entrega de coisa incerta. Trata o art. 806, como nele se lê, da execução "constante de título extrajudicial", ao passo que o art. 811 cuida da execução para a entrega de coisa incerta indistintamente sem distinguir entre a execução fundada em título judicial ou extrajudicial. Por certo, a obrigação de entregar coisa incerta pode constar também de título executivo extrajudicial (art. 784, I, II, III, IV). A obrigação para a entrega de coisa certa objeto de título executivo judicial (art. 515, inc. I) faz-se por meio do cumprimento de sentença, consoante o art. 538, que alude somente à busca e apreensão, ou de imissão de posse de coisa imóvel ou imóvel, que são coisas certas, definidas, que não se determinam pelo gênero e pela quantidade (art. 811). Eis, então, a diferença entre as duas espécies. Não importa, portanto, que a obrigação de entregar coisa incerta tenha por fonte título executivo judicial ou extrajudicial. Ela sempre se fará por meio de execução, de acordo com as regras dos arts. 811 a 813.

2. Repetições – O cotejo entre os dispositivos dos dois Códigos mostra que todos são semelhantes, com pontuais alterações, salvo o § 2º do art. 809, repetição literal do revogado § 2º do art. 627 do CPC de 1973. Também quanto a todas essas normas se recomenda a consulta à doutrina e jurisprudência pertinentes do diploma anterior, já que, como dito e repetido, este livro tem por objeto exclusivo as inovações da lei de 2015, malgrado o fato de apontar repetições e semelhanças.

3. Alterações – O art. 806 diferencia-se do antigo art. 621. Primeiro, porque altera de dez para quinze dias o prazo para satisfazer a obrigação. Depois, o artigo já não fala, por motivo óbvio, no art. 737, inc. II, do Código anterior. O art. 806 já não segue o anterior art. 621, que fazia da segurança do juízo uma condição da ação de embargos do devedor. Citado, o devedor pode opor embargos à execução, independentemente de penhora, depósito ou caução, conforme o art. 914 (q.v.). Para que o executado entregue a coisa, o juiz fixará multa por dia de atraso no cumprimento da obrigação. Prevista no § 1º do artigo, essa penalidade só incide, tendo como prova o parágrafo único do revogado art. 621, se o devedor não cumprir a obrigação de entregar, no prazo de quinze dias. Também a busca e apreensão, ou a imissão na posse, prevista no § 2º, só se efetiva após decorrido o prazo sem que se satisfaça a obrigação. O parágrafo único apenas antepôs a frase "ao despachar a inicial" ao sujeito de **poderá**, modificação irrelevante. Eis, aí, outra alteração inútil, parece que feita com o propósito, que salta aos olhos, de dar a aparência de que o Código de 2002 realmente procedeu a uma substituição útil das normas do Código de 1973.

O § 2º do art. 806 do novo Código, próximo do art. 625 do antigo, constitui desdobramento das normas do *caput* e do § 1º daquele. A locução **de imediato**, que não aparecia no diploma anterior, permite ao oficial proceder por conta própria, ou por aviso da serventia, à imissão na posse ou à busca e apreensão. Evidentemente, pode o juiz determinar esses atos, de ofício ou a requerimento do exequente. O executado poderá opor-se a esses atos, quando não se configurarem os respectivos pressupostos, como a inocorrência do termo final do prazo, ou qualquer outro fato eximente. Isto ele fará por petição que dará início a um incidente a ser decidido após a manifestação da parte contrária.

O art. 807 repete com outras palavras o revogado art. 624, a cuja doutrina e jurisprudência se remete. A adoção no texto da oração subordinada condicional **se houver**, era de todo desnecessária. Também o art. 808 é repetição do art. 626, anterior. Substituiu-se a mesóclise e o advérbio **depois** pelo advérbio **após**, cabendo, então, indagar se a substituição do Código de 1973 ocorreu para a adoção dessas filigranas.

O art. 809 diferencia-se do art. 627 do Código passado apenas pela substituição do substantivo **credor** pelo nome **exequente** e pela troca do demonstrativo **esta** pelo vocábulo **essa**, ambos pertencentes à mesma classe de palavras e correto o uso de qualquer deles no texto. A troca do pretérito perfeito **deteriorou** pelo infinitivo **deteriorar** não muda o sentido do texto, igual nos dois Códigos. No § 1º desse artigo, parece adequada a substituição da alternativa **ou**, do § 1º do art. 627, pela aditiva **e** porque a norma incide se não constar do título o valor da coisa e se for impossível a avaliação dela. Possível a avaliação, ela deve ser apresentada com elementos seguros, ou feita ainda que em incidente, não cabendo a estimativa. A supressão do artigo **a**, antes de "sua avaliação" foi correta porque o possessivo dispensa o artigo. A substituição do verbo fazer, do texto anterior, pelo verbo **apresentar**, do atual, é apropriada porque ao exequente cabe apresentar a estimativa, feita por ele, ou por terceiro.

No art. 810 há duas proposições. A primeira reproduz igual parte do revogado art. 628, substituída a palavra **devedor** por **executado**, por causa da terminologia da nova lei. A segunda parte do art. 628, anterior, o art. 810 a transpõe no seu parágrafo único, composto do *caput* e dos incs. I e II. A hipótese da existência em favor de terceiro, como previsto no primeiro inciso já se poderia extrair do artigo revogado. A finalidade do depósito, feito em favor do executado ou de um terceiro, impede que o exequente receba mais do que o seu crédito. O segundo inciso do parágrafo coincide com a última parte do revogado art. 628, substituindo **credor** por **exequente** e o demonstrativo **este** pelo pronome **esse**, o que dá na mesma.

A Seção II do Capítulo II, agora examinado, coincide, na epígrafe, com igual ponto do velho Código.

Comparado o vigente art. 811 com o extinto art. 629, chega-se à certeza de que este sobreviveu naquele. A alusão à "coisa determinada" e individualizado, no singular é desimportante, tanto quanto a singularização do verbo entregar e a substituição de **devedor** por **executado**. O parágrafo único do art. 811 deixou intacta a norma da última oração do extinto art. 629.

O art. 812 apenas aumentou para quinze dias o exíguo prazo de quarenta e oito horas do finado art. 630.

O art. 813 encerra a segunda Seção, repetindo a norma do velho art. 631, ajustado o verbo "aplicar" ao sujeito plural "disposições da Seção I".

Capítulo III

Da Execução Das Obrigações De Fazer ou De Não Fazer
(arts. 814 a 823)

1. Observações. 2. Divisão do Capítulo.

1. Observações – Há um fazer em qualquer obrigação e assim também no inadimplemento dela, pois tudo o que envolve uma atitude humana configura um fazer, e até não fazer é fazer. Pagar, não pagar, entregar ou abster-se da entrega constituem, na essência, um fazer. Neste capítulo, entretanto, a obrigação de fazer e a obrigação de não fazer são tratadas como espécies distintas de obrigação. Fazendo-se abstração das considerações doutrinárias acerca da obrigação de dar e da obrigação de fazer, dir-se-á que a comparação do Capítulo II, que trata da execução para a entrega de coisa, com o Capítulo III dedicado à execução das obrigações de fazer ou de não fazer, mostra que aquelas têm por objeto uma coisa, que deve ser transferida da propriedade, posse, ou detenção de uma pessoa para outra, ao passo que esta consiste numa atividade, como a prestação de um serviço, ou uma atitude, como a de realizar ou abster-se da realização. Fez bem o Código de 2015 em seguir na esteira da legislação anterior, que não viu a obrigação de dar como obrigação de fazer, aquela contida nesta. A dissociação segue a doutrina tradicional e se presta para alcançar a efetividade do processo de execução, mediante a satisfação do crédito contido no título.

2. Divisão do Capítulo – O Capítulo III do Título II do Livro II da Parte Especial do vigente Código de Processo Civil, trata, nas suas segunda e terceira Seções das obrigações de fazer e de não fazer, logo depois voltam-se para as disposições gerais. Ontologicamente idênticas essas obrigações, é preciso executá-las fazendo dos dispositivos processuais que as regulam, sejam impostos por título judicial, sejam decorrentes de título extrajudicial, dentro do sistema do Código, no qual se vê que as normas de cada uma são reciprocamente subsidiárias. O Código de 2015 não trouxe, de rigor, inovações de monta mas se manteve fiel ao diploma revogado, o que torna útil, senão necessária, a consulta ao quanto sobre ele se escreveu e se decidiu.

Seção I

Disposições Comuns

(Art. 814)

Art. 814. Na execução de obrigação de fazer ou de não fazer fundada em título extrajudicial, ao despachar a inicial, o juiz fixará multa por período de atraso no cumprimento da obrigação e a data a partir da qual será devida.

Parágrafo único. Se o valor da multa estiver previsto no título e for excessivo, o juiz poderá reduzi-lo.

1. Observações. 2. Alterações.

1. Observações – Note-se com toda a ênfase que o Capítulo sob exame trata, exclusivamente, das obrigações de fazer e de não fazer fundadas em título extrajudicial. Executa-se por meio do cumprimento de sentença a obrigação de fazer ou de não fazer constante de título judicial (arts. 536 e 537).

2. Alterações – Sem repetir, literalmente, normas do CPC de 1973, na parte das disposições comuns à execução das duas espécies obrigacionais, o novo Código alterou, unicamente, disposições do que o precedeu.

O art. 814 é igual ao anterior art. 645, salvo na anteposição da frase "ao despachar a inicial" ao sujeito da oração, "fixará" etc., como ainda na correta substituição de **por dia de atraso** pela expressão **por período de atraso**. Com efeito, a obrigação pode fazer-se por período, que é espaço de tempo não contado em dias, mas noutras frações, semana, mês, ou até ano, minuto, segundo. Veja-se, por exemplo, a impossibilidade de semear-se uma larga porção de terra num só dia. O período haverá de ser indicado no título extrajudicial, ou ser da natureza da obrigação, como fotografar duas fases da lua.

O parágrafo único do mesmo art. 824 é quase reprodução literal de igual parágrafo do art. 814. A aditiva "e for excessivo" não é diferente da condicional "se excessivo", do Direito anterior.

Seção II

Da Obrigação De Fazer

(Arts. 815 a 821)

Art. 815. Quando o objeto da execução for obrigação de fazer, o executado será citado para satisfazê-la no prazo que o juiz lhe designar, se outro não estiver determinado no título executivo.

Art. 816. Se o executado não satisfizer a obrigação no prazo designado, é lícito ao exequente, nos próprios autos do processo, requerer a satisfação da obrigação à custa do executado ou perdas e danos, hipótese em que se converterá em indenização.

Parágrafo único. O valor das perdas e danos será apurado em liquidação, seguindo-se a execução para cobrança de quantia certa.

Art. 817. Se a obrigação puder ser satisfeita por terceiro, é lícito ao juiz autorizar, a requerimento do exequente, que aquele a satisfaça à custa do executado.

Parágrafo único. O exequente adiantará as quantias previstas na proposta que, ouvidas as partes, o juiz houver aprovado.

Art. 818. Realizada a prestação, o juiz ouvirá as partes no prazo de 10 (dez) dias e, não havendo impugnação, considerará satisfeita a obrigação.

Parágrafo único. Caso haja impugnação, o juiz a decidirá.

Art. 819. Se o terceiro contratado não realizar a prestação no prazo ou se o fizer de modo incompleto ou defeituoso, poderá o exequente requerer ao juiz, no prazo de 15 (quinze) dias, que o autorize a concluí-la ou a repará-la à custa do contratante.

Parágrafo único. Ouvido o contratante no prazo de 15 (quinze) dias, o juiz mandará avaliar o custo das despesas necessárias e o condenará a pagá-lo.

Art. 820. Se o exequente quiser executar ou mandar executar, sob sua direção e vigilância, as obras e os trabalhos necessários à realização da prestação, terá preferência, em igualdade de condições de oferta, em relação ao terceiro.

Parágrafo único.O direito de preferência deverá ser exercido no prazo de 5 (cinco) dias, após aprovada a proposta do terceiro.

Art. 821. Na obrigação de fazer, quando se convencionar que o executado a satisfaça pessoalmente, o exequente poderá requerer ao juiz que lhe assine prazo para cumpri-la.

Parágrafo único. Havendo recusa ou mora do executado, sua obrigação pessoal será convertida em perdas e danos, caso em que se observará o procedimento de execução por quantia certa.

1. Observações. 2. Repetições. 3. Alterações.

1. Observações – Justaponham-se os arts. 815 a 821 do CPC de 2015 e os arts. 632 a 638 da antiga lei e se verá que aquelas normas são, na verdade, repetiçõesdestas. Poucas e de pouca substância são as alterações trazidas ao dispositivo pelo novo Código. Dessarte, continuam firmes a doutrina e a jurisprudência do antigo.

2. Repetições – Só constituem repetição o parágrafo único do art. 816 e o parágrafo único do art. 817. Aquele repete o parágrafo único do art. 633, este, o parágrafo único do art. 634.

3. Alterações – O atual art. 815 só se diferencia do anterior art. 632 pela substituição da palavra **devedor** por **executado** e do verbo **assinar** pelo verbo **designar**.

O vigorante art. 816 distancia-se do revogado art. 633 quando troca a frase "no prazo fixado" por "no prazo designado" e substitui a oração "requerer que ela seja executada" por "requerer a satisfação da obrigação". Suprimiu-se o verbo **haver**, do texto anterior, e se pôs no futuro o verbo **converter** que, antes, esteve no subjuntivo. Transformou-se **caso** em **hipótese**, além de substituir-se **devedor** por **executado**.

Não há diferença substancial entre o uso do vocábulo **fato**, no anterior art. 634, e o emprego do vocábulo **obrigação**, no art. 817. Conquanto, tecnicamente, obrigação e fato sejam distintos, este objeto daquela, a troca de vocábulos não alterou as normas. Irrelevante também, para efeito de interpretação e aplicação, a troca de **prestado** por **satisfeita**. **Autorizar**, no art. 817, tem o mesmo sentido de **decidir** do art. 634. *Idem*, quanto à substituição de "aquele a satisfaça" por "aquele o realize". Talvez essas alterações se devam ao empenho do legislador do Código de 2015 de ser mais preciso no uso das palavras. Não se pode todavia esquecer que razões de ordem política aconselham ou determinam alterações, quando o texto alterado for errôneo, ou de difícil interpretação. Modificações de forma são desaconselháveis.

O art. 818 constitui desdobramento do art. 817 e é, no conteúdo, igual ao art. 635 do Código anterior. "Prestação de fato" e "realização da prestação" são frases que se equivalem. Assim também, "considerará satisfeita a obrigação", no mesmo dispositivo, exprime a mesma ideia da frase "cumprida a obrigação", do art. 635 da lei revogada. A última proposição do velho art. 635 é idêntica à do parágrafo único do mesmo art. 818, ambas dizem que o juiz decidirá a eventual impugnação.

O art. 819 chama **terceiro contratado** a pessoa a que alude o art. 817, referida, no anterior por **contratante**, as figuras, de Direito das Obrigações, ficam mal invocadas nos dois artigos porque a entrega da prestação a terceiro não é negócio jurídico entre partes, mas ato processual de designação de pessoa. Realização da prestação, no art. 819 e prestação do fato, no anterior art. 636, são iguais. Como sempre, substituiu-se **credor** por **exequente**, aumentou-se de dez para quinze dias o prazo de que dispõe o credor para requerer ao juiz que o autorize a concluir a prestação incompleta, ou consertar a defeituosa. O parágrafo único do art. 819 apenas aumentou para quinze dias o prazo que, no parágrafo único do art. 636, era de um quinquídio. No texto vigente, o objeto direto de **condenará** é o artigo definido **o**. No parágrafo único do art. 636 do Código anterior, o objeto é o substantivo **contratante**.

No art. 820, houve a substituição do substantivo **credor**, do revogado art. 637, falando-se em trabalhos necessário à realização da prestação e não mais em trabalhos necessários à prestação do fato. A frase "em relação a terceiro" não é diferente da "oferta ao terceiro" do texto anterior. O parágrafo único do art. 820 alterou o termo *a quo* do exercício do direito de preferência. Contam-se os cinco dias após a aprovação, pelo juiz, da proposta do terceiro, ou melhor, da intimação do ato decisório de aprovação. Logo, não se conta o prazo, como antes ocorria, da apresentação de proposta do terceiro, ou melhor, da intimação do ato decisório de aprovação. Logo, não se conta o prazo, como antes ocorria, da apresentação de proposta, porém da intimação do despacho que a aprovou, de plano, ou depois de eventuais alterações sugeridas pelas partes e acolhidas pelo juízo.

Comparado com o art. 638 do CPC de 1973, o art. 821 do Código atual nada mudou. Não tem significado, senão formal, a troca da oração subordinada temporal "quando for convencionado" pela oração "quando se convencionar", assim como nada significa ter o artigo colocado no singular o substantivo **obrigação**. O parágrafo único desse artigo é igual, na essência, a igual parágrafo do revogado art. 638. Substitui o substantivo **devedor** por **executado**, assim como **converter-se-á** em **será convertida**. A referência no texto anterior ao art. 633 do velho Código, por descabida, foi substituída pela menção ao procedimento de execução por quantia certa.

Seção III
Da Obrigação de Não Fazer
(Arts. 822 e 823)

Art. 822. Se o executado praticou ato a cuja abstenção estava obrigado por lei ou por contrato, o exequente requererá ao juiz que assine prazo ao executado para desfazê-lo.

Art. 823. Havendo recusa ou mora do executado, o exequente requererá ao juiz que mande desfazer o ato à custa daquele, que responderá por perdas e danos.

Parágrafo único. Não sendo possível desfazer-se o ato, a obrigação resolve-se em perdas e danos, caso em que, após a liquidação, se observará o procedimento de execução por quantia certa.

1. Observações. 2. Alterações.

1. Observações – Tal qual a epígrafe da Seção II do Código anterior, a da Seção III do Código atual fala em obrigação de não fazer, *tout court*.

Atente-se, porém, no fato de que a obrigação de não fazer, de cuja execução se cuida na Seção agora contemplada, emerge também de título executivo extrajudicial. O art. 814 deixa claro este ponto, quando alude àobrigação de fazer ou de não fazer fundada em título extrajudicial. A obrigação de não fazer, imposta por decisão judicial, se satisfaz por meio do cumprimento da sentença, como disposto no Capítulo VI do Título II do Livro I da Parte Especial.

2. Alterações – Sem inovações, a Seção III manteve-se fiel à Seção II do Código anterior, ambas encimadas pela rubrica "Da obrigação de não fazer".

O art. 822, tendo substituído **devedor**, do art. 642 anterior, por **executado**, retirou o artigo definido **o** que designava ato. Preferiu falar, genericamente, em ato; um ato qualquer, dentre os suscetíveis de romper a obrigação. Irrelevante a colocação no art. 822, da partícula **por**, no lugar das aglutinações **pela** e **pelo** do art. 642, assim como a substituição de **devedor** por **executado** e de **credor** por **exequente**.

No art. 823, houve a troca do substantivo **devedor**, do art. 643, por **executado**, e da palavra **credor** por **exequente**. "À custa daquele" refere-se ao devedor, e não ao terceiro, indicando a mesma ação o gerúndio **respondendo** e o futuro do presente **responderá**. O parágrafo único desse art. 823 é igual, na primeira proposição, à primeira parte do parágrafo único do revogado art. 643. O valor das perdas e danos, determina agora o parágrafo sem fazer propriamente uma inovação, será apurado por meio de liquidação em qualquer das suas espécies e do respectivo procedimento. Descoberto esse valor por meio de liquidação, ele será cobrado mediante execução por quantia certa, que se efetivará nos próprios autos, nada obstando, obviamente, que outras se abram, se isto preditar a execução, como ocorrerá no caso em que a liquidação for complexa, ou for necessário determinar em que extensão o ato não pode ser desfeito, o que pode impor a realização de prova técnica.

No fim da análise do Capítulo relativo à execução das obrigações de fazer e de não fazer, pode-se afirmar que o Código de Processo Civil de 16 de março de 2015 nada trouxe de novo na disciplina dessa modalidade executória. Mais uma vez, se vê, nitidamente, a desnecessidade de um novo Código de Processo Civil, quando ainda não contaminadas por obsolescência as normas do Código anterior.

Capítulo IV

Da Execução Por Quantia Certa
(Arts. 824 a 909)

1. Observações. 2. Distribuição da matéria.

1. Observações – De todas as espécies a execução por quantia certa é a mais utilizada, já que os títulos que consubstanciam obrigação de pagar são os que mais demandam a atividade jurisdicional, predominante, por isto, a execução deles, já que, por variadas razões, o devedor deixa de pagar quantia certa. Se o pagamento da quantia for determinado por título executivo judicial (art. 515, inc. I), procede-se à execução por meio de cumprimento de sentença (arts. 520 a 527) mas o art. 513 determina a observância de normas do Livro II da Parte Especial, regulador do processo de execução, que não é propriamente subsidiário mas complementar das normas reguladoras do cumprimento.

Fala a epígrafe do Capítulo IV, ora examinada, genericamente, em execução por quantia certa, porém o Código distingue entre execução por quantia certa contra devedor solvente e devedor insolvente, esta última objeto do art. 1.052, para o qual se voltará o Capítulo IV-A, adiante.

2. Distribuição da matéria – O novo Código pôs a execução por quantia certa no Capítulo IV do Título II do Livro II, ali reunindo as normas regentes dessa espécie, em 85 artigos. Há contudo execução por quantia certa contra a Fazenda Pública (art. 910) assim como na exceção de alimentos (arts. 911 a 913). Este Capítulo IV o legislador o dividiu em cinco seções, desdobrada a terceira em onze subseções e a quarta em duas. Como se dirá no exame do Título III, os embargos à execução constituem um processo cognitivo e o Título IV regula a suspensão e a extinção do processo executivo em qualquer das suas modalidades. Desnecessário assinalar que normas de processo de conhecimento se aplicam, subsidiariamente, no processo executivo às disposições relativas ao processo de conhecimento, como está no parágrafo único do art. 771 mas também normas dos livros da Parte Geral.

Seção I

Disposições Gerais
(Arts. 824 a 826)

Art. 824. A execução por quantia certa realiza-se pela expropriação de bens do executado, ressalvadas as execuções especiais.

Art. 825. A expropriação consiste em:
I – adjudicação;
II – alienação;
III – apropriação de frutos e rendimentos de empresa ou de estabelecimentos e de outros bens.

Art. 826. Antes de adjudicados ou alienados os bens, o executado pode, a todo tempo, remir a execução, pagando ou consignando a importância atualizada da dívida, acrescida de juros, custas e honorários advocatícios.

1. Observações. 2. Alterações.

1. Observações – Os arts. 824 a 826 limitam-se a enunciar a qualidade da execução por quantia certa, os modos da expropriação são meios de extinção do processo executivo. Não falou o primeiro dos dispositivos na finalidade da execução por quantia certa contra devedor insolvente (art. 1.052), cuja qualidade é a liquidação dos bens do devedor para pagamento aos credores, senão na totalidade, na proporção dos seus créditos.

2. Alterações – Sem repetir, literalmente, nem na epígrafe, enunciados do Código anterior, a lei vigente alterou a redação do dispositivo deste, mantendo, no entanto, o respectivo objeto.

Em vez de falar, explicitamente, na finalidade dessa espécie de execução, como fazia o revogado art. 646, o art. 824 mostra que ela se efetivamediante a expropriação dos bens do executado, com a finalidade de satisfazer o direito do credor, chamado exequente e, acrescente-se, independentemente da vontade daquele. Há lide no processo de execução. A última proposição do artigo ressaltou as execuções especiais, que têm regime próprio, como se vê nas normas que as regulamentam.

Igual, na epígrafe, ao anterior art. 647, o inc. I do art. 825 limita-se a indicar a adjudicação (arts. 876 a 878), como meio de expropriação. O inciso II fala em alienação (arts. 879 a 903), genericamente, sem aludir a espécies dela, como faziam os incs. II e III do art. 647. Mais explícito do que o inciso IV desse artigo, que aludia ao usufruto de móvel ou imóvel, o inciso III diz que outra espécie de expropriação consiste em se apropriarem frutos e rendimentos de empresa ou de estabelecimento e de outros bens. O direito material conceituará as figuras referidas nesse inciso, mas não custa afirmar que, equiparados aos móveis, pode se fazer a apropriação da alimária e dos respectivos produtos, que frutos são.

O art. 826 substituiu o advérbio **mais**, do revogado art. 651, pelo adjetivo **antecipada**, sem contudo alterar o sentido da norma anterior, o que recomenda a consulta à doutrina e jurisprudência dela.

Seção II

Da Citação do Devedor e do Arresto
(arts. 827 a 830)

Art. 827. Ao despachar a inicial, o juiz fixará, de plano, os honorários advocatícios de dez por cento, a serem pagos pelo executado.

§ 1º No caso de integral pagamento no prazo de 3 (três) dias, o valor dos honorários advocatícios será reduzido pela metade.

§ 2º O valor dos honorários poderá ser elevado até vinte por cento, quando rejeitados os embargos à execução, podendo a majoração, caso não opostos os embargos, ocorrer ao final do procedimento executivo, levando-se em conta o trabalho realizado pelo advogado do exequente.

Art. 828. O exequente poderá obter certidão de que a execução foi admitida pelo juiz, com identificação das partes e do valor da causa, para fins de averbação no registro de imóveis, de veículos ou de outros bens sujeitos a penhora, arresto ou indisponibilidade.

§ 1º No prazo de 10 (dez) dias de sua concretização, o exequente deverá comunicar ao juízo as averbações efetivadas.

§ 2º Formalizada penhora sobre bens suficientes para cobrir o valor da dívida, o exequente providenciará, no prazo de 10 (dez) dias, o cancelamento das averbações relativas àqueles não penhorados.

§ 3º O juiz determinará o cancelamento das averbações, de ofício ou a requerimento, caso o exequente não o faça no prazo.

§ 4º Presume-se em fraude à execução a alienação ou a oneração de bens efetuada após a averbação.

§ 5º O exequente que promover averbação manifestamente indevida ou não cancelar as averbações nos termos do § 2º indenizará a parte contrária, processando-se o incidente em autos apartados.

Art. 829. O executado será citado para pagar a dívida no prazo de 3 (três) dias, contado da citação.

§ 1º Do mandado de citação constarão, também, a ordem de penhora e a avaliação a serem cumpridas pelo oficial de justiça tão logo verificado o não pagamento no prazo assinalado, de tudo lavrando-se auto, com intimação do executado.

§ 2º A penhora recairá sobre os bens indicados pelo exequente, salvo se outros forem indicados pelo executado e aceitos pelo juiz, mediante demonstração de que a constrição proposta lhe será menos onerosa e não trará prejuízo ao exequente.

Art. 830. Se o oficial de justiça não encontrar o executado, arrestar-lhe-á tantos bens quantos bastem para garantir a execução.

§ 1º Nos 10 (dez) dias seguintes à efetivação do arresto, o oficial de justiça procurará o executado 2 (duas) vezes em dias distintos e, havendo suspeita de ocultação, realizará a citação com hora certa, certificando pormenorizadamente o ocorrido.

§ 2º Incumbe ao exequente requerer a citação por edital, uma vez frustradas a pessoal e a com hora certa.

§ 3º Aperfeiçoada a citação e transcorrido o prazo de pagamento, o arresto converter-se-á em penhora, independentemente de termo.

1. Observações. **2.** Repetições. **3.** Alterações. **4.** Inovações.

1. Observações – A Seção II do Capítulo IV, objeto das considerações que aqui se iniciam, cuida de dois institutos distintos: a citação, que é ato de integração da parte no processo, por conseguinte, também no processo de execução, e o arresto, ato de apreensão de bens a que se procede antes da citação. Sobre o arresto, medida cautelar embutida no processo de execução, que constitui incidente dele, vale a pena consultar os escritores e tribunais que escreveram e decidiram sobre o art. 830 do Código anterior.

Cabe observar, mais uma vez, que o novo Código, também na disciplina da citação e do arresto, seguiu na esteira do anterior, trazendo poucas alterações de substância. Essas ligeiras alterações constituem marca da lei aqui vigente, para conforto dos que conhecem a doutrina e a jurisprudência do diploma revogado.

2. Repetições – Tirante o § 4º do art. 828, onde se repetiu o § 3º do velho art. 615-A, apenas se suprimindo a remissão constante deste, não há repetições literais nesta Seção II. Entretanto, pelas alterações insignificantes, pode-se dizer que as normas revogadas foram praticamente repetidas.

3. Alterações –Prolíferas as alterações de forma, apontam-se aqui as aparecidas na Seção agora examinadas.

O art. 827 substituiu sem vantagem sobre o anterior art. 652-A a expressão **honorários de advogado** por **honorários advocatícios**. Suprimiu também a descabida remissão que o dispositivo anterior fazia a outro, do velho Código. Substituiu também, no § 1º, **verba honorária** por **valor dos honorários advocatícios**.

Melhor do que o art. 615-A, o art. 828 permite ao exequente obter certidão de ajuizamento da ação executiva em qualquer tempo. Acerta essa norma porque é permanente o direito de pedir certidão, observados os limites dos §§ 1º e 2º do art. 189. Evitou a repetição do substantivo

registro. O § 1º mudou, inutilmente, a redação de igual parágrafo do anterior art. 615-A. No § 2º, ficou dito que o exequente providenciará o cancelamento, o que é mais claro do que dizer que este será determinado. No mais, a antiga norma aparece na que a sucedeu. Tornando a remissão constante do § 4º do revogado art. 615-A. O § 5º acrescenta ao caso de averbação manifestamente indevida a falta de cancelamento das averbações relativas aos bens não penhorados. Esse parágrafo explicita a sanção para o descumprimento da regra do § 2º.

No art. 829, não se vê diferença entre a oração **efetuar o pagamento da dívida** e **pagar a dívida**. O legislador explicitou, o que já estava implícito no revogado art. 852, estabelecido que o tríduo se conta a partir da citação, evidentemente observadas as regras sobre o prazo.

O § 1º do art. 829 determina que a ordem de penhora e avaliação conste do mandado de citação. Omisso o mandado, haverá nulidade relativa dos atos, já que a ordem visa a dar ciência ao executado das sanções decorrentes da falta de pagamento. A ordem todavia será eficaz, se o executado demonstrar ciência das sanções ou não alegar a nulidade da penhora ou da avaliação, na primeira oportunidade que tiver para falar nos autos (art. 278).

O § 2º permite ao exequente indicar bens que serão penhorados e avaliados, salvo se o executado indicar outros, que terão preferência sobre aqueles. Admite-se o contraditório acerca da prevalência da indicação, ponto a ser decidido pelo órgão jurisdicional. O juiz dará preferência aos bens que o executado apontar, depois de verificar a suficiência deles para garantir a execução e verificar que as medidas são menos onerosas para ele. Cumpre lembrar que a lei não presume a culpa do executado pela inadimplência, que pode ocorrer por fatores alheios à sua vontade, como acontecerá, por exemplo, se uma intempérie destruir a lavoura ou a coisa de cuja venda adviriam os recursos necessários ao pagamento da dívida. O § 2º do revogado art. 652 permitia ao juiz intimar o executado para indicar bens à penhora. O desaparecimento dessa norma não obsta, entretanto, a que o juiz proceda à intimação. O contraditório e a decisão sobre a penhora e a avaliação não impedirão a oposição de embargos (art. 917).

O *caput* do art. 830 é diferente do *caput* do anterior art. 653 pela inócua substituição do gerúndio pela condicional e do nome **devedor** por **executado**. O § 1º diminuiu de três para duas vezes o prazo de procura do devedor pelo oficial de justiça. Só se faz a citação por hora certa, se houver a suspeita de ocultação, pressuposto dela, não se efetuando noutros casos, como o de ausência. Conforme os §§ 2º e 3º do art. 830, que desdobram o anterior art. 654, frustrânea a citação direta ou por edital, o exequente requererá que ela seja feita por edital. O juiz, na condição de condutor do processo (art. 139), poderá ordenar essa citação de ofício. O § 3º do art. 830 repete a última proposição do anterior art. 654.

4. Inovações – O § 2º do art. 827 é, por assim dizer, a contrapartida da norma do § 1º. Enquanto esta prevê a redução dos honorários de advogado pela metade, se o pagamento integral do direito for feito no tríduo, contado da citação, o § 2º permite que se eleve o valor dessa remuneração até vinte por cento, se rejeitados os embargos à execução. A majoração até vinte por cento ocorrerá se rejeitados os embargos, entendendo-se que por decisão transitada em julgado. Não opostos os embargos, caso em que não ocorrerá revelia porque os embargos não constituem contestação (art. 344), o juiz pode aumentar os honorários até vinte por cento (atente-se na preposição **até**). Pode fazê-lo na final do processo de execução, atentando no trabalho profissional e nos preceitos das alíneas do art.85, § 2º.

A elevação dos honorários a vinte por cento afronta as garantias constitucionais da razoabilidade e da proporcionalidade, como acontece no caso do § 2º do art. 85. Pode ascender a somas vertiginosas, fato que acontece mas foi ignorado pelo legislador desatento, ou inexperiente.

O § 3º do art. 828, como inovação, permite ao juiz determinar de ofício o cancelamento da avaliação como previsto no § 2º. Esse cancelamento tem por pressuposto a formalização da penhora, como está neste parágrafo.

SEÇÃO III

DA PENHORA, DO DEPÓSITO E DA AVALIAÇÃO

(ARTS. 831 A 875)

1. Observações. 2. Distribuição das matérias.

1. Observações – Na Seção III do Capítulo IV, o Código trata de três institutos distintos: a penhora, o depósito e avaliação, que, no entanto, são atos do procedimento da execução por quantia certa, todos destinados a propiciar a satisfação do direito do exequente, independentemente da vontade do executado. Também nessa Seção se encontrarão normas do Código anterior, vivificadas, ou pela repetição literal ou modificada, quiçá para deixar nas almas desprecavidas a errônea impressão de que um novo diploma veio substituir o antigo, como era necessário. Nada disto.

2. Distribuição das matérias – A Seção III do Capítulo IV do Título II do Livro II da Parte Especial do CPC divide-se em cinco Seções. A terceira delas reporta-se em onze subseções e a quarta, em duas. Não constam subseções das Seções I, II e IV desse Capítulo IV. Nessas frações, o CPC de 1973 esgotou a disciplina da matéria, devendo-se contudo lembrar que as normas do Código são subsidiárias umas das outras, porque um Código é uma ordenação de regras jurídicas disciplinadoras de um mesmo segmento do direito positivo.

SUBSEÇÃO I

DO OBJETO DE PENHORA

(ARTS. 831 A 836)

Art. 831. A penhora deverá recair sobre tantos bens quantos bastem para o pagamento do principal atualizado, dos juros, das custas e dos honorários advocatícios.

Art. 832. Não estão sujeitos à execução os bens que a lei considera impenhoráveis ou inalienáveis.

Art. 833. São impenhoráveis:
I – os bens inalienáveis e os declarados, por ato voluntário, não sujeitos à execução;
II – os móveis, os pertences e as utilidades domésticas que guarnecem a residência do executado, salvo os de elevado valor ou os que ultrapassem as necessidades comuns correspondentes a um médio padrão de vida;
III – os vestuários, bem como os pertences de uso pessoal do executado, salvo se de elevado valor;
IV – os vencimentos, os subsídios, os soldos, os salários, as remunerações, os proventos de aposentadoria, as pensões, os pecúlios e os montepios, bem como as quantias recebidas por liberalidade de terceiro e destinadas ao sustento do devedor e de sua família, os ganhos de trabalhador autônomo e os honorários de profissional liberal, ressalvado o § 2º;
V – os livros, as máquinas, as ferramentas, os utensílios, os instrumentos ou outros bens móveis necessários ou úteis ao exercício da profissão do executado;
VI – o seguro de vida;
VII – os materiais necessários para obras em andamento, salvo se essas forem penhoradas;
VIII – a pequena propriedade rural, assim definida em lei, desde que trabalhada pela família;
IX – os recursos públicos recebidos por instituições privadas para aplicação compulsória em educação, saúde ou assistência social;
X – a quantia depositada em caderneta de poupança, até o limite de 40 (quarenta) salários-mínimos;

XI – os recursos públicos do fundo partidário recebidos por partido político, nos termos da lei;

XII – os créditos oriundos de alienação de unidades imobiliárias, sob regime de incorporação imobiliária, vinculados à execução da obra.

§ 1º A impenhorabilidade não é oponível à execução de dívida relativa ao próprio bem, inclusive àquela contraída para sua aquisição.

§ 2º O disposto nos incs. IV e X do *caput* não se aplica à hipótese de penhora para pagamento de prestação alimentícia, independentemente de sua origem, bem como às importâncias excedentes a 50 (cinquenta) salários-mínimos mensais, devendo a constrição observar o disposto no art. 528, § 8º, e no art. 529, § 3º.

§ 3º Incluem-se na impenhorabilidade prevista no inciso V do *caput* os equipamentos, os implementos e as máquinas agrícolas pertencentes a pessoa física ou a empresa individual produtora rural, exceto quando tais bens tenham sido objeto de financiamento e estejam vinculados em garantia a negócio jurídico ou quando respondam por dívida de natureza alimentar, trabalhista ou previdenciária.

Art. 834. Podem ser penhorados, à falta de outros bens, os frutos e os rendimentos dos bens inalienáveis.

Art. 835. A penhora observará, preferencialmente, a seguinte ordem:
I – dinheiro, em espécie ou em depósito ou aplicação em instituição financeira;
II – títulos da dívida pública da União, dos Estados e do Distrito Federal com cotação em mercado;
III – títulos e valores mobiliários com cotação em mercado;
IV – veículos de via terrestre;
V – bens imóveis;
VI – bens móveis em geral;
VII – semoventes;
VIII – navios e aeronaves;
IX – ações e quotas de sociedades simples e empresárias;
X – percentual do faturamento de empresa devedora;
XI – pedras e metais preciosos;
XII – direitos aquisitivos derivados de promessa de compra e venda e de alienação fiduciária em garantia;
XIII – outros direitos.

§ 1º É prioritária a penhora em dinheiro, podendo o juiz, nas demais hipóteses, alterar a ordem prevista no caput de acordo com as circunstâncias do caso concreto.

§ 2º Para fins de substituição da penhora, equiparam-se a dinheiro a fiança bancária e o seguro garantia judicial, desde que em valor não inferior ao do débito constante da inicial, acrescido de trinta por cento.

§ 3º Na execução de crédito com garantia real, a penhora recairá sobre a coisa dada em garantia, e, se a coisa pertencer a terceiro garantidor, este também será intimado da penhora.

Art. 836. Não se levará a efeito a penhora quando ficar evidente que o produto da execução dos bens encontrados será totalmente absorvido pelo pagamento das custas da execução.

§ 1º Quando não encontrar bens penhoráveis, independentemente de determinação judicial expressa, o oficial de justiça descreverá na certidão os bens que guarnecem a residência ou o estabelecimento do executado, quando este for pessoa jurídica.

§ 2º Elaborada a lista, o executado ou seu representante legal será nomeado depositário provisório de tais bens até ulterior determinação do juiz.

1. Observações. 2. Repetições. 3. Alterações. 4. Inovações.

1. Observações – Esta Subseção I cuida do objeto da penhora sem contudo definir, como não deve fazer a lei, o que seja esse instituto cujo conceito, no entanto, dessume dos artigos que aqui se analisam, agrupados de modo a se distinguirem dos regentes do depósito e da avaliação.

2. Repetições – Embora este livro vise a explicar as inovações trazidas ao direito processual civil positivo pelo Código de 2015, apontam-se nele as repetições literais do diploma revogado e ainda aquelas normas que apenas modificaram regras anteriores. Faz-se isto com a finalidade de alertar o leitor para a conveniência, senão necessidade de consultar as pertinentes doutrina e jurisprudência dos textos repetidos ou alterados.

Nesta Subseção I, dedicada ao objeto da penhora o art. 832 é repetição literal do anterior art. 648, como são, no art. 833, os incs. I, II, III, VI, VII, VIII, IX e XI iguais aos itens de igual numeração do art. 649, anterior. Registre-se que, no inciso II, antepuseram-se os artigos **os** e **as** aos substantivos **pertences** e **utilidades**, o que se mais apropriado, é despido de relevância.

No art. 835, o *caput* é igual ao do revogado art. 635. O inc. I daquele repete o inc. I deste; o inc. II é igual ao IX, o III espelha o X, o IV reflete o II, o VI espelha o III, o VIII é igual ao V, o X é idêntico ao VII e o XI, ao VIII, assim como o XIII do art. 835 do Código atual repete, letra a letra, o inc. XI do revogado art. 665.

O art. 836 reproduz o § 2º do art. 659 do Código vencido, vendo nele a última das repetições da subseção examinada.

3. Alterações – O art. 831 alterou o anterior art. 659, substituindo a frase **incidir em** por **recair sobre**.

O art. 833 suprimiu o advérbio **absolutamente** do *caput* do art. 649. Diz o novo artigo que os bens nele enumerados são impenhoráveise não absolutamente impenhoráveis – porque esses bens podem ser penhorados em determinadas circunstâncias, como mostram os §§ 1º, 2º e 3º do próprio artigo.

O inciso IV é diferente de igual item do art. 649 porque usou artigos definidos antes dos substantivos iniciais e a expressão **bem como** para juntar outros bens aos ali enumerados. Trocou a remissão ao § 3º do artigo revogado pela referência ao seu§ 2º.

O inc. V do art. 833 alterou o mesmo inciso do art. 649. Falava este na impenhorabilidade dos bens necessários ou úteis ao exercício de qualquer profissão, de modo a que, numa interpretação literal, se pudessem entender bens de outras profissões em poder do executado, como se o advogado tivesse entre os seus pertences um esfigmomanômetro. A norma do novo item é esclarecedora. São impenhoráveis, segundo ela, os móveis necessários ou úteis ao exercício da profissão do executado; profissão atual, entenda-se. Não profissão que o executado possa haver exercido, ou vá exercer. Se ele tiver mais de uma profissão, serão impenhoráveis os bens do exercício de todas elas.

O inc. X do art. 833 apenas suprimiu a preposição **até** de igual inciso do art. 649 e inverteu a ordem da enunciação, sem contudo alterá-la.

O § 1º do artigo difere do § 1º do artigo revogado, de inadequada redação. É claro agora o parágrafo. São penhoráveis os bens na execução de dívida relativa ao próprio bem, v.g., execução de cotas de condomínio, como na execução de dívida contraída para a aquisição da própria coisa, como no caso de financiamento. Andou bem o inciso em substituir a alusão à cobrança do crédito concedido para a aquisição do bem, que pode ocorrer por ação cognitiva, pela referência à execução da respectiva dívida.

O § 2º do art. 833 é igual à primeira proposição do § 2º do art. 649, até o ponto em que este fala em prestação alimentícia, substituída a remissão ao inciso IV deste artigo pela menção aos incs. IV e X do *caput* do novo dispositivo. O § 2º do art. 833 não fala, genericamente, em prestação alimentícia, mas em prestação alimentícia de qualquer natureza, englobando nela as prestações emergentes do vínculo de parentesco, as decorrentes da indenização por atos ilícitos, ou quaisquer outras. Prossegue o parágrafo com uma inovação. São impenhoráveis as verbas referidas nos incisos IV e X até que o valor delas chegue a cinquenta salários-mínimos mensais. Na parte superior a essa quantia a soma é penhorável. Assim, se a prestação valer sessenta salários-mínimos mensais, ela será penhorável no valor de dez salários. Não se somam prestações mensais para determinar a incidência do parágrafo como ocorreria se se conjugassem duas prestações mensais, uma de cinquenta, outra de dez. Neste caso, ambas as prestações seriam impenhoráveis. O parágrafo é claro na referência a prestações mensais. A remissão ao § 8º do art. 528 significa que, se o exequente penhorar valor excedente de cinquenta salários, não poderá pedir a prisão do executado pela falta de pagamento dessa quantia, nos casos em que o direito permitir a privação da liberdade. A remissão ao § 8º permite que o exequente levante a soma penhorada, considerada a natureza e finalidade da prestação alimentícia. Para repetir o conhecido adágio, "a fome não espera". O levantamento pode ser feito, ainda que se dê efeito suspensivo a eventuais embargos do executado, caso em que haverá, em favor dele, um crédito contra o exequente, igual à soma por ele levantada com os acréscimos de lei. A remessa ao § 3º do art. 529 significa que o exequente, credor de parcelas já vencidas, pode ser pago da respectiva soma, retirando-a, em parcelas, dos proventos do devedor, na proporção fixada pelo juiz. Neste caso, os §§ 1º e 2º do art. 529 incidem.

O art. 650 do Código anterior permitiu a penhora de frutos e rendimentos dos bens inalienáveis, mas a proibia na extensão do necessário a satisfazer prestação alimentícia. O art. 834 do Código vigente aboliu a exceção pela dificuldade de provar o destino da soma. Portanto, faltando outros bens, podem ser penhorados os frutos e rendimentos dos bens inalienáveis. Não cabem embargos com fundamento no fato de que a soma se destinava ao pagamento da prestação alimentícia.

O inc. IX do art. 835 é igual, no *caput*, ao anterior art. 655. Diferencia-se, porém, o inciso VI deste do inciso IX daquele, que menciona as sociedades simples, além das empresariais, figuras que são definidas pelo direito material.

O § 2º do art. 835 não se distancia do § 2º do revogado art. 656. Permite a substituição da penhora, pois fala que ela pode ser substituída. Irrelevante o desaparecimento da oração "pode ser substituída por", assim como a troca do advérbio **mais** pelo particípio **acrescido**.

O § 3º do art. 835 fala, corretamente, na execução de crédito com garantia real, em vez de aludir às espécies mencionadas no § 1º do art. 655, anterior. A eliminação do advérbio **preferencialmente**, constante desse § 1º significa que a penhora recairá, necessariamente, sobre a garantia, podendo, por certo, sofrer modificações inerentes ao estado da coisa. Cabível a substituição do demonstrativo **esse** por **este**, de igual categoria.

O § 1º do art. 836 é mais conciso do que o § 3º do anterior art. 659. Quando não encontrar bens penhoráveis e também no caso do art. 836, cujo *caput* incide sem necessidade de remissão, o oficial de justiça procede à descrição, obediente à norma, prescindindo de autorização judicial, pois a norma, por si só, é imperativa. Trocou-se a palavra **devedor** por **executado**. A oração subordinada com que termina o parágrafo é demasiada pois pessoas físicas não têm estabelecimento. A referência a pessoas jurídicas estende-se às pessoas formais, que são aquelas universalidades que não integram aquela categoria mas a ela se assemelham, como o espólio e a massa falida.

4. Inovações – O confuso inc.XII do art. 833, sem correspondência no Código anterior, torna impenhoráveis os créditos oriundos da alienação de unidades imobiliárias feitas sob o regime de incorporação. Esses são penhoráveis, a menos que decorram da execução da obra. Assim, penhoram-se o crédito do preço vinculado à execução da obra. Há, então, que se distinguir entre o crédito da alienação da unidade imobiliária feita sob o regime de incorporação do crédito decorrente do preço da execução da obra. Penhora-se, então, de acordo com o inciso o crédito correspondente no preço da alienação mas não se penhora o crédito do preço pago pela execução da obra. Deve-se, então, isolar a parte do preço pago pela execução, da obra do crédito do preço da alienação, este penhorável. Melhor se entenderá o dispositivo se se considerar que o crédito do preço da execução da obra corresponde ao que o incorporador já gastou com ela. A satisfação desse crédito tem natureza compensatória. Daí, a impenhorabilidade.

No § 2º do art. 833, a parte subsequente à frase "para pagamento de prestação alimentícia" é inovação. Entretanto, como essa parte alterou o parágrafo, o fazendo mais extenso, ela foi objeto de consideração posta no item anterior, voltada para as alterações.

O § 3º ainda do art. 833 amplia a impenhorabilidade dos bens apontados no seu inciso V. Ele a ampliou, para fazê-lo abrangente dos equipamentos, dos apetrechos que a ele seacoplam para aumentar-lhe a prestança, que são os implementos, e as máquinas agrícolas, não importa se pertencentes a uma ou algumas pessoas físicas, ou empresa individual, desde que esses bens sejam destinados à produção rural. O dispositivo privilegia e estimula a agricultura. Não se incluem na impenhorabilidade esses bens, quando pertinentes a empresa não individual, como, por exemplo, uma companhia. Os bens indicados na última parte do artigo são penhoráveis, quando objeto de qualquer financiamento, não apenas o destinado à sua aquisição. Também quando forem dados em garantia de um negócio jurídico, ou quando respondam por dívida de natureza alimentar, trabalhista ou previdenciária. Fossem impenhoráveis tais bens, as garantias seriam frustrâneas porque essas coisas não seriam suscetíveis de penhora. A impenhorabilidade é restrita aos bens do executado mas a garantia subsiste, pela ambulatoriedade, no caso de alienação delas.

Sem correspondência no Direito anterior, o inc.VII do art. 835 faz penhoráveis os semoventes, já integrantes da categoria de bens móveis, referidos no inciso VI. O legislador atentou no fato do valor do semovente, pois semoventes há que podem ascender em valor; valor por vezes alto, bastando imaginar os cavalos de corrida e os animais reprodutores.

O inc.XIII do art. 835 torna penhoráveis os direitos decorrentes de promessa de compra e venda e de alienação fiduciária em garantia. É preciso que o executado seja credor desses direitos. Se os tiver legalmente cedido, como acontece na cessão com promessa de crédito, ou promessa de cessão, esses direitos continuarão penhoráveis. Esse inciso não encontra igual no Código anterior.

A penhora obedece a ordem dos incisos do art. 835, como se lê no seu *caput*. O § 1º, entretanto, permite que o juiz inverta a ordem dos incisos II e seguintes, "de acordo com as circunstâncias do caso concreto", reza o § 1º do art. 835, sem correspondência no CPC de 1973. Essas circunstâncias consistem em qualquer dificuldade de localização, conservação, alienação dos bens à discrição do juiz. Não se pode todavia fazer outro bem sobrepor-se ao dinheiro. Unidade comum de troca e medida comum do valor, o dinheiro é penhorável antes de qualquer outro bem. No entanto, exequente e executado podem convencionar a penhora de outro bem com prestação do dinheiro.

O § 2º do art. 836 refere-se à lista dos bens, elaborada pelo oficial de justiça, como determina o § 1º. O juiz fará o executado, ou um representante legal, como são o tutor, o curador, o representante da pessoa jurídica ou formal depositivo de todos os bens da lista. Depositando provisório porque, a qualquer tempo, de ofício, ou a requerimento do exequente, do executado ou de terceiro, o juiz pode nomear outro depositivo. Também esse parágrafo explicita, com diversos outros dispositivos, o que já se encontrava implícito na sistemática da execução.

Subseção II
Da Documentação da Penhora, do Seu Registro e do Depósito
(arts. 837 a 844)

Art. 837. Obedecidas as normas de segurança instituídas sob critérios uniformes pelo Conselho Nacional de Justiça, a penhora de dinheiro e as averbações de penhoras de bens imóveis e móveis podem ser realizadas por meio eletrônico.

Art. 838. A penhora será realizada mediante auto ou termo, que conterá:
 I – a indicação do dia, do mês, do ano e do lugar em que foi feita;
 II – os nomes do exequente e do executado;
 III – a descrição dos bens penhorados, com as suas características;
 IV – a nomeação do depositário dos bens.

Art. 839. Considerar-se-á feita a penhora mediante a apreensão e o depósito dos bens, lavrando-se um só auto se as diligências forem concluídas no mesmo dia.
 Parágrafo único. Havendo mais de uma penhora, serão lavrados autos individuais.

Art. 840. Serão preferencialmente depositados:

I – as quantias em dinheiro, os papéis de crédito e as pedras e os metais preciosos, no Banco do Brasil, na Caixa Econômica Federal ou em banco do qual o Estado ou o Distrito Federal possua mais da metade do capital social integralizado, ou, na falta desses estabelecimentos, em qualquer instituição de crédito designada pelo juiz;

II – os móveis, os semoventes, os imóveis urbanos e os direitos aquisitivos sobre imóveis urbanos, em poder do depositário judicial;

III – os imóveis rurais, os direitos aquisitivos sobre imóveis rurais, as máquinas, os utensílios e os instrumentos necessários ou úteis à atividade agrícola, mediante caução idônea, em poder do executado.

§ 1º No caso do inciso II do *caput*, se não houver depositário judicial, os bens ficarão em poder do exequente.

§ 2º Os bens poderão ser depositados em poder do executado nos casos de difícil remoção ou quando anuir o exequente.

§ 3º As joias, as pedras e os objetos preciosos deverão ser depositados com registro do valor estimado de resgate.

Art. 841. Formalizada a penhora por qualquer dos meios legais, dela será imediatamente intimado o executado.

§ 1º A intimação da penhora será feita ao advogado do executado ou à sociedade de advogados a que aquele pertença.

§ 2º Se não houver constituído advogado nos autos, o executado será intimado pessoalmente, de preferência por via postal.

§ 3º O disposto no § 1º não se aplica aos casos de penhora realizada na presença do executado, que se reputa intimado.

§ 4º Considera-se realizada a intimação a que se refere o § 2º quando o executado houver mudado de endereço sem prévia comunicação ao juízo, observado o disposto no parágrafo único do art. 274.

Art. 842. Recaindo a penhora sobre bem imóvel ou direito real sobre imóvel, será intimado também o cônjuge do executado, salvo se forem casados em regime de separação absoluta de bens.

Art. 843. Tratando-se de penhora de bem indivisível, o equivalente à quota-parte do coproprietário ou do cônjuge alheio à execução recairá sobre o produto da alienação do bem.

§ 1º É reservada ao coproprietário ou ao cônjuge não executado a preferência na arrematação do bem em igualdade de condições.

§ 2º Não será levada a efeito expropriação por preço inferior ao da avaliação na qual o valor auferido seja incapaz de garantir, ao coproprietário ou ao cônjuge alheio à execução, o correspondente à sua quota-parte calculado sobre o valor da avaliação.

Art. 844. Para presunção absoluta de conhecimento por terceiros, cabe ao exequente providenciar a averbação do arresto ou da penhora no registro competente, mediante apresentação de cópia do auto ou do termo, independentemente de mandado judicial.

1. Observações. **2.** Repetições. **3.** Alterações. **4.** Inovações.

1. Observações – A Subseção II não trata de penhora, como ato de processo de execução, porém da documentação dela. A Subseção III da Seção I do Capítulo IV do Título II do Livro II do Código de Processo Civil de 1973 tinha por epígrafe "Da Penhora e do Depósito". Não falava na documentação da penhora, como faz agora a Subseção II. A documentação faz-se por auto ou termo, ambos atos que documentam a medida, que não é nenhum dos atos de expropriação indicados nos três incisos do art. 825, porém um ato de assinalação de bens cuja liquidaçãoservirá para satisfazer o direito do credor, consubstanciado no título executivo judicial (art. 515), ou extrajudicial(art. 784). Não se pode esquecer que o art. 513, o primeiro a disciplinar o cumprimento da sentença, manda observar, conforme a natureza da obrigação, o Livro II da Parte Especial. O § 3º do art. 523, inserto dentre os artigos que tratam do cumprimento definitivo da sentença, que reconhece a exigibilidade de obrigação de pagar quantia certa, dispõe que, não efetuado tempestivamente o pagamento voluntário será expedido, desde logo, mandado de penhora. Ele se fará na conformidade dos artigos aqui e agora examinados que, então, incidem tanto na penhora realizada na execução de título extrajudicial, quanto na que se realizar no cumprimento da sentença condenatória de pagamento de quantia certa.

2. Repetições – Repetições literais são três, se não falha a contada. No inc. I do art. 838, só se verificou modificação de igual item do revogado art. 665 pela colocação das contrações prepositivas **do**, antes dos substantivos **mês**, **ano** e **lugar**, não se sabendo se valeu a pena a correção desprezível. O inciso IV repete o anterior inciso IV.

3. Alterações – O art. 837 é diferente do anterior § 6º do art. 659 porque manda obedecer as normas de segurança instituídas, sob critérios uniformes, pelo Conselho Nacional de Justiça. Faltantes, o juiz poderá, ele mesmo, elaborar essas normas (art. 140). Não manda cumprir normas instituídas pelos tribunais, pois revogado o § 6º do art. 659, do qual se poderia servir para aplicação analógica. Irrelevante a troca do substantivo **numerário** pelo nome **dinheiro** e a colocação de **meios eletrônicos** no singular.

No *caput* do art. 838, acrescentou-se ao substantivo **auto** a palavra **termo**. O auto de penhora é o escrito que documenta a penhora, feito por oficial de justiça (art. 829, § 1º). O termo é a documentação de ato processual, feita por serventuário de justiça (v.g., art. 849). Tudo o que fez o inciso II foi substituir **credor** e **devedor** por **exequente** e **executado**. O inciso III pôs o substantivo **característicos** no feminino.

O parágrafo único do art. 839 diz que, havendo mais de uma penhora, serão lavrados autos individuais. Qual a diferença entre esse parágrafo e o parágrafo único do anterior art. 664, consoante o qual: "Havendo mais de uma penhora, lavrar-se-á para cada qual um ato"? A conveniência de alterar-se a redação de um dispositivo nada errôneo não justifica um novo Código.

O *caput* do art. 840 já não alude a bens penhorados, como o *caput* do art. 666, anterior, mas arrola bens, nos seus três incisos. O inciso I daquele artigo não mudou o inciso I do anterior, cujo texto apenas inverteu. O inciso II acrescentou aos móveis e imóveis os semoventes, que móveis são, e os direitos aquisitivos sobre imóveis, que imóveis não são, posto que também integram o rol de direitos reais, como dirá o direito material. O § 2º do artigo é igual, no conteúdo, ao § 1º do art. 840.

Mais sintético, o *caput* do art. 841 já fala em formalização da penhora, que compreende a regra explícita do *caput*, § 1º do revogado art. 652. A formalização da penhora compreende todos os elementos que compõe esse ato complexo, cujos lances se encontram noutros dispositivos, como o art. 838. O § 1º desse artigo permite a intimação da penhora à sociedade de advogados a que pertença o advogado de devedor, dispensada a intimação deste, se ela se fizer naquela. Essa intimação, constante da norma, dispensa o requerimento do § 1º do art. 272, por mais o § 2º deste artigo deve ser observado. O emprego do verbo **ser**, no futuro, no § 1º do art. 841 não torna nula a intimação feita de outro modo, se alcançar o seu objetivo (art. 277).

Diferente do § 2º do art. 655, o § 4º do art. 841 manda intimar, pessoalmente, o cônjuge do executado, a menos que este seja casado pela separação absoluta de bens. O parágrafo excluiu o companheiro e companheira do executado, mas eles também são intimados, se compartilham do mesmo bem, assim como os condôminos, salvo na propriedade horizontal, que é autônoma. Também aqui não haverá nulidade, se, feita de outro modo, a intimação atinge sua finalidade (art. 277). Se, por qualquer motivo, eles tiverem procurador nos autos, aplica-se o § 1º se se intimar o executado na pessoa do seu procurador, ou na sociedade deste, a regra se aplica, *a fortiori*, a terceiro.

O art. 843 complementa o art. 842. Alienado o bem indivisível, ele se transfere todo ao adquirente, mas o cônjuge não executado receberá a sua parte no preço da alienação. A norma do artigo estende-se a qualquer coproprietário, inclusive ao companheiro, se o direito regulador dessa situação o fizer dono de parte do bem.

O art. 844 acrescentouao caso de penhora o de arresto. O art. 301 fala também em sequestro e arrolamento. Quaisquer desses atos podem ser levados à averbação no registro competente, porque ela trará a mesma qualidade. Vale a pena a consulta àdoutrina e à jurisprudência do § 4º do anterior art. 659. Ela oferecerá subsídios à compreensão e aplicação do art. 844.

4. Inovações – Como sempre, são poucas as inovações da Subseção II.

O inc. III do art. 840 acrescentou à lista dos bens a serem depositados os imóveis rurais, assim definidos no direito material, os direitos aquisitivos e eles, as máquinas, os utensílios e os instrumentos necessários ou úteis à atividade agrícola. Esses bens ficarão em poder do executado, se ele apresentar caução idônea, real ou fidejussória. Se não as prestou, por qualquer motivo, inclusive pela falta de meios para a caução, os bens poderão ficar com o depositário judicial, ou, não existindo, com o próprio executado, considerada a qualidade dessas coisas. Ele assinará o termo de depósito. Deixar os bens em poder do exequente será situação incompatível com a natureza dos bens. O § 1º fala que, não havendo depositário judicial, os bens ficam em poder do exequente, sendo, portanto, exceção à regra do inciso II. Não obsta, porém à menção de um terceiro. Perecendo o bem, ou se determinando, outros são penhorados. Não existindo outros, se os depositados não forem suficientes para cobrir o passivo, caso será de execução por quantia certa contra devedor insolvente. O § 2º permite que os bens continuem com o executado, nos casos de difícil remoção. A ação temporal "quando anuiu o exequente" não abrange os casos de difícil sanção, porque aí incide a primeira parte do § 2º. A aquiescência do exequente aplica-se à hipótese em que ele concorda com a permanência do bem em qualquer outro caso. Não se pode esquecer que o juiz tem flexibilidade na aplicação das normas do art. 840, contanto que observe a qualidade da penhora.

O art. 841 apresenta invenções nos seus §§ 2º a 4º. O § 2º determinou a intimação do executado por via postal, se ele não tiver, ou não mostrou advogado. Preferencialmente, reza o parágrafo, por outros meiosse poderáfazer a intimação, válida se atinja a sua finalidade. O § 3º deve ser interpretado no sentido de que, feita a penhora, na presença do executado, ela dispensa outra intimação, se ele estiver presente no ato e, por óbvio, se se achar no exercício dos seus direitos (art. 70). Se for incapaz, só incideo dispositivo, se a penhora ocorrer na presença do representante ou assistente (art. 71). O parágrafo é claro, ao excluir a incidência do § 1º do mesmo art. 841. O § 4º acompanhou construções doutrinárias e jurisprudenciais, cominando ao executado esta qualidade: repita-se, feita a intimação, se o executado houver mudado de endereço, não de domicílio, sem prévia comunicação ao juízo da execução. O endereço será o que consta dos autos, em petição ou no ato ou termo, ou em procuração, prevalecendo aqueles sobre este. O § 4º não se aplica se, tendo mudado de endereço, o executado tiver advogado, a menos que também este haja mudado de endereço, ou de correio eletrônico sem comunicar a mudança no juízo. Mudando o advogado de endereço ou de localização sem comunicação prévia, aplica-se o § 2º. A incidência do parágrafo único do art. 274 faz correr o prazo a partir da juntada aos autos do comprovante de entrega, mas também do termo de intimação.

O § 1º do art. 843 outorga preferência ao coproprietário, ou ao cônjuge alheio à execução na arrematação do bem, em igualdade de condições com o arrematante. Essa preferência se exerce depois da arrematação, pois só aí se verifica o valor pelo qual ela se fez. Exerce-se o direito de preferência no prazo de cinco dias, contados da lavratura do auto de arrematação (arts. 901 e 218, § 3º). O § 2º desse art. 843 proíbe a eficácia da expropriação, na hipótese nele contemplada. Será preciso que a avaliação indique no valor um preço suficiente para abranger a totalidade do valor da quota e também que se aufira na expropriação valor ao menos igual ao dessa parcela. Se o valor da avaliação não comportar o valor da quota do coproprietário ou do cônjuge alheio à execução, a expropriação não se consumará, a menos que seja suficiente para cobrir aquela importância. Fora desse caso não se efetiva a expropriação. O § 2º protege as pessoas nele indicadas, impedindo que elas percam o seu quinhão por valor menor do que o atribuído à causa. A avaliação determina um valor, no qual estará compreendido, proporcionalmente, o valor da quota-parte. É preciso, então, que a expropriação cubra esse valor. Não cobrindo, ele não se efetiva e a expropriação terá por objeto outro bem que atenda à condição constante do parágrafo. Admite-se a expropriação conjunta de bens, visando a atender a norma analisada.

Subseção III
Do Lugar de Realização da Penhora
(arts. 845 e 846)

Art. 845. Efetuar-se-á a penhora onde se encontrem os bens, ainda que sob a posse, a detenção ou a guarda de terceiros.

§ 1º A penhora de imóveis, independentemente de onde se localizem, quando apresentada certidão da respectiva matrícula, e a penhora de veículos automotores, quando apresentada certidão que ateste a sua existência, serão realizadas por termo nos autos.

§ 2º Se o executado não tiver bens no foro do processo, não sendo possível a realização da penhora nos termos do § 1º, a execução será feita por carta, penhorando-se, avaliando-se e alienando-se os bens no foro da situação.

Art. 846. Se o executado fechar as portas da casa a fim de obstar a penhora dos bens, o oficial de justiça comunicará o fato ao juiz, solicitando-lhe ordem de arrombamento.

§ 1º Deferido o pedido, 2 (dois) oficiais de justiça cumprirão o mandado, arrombando cômodos e móveis em que se presuma estarem os bens, e lavrarão de tudo auto circunstanciado, que será assinado por 2 (duas) testemunhas presentes à diligência.

§ 2º Sempre que necessário, o juiz requisitará força policial, a fim de auxiliar os oficiais de justiça na penhora dos bens.

§ 3º Os oficiais de justiça lavrarão em duplicata o auto da ocorrência, entregando uma via ao escrivão ou ao chefe de secretaria, para ser juntada aos autos, e a outra à autoridade policial a quem couber a apuração criminal dos eventuais delitos de desobediência ou de resistência.

§ 4º Do auto da ocorrência constará o rol de testemunhas, com a respectiva qualificação.

1. Observações. 2. Alterações.

1. Observações – A matéria desta Subseção III bem caberia na subseção precedente. O legislador, entretanto, preferiu separá-la, talvez para dar-lhe destaque, embora o lugar de realização da penhora seja indissociável dela, quando o bem ocupe determinado espaço, o que deixa de ocorrer quando se tratar de imaterialidade, como, por exemplo, direitos creditícios (art. 835, inc. XII).

Nesta Subseção, não há repetições literais, embora a redação dos dispositivos tenha ficado rente aos semelhantes do Código anterior.

2. Alterações – A redação do art. 845, *caput*, melhorou a do revogado § 1º do art. 659 porque denunciou a frase "onde quer que se encontrem", substituída por "onde se encontram", suficiente para designar o local dos bens. O § 1º do artigo eliminou, por desnecessária, a última parte do § 5º do anterior art. 659, relativa à intimação do executado, objeto do art. 841 e seus quatro parágrafos. O § 2º substituiu **devedor** por **executado** e **causa** por **processo**, ambos os substantivos bastantes para designar a relação processual. A palavra **causa** aparecia no texto revogado sem a acepção que lhe dão os arts. 258 e 259 e o inc. III dos arts. 102 e 105 da Constituição Federal. No § 2º, a gerundiva "não sendo possível [...]" é desnecessária porque a sua falta não derrogaria o § 1º, que trata de hipótese especial.

O *caput* do art. 846 apenas substituiu o substantivo **devedor** do passado art. 660 por **executado**. O § 1º mudou **portas e gavetas** para **cômodos e móveis**, sem contudo alterar o sentido do *caput* do anterior art. 661. *Idem*, quanto à substituição de "onde presumirem que se achem" por "em que se presuma estarem", ou de "e lavando" por "e lavrarão". Alterações como a colocação do número de testemunhas, em algarismo arábico, escrito, por extenso, entre parênteses, exibem uma das marcas indeléveis do novo Código, que é proceder alterações insignificantes. O § 2º suprimiu a referência do revogado art. 662 à requisição, pelos oficiais de justiça, de força policial para prender quem resistir à ordem de penhora. Essa prisão caberá aos oficiais efetuá-la sozinhos, ou com o auxílio da polícia, se assim determinarem as circunstâncias. O § 3º acrescentou referência ao chefe da secretaria que é a designação do titular da repartição forense, onde se processam os feitos, nos juízos federais. Não há diferença de relevo entre **auto de resistência**, do anterior art. 663 e **auto de ocorrência** do § 3º do vigente art. 846 porque ambos são requisitos de todos os acontecimentos decorrentes da recalcitrância. Não incumbe aos oficiais identificar a autoridade policial competente para a apuração dos delitos de desobediência, ou de resistência. Eles encaminharão cópia do auto à repartição policial da circunscrição onde ocorreu a falta, ou o entregarão ao juízo, afirmando a sua perplexidade, para que esse órgão proceda ao encaminhamento. O § 4º substituiu **auto de resistência** por **auto de ocorrência** que tem o mesmo significado, assim como se igualam o adjetivo **respectivo** e o pronome **sua**, no anterior parágrafo único do art. 663 e no atual § 4º do art. 846.

SUBSEÇÃO IV

DAS MODIFICAÇÕES DA PENHORA
(ARTS. 847 E 853)

Art. 847. O executado pode, no prazo de 10 (dez) dias contado da intimação da penhora, requerer a substituição do bem penhorado, desde que comprove que lhe será menos onerosa e não trará prejuízo ao exequente.

§ 1º O juiz só autorizará a substituição se o executado:

I – comprovar as respectivas matrículas e os registros por certidão do correspondente ofício, quanto aos bens imóveis;

II – descrever os bens móveis, com todas as suas propriedades e características, bem como o estado deles e o lugar onde se encontram;

III – descrever os semoventes, com indicação de espécie, de número, de marca ou sinal e do local onde se encontram;

IV – identificar os créditos, indicando quem seja o devedor, qual a origem da dívida, o título que a representa e a data do vencimento; e

V – atribuir, em qualquer caso, valor aos bens indicados à penhora, além de especificar os ônus e os encargos a que estejam sujeitos.

§ 2º Requerida a substituição do bem penhorado, o executado deve indicar onde se encontram os bens sujeitos à execução, exibir a prova de sua propriedade e a certidão negativa ou positiva de ônus, bem como abster-se de qualquer atitude que dificulte ou embarace a realização da penhora.

§ 3º O executado somente poderá oferecer bem imóvel em substituição caso o requeira com a expressa anuência do cônjuge, salvo se o regime for o de separação absoluta de bens.

§ 4º O juiz intimará o exequente para manifestar-se sobre o requerimento de substituição do bem penhorado.

Art. 848. As partes poderão requerer a substituição da penhora se:
I – ela não obedecer à ordem legal;
II – ela não incidir sobre os bens designados em lei, contrato ou ato judicial para o pagamento;
III – havendo bens no foro da execução, outros tiverem sido penhorados;
IV – havendo bens livres, ela tiver recaído sobre bens já penhorados ou objeto de gravame;
V – ela incidir sobre bens de baixa liquidez;
VI – fracassar a tentativa de alienação judicial do bem; ou
VII – o executado não indicar o valor dos bens ou omitir qualquer das indicações previstas em lei.
Parágrafo único. A penhora pode ser substituída por fiança bancária ou por seguro garantia judicial, em valor não inferior ao do débito constante da inicial, acrescido de trinta por cento.

Art. 849. Sempre que ocorrer a substituição dos bens inicialmente penhorados, será lavrado novo termo.

Art. 850. Será admitida a redução ou a ampliação da penhora, bem como sua transferência para outros bens, se, no curso do processo, o valor de mercado dos bens penhorados sofrer alteração significativa.

Art. 851. Não se procede à segunda penhora, salvo se:
I – a primeira for anulada;
II – executados os bens, o produto da alienação não bastar para o pagamento do exequente;
III – o exequente desistir da primeira penhora, por serem litigiosos os bens ou por estarem submetidos a constrição judicial.

Art. 852. O juiz determinará a alienação antecipada dos bens penhorados quando:
I – se tratar de veículos automotores, de pedras e metais preciosos e de outros bens móveis sujeitos à depreciação ou à deterioração;
II – houver manifesta vantagem.

Art. 853. Quando uma das partes requerer alguma das medidas previstas nesta Subseção, o juiz ouvirá sempre a outra, no prazo de 3 (três) dias, antes de decidir.

Parágrafo único. O juiz decidirá de plano qualquer questão suscitada.

1. Observações. **2.** Repetições. **3.** Alterações. **4.** Inovações.

1. Observações – Há substituição da penhora, quando ocorre a troca de um bem penhorado por outro, como se se penhorassem primeiro móveis para depois se colocarem bens imóveis no lugar daqueles. Ocorre alteração da penhora, quando apenas se modificam os bens penhorados, como acontece, quando se complementa a penhora, ou se lhe diminui a extensão, como a redução da penhora sobre o imóvel penhorado, que se valorizou. Extinção da penhora não é modificação mas desaparecimento dela, como se, efetuada, a satisfação do credor, com o consentimento do devedor, com o consentimento da contraparte. A falta de bens bastantes é insuficiência que pode levar à suspensão convencional do processo executivo, ou à sua transmutação em execução por quantia certa contra devedor insolvente (arts. 313, II, e 1.052). Essas figuras são visíveis e inconfundíveis (v.g,, art. 847).

2. Repetições – Salvo o *caput* do art. 851 e seu inc. I, que repetiram iguais partes do anterior art. 667, e o inc. II do art. 852, não houve repetições literais. Repetições parciais existem em abundância, o que ocorre ao longo de todo o novo Código mas elas são postas, neste livro, no item em que se apontam as alterações, pelo acréscimo ou encurtamento do texto, o recurso à sinonímia, ou a inversão da ordem das frases.

3. Alterações – O art. 847 não alterou o sentido do revogado art. 668. O decêndio continua o mesmo, assim como o seu termo inicial. A supressão do advérbio **cabalmente** é correta porque a compensação deve sempre ser feita de modo a convencer exequente e juiz. A supressão do pronome **algum** também foi adequada, porque pode acontecer que a substituição seja menos cômoda. Ainda assim, será admissível, se suficiente para assegurar a satisfação do credor, se for menos onerosa para o executado, que não se pode presumir culpado pelo inadimplemento. Quando o dispositivo fala na inocorrência de prejuízo para o exequente, alude à modificação redutora da garantia, ou onerosa, no tocante à conservação e possibilidade de alteração do valor do bem substituto. Interpretado *a contrario sensu*, o parágrafo único do velho art. 668 e o *caput* do § 1º do art. 847 coincidem porque, não atendidas as exigências dos cinco incisos, não se configurarão os pressupostos da substituição. A comprovação da matrícula e os registros dos imóveis satisfarão o requisito do inciso I. A exigência da descrição do estado dos móveis e a indicação do lugar onde se encontram não é requisito novo. Propriedades do bem são as possibilidades de seu uso. Características são os elementos que o particularizam, das dimensões à denominação. A descrição dos semoventes (inc. III), com indicação da quantidade deles, da marca, que é a raça ou a espécie e o sinal, como o fixado a ferro, ou algum traço distintivo são requisitos a serem atendidos pelo executado que contudo pode indicá-los por agrupamento, ou rebanho. O inciso IV não é diferente de igual item do anterior art. 668. O requisito do inciso V aplica-se a todos os bens indicados à substituição. A especificação dos bens com os ônus e encargos, exigidos no inciso V destina-se a determinar a possibilidade da substituição.

Já explicado o § 1º, no que altera os semelhantes do diploma anterior. O § 2º do art. 847 não se diferencia do § 2º do art. 656, cujas palavras repete na quase totalidade. O particípio "requerida a substituição" pode, na interpretação literal, levar ao entendimento de que o cumprimento da norma ocorrerá após o pedido da substituição. No entanto, não é assim. A regra do parágrafo é cumprida com o requerimento, nada obstado a que o juiz mande suprir a eventual omissão, no prazo que assinar, ou no quinquídio do § 3º do art. 218. O § 3º dispensa a anuência do cônjuge para a substituição do bem penhorado por imóvel, se absoluta a separação de bens. Na hipótese de união, não importa o gênero, a dispensa da anuência ocorrerá se houver pacto de separação total, como a lei do tempo dá aos companheiros comunhão nos bens do par. O § 4º dispensa mas não proíbe o termo de substituição. A decisão judicial que a autoriza supre a falta do termo porém não afasta a eventual necessidade de averbação ou registro. O prazo de manifestação do exequente sobre o pedido de substituição será o fixado pelo juiz, ou de cinco dias (art. 218 e parágrafos).

Ao contrário do *caput* do anterior art. 656, que falava em requerimento da substituição, pela parte, o atual art. 848 fala em partes, no plural, explicitando que a substituição pode ser requerida, indistintamente, pelo exequente, ou pelo executado, se ocorrerem os respectivos pressupostos. A conjunção condicional foi posta no *caput* do artigo, e não antes de cada período dos seus sete incisos. Nesse art. 848, os incs. I, II, V e VI repetem iguais incisos do anterior art. 656. O inciso III é igual ao anterior, salvo na substituição de **houverem** por **tiverem**. No inciso IV, nota-se a troca do sujeito **penhora** pelo sujeito **ela**. No inciso VII, substituiu-se o vocábulo **devedor** pela palavra **executado**, falando-se, outrossim, genericamente, em indicações previstas em lei. No parágrafo único do artigo, apenas se substituiu **mais** por **acrescido de** e se extinguiu a indicação do quanto em números arábicos, como não se fez alhures no tocante ao prazo (v.g., no art. 853).

O art. 849 manda que se lavre novo termo, se a penhora for substituída, mesmo desnecessário, porque a substituição apaga a penhora anterior e lhe toma o lugar, como se aquela não existisse. O art. 657 do Código anterior falava em manifestação da parte contrária, na hipótese de substituição e termo. Conforme o § 4º do art. 847 o juiz manda intimar o exequente sobre a substituição, no prazo que fixar. Não assinando o prazo, ele será de cinco dias (art. 218, § 3º). Como o art. 848 permite às partes requerer a substituição, ao executado se dará igual prazo para falar sobre o pedido do exequente.

O inc. II do art. 851 apenas substituiu o vocábulo **credor,** do inc. II do art. 667 por **exequente**. O inciso III procedeu à mesma alteração, e substituiu ainda a alusão a bens penhorados, arrestados ou onerados, mais amplamente submetidos à constrição judicial, que será qualquer ato que possa alterar o valor do bem, como, por exemplo, a penhora anterior.

O *caput* do art. 852 troca o verbo **autorizará,** usado no anterior art. 670 por **determinará**. A mudança explicita o poder do juiz de determinar a alienação antecipada, não apenas a pedido das partes, mas também de ofício já que, dirigindo o processo (art. 139, *caput*), incumbe a ele assegurar a sua efetividade, a menos que a lei condicione a providência do requerimento litigante. Alterando a redação do inc. I do anterior art. 670, o inc. I do art. 852 prevê a possibilidade de alienação antecipada se estiverem sujeitos à deterioração ou depreciação veículos automotores, pedras e metais preciosos e outros bens móveis. Se fala o inciso, genericamente, em "outros bens móveis", o pronome **outros** torna supérflua a alusão a veículos e pedras. Sujeitos a depreciação ou deterioração, quaisquer bens móveis, incluídos os semoventes, podem ser alienados por antecipação. *Quid iuris,* se se tratar de imóveis? A alienação também será permitida, considerada a finalidade da penhora. Óbvio que os imóveis podem deteriorar-se, bastando imaginar a destruição parcial de uma casa, ou se depreciarem, diminuindo o seu valor por numerosos motivos. Cabe, então, uma interpretação extensiva da norma.

Fiel à garantia constitucional e legal do contraditório (Constituição, art. 5º, inc. LV; CPC, art. 139, inc. I), o art. 853 manda que o juiz ouça a parte contrária, quando uma delas requerer qualquer das medidas previstas na Subseção IV (arts. 847, 850, 851, 852) e não apenas se ela requerer a alienação antecipada, como previa o parágrafo único do art. 670. O parágrafo único do art. 853 apenas pôs no singular o que estava no plural em igual ponto do anterior art. 657.

4. Inovações – O art. 850 aparece como inovação, ou explicitação do que já estava no sistema de Código anterior e se normatizou no atual.

Ele permite a redução da penhora, que, se se consente a evidência, é a discriminação dela, na extensão, ou no valor. Também admite a ampliação dela, que é o acréscimo ao que foi penhorado, como se se penhorasse um apartamento e à penhora deste se juntasse um outro. O aumento pode ser feito em qualquer outro bem, ainda que de outra natureza. A redução recai sobre o mesmo bem. A troca de um bem por outro nem é redução, nem aumento, porém substituição. Aquela e esta pressupõem o curso do processo, isto é, podem em qualquer tempo, antes da extinção do feito. Diminui-se para não onerar o executado, aumenta-se para a satisfação do direito do exequente, ainda que esta seja parcial. Fala o artigo em alteração significativa. Esse tipo de alteração ocorre mediante a confrontação entre o valor do bem penhorado e o do crédito exequendo. Valor de mercado é o valor corrente. O aumento ou a redução podem ser demonstrados por qualquer meio de prova, inclusive pericial. Testemunhando a prova, o juiz designará audiência para averbá-la.

Não chegam a constituir inovações senão formais, as alterações das normas do velho Código que contudo conservam, ao menos em parte, dispositivos daquele diploma.

SUBSEÇÃO V

DA PENHORA DE DINHEIRO EM
DEPÓSITO OU EM APLICAÇÃO FINANCEIRA
(ART. 854)

Art. 854. Para possibilitar a penhora de dinheiro em depósito ou em aplicação financeira, o juiz, a requerimento do exequente, sem dar ciência prévia do ato ao executado, determinará às instituições financeiras, por meio de sistema eletrônico gerido pela autoridade supervisora do sistema financeiro nacional, que torne indisponíveis ativos financeiros existentes em nome do executado, limitando-se a indisponibilidade ao valor indicado na execução.

§ 1º No prazo de 24 (vinte e quatro) horas a contar da resposta, de ofício, o juiz determinará o cancelamento de eventual indisponibilidade excessiva, o que deverá ser cumprido pela instituição financeira em igual prazo.

§ 2º Tornados indisponíveis os ativos financeiros do executado, este será intimado na pessoa de seu advogado ou, não o tendo, pessoalmente.

§ 3º Incumbe ao executado, no prazo de 5 (cinco) dias, comprovar que:

I – as quantias tornadas indisponíveis são impenhoráveis;

II – ainda remanesce indisponibilidade excessiva de ativos financeiros.

§ 4º Acolhida qualquer das arguições dos incisos I e II do § 3º, o juiz determinará o cancelamento de eventual indisponibilidade irregular ou excessiva, a ser cumprido pela instituição financeira em 24 (vinte e quatro) horas.

§ 5º Rejeitada ou não apresentada a manifestação do executado, converter-se-á a indisponibilidade em penhora, sem necessidade de lavratura de termo, devendo o juiz da execução determinar à instituição financeira depositária que, no prazo de 24 (vinte e quatro) horas, transfira o montante indisponível para conta vinculada ao juízo da execução.

§ 6º Realizado o pagamento da dívida por outro meio, o juiz determinará, imediatamente, por sistema eletrônico gerido pela autoridade supervisora do sistema financeiro nacional, a notificação da instituição financeira para que, em até 24 (vinte e quatro) horas, cancele a indisponibilidade.

§ 7º As transmissões das ordens de indisponibilidade, de seu cancelamento e de determinação de penhora previstas neste artigo far-se-ão por meio de sistema eletrônico gerido pela autoridade supervisora do sistema financeiro nacional.

§ 8º A instituição financeira será responsável pelos prejuízos causados ao executado em decorrência da indisponibilidade de ativos financeiros em valor superior ao indicado na execução ou pelo juiz, bem como na hipótese de não cancelamento da indisponibilidade no prazo de 24 (vinte e quatro) horas, quando assim determinar o juiz.

§ 9º Quando se tratar de execução contra partido político, o juiz, a requerimento do exequente, determinará às instituições financeiras, por meio de sistema eletrônico gerido por autoridade supervisora do sistema bancário, que tornem indisponíveis ativos financeiros somente em nome do órgão partidário que tenha contraído a dívida executada ou que tenha dado causa à violação de direito ou ao dano, ao qual cabe exclusivamente a responsabilidade pelos atos praticados, na forma da lei.

1. Observações. 2. Alterações. 3. Inovações.

1. Observações – Existe a penhora em dinheiro, que se faz consoante as regras pertinentes a esse instituto, esteja este em poder do executado ou de terceiro, e existe a penhora de bens em depósito, ou em aplicação financeira. A leitura do art. 854, *caput*, já mostra que o depósito de que trata essa subseção é o depósito feito em instituição financeira, que é aquela como tal definida em lei específica. Pode o executado ter, simplesmente, depositado o dinheiro em banco, a fim de que ali ele se guarde, gerando rendimentos, como ocorrerá com a soma deixada em conta corrente, assim como a aplicada, mediante a entrega da quantia para que a instituição a movimente em proveito do devedor, como ocorrerão quando se compram e se vendem ações. A verdade é que o artigo fala em dinheiro entregue a uma instituição financeira, seja banco, seja outra entidade, autorizada por lei a operar no mercado. A penhora de dinheiro remetido, legalmente, ao exterior e mesmo a penhora de valor posto ilegalmente fora do país serão realizadas na forma do Código, ou de outros acordos, requisitada por rogatória ou efetivada na conformidade da legislação do país destinatário da remessa. O artigo ora examinado não cuida da hipótese de penhora de dinheiro ou valores no exterior, disciplinada noutros dispositivos do país e do estrangeiro.

2. Alterações – A penhora em dinheiro, esteja no país, ou no exterior, seguirá a ordem do art. 835, mas pode ser desfeita ou alterada, conforme seu§ 1º, de acordo com as circunstâncias do caso concreto, como a dificuldade de encontrar-se a quantia, ou diante de entraves burocráticos criados pelo órgão regulador.

O longo art. 854 não ficou distante do art. 655-A do velho Código. Trata da penhora de dinheiro depositado em banco "ou em aplicação financeira", rege o dispositivo, como se aludisse ao dinheiro aplicado em instituição financeira. Interprete-se todavia a norma, no sentido de que ela cuida da penhora, tanto do dinheiro, depositado em instituição financeira, como um banco, e também de penhora aplicada em instituição financeira, ainda que essa entidade haja aplicado a quantia em ações, debêntures e quejandos. Nesse caso, o juízo da execução, ou da precatória, através do qual se pediu a penhora, determinará à instituição financeira, que torne indisponível o valor a ser penhorado.

Diferente do anterior, fala o atual artigo que o juiz procederá "sem dar ciência prévia do ato ao executado". Aqui, o Código embutiu uma outra tutela cautelar, além da penhora. Procede *inaudita altera parte*. O executado poderá opor-se a essa penhora mediante embargos (art. 917). Nada obsta contudo a que ele se oponha ao requerimento, ou à ordem de penhora. Os embargos pressupõem a penhora. A objeção a ela é ato de defesa imediata do devedor, que não o impede de opor embargos depois de consumado o ato. Decisão interlocutória, a decisão de que trata o artigo é impugnável por agravo de instrumento (art. 1.015, parágrafo único).

O anterior art. 655-A falava em requisição do juízo à autoridade supervisora do sistema bancário. O art. 834 reza que o juiz expedirá a determinação às instituições financeiras, por meio do sistema eletrônico gerido pela autoridade supervisora do Sistema Financeiro Nacional. Não alude a norma ao Banco Central do Brasil, porém à autoridade supervisora, em sentido mais amplo, seja aquela autarquia, seja outra entidade competente, já criada ou que venha a ser criada. Conquanto possa fazê-lo, o juiz não requisita à autoridade financeira informações sobre ativos. Determina-lhe a reserva, desde logo, indicando a verificação, ou pedindo à autoridade que a identifique e lhe enderece a determinação. Pode ocorrer daí que a penhora será excessiva, mas o juiz incorrerá nesse erro, de ofício ou a requerimento. O anterior art. 655-A já falava em determinação da indisponibilidade, ainda no mesmo ato. Mas tecnicamente, o atual art. 854 fala em determinação às instituições financeiras. Dispõe que a determinação se veicule por meio de sistema eletrônico, em qualquer meio gerido pelo órgão supervisor do sistema financeiro. O artigo não proíbe que o juiz expeça a determinação diretamente à instituição financeira. Ela todavia poderá dirigir-se ao órgão jurisdicional para qualquer informação ou requerimento e comunicar o ato constritivo à atividade. Se o depósito ou a aplicação estiverem em nome do executado mas em conjunto com terceiro, a questão será resolvida pelo juiz, porém à luz de norma, do direito material, como as pertinentes à solidariedade.

O art. 854 fala ainda que a instituição tornará indisponível o depósito ou a aplicação. Não é ela todavia que decreta a indisponibilidade, ato do juiz, mas apenas procede ao ato.

A medida prevista no art. 854 não é penhora, porém providência cautelar incidental, peremptória do ato. A penhora se fará depois de cumprida a determinação e recairá sobre o objeto desta. O § 5º mostra isto.

O *caput* do § 3º do mesmo art. 854 repete, na essência, o art. 655-A, § 2º, do CPC de 1973. Trocou pelo verbo **incumbir**, mais adequado no texto, o anterior verbo **competir**, e dá ao executado o prazo de cinco dias para a informação e comprovação de que as quantias tornadas indisponíveis, na conformidade do *caput* do artigo, são impenhoráveis (inc. I), ou que remanesce a indisponibilidade excessiva (inc. II). Este inciso II, aliás, manda reduzir a indisponibilidade, prevista no *caput* do artigo, se ela for excessiva, como se se estendesse a uma porção não coberta pela determinação do juízo exequente. Tornou-se indisponível, no caso desse segundo inciso, valor maior do que o necessário à penhora.

O descumprimento do prazo de cinco dias, estabelecido no *caput* do § 3º do art. 854 não torna penhorável o que impenhorável e indisponível é. A preclusão do direito de denunciar não torna disponíveis e, por isto, penhoráveis os valores, nem faz subsistente o excesso. Não pode a norma formal, de processo, revogar as regras que ditam a indisponibilidade, de natureza material. O *caput* do parágrafo edita norma sem sanção direta, cujo descumprimento não leva à incidência do art. 223. Assim, o executado continua podendo alegar qualquer das situações previstas nos dois incisos, mas na contumácia pode obrigar o executado, nos termos do art. 79, conforme as circunstâncias.

O § 9º do art. 854 apresenta a última das alterações da Subseção V, agora examinada. É gêmeo do art. 655-A, § 4º, do diploma revogado, cuja doutrina e jurisprudência devem ser consultadas, salvo na remissão feita neste dispositivo.

3. Inovações – A Subseção V apresenta inovações, a começar pela epígrafe, não encontrada igual no Código anterior.

O § 1º do art. 854 editou procedimento que já se extraía do sistema anterior. Óbvio que, se houver indisponibilidade excessiva, ela deverá ser cancelada pela instituição financeira sempre por ordem do juízo da execução. Não pode a instituição agir por conta própria, ainda que o executado demonstre o excesso, cujo cancelamento é ato processual, a ser praticado pelo juiz, não pelo terceiro que, no caso, atua como auxiliar do juízo, no exercício da jurisdição. O § 2º manda autuar o executado, na pessoa do seu advogado, ou pessoalmente, se não tiver quem patrone por ele. Caso contrário, a intimação pessoal será nula, a menos que compareça, ao processo, representado pelo advogado (art. 277).

O § 3º do art. 854 assina ao executado o prazo de cinco dias para comprovar (o que pressupõe alegação) que as quantias tornadas indisponíveis são impenhoráveis (inc. I), ou que ainda subsiste a indisponibilidade excessiva, como está no inciso II, que aparece sem correspondência no Código anterior. O § 4º dispõe que, acolhida qualquer das alegações dos dois incisos do parágrafo precedente, o juiz determina o cancelamento da indisponibilidade das quantias impenhoráveis ou excessivas. Interprete-se agora o § 5º. Conforme essa norma, se o juiz rejeitar qualquer das alegações do § 3º, ou se o executado não apresentar provas no quinquídio, a indisponibilidade converte-se em penhora. Neste caso, o juiz determinará que a instituição financeira transfira a quantia indisponível para conta vinculada ao juízo de execução, que será a conta onde se realizam os depósitos judiciais. Não se pode exigir do juízo que identifique a indisponibilidade, ou o excesso. Se ele verificar qualquer uma dessas situações, poderá, de ofício, tomar a providência do§ 4º. Havendo, no entanto a convenção, prevista no § 5º, o executado poderá pedir ao juízo que a revogue, pela imprestabilidade da penhora, já que pode pedir tudo o que o órgão judicial pode fazer de ofício, ou opor embargos, fundados nos incs. II, ou III, primeira parte, do art. 917. O § 6º era desnecessário. Obviamente, paga a dívida, ou verificada a extinção dela por qualquer outro meio, a execução estará extinta (art. 924 e incisos) e a indisponibilidade deve ser cancelada, em parte, se a dívida for parcialmente extinta.

Tudo o que diz o § 7º, aliás superfluamente, é que as transmissões das ordens de indisponibilidade e de seu cancelamento, bem como a da penhora se façam pelo sistema eletrônico gerado pela autoridade membro do Sistema Financeiro Nacional. Disse menos do que quis, ou não disse tudo o que poderia dizer. Vale a comunicação feita por qualquer sistema eletrônico oficial, gerido pelo tribunal a que estiver subordinado o juízo, ou gerado por este, desde que constituído por ato oficial. E não vale só a comunicação dos atos enunciados no parágrafo, como também qualquer outro porque a finalidade da transmissão é comunicar.

O § 8º declara a responsabilidade da instituição financeira se ela tornar indisponível quantia superior à determinada pelo juízo, ou se se abstiver do cancelamento. Entende-se, porém, que essa responsabilidade, consubstanciada na obrigação de ressarcir perdas e danos materiais, ou morais, devidamente demonstrada, decorre de prejuízos causados ao executado ou mesmo a terceiros. Toda vez que a instituição errar, no desempenho da função que lhe é competida, haverá a sua responsabilidade. Assim ocorrerá, por exemplo, se ela não fizer a redução da indisponibilidade, ou a realizar por conta própria, ou se não cumprir por inteiro a ordem judicial. A responsabilidade está apenas explicitada no parágrafo mas é determinada pelas normas gerais regentes da responsabilidade, ou da responsabilidade dos auxiliares da justiça, pois a entidade exercerá a função de órgão jurisdicional auxiliar.

Subseção VI
Da Penhora De Créditos
(Arts. 855 a 860)

Art. 855. Quando recair em crédito do executado, enquanto não ocorrer a hipótese prevista no art. 856, considerar-se-á feita a penhora pela intimação:
    I – ao terceiro devedor para que não pague ao executado, seu credor;
    II – ao executado, credor do terceiro, para que não pratique ato de disposição do crédito.

Art. 856. A penhora de crédito representado por letra de câmbio, nota promissória, duplicata, cheque ou outros títulos far-se-á pela apreensão do documento, esteja ou não este em poder do executado.
    § 1º Se o título não for apreendido, mas o terceiro confessar a dívida, será este tido como depositário da importância.
    § 2º O terceiro só se exonerará da obrigação depositando em juízo a importância da dívida.
    § 3º Se o terceiro negar o débito em conluio com o executado, a quitação que este lhe der caracterizará fraude à execução.
    § 4º A requerimento do exequente, o juiz determinará o comparecimento, em audiência especialmente designada, do executado e do terceiro, a fim de lhes tomar os depoimentos.

Art. 857. Feita a penhora em direito e ação do executado, e não tendo ele oferecido embargos ou sendo estes rejeitados, o exequente ficará sub-rogado nos direitos do executado até a concorrência de seu crédito.
    § 1º O exequente pode preferir, em vez da sub-rogação, a alienação judicial do direito penhorado, caso em que declarará sua vontade no prazo de 10 (dez) dias contado da realização da penhora.

§ 2º A sub-rogação não impede o sub-rogado, se não receber o crédito do executado, de prosseguir na execução, nos mesmos autos, penhorando outros bens.

Art. 858. Quando a penhora recair sobre dívidas de dinheiro a juros, de direito a rendas ou de prestações periódicas, o exequente poderá levantar os juros, os rendimentos ou as prestações à medida que forem sendo depositados, abatendo--se do crédito as importâncias recebidas, conforme as regras de imputação do pagamento.

Art. 859. Recaindo a penhora sobre direito a prestação ou a restituição de coisa determinada, o executado será intimado para, no vencimento, depositá-la, correndo sobre ela a execução.

Art. 860. Quando o direito estiver sendo pleiteado em juízo, a penhora que recair sobre ele será averbada, com destaque, nos autos pertinentes ao direito e na ação correspondente à penhora, a fim de que esta seja efetivada nos bens que forem adjudicados ou que vierem a caber ao executado.

1. Observações. 2. Repetições. 3. Alterações. 4. Inovações.

1. Observações – Cuida a Subseção VI, de que agora se ocupam estas considerações, da penhora de créditos; não da penhora do objeto do crédito, que é o lado ativo da relação obrigacional, assim como a dívida é a sua parte passiva. Não se trata, aqui, portanto, da penhora da coisa em si, mas do direito a ela. Há, portanto, só imaterialidade na penhora de créditos, inclusive na penhora de dinheiro, a menos que ela recaia sobre as cédulas, ou as moedas, quando haverá penhora de coisa. Mas a lei processual não define crédito, nem era de defini-lo, se se admitir a imprópria definição dada pela lei, cuja finalidade não é definir, função dos doutrinadores e juízes. O art. 855 trata de créditos, nos seus incisos I, II, III, IX, X, XII e XIII, o que se repete.

2. Repetições – Tirante o § 2º do art. 856, que reproduz, literalmente, o § 2º do art. 672 do Código precedente, não se encontrou, nesta Subseção, repetições literais. Entretanto, a comparação dos arts. 855 a 860 e seus desdobramentos do novo Código mostra que vários dispositivos espelham, na sua maior parte, o que estava na subseção IV do Capítulo IV do Título II do Livro II do CPC de 1983. Assinalam-se, neste livro, as repetições e alterações, para que o leitor se sirva da doutrina e da jurisprudência do que se buscou na antiga lei. Mesmo as inovações podem ser melhor compreendidas, recorrendo-se à doutrina e jurisprudência que se voltaram para o que nelas fica disposta.

3. Alterações – A epígrafe da Subseção VI é diferente de igual parte da anterior Subseção IV porque não fala em outros direitos patrimoniais, como a anterior.

O *caput* do art. 855 é praticamente igual ao do art. 671. Substituiu a palavra **devedor** por **executado** e fez remissão ao art. 856. A penhora que se considera feita por intimação é substituída pela do art. 856. Iguais são os dois incisos do art. 855, salvo quanto ao inciso II, que esclarece que o credor do terceiro, que se intima, é o executado.

O art. 856, *caput*, corrigiu a redação do *caput* do revogado art. 672 que usava, erroneamente, o particípio **representada**, no feminino, como se aludisse à penhora, quando a referência é ao crédito, este sim **representado**. De novo, mudou-se **devedor** por **executado**. No § 1º, substituiu o anterior "será havido" por "será este tido", permanecendo inalterado o conteúdo da norma. A mesma coisa se dá com o § 3º, onde se substitui **devedor** por **executado**, **considerar-se-á** por **caracterizará**, falando-se em **fraude à execução**, em vez de **fraude de execução**, ambas as expressões corretas na denominação do fenômeno. No § 4º, houve apenas a substituição do vocábulo **devedor** pela palavra **credor**.

No art. 857, ocorreu mudança das palavras **devedor** e **credor**, do Código revogado, por **exequente** e **executado**. Substituiu-se pelo pronome pessoal **ele** o demonstrativo **este** para evitar a repetição deste vocábulo. No § 1º também se substituiu a palavra **credor** por **exequente**, eliminou-se o artigo **a** antes de **sua vontade** e se pôs no singular o particípio **contado**, que vinha no plural, no texto anterior. Vê-se, no § 2º o objeto direto **o sub-rogado**, que fazia transitivo indireto igual parágrafo do anterior art. 673.

O art. 858 substituiu **credor**, do anterior art. 675, por **exequente** e **depositadas** por **depositados**.

No art. 859, além da troca de **devedor** por **executado** e a supressão da frase "que tenha por objeto" não alterou o sentido da norma do revogado art. 676.

O art. 860 não mudou, na essência, o anterior art. 674. Falou, em vez de "averbação da penhora no rosto dos autos" em averbação dela com destaque. Não se averba a penhora na capa dos autos físicos, como determinavam a lei e a praxe. Conquanto isto não seja defeso, a averbação deve ser visível e destacada, jamais oculta ou dissimulada. Eletrônico o processo, a averbação constará do início dele. A averbação física ou eletrônica é um termo processual.

4. Inovações – A Subseção não apresenta inovações, tomada esta palavra para designar as normas jurídicas que aparecem novas, no Código de 2015. Meras trocas de vocábulos, expressões e frases não constituem inovações.

Subseção VII
Da Penhora das Quotas ou das Ações de Sociedades Personificadas
(art. 861)

Art. 861. Penhoradas as quotas ou as ações de sócio em sociedade simples ou empresária, o juiz assinará prazo razoável, não superior a 3 (três) meses, para que a sociedade:

I – apresente balanço especial, na forma da lei;

II – ofereça as quotas ou as ações aos demais sócios, observado o direito de preferência legal ou contratual;

III – não havendo interesse dos sócios na aquisição das ações, proceda à liquidação das quotas ou das ações, depositando em juízo o valor apurado, em dinheiro.

§ 1º Para evitar a liquidação das quotas ou das ações, a sociedade poderá adquiri-las sem redução do capital social e com utilização de reservas, para manutenção em tesouraria.

§ 2º O disposto no *caput* e no § 1º não se aplica à sociedade anônima de capital aberto, cujas ações serão adjudicadas ao exequente ou alienadas em bolsa de valores, conforme o caso.

§ 3º Para os fins da liquidação de que trata o inciso III do *caput*, o juiz poderá, a requerimento do exequente ou da sociedade, nomear administrador, que deverá submeter à aprovação judicial a forma de liquidação.

§ 4º O prazo previsto no *caput* poderá ser ampliado pelo juiz, se o pagamento das quotas ou das ações liquidadas:

I – superar o valor do saldo de lucros ou reservas, exceto a legal, e sem diminuição do capital social, ou por doação; ou

II – colocar em risco a estabilidade financeira da sociedade simples ou empresária.

§ 5º Caso não haja interesse dos demais sócios no exercício de direito de preferência, não ocorra a aquisição das quotas ou das ações pela sociedade e a liquidação do inciso III do *caput* seja excessivamente onerosa para a sociedade, o juiz poderá determinar o leilão judicial das quotas ou das ações.

1. Observações. 2. Repetições. 3. Inovações.

1. Observações – Equivoca-se quem supuser que só na vigência do novo Código as ações ou quotas de sociedades podem ser penhoradas. Não é assim. Bens integrantes do patrimônio do executado, essas unidades são suscetíveis de penhora, como qualquer participação deles em alguma espécie de sociedade. A Subseção VII, que ora se examina, apenas disciplinou, mediante artigos, que iguais não se encontravam no Código anterior, a penhora das quotas ou ações de sociedades personificadas, como já lhe indica a epígrafe. Não cuida essa parte da penhora de bens da sociedade, nem dos que nela se ocultaram, mas só das suas unidades, quotas (que o Código escreveu, corretamente, sem q) ou ações. A penhora de sociedades individuais, ou das frações que a compõem, será objeto das regras gerais relativas a esse gravame.

Note-se que o CPC de 2015 não define o que sejam quotas, ou ações, nem conceituou sociedades personificadas, muito menos ações, sociedades simples ou empresariais. Esses não são elementos do Direito Processual Civil, sistema formal de leis, mas do direito material, de cujos institutos cuidam a doutrina e a jurisprudência, na interpretação e aplicação das normas e princípios inerentes.

2. Repetições – Não há repetições no art. 861, dividido em seis parágrafos que bem poderiam, ao menos uma parte, constituir artigos autônomos, como não foram, ninguém me desconvence de que esse estreitamento não teve o fim de causar a impressão de um Código menos extenso do que o anterior.

3. Inovações – Por inovadores, convém tratar de cada dispositivo desta Subseção VII.

O art. 861 começa pela participial "penhoradas as quotas". Ela indica que ele só mede depois da penhora, devidamente formalizada, a partir da qual começa a correr o prazo, que, nunca superior a três meses, não pode ser encurtado ao ponto de impedir as providências indicadas no artigo. O juiz determinará o prazo sobre cuja contagem e fluência incidem as regras do Capítulo III do Título I do Livro IV da Parte Geral. Vencido esse prazo, prorrogável pela natureza e diante de peculiaridades, ainda assim poderá o órgão jurisdicional intimar a sociedade para que adote as medidas indicadas no artigo, sob pena de multa (art. 774, II, III, IV e parágrafo único). O inciso I manda apresentar balanço especial, na forma da lei, isto é, feito de acordo com as normas e princípios que presidem à sua elaboração. O inciso II manda que a sociedade ofereça as quotas ou ações, já penhoradas (*caput* do artigo, aos demais sócios). O inciso manda observar o direito de preferência assegurado pela lei ou estabelecido no contrato. Eventuais divergências sobre a preferência são dirimidas pelo juiz em incidente, mediante interlocutória agravável (art. 1.015, parágrafo único). O exercício da preferência será deferido por decisão interlocutória também agravável. Exercido o direito de preferência, as ações serão transferidas pela sociedade ao adquirente, que entregarão o preço ao juízo, a fim de que sobre ele recaia a penhora. Por ser suscetível de avaliação pecuniária, se concordarem o exequente, o executado e o juiz deferir a aquisição, sobre esse bem incidirá a penhora.

O inc. III do art. 861 manda a sociedade proceder à liquidação das ações Repare-se que o inciso fala na falta de interesse na aquisição das ações, mas logo manda proceder à liquidação das notas ou ações. O inciso anterior, II, alude ao oferecimento de quotas ou ações. Igualmente, diz o § 5º da aquisição das quotas ou das ações. Tudo mostra, então, que falha o inciso III, na sua primeira oração, em mencionar somente ações, devendo-se, entretanto, entender que, nesse ponto, o item apontado refere-se também ao desinteresse na aquisição de quotas.

Conforme ainda o inciso III, no caso da falta de interesse na aquisição, procede-se àliquidação das quotas ou das ações. O produto da liquidação será depositado em juízo e a penhora se fará sobre a soma necessária a garantir a execução, entregando-se ao executado o que sobrepor. A liquidação não se opera mediante a aplicação dos arts. 599 e seguintes. Liquidam-se as ações mediante a alienação das unidades a terceiros, de acordo com a forma, o modo de liquidação, aprovado pelo juízo, depois de ouvidas as partes e o Ministério Público, se ocorrer a sua intervenção no processo, como dispõe o § 3º. Preceitua este parágrafo que o juiz poderá, a requerimento do exequente, ou da sociedade, nomear administrador. No exercício da sua função, e até a liquidação, o administrador exercerá a titularidade das ações, como se acionista ou quotista fosse, mas sempre de acordo com o plano de liquidação aprovado pelo juiz. Considerada a finalidade da administração, o juiz pode nomear o administrador de ofício, independentemente de requerimento.

Porque a liquidação pode demorar mais que o tempo previsto no *caput* do artigo, o § 4º permite ao juiz ampliar esse prazo, inclusive por mais de uma vez, de acordo com as circunstâncias.

Conforme os incs. I e II do § 4º, o prazo para o pagamento da liquidação poderá ser ampliado se esse pagamento for menor que o valor do saldo de lucros ou reservas, salvo a determinada por lei e sem diminuição do capital social ou por doação que o adquirente faça à sociedade. O inciso é assaz confuso e sua aplicação dependerá dos elementos extraídos das leis e princípios regentes das sociedades liquidandas. Também poderá ocorrer a extensão do prazo de três meses se a liquidação, que importa a diminuição do capital, for nociva à estabilidade das sociedades que se comprovem integradas pelas quotas ou ações.

O § 1º permite à sociedade evitar a liquidação das quotas ou ações mediante a aquisição delas. O legislador editou essa regra para obstar a redução do capital social. A aquisição se fará com as reservas para a manutenção dessas ações ou quotas na tesouraria. Não havendo reservas, o preço da aquisição pode ser financiado, mas as ações permanecerão na tesouraria e pertencerão à sociedade, até que alienadas. A penhora recairá sobre o preço da aquisição, que a sociedade adquirente depositará no juízo da execução, que o reterá até o valor necessário para garanti-la.

Tratando-se de ações de sociedade anônima de capital aberto, não se admite a aquisição autorizada pelo *caput* e § 1º. Assim dispõe o § 2º, que permite a adjudicação dos títulos ao exequente pelo valor do crédito exequendo, devolvido o saldo pelo juízo ao executado, ou, não querendo aquele a adjudicação, a alienação dessas ações em bolsa.

O § 5º do art. 861 ordena a liquidação das ações ou quotas em leilão, que obedecerá ao art. 881, sempre depositado em juízo, para penhora, o respectivo produto.

Se a quantia auferida com a liquidação, venda em bolsa, leilão for insuficiente, sobre ela incidirá a penhora que se complementará em outro bem, não afastadas as hipóteses do inc. III do art. 929, do art. 922, da insolvência (art. 1.052), ou falência, esta regulada por lei especial.

Subseção VIII

Da Penhora de Empresas, de Outros
Estabelecimentos e de Semoventes
(arts. 862 a 865)

Art. 862. Quando a penhora recair em estabelecimento comercial, industrial ou agrícola, bem como em semoventes, plantações ou edifícios em construção, o juiz nomeará administrador-depositário, determinando-lhe que apresente em 10 (dez) dias o plano de administração.

§ 1º Ouvidas as partes, o juiz decidirá.

§ 2º É lícito às partes ajustar a forma de administração e escolher o depositário, hipótese em que o juiz homologará por despacho a indicação.

§ 3º Em relação aos edifícios em construção sob regime de incorporação imobiliária, a penhora somente poderá recair sobre as unidades imobiliárias ainda não comercializadas pelo incorporador.

§ 4º Sendo necessário afastar o incorporador da administração da incorporação, será ela exercida pela comissão de representantes dos adquirentes ou, se se tratar de construção financiada, por empresa ou profissional indicado pela instituição fornecedora dos recursos para a obra, devendo ser ouvida, neste último caso, a comissão de representantes dos adquirentes.

Art. 863. A penhora de empresa que funcione mediante concessão ou autorização far-se-á, conforme o valor do crédito, sobre a renda, sobre determinados bens ou sobre todo o patrimônio, e o juiz nomeará como depositário, de preferência, um de seus diretores.

§ 1º Quando a penhora recair sobre a renda ou sobre determinados bens, o administrador-depositário apresentará a forma de administração e o esquema de pagamento, observando-se, quanto ao mais, o disposto em relação ao regime de penhora de frutos e rendimentos de coisa móvel e imóvel.

§ 2º Recaindo a penhora sobre todo o patrimônio, prosseguirá a execução em seus ulteriores termos, ouvindo-se, antes da arrematação ou da adjudicação, o ente público que houver outorgado a concessão.

Art. 864. A penhora de navio ou de aeronave não obsta que continuem navegando ou operando até a alienação, mas o juiz, ao conceder a autorização para tanto, não permitirá que saiam do porto ou do aeroporto antes que o executado faça o seguro usual contra riscos.

Art. 865. A penhora de que trata esta Subseção somente será determinada se não houver outro meio eficaz para a efetivação do crédito.

1. Observações. 2. Repetições. 3. Alterações. 4. Inovações.

1. Observações – Na Subseção V da Seção I do Capítulo IV do Título II do Livro II, o Código de Processo Civil de 1973 disciplinava a penhora, o depósito, a administração de empresa e de outros estabelecimentos (arts. 677 a 679). O Código atual traz, na Subseção VIII, para a qual ora se voltam estas linhas, a epígrafe, a indicação de que nela disciplina a penhora de empresa e de outros estabelecimentos e de semoventes.

Corretamente, a subseção não define empresa, nem estabelecimentos, que diferencia daquela pelo pronome **outros**, como também não cuida de precisar o que sejam "semoventes" integrantes, aliás, no conceito de leis e autores da categoria de bens móveis, que compreendem, fora o bípede implumedo conceito platônico, todos os seres que se movem por si mesmo, do mastodôntico elefante ao delicado colibri, também estes suscetíveis de penhora.

2. Repetições – O § 1º do art. 677 do diploma anterior é a única disposição repetida, como se vê no § 1º do art. 862. Entretanto, as normas desta parte do diploma praticamente reproduzem regras do Código precedente com mínimas alterações.

3. Alterações – A Subseção de que agora se trata apresenta epígrafe parcialmente distinta da que encimou a Subseção V do velho Código que cuidava do depósito e da administração de empresas e de outros estabelecimentos, sem contudo aludir aos semoventes.

O atual art. 862 mudou a redação do anterior art. 677, colocando no plural o substantivo **edifício** e substituiu **forma** por **plano**. Isto não mudou a norma revogada, a cuja doutrina e jurisprudência se remete.

O § 2º do art. 862 suprimiu a adversativa **porém,** pôs no infinitivo o verbo **ajustar** e mudou o gerúndio **escolhendo** pelo infinitivo **escolher**. Também substituindo **caso** por **hipótese**.

No § 2º do art. 862, eliminou-se a adversativa **porém** de igual parágrafo do revogado art. 677 e se colocaram no infinitivo os verbos **ajustar** e **escolher**.

Comparando como anterior art. 678, vê-se que o art. 863 substituiu o gerúndio **nomeado** pela oração "e o juiz nomeará" e trocou a contração **dos** pela preposição **de**, aperfeiçoamento de redação que, por certo, interferirá na processualística e na marcha do mundo. No § 1º desse artigo, fala-se em **administrador-depositário**, usado o nome composto para exprimir a vontade de que o depositário também administre a renda ou a coisa, aplicando aquela com a maior segurança e rentabilidade e zelando pela conservação desta. Eliminou-se a referência a artigos da lei revogada. Determinou-se, como já implícito na palavra **administrador** a observância do regime de penhora de frutos e rendimentos de coisa móvel ou imóvel. A última parte do parágrafo único do anterior art. 678 foi transformada no § 2º do art. 863, suprimindo a conjunção **porém**, substituiu-se o artigo **o** pela preposição **em**, antes de "seus ulteriores termos", assim como **poder** público por **ente** público, com acerto neste particular, se se considerar a acepção de poder público, no Direito Constitucional e na teoria geral do Estado.

No art. 864, já não se fala, como anteriormente, em penhora **sobre** navio, mas **de** navio, irrelevante a troca. Errônea, ou, ao menos, desnecessária a modificação da frase "a que continue" por "que continuem", pois, no caso, o verbo "obstar" é transitivo indireto. Nota-se também a colocação dos verbos **navegar** e **operar** pelo respectivo gerúndio. Como sempre, aparece **executado** no lugar de **devedor**.

4. Inovações – O § 3º afasta a possibilidade de penhora de unidades já comercializadas pelo incorporador, na execução contra ele. Comercializadas, não importa a forma do negócio (v.g., promessa, compra e venda, cessão, doação), as unidades se tornam impenhoráveis apenas na execução contrao incorporador do ofício em construção. Não se descartam as hipóteses de fraude contra credores e fraude de execução. Construído o edifício, a penhora, na execução contra o incorporador, só apanha as unidades que lhe pertencerem ou os créditos decorrentes dos negócios das unidades. São penhoráveis as unidades adquiridas e os direitos à aquisição, nas execuções contra os adquirentes.

Foi descabida a intromissão das normas do § 4º do art. 862, no Código de Processo Civil porque o lugar delas seria a lei regente das incorporações. Não são normas processuais. Afastado o incorporador, a incorporação será entregue a uma comissão de representantes dos adquirentes, ou a terceiros, subentende-se, se a lei assim dispuser. Tratando-se todavia de construção financiada, a incorporação será conduzida por empresa ou profissional indicado pela instituição financiadora. A administração será exercida pela empresa ou pelo profissional indicado, depois da aprovação da comissão de representantes dos adquirentes. O juiz acolherá a recusa ou a indeferirá, mantendo a indicação. Não, porém, o juiz de execução, masoutro, competente na forma da lei. O juiz da execução sempre nomeará administrador-depositário das unidades penhoradas consoante o § 3º, cuja preocupação, no entanto, não é a incorporação, mas, sim, conservar o bem. A destituição ou substituição do incorporador são questões do direito material.

Outra inovação está no art. 865, sem correspondência no Código anterior. Ele torna relativamente impenhoráveis os bens indicados na epígrafe da Subseção VIII se houver outro meio eficaz para a efetivação do crédito. Esse meio eficaz para a efetivação, isto é, para a satisfação do crédito, será a penhora de outros bens, de mais fácil alienação e menos onerosa para o devedor, independentemente da prolação da lei que, entretanto, deverá ser observada, se isto for possível. Compreende-se a norma pelas dificuldades e consequências da penhora disciplinada na subseção.

Subseção IX
Da Penhora de Percentual de Faturamento da Empresa
(art. 866)

Art. 866. Se o executado não tiver outros bens penhoráveis ou se, tendo-os, esses forem de difícil alienação ou insuficientes para saldar o crédito executado, o juiz poderá ordenar a penhora de percentual de faturamento de empresa.

§ 1º O juiz fixará percentual que propicie a satisfação do crédito exequendo em tempo razoável, mas que não torne inviável o exercício da atividade empresarial.

§ 2º O juiz nomeará administrador-depositário, o qual submeterá à aprovação judicial a forma de sua atuação e prestará contas mensalmente, entregando em juízo as quantias recebidas, com os respectivos balancetes mensais, a fim de serem imputadas no pagamento da dívida.

§ 3º Na penhora de percentual de faturamento de empresa, observar-se-á, no que couber, o disposto quanto ao regime de penhora de frutos e rendimentos de coisa móvel e imóvel.

1. Observações. 2. Repetições. 3. Alterações. 4. Inovações.

1. Observações – Num artigo, desdobrado em três parágrafos, dedica-se esta subseção, como reza a sua epígrafe, à penhora de percentual de faturamento de empresa. Não continha tal setor o Código de Processo Civil de 1973. Essa omissão, não impediu a penhora de percentual do faturamento da empresa, previsto no art. 655-A, § 3º, da lei revogada. Merecem louvores, inclusive pelo cometimento, a doutrina e jurisprudência que trataram do assunto, das quais se extraem subsídios úteis à interpretação e aplicação dos dispositivos agora analisados.

2. Repetições – Não há repetições na subseção ora comentada. Vale, entretanto, a ponderação de que as normas nela estatuídas se aplicam à luz de outras com elas relacionadas. Afinal, um Código é um conjunto de normas relativas à mesma parte do direito positivo. Ele forma um sistema de regras que se interpenetram e, por assim dizer, reciprocamente se amparam.

3. Alterações – A única alteração que se nota, nesta Subseção, é a reforma do § 3º do revogado art. 655-A pelo § 2º do art. 866. Conforme este dispositivo, o juiz, ao deferir a penhora de percentual de faturamento de empresa, ou depois dela, nomeará administrador-depositário, não da empresa, mas da quantia penhorada. A ele incumbirá apresentar ao juízo da execução a "forma da sua atuação", diz o parágrafo, aludindo ao plano do depositário-administrador para assegurar a conservação a aplicação da quantia penhorada. Essa forma de atuação, o juiz poderá aprovar, modificar, ou substituir, sempre ouvidos exequente e executado, que poderão apreciar o plano, seguindo modificações. A impugnação gerará incidente que o juiz julgará por decisão interlocutória, que pode ser impugnada por agravo de instrumento, como permite o parágrafo único do art. 1.015. O administrador-depositário poderá ter acesso à contabilidade da empresa, nos estritos limites necessários a determinar-lhe o faturamento, comunicando qualquer irregularidade ao órgão judicante. A função desse auxiliar não é, absolutamente, fiscalizar a empresa, mas, sim, a de determinar-lhe o faturamento, somado na apuração eventual desvio da receita. A função do administrador-depositário é sigilosa, podendo ele requerer que o processo corra em segredo de justiça (art. 189, inc. I). Ele tem responsabilidade civil e criminal, conforme o caso. Nada decide, função privativa do juiz que sempre ouvirá as partes.

O administrador-depositário prestará contas ao juiz, mensalmente, nada obstando que o juiz peça demonstrações e esclarecimentos sem esperar o fluxo de um mês, que se conta a partir do termo de investidura na função que pode ser cometida a um funcionário auxiliar do juízo, na forma da Lei de Organização Judiciária.

Os balancetes mensais referidos no § 2º, não são os da empresa. Limitam-se a demonstrar o faturamento com suas deduções e indica o montante da penhora. Fala o parágrafo em **quantias recebidas**. Interprete-se todavia a expressão *cum grano salis*. A entrega da quantia recebida pode ser feita ao próprio juízo, que determinará o seu depósito na conta oficial, ou na que destinar, faltando ela. Dirá a lei penal que comete o crime de apropriação indébita o administrador que, havendo recebido o dinheiro, não o entregar ao juízo, no prazo fixado, ou assinado na lei, ou analogicamente ao estabelecido no § 3º do art. 655-A, não mandava ao exequente as quantias recebidas. Não assim o § 2º do art. 866. Melhor que o anterior, ele manda que se entregue a soma em juízo. Ela será recolhida à conta de depósito judicial e ali penhorada, estendendo-se a penhora, automaticamente, às quantias sucessivamente depositadas. A penhora, se se permite dizer, não é do faturamento da empresa mas apenas do percentual.

4. Inovações – O *caput* do art. 866 permite a penhora de percentual do faturamento da empresa. Essa penhora tem por pressupostos, ou a falta dos bens enumerados nos incisos do art. 835, inclusive nos itens XI a XIII, ou a existência só de bens de difícil alienação, ou de valor insuficiente para saldar o crédito executado. A dificuldade ou insuficiência serão demonstrados por qualquer meio de prova.

Fala o artigo em crédito executado mas o executado é a empresa, não o empresário, ou qualquer titular de participação, quotas, ações. Admite-se a desconsideração da pessoa jurídica.

O percentual do faturamento é estipulado pelo juiz por decisão interlocutória agravável. Na estipulação do percentual do faturamento, não estipulado na subseção, o juiz, como dispõe o § 2º, evitará a retirada de percentual que inviabilize a empresa, impedindo-a de operar, a forçando a demitir empregados, esvaziando-se das somas necessárias à aquisição de insumos, ao pagamento de tributos. Pode o juiz determinar a prestação de informações necessárias à estipulação do percentual.

Examinado o § 1º do art. 866, no item precedente, relativo às alterações, cumpre entender o seu § 3º, sem correspondência no velho Código. Este parágrafo determina que na penhora de percentual do faturamento, se observe, *mutatis mutandis*, o regime de penhora de frutos e rendimentos da coisa móvel ou imóvel. Atente-se, então, no que está na Subseção X, seguinte.

Subseção X

Da Penhora de Frutos e Rendimentos da Coisa Móvel ou Imóvel
(Arts. 867 a 869)

Art. 867. O juiz pode ordenar a penhora de frutos e rendimentos de coisa móvel ou imóvel quando a considerar mais eficiente para o recebimento do crédito e menos gravosa ao executado.

Art. 868. Ordenada a penhora de frutos e rendimentos, o juiz nomeará administrador-depositário, que será investido de todos os poderes que concernem à administração do bem e à fruição de seus frutos e utilidades, perdendo o executado o direito de gozo do bem, até que o exequente seja pago do principal, dos juros, das custas e dos honorários advocatícios.

§ 1º A medida terá eficácia em relação a terceiros a partir da publicação da decisão que a conceda ou de sua averbação no ofício imobiliário, em caso de imóveis.

§ 2º O exequente providenciará a averbação no ofício imobiliário mediante a apresentação de certidão de inteiro teor do ato, independentemente de mandado judicial.

Art. 869. O juiz poderá nomear administrador-depositário o exequente ou o executado, ouvida a parte contrária, e, não havendo acordo, nomeará profissional qualificado para o desempenho da função.

§ 1º O administrador submeterá à aprovação judicial a forma de administração e a de prestar contas periodicamente.

§ 2º Havendo discordância entre as partes ou entre essas e o administrador, o juiz decidirá a melhor forma de administração do bem.

§ 3º Se o imóvel estiver arrendado, o inquilino pagará o aluguel diretamente ao exequente, salvo se houver administrador.

§ 4º O exequente ou o administrador poderá celebrar locação do móvel ou do imóvel, ouvido o executado.

§ 5º As quantias recebidas pelo administrador serão entregues ao exequente, a fim de serem imputadas ao pagamento da dívida.

§ 6º O exequente dará ao executado, por termo nos autos, quitação das quantias recebidas.

1. Observações. **2.** Repetições. **3.** Alterações. **4.** Inovações.

1. Observações – O Código de Processo Civil de 2015 já não fala em usufruto de móvel ou imóvel, como fazia o diploma anterior, na Subseção IV da Seção II do Capítulo IV do Título I do Livro II. O novo Código aboliu o *nomen iuris* do instituto porque ele designa um direito real, enquanto é de direito processual a penhora de que cuidam os arts. 867 a 869 do diploma vigente. Não se negue, entretanto, que, nesse instituto processual, mostram-se elementos daquele direito real, sem que contudo se possam confundir as duas figuras, e está caracterizado também pela transitoriedade, já que subsiste com a finalidade de garantir a satisfação do direito do credor.

2. Repetições – Se os artigos agora examinados não reproduzem literalmente, nenhum deles, as normas do Código anterior, é de ver que alguns reproduzem a essência e a vontade das normas revogadas que, por isto, não se podem desprezar, sempre úteis as construções da doutrina e da jurisprudência sobre elas.

3. Alterações – A primeira alteração está na epígrafe da Subseção aqui anotada, onde se fala em penhora de frutos e rendimentos de coisa móvel ou imóvel; não mais em usufruto, como se assinala no item precedente. O novo Código distingue móveis de semoventes, estes elevados à categoria de coisa autônoma, como se vê, por exemplo na epígrafe da Seção VII, onde se trata da penhora de semoventes, excluídos, consequentemente, dos dispositivos ora considerados, posto que sejam móveis.

O art. 867 diferencia-se do anterior art. 716 porque não fala em concessão de usufruto ao exequente, mas conserva os pressupostos da penhora de que trata: a eficácia para o recebimento do crédito e a menor onerosidade do devedor.

O art. 868 tem o mesmo sentido do revogado art. 717, mas prevê a nomeação de um administrador-depositário, tal como acontece no art. 862, ou no § 1º do art. 863, a cujas anotações se remete, como também ao que foi dito, noutros dispositivos, onde essa figura aparece. Vejam-se doutrina e jurisprudência do passado art. 717. O § 1º condiciona a eficácia da medida, se tiver por objeto bem imóvel, à averbação dela no registro imobiliário onde estiver registrado esse bem. Inexistente o registro, cria-se ele, nos termos da formação regida pelo direito material. A eficácia da providência, quando relativa a móveis, ocorrerá a partir da publicação da decisão que a instituiu. Publicação e averbação são indispensáveis porque se destinam, principalmente, a prevalecer sobre terceiros, *erga omnes*. Conforme o § 2º, a averbação no registro imobiliário não precisa ser ordenada pelo juiz, embora ele possa determiná-la. Basta contudo que o exequente, ou terceiro, leve ao registro a certidão completa do ato de instituição, que identificará o imóvel. O serventuário dirigir-se-á ao juiz da execução, nos casos de dúvida ou controvérsia.

O art. 869 permite ao juiz nomear administrador-depositário, o exequente ou o executado, depois de ouvido este, ou aquele, sobre a nomeação, que pode ser impugnada. Se uma das partes não concordar com a nomeação por motivo fundado, o juiz nomeará para o exercício da função um profissional apto a desempenhá-la. Não havendo ou não disponível esse profissional, o juiz nomeará pessoa civilmente capaz e idônea para a incumbência. As partes podem discordar uma ou outra, ou ambas, quanto à forma de administração, apresentada pelo administrador, ou impugná-la. O juiz aprovará a forma, emendará, ou substituirá, mediante decisão interlocutória agravável (art. 1.015, parágrafo único). O § 3º do artigo repetiu o anterior art. 723, a cujas construções se remete, e trocou o substantivo **usufrutuário** por **exequente**. O § 4º retirou do texto do velho art. 724 o substantivo "usufrutuário" e deu também ao administrador o poder de dar a coisa em locação, ouvidas as partes e aprovado o negócio pelo juiz.

4. Inovações – São de baixo quilate as três inovações, normatizadas por preceitos não constantes do Código revogado.

O § 1º do art. 869 obriga o administrador a submeter ao juiz a forma, melhor, o modo de administrar, que, ouvidas as partes, pode ser agravado, alterado, ou substituído. A prestação de contas será, não mensal, mas periódica, e o juiz fixará o respectivo tempo, podendo, entretanto, por si ou a requerimento, ordenar prestação extraordinária.

Sem correspondência no CPC de 1973, o § 5º, também do art. 869, manda o administrador entregar as quantias recebidas ao executado, diminuída, é claro, de eventuais custas e despesas. Necessário será a autorização do juiz da execução para aentrega do dinheiro ao executado, que dará recibo por termo nos autos físicos, ou eletrônicos, na conformidade do § 6º. As quantias recebidas pelo executado – di-lo o § 5º – serem imputadas ao pagamento da dívida exequenda, devolvendo-se ao executado, por ordem do juiz, o que lhe sobejar.

SUBSEÇÃO XI

DA AVALIAÇÃO

(ARTS. 870 A 875)

Art. 870. A avaliação será feita pelo oficial de justiça.
Parágrafo único. Se forem necessários conhecimentos especializados e o valor da execução o comportar, o juiz nomeará avaliador, fixando-lhe prazo não superior a 10 (dez) dias para entrega do laudo.

Art. 871. Não se procederá à avaliação quando:
I – uma das partes aceitar a estimativa feita pela outra;
II – se tratar de títulos ou de mercadorias que tenham cotação em bolsa, comprovada por certidão ou publicação no órgão oficial;

III – se tratar de títulos da dívida pública, de ações de sociedades e de títulos de crédito negociáveis em bolsa, cujo valor será o da cotação oficial do dia, comprovada por certidão ou publicação no órgão oficial;

IV – se tratar de veículos automotores ou de outros bens cujo preço médio de mercado possa ser conhecido por meio de pesquisas realizadas por órgãos oficiais ou de anúncios de venda divulgados em meios de comunicação, caso em que caberá a quem fizer a nomeação o encargo de comprovar a cotação de mercado.

Parágrafo único. Ocorrendo a hipótese do inciso I deste artigo, a avaliação poderá ser realizada quando houver fundada dúvida do juiz quanto ao real valor do bem.

Art. 872. A avaliação realizada pelo oficial de justiça constará de vistoria e de laudo anexados ao auto de penhora ou, em caso de perícia realizada por avaliador, de laudo apresentado no prazo fixado pelo juiz, devendo-se, em qualquer hipótese, especificar:

I – os bens, com as suas características, e o estado em que se encontram;

II – o valor dos bens.

§ 1º Quando o imóvel for suscetível de cômoda divisão, a avaliação, tendo em conta o crédito reclamado, será realizada em partes, sugerindo-se, com a apresentação de memorial descritivo, os possíveis desmembramentos para alienação.

§ 2º Realizada a avaliação e, sendo o caso, apresentada a proposta de desmembramento, as partes serão ouvidas no prazo de 5 (cinco) dias.

Art. 873. É admitida nova avaliação quando:

I – qualquer das partes arguir, fundamentadamente, a ocorrência de erro na avaliação ou dolo do avaliador;

II – se verificar, posteriormente à avaliação, que houve majoração ou diminuição no valor do bem;

III – o juiz tiver fundada dúvida sobre o valor atribuído ao bem na primeira avaliação.

Parágrafo único. Aplica-se o art. 480 à nova avaliação prevista no inciso III do *caput* deste artigo.

Art. 874. Após a avaliação, o juiz poderá, a requerimento do interessado e ouvida a parte contrária, mandar:

I – reduzir a penhora aos bens suficientes ou transferi-la para outros, se o valor dos bens penhorados for consideravelmente superior ao crédito do exequente e dos acessórios;

II – ampliar a penhora ou transferi-la para outros bens mais valiosos, se o valor dos bens penhorados for inferior ao crédito do exequente.

Art. 875. Realizadas a penhora e a avaliação, o juiz dará início aos atos de expropriação do bem.

1. Observações. 2. Repetições. 3. Alterações. 4. Inovações.

1. Observações – A avaliação é a estimativa do valor dos bens em dinheiro. O CPC de 2015 dedica-lhe seus artigos, que se decompõem em parágrafos e alíneas sem todavia se afastarem do regulado sobre esse instituto no Direito anterior, por isto fonte de consulta para a interpretação das normas pertinentes.

Nem o novo Código, nem o antigo tratavam da impossibilidade de atribuir valor a um bem, fato raro mas suscetível de acontecer. Neste caso, não se despreza o bem mas, requerendo o exequente, o bem lhe pode ser adjudicado pelo valor total ou parcial da dívida. O assunto, entretanto, refoge ao âmbito e propósito principal deste livro, que é apontar e explicar as inovações trazidas ao sistema do direito processual positivo pelo Código de 2015.

2. Repetições – Repetem, literalmente, o CPC anterior a epígrafe da Subseção agora examinada e a da Subseção VI da Seção I do Capítulo IV do Título II do Livro I do Código anterior. O inc. II do art. 872 é igual ao inc. II do anterior art. 681. O *caput* do art. 873 reproduz o do art. 873, o mesmo acontecendo com os incs. I e II de ambos os artigos. Não se iluda, porém, quem ler o novo Código. Vários artigos dele praticamente repetem dispositivos anteriores com anódinas modificações, fato ocorrente ao longo de todo o diploma, indicativo, aliás, da desnecessidade da nova lei.

3. Alterações – O *caput* do art. 870 é igual ao primeiro período do anterior art. 680 mas a ressalva neste contudo está no inciso I daquele. O último período do revogado art. 680 foi transferido ao parágrafo único do mesmo art. 870. Encontra-se todavia, nesse parágrafo a oração "e o valor da execução o comportar". Entende-se que a disposição incide se o valor da execução justificar o custo da avaliação, feita pelo avaliador judicial, ou faltante ele, ou carente de conhecimento especializado, por terceiro, que pode ser instituição ou pessoa de qualquer lugar, encontrada na comarca, no país, no estrangeiro.

O *caput* do art. 871 só difere da cabeça do art. 684 pela substituição da condicional **se** pela temporal **quando**. O inciso I trocou **exequente** por **uma das partes**, permitindo tanto ao credor quanto ao executado estimar o valor do bem, que por ele será indicado para pronunciamento da parte contrária. No caso da divergência entre elas, o juiz nomeará avaliador. É tempo de dizer que o juiz não está obrigado a acolher o laudo do avaliador, que usurparia a competência do magistrado, se prevalecesse a sua estimativa. Embora a avaliação não obedeça as regras disciplinares de perícia, não havendo assistente técnico, aplica-se, subsidiariamente (art.

771, parágrafo único), os arts. 479 e 371. O inciso II substituiu **publicação oficial** por **publicação no órgão oficial**. O que dá na mesma. O inciso III é idêntico, no conteúdo, ao anterior art. 682. O parágrafo único do art. 871 assemelha-se ao anterior art. 683. Fala, porém, em dúvida do juiz que pode negar também à vista da manifestação das partes.

O *caput* do anterior art. 681 encontra correspondente semelhante ao art. 872 do novo Código. Fala-se aqui, impropriamente, que o laudo constará de vistoria e que o laudo de avaliação do oficial de justiça será anexado ao auto de penhora. O artigo exige, na sua última proposição, que o laudo do perito especifique os bens, tal com determinava o inc. I do art. 861, que colocou o substantivo plural **características**, no masculino mas agora aparece no feminino. O § 1º desse mesmo artigo não é diferente do parágrafo único do art. 681, salvo na desimportante mudança de **o avaliador** para **a avaliação**.

No art. 873, o inc. III pouco modificou igual item do anterior art. 673. Fala, no entanto, na fundada dúvida do juízo, que pode ser suscitada pelo pronunciamento das partes.

O *caput* do art. 874 repete, praticamente, o *caput* do art. 685, anterior, colocando na ordem direta a oração que permite ao juiz fazer o que está nos dois incisos, permitindo-lhe agir de ofício. O inciso I não se diferencia de igual inciso do revogado art. 685. Tampouco o inciso II mudou o sentido do inc. II do revogado art. 685.

O art. 875 é igual ao anterior parágrafo único do art. 685, cuja redação modificou sem contudo mudar-lhe o sentido.

4. Inovações – Aparece novo o inc. IV do art. 871, que dispensa a avaliação, nos casos que menciona. Impõe ademais ao nomeante dos bens à penhora o encargo de comprovar a cotação do bem no mercado. Far-se-á todavia a avaliação, pelo oficial de justiça ou pelo avaliador, se alguma característica do bem o fizer destacar-se dentre os do seu gênero. De duvidoso acerto, o inciso determina que cabe a quem fizer a nomeação, o encargo de comprovar a cotação de mercado.

O § 2º do art. 872 explicita o que é inerente ao ato. As partes serão ouvidas sobre a proposta do desmembramento. A oração gerundial "sendo o caso" alude à hipótese em que já tiver ocorrido manifestação sobre o desmembramento ou se ele for rejeitado pelo juiz. A verificação de exigibilidade da proposta de desmembramento precede a manifestação das partes.

O parágrafo único do art. 873 manda aplicar o art. 480 à nova avaliação. Esse é um dos dispositivos reguladores da perícia, cabível a aplicação porque a avaliação não é prova pericial, posto que não obedece as regras que regulam a realização desta.

Seção IV
Da Expropriação de Bens
(Arts. 876 a 903)

1. Observações.

1. Observações – Enquanto a Seção do Capítulo IV do Título II do Livro II do Código de Processo Civil de 1973 tema epígrafe "Da Penhora, da Avaliação e da Expropriação de Bens", esta Seção IV do Capítulo IV do Título I do Livro II da Parte Especial do CPC de 2015 tem por rubrica "Da Expropriação de Bens", não mais falando em penhora e avaliação, postas alhures.

Expropriação e desapropriação, instituições distintas, têm em comum a transferência de bens do executado a terceiros, independentemente da vontade dele, embora ambas possam ocorrer com o concurso do titular do bem.

As Subseções I e II regulam as duas modalidades de expropriação.

Subseção I
Da Adjudicação
(Arts. 876 a 878)

Art. 876. É lícito ao exequente, oferecendo preço não inferior ao da avaliação, requerer que lhe sejam adjudicados os bens penhorados.

§ 1º Requerida a adjudicação, o executado será intimado do pedido:

I – pelo Diário da Justiça, na pessoa de seu advogado constituído nos autos;

II – por carta com aviso de recebimento, quando representado pela Defensoria Pública ou quando não tiver procurador constituído nos autos;

III – por meio eletrônico, quando, sendo o caso do § 1º do art. 246, não tiver procurador constituído nos autos.

§ 2º Considera-se realizada a intimação quando o executado houver mudado de endereço sem prévia comunicação ao juízo, observado o disposto no art. 274, parágrafo único.

§ 3º Se o executado, citado por edital, não tiver procurador constituído nos autos, é dispensável a intimação prevista no § 1º.

§ 4º Se o valor do crédito for:

I – inferior ao dos bens, o requerente da adjudicação depositará de imediato a diferença, que ficará à disposição do executado;

II – superior ao dos bens, a execução prosseguirá pelo saldo remanescente.

§ 5º Idêntico direito pode ser exercido por aqueles indicados no art. 889, incs. II a VIII, pelos credores concorrentes que hajam penhorado o mesmo bem, pelo cônjuge, pelo companheiro, pelos descendentes ou pelos ascendentes do executado.

§ 6º Se houver mais de um pretendente, proceder-se-á a licitação entre eles, tendo preferência, em caso de igualdade de oferta, o cônjuge, o companheiro, o descendente ou o ascendente, nessa ordem.

§ 7º No caso de penhora de quota social ou de ação de sociedade anônima fechada realizada em favor de exequente alheio à sociedade, esta será intimada, ficando responsável por informar aos sócios a ocorrência da penhora, assegurando-se a estes a preferência.

Art. 877. Transcorrido o prazo de 5 (cinco) dias, contado da última intimação, e decididas eventuais questões, o juiz ordenará a lavratura do auto de adjudicação.

§ 1º Considera-se perfeita e acabada a adjudicação com a lavratura e a assinatura do auto pelo juiz, pelo adjudicatário, pelo escrivão ou chefe de secretaria, e, se estiver presente, pelo executado, expedindo-se:

I – a carta de adjudicação e o mandado de imissão na posse, quando se tratar de bem imóvel;

II – a ordem de entrega ao adjudicatário, quando se tratar de bem móvel.

§ 2º A carta de adjudicação conterá a descrição do imóvel, com remissão à sua matrícula e aos seus registros, a cópia do auto de adjudicação e a prova de quitação do imposto de transmissão.

§ 3º No caso de penhora de bem hipotecado, o executado poderá remi-lo até a assinatura do auto de adjudicação, oferecendo preço igual ao da avaliação, se não tiver havido licitantes, ou ao do maior lance oferecido.

§ 4º Na hipótese de falência ou de insolvência do devedor hipotecário, o direito de remição previsto no § 3º será deferido à massa ou aos credores em concurso, não podendo o exequente recusar o preço da avaliação do imóvel.

Art. 878. Frustradas as tentativas de alienação do bem, será reaberta oportunidade para requerimento de adjudicação, caso em que também se poderá pleitear a realização de nova avaliação.

1. Observações. 2. Repetições. 3. Alterações. 4. Inovações.

1. Observações – A adjudicação é um dos modos de expropriação. Trata-se de ato processual, não de compra e venda judicial, como quis superada concepção privatística, que não viu nela a vontade de vender com recebimento do preço correspondente, nem a de comprar. Como é tônica da execução forçada, a adjudicação faz-se independentemente da vontade do executado que pode, entretanto, aquiescer a ela sem que contudo o seu consentimento seja exigido.

2. Repetições – O art. 876 repete, literalmente, o anterior art. 685-A, salvo quanto àrevelação do **que**, oculto no texto anterior. Também o § 2º do art. 877 é repetição, pois reproduz o parágrafo único do anterior art. 685-B.

3. Alterações – Descobrem-se, na Subseção examinada, textos do Código anterior alterados, de modo irrelevante, no mais das vezes.

O § 4º do art. 876 aparece com parte do texto do § 1º do revogado art. 685-A. Consiste a modificação na troca da palavra **adjudicatória** por **requerente da adjudicação**, substituída a gerundial **ficando esta** pela relativa "que ficará". Aparece a norma, posta no inciso II do artigo, segundo a qual, se o valor do crédito exequendo for superior ao dos bens adjudicados, a execução prosseguirá sobre o saldo. Norma desnecessária porque a execução visa à satisfação integral do crédito exequendo. O § 5º do mesmo artigo, já não alude às pessoas referidas no § 2º do anterior art. 685-A, mas aludiu às pessoas indicadas nos inc. II a VIII do art. 889 (q.v.), e mantém a invocação às demais, que lá se viam. Acrescentou-se ao texto a menção ao companheiro, que deverá demonstrar essa condição, como apontado nas normas pertinentes. Aliás, às pessoas referidas no parágrafo impõe-se a necessidade de comprovar seu vínculo. Diga-se o mesmo do § 6º, que incluiu o companheiro que também terá a preferência a que já se referiu o § 3º do artigo revogado. O § 7º tem redação mais clara e abrangente do que a do anterior § 4º. Fala em quota social, ou de ação de sociedade anônima fechada (não de sociedade aberta, que será alienada em bolsa) da qual o exequente não seja quotista ou acionista. Neste caso, intima-se a sociedade. Ela informará aos sócios da penhora e a eles é dada a preferência na aquisição. Nada obsta a que a ciência se dê diretamente aos sócios. Se a sociedade se omitir, deixando de fazer a comunicação, a adjudicação não ficará prejudicada, mas eles podem acionar a sociedade por perdas e danos. O exercício da preferência poderá contudo ser assegurado aos sócios antes que a adjudicação se torne perfeita e acabada (art. 877, § 1º), cabendo-lhes arcar com as custas acrescidas, restituindo-se ao autor da adjudicação a soma que ele por acaso houver despendido. Tudo isto se fará no prazo de cinco dias, contados da adjudicação (art. 877).

O art. 877, mais amplo que o anterior § 5º, determina ao juiz que ordene a lavratura do auto da adjudicação, depois de decidir as questões que se fundarem no quinquídio seguinte ao ato. O *caput* do § 1º desse artigo, tal como o anterior art. 685-B, considera perfeita e acabada a adjudicação com a assinatura do auto pelo juiz, pelo adjudicatário (pessoa em cujo favor se faz a adjudicação, anteriormente referida como adjudicante), pelo escrivão, ou pelo executado. A eventual recusa dele, que deverá ser documentada por firma nos autos, não prejudica as adjudicações, mesmo sem sua firma. Os dois incisos desse parágrafo são desdobramento do que se continha no *caput* do art. 685-B, a cujas contenções se remete. O § 3º do art. 877 é diferente do anterior art. 651. Trata de remição de bem hipotecado, que o executado poderá fazer até a assinatura do auto de adjudicação, referido no § 1º. O preço será igual ao da avaliação, se não houver licitantes, ou igual ao do maior lance oferecido, obviamente por licitante. O parágrafo já não fala em importância atualizada da dívida, mas juros, custos e honorários de advogado, como fazia o anterior art. 651. Entretanto, a atualização da soma despendida pelo licitante deve ser feita, acrescido o montante de juros e custas. Honorários não são devidos, daí a falta de referência a eles, no § 3º.

O Código já não fala em remição de outros bens pelo executado. Excluída, pode todavia o executado pagar a dívida, assim resgatando qualquer outro bem. A remição de bens onerados, ou de quaisquer outros está regulada no § 5º do art. 876, posto que com o nome de adjudicação. A remição do bem hipotecado, só por si, não extingue a execução, que prosseguirá com a penhora de outros bens. A remição do bem onerado com hipoteca pelo executado é excepcional. O credor hipotecário pode remir, como permite o inc.V do art. 889 (art. 876, § 5º).

4. Inovações – As inovações trazidas pela Subseção explicitam o que já estava no sistema do novo Código.

O § 1º do art. 876 e seus três incisos cuidam da intimação do executado para manifestar-se sobre o requerimento de adjudicação, formulado pelo exequente, como permite o *caput* desse artigo. Assinala-se que a intimação se rege pelas normas e princípios inerentes a essa figura. A intimação faz-se pelo Diário da Justiça, ou por órgão equivalente, mas desde que o executado tenha advogado no processo (inc. I). Não o tendo, ou quando representado pela Defensoria Pública, a intimação faz-se por carta (inc. II). Procede-se à intimação por meio eletrônico, se incidir a regra do § 1º do art. 246 e o executado não tiver procurador nos autos, físicos ou eletrônicos. O § 3º do art. 876 repete, na essência, o art. 274, parágrafo único (q.v.).

O § 4º do art. 877 disciplinou o direito de remição do imóvel hipotecado, na hipótese de falência, ou insolvência civil (art. 1.052) do executado. Esse direito tem a massa falida, como têm os credores do devedor insolvente, representada aquela e estes pelos respectivos administradores. Quanto ao devedor insolvente, vale a consulta ao art. 1.052 do Código vigente e aos arts. 751, III, e 761 do CPC de 1973.

Embora o art.879 indique, nos seus dois incisos, as espécies de alienação, o art. 878 estende sua norma a qualquer espécie de expropriação. Malogradas as tentativas, mais de uma, conforme o critério do juízo da execução, que ouvirá as partes, o juiz promoverá outra oportunidade para o requerimento da adjudicação que, então, se fará na conformidade dos arts. 876 e seguintes. Permite-se nova avaliação, determinada pelo juiz, de ofício, ou mediante requerimento. A nova avaliação determinará o valor do bem que as tentativas inexitosas poderão considerar mais baixo. Nada impede contudo que a nova avaliação confirme a anterior, ou mesmo indique valor maior. Não requerida a adjudicação, a penhora incidirá sobre outro bem, cuja falta acarretará a suspensão do processo, ou, desde que requerida, a insolvência do devedor. Fala o artigo apenas em nova oportunidade para adjudicação. Como, entretanto, o dispositivo alude às tentativas da alienação do bem, cabem elas na forma do art. 879, sempre obedecidas as normas que as regulam.

Subseção II
Da Alienação
(Arts. 879 a 903)

Art. 879. A alienação far-se-á:
I – por iniciativa particular;
II – em leilão judicial eletrônico ou presencial.

Art. 880. Não efetivada a adjudicação, o exequente poderá requerer a alienação por sua própria iniciativa ou por intermédio de corretor ou leiloeiro público credenciado perante o órgão judiciário.

§ 1º O juiz fixará o prazo em que a alienação deve ser efetivada, a forma de publicidade, o preço mínimo, as condições de pagamento, as garantias e, se for o caso, a comissão de corretagem.

§ 2º A alienação será formalizada por termo nos autos, com a assinatura do juiz, do exequente, do adquirente e, se estiver presente, do executado, expedindo-se:
I – a carta de alienação e o mandado de imissão na posse, quando se tratar de bem imóvel;
II – a ordem de entrega ao adquirente, quando se tratar de bem móvel.

§ 3º Os tribunais poderão editar disposições complementares sobre o procedimento da alienação prevista neste artigo, admitindo, quando for o caso, o concurso de meios eletrônicos, e dispor sobre o credenciamento dos corretores e leiloeiros públicos, os quais deverão estar em exercício profissional por não menos que 3 (três) anos.

§ 4º Nas localidades em que não houver corretor ou leiloeiro público credenciado nos termos do § 3º, a indicação será de livre escolha do exequente.

Art. 881. A alienação far-se-á em leilão judicial se não efetivada a adjudicação ou a alienação por iniciativa particular.

§ 1º O leilão do bem penhorado será realizado por leiloeiro público.

§ 2º Ressalvados os casos de alienação a cargo de corretores de bolsa de valores, todos os demais bens serão alienados em leilão público.

Art. 882. Não sendo possível a sua realização por meio eletrônico, o leilão será presencial.

§ 1º A alienação judicial por meio eletrônico será realizada, observando-se as garantias processuais das partes, de acordo com regulamentação específica do Conselho Nacional de Justiça.

§ 2º A alienação judicial por meio eletrônico deverá atender aos requisitos de ampla publicidade, autenticidade e segurança, com observância das regras estabelecidas na legislação sobre certificação digital.

§ 3º O leilão presencial será realizado no local designado pelo juiz.

Art. 883. Caberá ao juiz a designação do leiloeiro público, que poderá ser indicado pelo exequente.

Art. 884. Incumbe ao leiloeiro público:

I – publicar o edital, anunciando a alienação;

II – realizar o leilão onde se encontrem os bens ou no lugar designado pelo juiz;

III – expor aos pretendentes os bens ou as amostras das mercadorias;

IV – receber e depositar, dentro de 1 (um) dia, à ordem do juiz, o produto da alienação;

V – prestar contas nos 2 (dois) dias subsequentes ao depósito.

Parágrafo único. O leiloeiro tem o direito de receber do arrematante a comissão estabelecida em lei ou arbitrada pelo juiz.

Art. 885. O juiz da execução estabelecerá o preço mínimo, as condições de pagamento e as garantias que poderão ser prestadas pelo arrematante.

Art. 886. O leilão será precedido de publicação de edital, que conterá:

I – a descrição do bem penhorado, com suas características, e, tratando-se de imóvel, sua situação e suas divisas, com remissão à matrícula e aos registros;

II – o valor pelo qual o bem foi avaliado, o preço mínimo pelo qual poderá ser alienado, as condições de pagamento e, se for o caso, a comissão do leiloeiro designado;

III – o lugar onde estiverem os móveis, os veículos e os semoventes e, tratando-se de créditos ou direitos, a identificação dos autos do processo em que foram penhorados;

IV – o sítio, na rede mundial de computadores, e o período em que se realizará o leilão, salvo se este se der de modo presencial, hipótese em que serão indicados o local, o dia e a hora de sua realização;

V – a indicação de local, dia e hora de segundo leilão presencial, para a hipótese de não haver interessado no primeiro;

VI – menção da existência de ônus, recurso ou processo pendente sobre os bens a serem leiloados.

Parágrafo único. No caso de títulos da dívida pública e de títulos negociados em bolsa, constará do edital o valor da última cotação.

Art. 887. O leiloeiro público designado adotará providências para a ampla divulgação da alienação.

§ 1º A publicação do edital deverá ocorrer pelo menos 5 (cinco) dias antes da data marcada para o leilão.

§ 2º O edital será publicado na rede mundial de computadores, em sítio designado pelo juízo da execução, e conterá descrição detalhada e, sempre que possível, ilustrada dos bens, informando expressamente se o leilão se realizará de forma eletrônica ou presencial.

§ 3º Não sendo possível a publicação na rede mundial de computadores ou considerando o juiz, em atenção às condições da sede do juízo, que esse modo de divulgação é insuficiente ou inadequado, o edital será afixado em local de costume e publicado, em resumo, pelo menos uma vez em jornal de ampla circulação local.

§ 4º Atendendo ao valor dos bens e às condições da sede do juízo, o juiz poderá alterar a forma e a frequência da publicidade na imprensa, mandar publicar o edital em local de ampla circulação de pessoas e divulgar avisos em emissora de rádio ou televisão local, bem como em sítios distintos do indicado no § 2º.

§ 5º Os editais de leilão de imóveis e de veículos automotores serão publicados pela imprensa ou por outros meios de divulgação, preferencialmente na seção ou no local reservados à publicidade dos respectivos negócios.

§ 6º O juiz poderá determinar a reunião de publicações em listas referentes a mais de uma execução.

Art. 888. Não se realizando o leilão por qualquer motivo, o juiz mandará publicar a transferência, observando-se o disposto no art. 887.

Parágrafo único. O escrivão, o chefe de secretaria ou o leiloeiro que culposamente der causa à transferência responde pelas despesas da nova publicação, podendo o juiz aplicar-lhe a pena de suspensão por 5 (cinco) dias a 3 (três) meses, em procedimento administrativo regular.

Art. 889. Serão cientificados da alienação judicial, com pelo menos 5 (cinco) dias de antecedência:
I – o executado, por meio de seu advogado ou, se não tiver procurador constituído nos autos, por carta registrada, mandado, edital ou outro meio idôneo;
II – o coproprietário de bem indivisível do qual tenha sido penhorada fração ideal;
III – o titular de usufruto, uso, habitação, enfiteuse, direito de superfície, concessão de uso especial para fins de moradia ou concessão de direito real de uso, quando a penhora recair sobre bem gravado com tais direitos reais;
IV – o proprietário do terreno submetido ao regime de direito de superfície, enfiteuse, concessão de uso especial para fins de moradia ou concessão de direito real de uso, quando a penhora recair sobre tais direitos reais;
V – o credor pignoratício, hipotecário, anticrético, fiduciário ou com penhora anteriormente averbada, quando a penhora recair sobre bens com tais gravames, caso não seja o credor, de qualquer modo, parte na execução;
VI – o promitente comprador, quando a penhora recair sobre bem em relação ao qual haja promessa de compra e venda registrada;
VII – o promitente vendedor, quando a penhora recair sobre direito aquisitivo derivado de promessa de compra e venda registrada;

VIII – a União, o Estado e o Município, no caso de alienação de bem tombado.
Parágrafo único. Se o executado for revel e não tiver advogado constituído, não constando dos autos seu endereço atual ou, ainda, não sendo ele encontrado no endereço constante do processo, a intimação considerar-se-á feita por meio do próprio edital de leilão.

Art. 890. Pode oferecer lance quem estiver na livre administração de seus bens, com exceção:

I – dos tutores, dos curadores, dos testamenteiros, dos administradores ou dos liquidantes, quanto aos bens confiados à sua guarda e à sua responsabilidade;
II – dos mandatários, quanto aos bens de cuja administração ou alienação estejam encarregados;
III – do juiz, do membro do Ministério Público e da Defensoria Pública, do escrivão, do chefe de secretaria e dos demais servidores e auxiliares da justiça, em relação aos bens e direitos objeto de alienação na localidade onde servirem ou a que se estender a sua autoridade;
IV – dos servidores públicos em geral, quanto aos bens ou aos direitos da pessoa jurídica a que servirem ou que estejam sob sua administração direta ou indireta;
V – dos leiloeiros e seus prepostos, quanto aos bens de cuja venda estejam encarregados;
VI – dos advogados de qualquer das partes.

Art. 891. Não será aceito lance que ofereça preço vil.
Parágrafo único. Considera-se vil o preço inferior ao mínimo estipulado pelo juiz e constante do edital, e, não tendo sido fixado preço mínimo, considera-se vil o preço inferior a cinquenta por cento do valor da avaliação.

Art. 892. Salvo pronunciamento judicial em sentido diverso, o pagamento deverá ser realizado de imediato pelo arrematante, por depósito judicial ou por meio eletrônico.

§ 1º Se o exequente arrematar os bens e for o único credor, não estará obrigado a exibir o preço, mas, se o valor dos bens exceder ao seu crédito, depositará, dentro de 3 (três) dias, a diferença, sob pena de tornar-se sem efeito a arrematação, e, nesse caso, realizar-se-á novo leilão, à custa do exequente.

§ 2º Se houver mais de um pretendente, proceder-se-á entre eles à licitação, e, no caso de igualdade de oferta, terá preferência o cônjuge, o companheiro, o descendente ou o ascendente do executado, nessa ordem.

§ 3º No caso de leilão de bem tombado, a União, os Estados e os Municípios terão, nessa ordem, o direito de preferência na arrematação, em igualdade de oferta.

Art. 893. Se o leilão for de diversos bens e houver mais de um lançador, terá preferência aquele que se propuser a arrematá-los todos, em conjunto, oferecendo, para os bens que não tiverem lance, preço igual ao da avaliação e, para os demais, preço igual ao do maior lance que, na tentativa de arrematação individualizada, tenha sido oferecido para eles.

Art. 894. Quando o imóvel admitir cômoda divisão, o juiz, a requerimento do executado, ordenará a alienação judicial de parte dele, desde que suficiente para o pagamento do exequente e para a satisfação das despesas da execução.

§ 1º Não havendo lançador, far-se-á a alienação do imóvel em sua integridade.

§ 2º A alienação por partes deverá ser requerida a tempo de permitir a avaliação das glebas destacadas e sua inclusão no edital, e, nesse caso, caberá ao executado instruir o requerimento com planta e memorial descritivo subscritos por profissional habilitado.

Art. 895. O interessado em adquirir o bem penhorado em prestações poderá apresentar, por escrito:

I – até o início do primeiro leilão, proposta de aquisição do bem por valor não inferior ao da avaliação;

II – até o início do segundo leilão, proposta de aquisição do bem por valor que não seja considerado vil.

§ 1º A proposta conterá, em qualquer hipótese, oferta de pagamento de pelo menos vinte e cinco por cento do valor do lance à vista e o restante parcelado em até 30 (trinta) meses, garantido por caução idônea, quando se tratar de móveis, e por hipoteca do próprio bem, quando se tratar de imóveis.

§ 2º As propostas para aquisição em prestações indicarão o prazo, a modalidade, o indexador de correção monetária e as condições de pagamento do saldo.

§ 3º (Vetado).

§ 4º No caso de atraso no pagamento de qualquer das prestações, incidirá multa de dez por cento sobre a soma da parcela inadimplida com as parcelas vincendas.

§ 5º O inadimplemento autoriza o exequente a pedir a resolução da arrematação ou promover, em face do arrematante, a execução do valor devido, devendo ambos os pedidos ser formulados nos autos da execução em que se deu a arrematação.

§ 6º A apresentação da proposta prevista neste artigo não suspende o leilão.

§ 7º A proposta de pagamento do lance à vista sempre prevalecerá sobre as propostas de pagamento parcelado.

§ 8º Havendo mais de uma proposta de pagamento parcelado:

I – em diferentes condições, o juiz decidirá pela mais vantajosa, assim compreendida, sempre, a de maior valor;

II – em iguais condições, o juiz decidirá pela formulada em primeiro lugar.

§ 9º No caso de arrematação a prazo, os pagamentos feitos pelo arrematante pertencerão ao exequente até o limite de seu crédito, e os subsequentes, ao executado.

Art. 896. Quando o imóvel de incapaz não alcançar em leilão pelo menos oitenta por cento do valor da avaliação, o juiz o confiará à guarda e à administração de depositário idôneo, adiando a alienação por prazo não superior a 1 (um) ano.

§ 1º Se, durante o adiamento, algum pretendente assegurar, mediante caução idônea, o preço da avaliação, o juiz ordenará a alienação em leilão.

§ 2º Se o pretendente à arrematação se arrepender, o juiz impor-lhe-á multa de vinte por cento sobre o valor da avaliação, em benefício do incapaz, valendo a decisão como título executivo.

§ 3º Sem prejuízo do disposto nos §§ 1º e 2º, o juiz poderá autorizar a locação do imóvel no prazo do adiamento.

§ 4º Findo o prazo do adiamento, o imóvel será submetido a novo leilão.

Art. 897. Se o arrematante ou seu fiador não pagar o preço no prazo estabelecido, o juiz impor-lhe-á, em favor do exequente, a perda da caução, voltando os bens a novo leilão, do qual não serão admitidos a participar o arrematante e o fiador remissos.

Art. 898. O fiador do arrematante que pagar o valor do lance e a multa poderá requerer que a arrematação lhe seja transferida.

Art. 899. Será suspensa a arrematação logo que o produto da alienação dos bens for suficiente para o pagamento do credor e para a satisfação das despesas da execução.

Art. 900. O leilão prosseguirá no dia útil imediato, à mesma hora em que teve início, independentemente de novo edital, se for ultrapassado o horário de expediente forense.

Art. 901. A arrematação constará de auto que será lavrado de imediato e poderá abranger bens penhorados em mais de uma execução, nele mencionadas as condições nas quais foi alienado o bem.

§ 1º A ordem de entrega do bem móvel ou a carta de arrematação do bem imóvel, com o respectivo mandado de imissão na posse, será expedida depois de efetuado o depósito ou prestadas as garantias pelo arrematante, bem como realizado o pagamento da comissão do leiloeiro e das demais despesas da execução.

§ 2º A carta de arrematação conterá a descrição do imóvel, com remissão à sua matrícula ou individuação e aos seus registros, a cópia do auto de arrematação e a prova de pagamento do imposto de transmissão, além da indicação da existência de eventual ônus real ou gravame.

Art. 902. No caso de leilão de bem hipotecado, o executado poderá remi-lo até a assinatura do auto de arrematação, oferecendo preço igual ao do maior lance oferecido.

Parágrafo único. No caso de falência ou insolvência do devedor hipotecário, o direito de remição previsto no *caput* defere-se à massa ou aos credores em concurso, não podendo o exequente recusar o preço da avaliação do imóvel.

Art. 903. Qualquer que seja a modalidade de leilão, assinado o auto pelo juiz, pelo arrematante e pelo leiloeiro, a arrematação será considerada perfeita, acabada e irretratável, ainda que venham a ser julgados procedentes os embargos do executado ou a ação autônoma de que trata o § 4º deste artigo, assegurada a possibilidade de reparação pelos prejuízos sofridos.

§ 1º Ressalvadas outras situações previstas neste Código, a arrematação poderá, no entanto, ser:

I – invalidada, quando realizada por preço vil ou com outro vício;

II – considerada ineficaz, se não observado o disposto no art. 804;

III – resolvida, se não for pago o preço ou se não for prestada a caução.

§ 2º O juiz decidirá acerca das situações referidas no § 1º, se for provocado em até 10 (dez) dias após o aperfeiçoamento da arrematação.

§ 3º Passado o prazo previsto no § 2º sem que tenha havido alegação de qualquer das situações previstas no § 1º, será expedida a carta de arrematação e, conforme o caso, a ordem de entrega ou mandado de imissão na posse.

§ 4º Após a expedição da carta de arrematação ou da ordem de entrega, a invalidação da arrematação poderá ser pleiteada por ação autônoma, em cujo processo o arrematante figurará como litisconsorte necessário.

§ 5º O arrematante poderá desistir da arrematação, sendo-lhe imediatamente devolvido o depósito que tiver feito:

I – se provar, nos 10 (dez) dias seguintes, a existência de ônus real ou gravame não mencionado no edital;

II – se, antes de expedida a carta de arrematação ou a ordem de entrega, o executado alegar alguma das situações previstas no § 1º;

III – uma vez citado para responder a ação autônoma de que trata o § 4º deste artigo, desde que apresente a desistência no prazo de que dispõe para responder a essa ação.

§ 6º Considera-se ato atentatório à dignidade da justiça a suscitação infundada de vício com o objetivo de ensejar a desistência do arrematante, devendo o suscitante ser condenado, sem prejuízo da responsabilidade por perdas e danos, ao pagamento de multa, a ser fixada pelo juiz e devida ao exequente, em montante não superior a vinte por cento do valor atualizado do bem.

1. Observações. **2.** Repetições. **3.** Alterações. **4.** Inovações.

1. Observações – A alienação dos bens penhorados é requerida pela Subseção II, que fala só nela, sem aludir àhasta pública, como estava na rubrica da Subseção VII da Seção I do Capítulo IV do Título II do Livro II do Código de Processo Civil de 1973. A alienação por iniciativa particular encontrava-se na Subseção VI-B do diploma anterior. Também essa alienação se efetiva com a finalidade de satisfazer o crédito, no todo, ou em parte. Nesta última hipótese, a penhora do bem remanescente se fará na conformidade dos dispositivos incidentes a partir dessa assinalação.

Comparados os artigos da Subseção ora examinada com os do Código anterior, ver-se-á que há repetições literais, alterações, na maioria de pequeno porte e inovações, algumas inexpressivas.

Sem dúvida a interpretação dos dispositivos dessa parte do CPC de 2015 deve ser feita à luz do que se construiu na constância do Código de 1973, farta a jurisprudência e doutrina sobre a matéria. Este livro identifica as repetições literais, aponta as alterações, explica as inovações, mas só se ocupa destas últimas, porque sua finalidade é esta, como ficou dito e repetido, ao longo destas páginas.

A alienação por iniciativa particular pode ser feita por qualquer contrato oneroso, como a compra e venda, sua promessa, ou cessão e promessa de cessão, contrato que desses atos resulte dinheiro para satisfazer o direito do exequente. Não se afasta a possibilidade de troca de um bem por outro, de melhor situação, ou mais fácil transferência. Existe, salvo normas cogentes, certa flexibilidade que permite a obtenção de recursos.

Conquanto a alienação por iniciativa particular se insira no âmbito dos negócios comuns de ordem privada, ela também é processual, tanto quanto a venda em leilão. Sobre os dois institutos, dirão doutrinadores e tribunais.

2. Repetições – Sempre com a nota de que há reprodução de vários dispositivos do CPC de 1973, dissimulada por alterações minúsculas, como a troca de substantivos por seus sinônimos, ou a inversão da ordem das orações, apontam-se aqui as repetições rigorosamente fiéis aos textos anteriores.

Os incs. I, II e III do art. 884 espelham iguais itens do revogado art. 705. O § 6º do art. 887 é igual ao § 4º do anterior art. 687. O inc. II do art. 890 corresponde ao passado inc. II do art. 690-A. O § 1º do art. 894 é o parágrafo único do art. 702. O § 9º do extenso art. 895 copia o § 4º do revogado art. 690.

Outras repetições literais não há nas subseções que contudo disciplinam institutos conhecidos e praticados.

3. Alterações – Alterações do texto de dispositivos do Código anterior há convenientes, necessárias, várias irrelevantes mas todas devem ser observadas, inclusive para a compreensão e aplicação das normas, mediante a consulta à doutrina e jurisprudência das normas que se assemelham.

O art. 880 pouco alterou, em substância, o art. 685-C, anterior. Substituiu **realizada** por **efetivada**, suprimiu a supérflua referência a bens penhorados, já que somente sobre eles a adjudicação pode recair, melhorou a oração do verbo "requerer" e substituiu **autoridade fiduciária** por órgão judiciário. Corretor credenciado será aquele constante do cadastro, ou autorizado pelo juiz a exercer a função, ainda que só no caso específico. Leiloeiro público credenciado será aquele serventuário investido na função mas pode ser substituído por outro, designado pelo juízo, com possíveis objeções das partes que não precisam ser adrede consultadas sobre a designação. O § 1º suprimiu a remissão que o § 1º do art. 685-C fazia ao artigo do Código anterior e a expressão **bem como**. O § 2º transformou em inciso regras colocadas no anterior § 2º. No inciso I, mandou que se expeça carta de alienação sem contudo falar em apresentação dela ao registro imobiliário, o que, por certo, o adquirente, o próprio executado, ou qualquer outro interessado pode fazer. A imissão na posse do imóvel a que alude esse inciso pode ser resistida por quem o ocupar, inclusive por embargos de terceiro (art. 674 e § 1º), que também podem ser opostos à ordem de entrega de bem móvel. O § 3º reduziu para três anos o lustro concedido pelo § 3º do art. 685-C. Evidentemente, só se pode falar em corretores públicos, se existir essa função, *idem* quanto aos leiloeiros (veja--se a anotação ao § 4º, no próximo item, referente às inovações).

O art. 881 fala apenas em **leilão**. Não alude à **hasta**, a qual, junto com a **praça**, figura também desaparecida, da qual o leilão é espécie. A distinção entre as duas modalidades de hasta, feita no CPC de 1973, era postiça e inútil. O § 2º do mesmo art. 881 encontra similar no revogado art. 704. Não fala em imóveis, mas em todos os atos de alienação, ressalvadas as hipóteses em que ela se faz por meio de corretores da bolsa de valores em cujos domínios não entram os leiloeiros públicos.

O art. 882 fez do leilão por meio eletrônico a regra, que só não se obedece se não for possível. Aqui a exceção, o leilão por meio eletrônico, como quando a comarca não dispuser desse meio, ou os existentes estiverem defeituosos. O uso dos instrumentos eletrônicos não dispensa o leilão, que se faz conforme o procedimento editado pelo tribunal competente, pelo CNJ, ou pelo próprio juízo, na falta dos outros. O parágrafo único do art. 689-A do Código anterior já cuidava desse ponto. O § 1º determina que o uso do meio eletrônico observa as garantias processuais das partes. Quer isto dizer que elas têm o direito de se manifestarem, antecipadamente, sobre o uso, suprida a manifestação pela concordância delas, ainda que tácita. Há o direito à publicidade do ato, regulamentado de tal forma que todos possam assistir a ele. Fala ainda o parágrafo em regulamentação do Conselho Nacional de Justiça cuja subsistência não obstará todavia à realização do ato, conforme diretriz do tribunal. O § 2º insiste no atendimento aos requisitos da ampla publicidade (art. 880, § 1º), da autenticidade e segurança, referentes estes dois substantivos à alienação judicial por meio eletrônico. O juiz suprirá omissões da legislação. Deve-se atentar ao fato de que a transgressão dessas normas acarreta nulidade relativa, que será suprida se o leilão atingir sua finalidade (art. 244), sem violação do direito das partes ou de terceiros. O adjetivo "presencial" refere-se, obviamente, às partes e aos terceiros intervenientes. A ausência dessas pessoas não acarreta a nulidade da hasta, a menos que não tenha havido antecipada intimação para o ato. O art. 244 também incide na hipótese do § 3º. As partes estarão presentes, se se apresentarem por si, por representante, ou por procurador (art. 103), cuja intimação é necessária. A intimação regular dele não compromete o leilão, no caso da sua ausência. Não valerá o ato, ainda que a parte compareça com seu advogado, não intimado. A capacidade postulatória é exigida também no leilão presencial. Conforme o § 3º, far-se-á o leilão no local designado pelo juízo, que atenderá normas e princípios relativos ao lugar do ato. Já não se fala em **praça**, como fazia o anterior art. 686, § 2º, pois a figura desapareceu no CPC de 2015. O art. 883 tem redação diferente da que foi dada ao anterior art. 706. Enquanto este rezava que o leiloeiro público será indicado pelo exequente, a nova regra processual dispõe que ela poderá ser feita pelo juiz, que a acolherá ou rejeitará, ouvindo ainda a outra parte, que poderá se opor, ou fazer outra indicação. A indicação é das partes, mas a nomeação, do juiz.

O art. 884, no *caput*, substituiu o verbo **cumpre** do art. 705 por **incumbe** e acrescentou ao substantivo **leiloeiro** o adjetivo **público**. No entanto, o leilão será realizado por leiloeiro nomeado pelo juiz, se não existir o leiloeiro público, ou nos casos de impossibilidade dele. O inciso IV do artigo manda o leiloeiro receber e depositar, não em vinte e quatro horas, como dispunha o inc.V do anterior art. 705, mas em um dia, que compreenderá, por inteiro, o primeiro dia de expediente forense integrado após o leilão. O pagamento pode ser feito, não ao leiloeiro, mas mediante depósito na conta de depósitos judiciais. O inciso V fala também nos dois dias subsequentes, não ao leilão, mas ao depósito. Feito o depósito um dia, a prestação de contas será feita até o fim do expediente do segundo dia depois do recolhimento do inciso IV. Fala este, aliás, em recebimento e depósito por ordem do juiz. Precede-se, então, aos dois atos, conforme a diretiva do órgão judicial. O parágrafo único do art. 884 repete o inc. IV do revogado art. 705, antepondo a oração "receber do arrematante" à frase "o leiloeiro tem direito".

O art.885 não é diferente do anterior art. 685-C, § 1º, mas não fala que o juiz fixará o prazo em que a alienação deve ser efetivada. Essa regra contudo está no § 1º do art. 880.

O *caput* do art. 886 dispõe que o leilão será precedido de publicação de edital. Sobre o edital, vejam-se os §§ 1º a 6º do artigo. O inciso I é igual ao inc. I do art. 686, salvo quanto à irrelevante colocação, duas vezes, do possessivo **sua**. Em vez de aludir, secamente, ao valor do bem, como o inc. II do revogado art. 686, o inciso II do novo artigo esclarece que o valor é, não o do bem, mas o da avaliação. Estabelece também que o edital indique o preço mínimo da alienação do bem, as condições de pagamento, que são as indicadas pelo juízo que, por exemplo, disporá sobre o número de prestações, e indicará ainda a comissão do leilão. Nada impede que oadquirente do bem negocie com o leiloeiro o valor da comissão. Indicada a comissão no edital, ou aprovada pelo juiz a alteração dela, o crédito decorrente é título executivo judicial (art. 515, inc. V). O inciso III substituiu **direito e ação** por **créditos ou direitos**, sem contudo alterar o conteúdo da norma. O inciso IV, falando em período de realização do leilão, mostra que o leilão não se realiza, necessariamente, num só dia, podendo acontecer em dias sucessivos, feitos os lances no próprio sítio da rede mundial de computadores, onde se realizará o ato. Presencial, o edital indicará o momento do leilão, local, dia e hora da sua realização. O mesmo requisito está no inciso V, quanto a um segundo leilão, que pode não ser o último, bastando imaginar a nulidade deste, ou o aparecimento de circunstâncias que indiquem a possibilidade de êxito de um leilão seguinte. O inc. VI desse art. 886 é igual ao inc.V do art. 686, anterior, salvo na anódina mas correta substituição de **causa** por **processo** e de **arrematados** por **leiloados**. O parágrafo único ainda do art. 886 tem melhor redação que o § 1º do revogado art. 686. Fala que constará do edital o valor da última cotação, que será a imediatamente anterior à expedição do edital. Essa cotação contudo pode, até o leilão, oscilar, para cima ou para baixo, como sói acontecer a títulos da dívida pública ou negociados em bolsa.

Sem correspondência no Código anterior o *caput* do art. 887 e seu § 2º, adiante examinados, no item 4, relativo às inovações, o § 1º não cai longe do *caput* do anterior art. 687, quanto ao prazo de cinco dias. Esse quinquídio deve estar completo no último dia útil anterior ao dia do leilão. Se não houver expediente forense antes de cumprido o prazo, novo edital deverá ser publicado. A oração gerundiva, que abre o § 3º, mostra que a regra é a publicação do edital na rede mundial de computadores. Somente na hipótese de esse modo de divulgação ser insuficiente, ou inadequado, ou, *a fortiori*, não existir, é que o edital será fixado, no lugar de costume, isto é, no local do foro onde se publicam os editais. Será também publicado, diz o artigo, em jornal de grande circulação. O adjetivo **local** leva a interpretar o dispositivo, no sentido de que o edital poderá ser publicado em jornal local de reduzida circulação. Impossível isto, o edital não será publicado, embora a sua publicação noutros órgãos seja, obviamente, permitida; em qualquer órgão da mídia, sem restrições. Leia-se o § 4º como desdobramento do § 3º e busque-se subsídios para a interpretação e aplicação dele no § 2º do anterior art. 687. O § 5º já não fala na **praça**, abolido do novo Código, como já dito, para citar a artificiosa distinção entre ela e leilão, do diploma anterior. Outros meios de divulgação são quaisquer meios, inclusive distribuição de folhetos e até anúncios em aparelhos sonoros. É preciso entender que a publicidade tem por fim a mais completa divulgação do ato com a finalidade de atingir-se o melhor preço, nas melhores condições. Aliás, as condições estipuladas pelo juízo devem ser alteradas pelo órgão, se não atendidos pelos interessados, ou mesmo se se propuserem melhores, tudo decidido pelo juiz com audiência entre as partes.

O art. 888, *caput*, sai sem falar em motivo justo, dito apenas o motivo, assim indicando que ele incide se o leilão for adiado, não importa a causa. Nesse caso, o artigo, que riscou a palavra **praça**, inscrita na norma anterior, manda aplicar as minúcias do art. 887. O parágrafo único do mesmo art. 888 passou a falar em três meses não mais em trinta dias. O procedimento administrativo regular será o estabelecido nas normas de organização judiciária.

O art. 889 é parente, no inc. I do § 5º do anterior art. 687. O inciso V do artigo é semelhante ao velho art. 698 a cuja doutrina e jurisprudência se deve recorrer.

O *caput* do art. 890 é idêntico ao do superado art. 690-A. O inciso I aparece sem referência ao síndico, aludido em igual item do art. 690-A porque ele é administrador. O inciso III é mais explícito do que o mesmo inciso do art. 690-A. Esclarece que as pessoas nele indicadas não podem lançar apenas quanto a bens e direitos objeto de alienação na localidade onde servirem ou a que estender a sua autoridade. Pela natureza do ato, não podem lançar quando ele tiver objeto direto ou indireto relativo ao processo onde atuam, independentemente da localidade do ato ou da sua competência. Por resto, fora do lugar onde serve ou onde atuar a sua autoridade, não podem lançar no cumprimento de precatórias, cartas de ordem, ou rogatórias.

O art. 891, de melhor redação, no *caput* do art. 692 do CPC de 1973 contém norma ampla, proibitiva de lance em toda e qualquer praça.

O art. 892 permite ao juiz determinar que o pagamento se dará de modo diferente dos que nele se mencionam. Isto não permite abusos do juiz, como, desgraçadamente, acontece neste desditoso país, suscetíveis de correção as ilegalidades por meio de agravo de instrumento (art. 1.015, parágrafo único). O § 1º é igual ao parágrafo único do art. 690-A, anterior, mas eliminou o substantivo **praça**, já que a figura desapareceu do direito processual positivo com o CPC de 2015. O § 2º, caminhando com a evolução do Direito, incluiu o companheiro, aqui incluída a companheira, entre os preferentes.

O art. 893 é mais claro do que o anterior art. 891 porque alude à tentativa de arrematação individualizada. Assim, vários os bens, a oferta corresponderá ao maior lance para cada um dos vários.

Segundo o art. 894 não basta que, na alienação de imóvel que permitir divisão cômoda, o preço alcançado seja suficiente para pagar a dívida.

Necessário será também que, o preço cubra as despesas da execução, todas elas, inclusive corretagem e publicações. Insuficiente o preço, não se fará a alienação. O artigo subordina a alienação judicial de que trata ao requerimento do executado. Esse requerimento é suprido pela falta de manifestação do executado sobre igual requerimento do exequente, ou determinação do juiz. A alienação depende da concordância do executado porque, na avaliação dele, o bem perderá valor se a alienação for parcial. Ele não precisa indicar os motivos da sua remessa. Tem, em seu favor, um direito potestativo, para quem acredita nessa esdrúxula figura.

O *caput* do art. 895 já não fala em bem imóvel, como o § 1º do revogado art. 690, mas, simplesmente, em bem penhorado, não importa, então, a categoria. O § 1º mostra isto. Pode o interessado propor a aquisição do bem em prestações, preferindo-se contudo a proposta de preço pago à vista, ou em menor quantidade de parcelas. Compara-se, enfim, o preço oferecido e as condições de pagamento com os de outros ou outras propostas. O art. 895 contém elementos do anterior art. 690, § 1º. Conforme o inciso I, a proposta poderá ser apresentada até o início do primeiro leilão, isto é, até a abertura dele, por valor não inferior ao valor da avaliação. Esse valor deve ser atualizado, no momento da apresentação da proposta, inclusive diminuído, na raríssima hipótese de depreciação, como ficou exposto pelo proponente. A proposta pela aquisição poderá ser apresentada também até o início do segundo leilão, contanto que não seja por preço vil, tomado o objetivo não apenas na acepção de reles, desprezível, porém no sentido de incondizente com o valor do bem, comparado com o valor do outro semelhante. Preço inferior ao da avaliação não é vil, a menos que visivelmente mais baixo. A manifestação das partes e a decisão do juízo determinarão o critério de fixação do preço. Os §§ 1º e 2º do artigo, não distintos dos dois parágrafos do superado art. 690. O § 1º traça os limites da proposta. Tratando-se de móveis, a garantia faz-se por caução real ou fidejussória; a de imóveis, por hipoteca de próprio bem, admitida a hipoteca de outro, de valor igual ou superior, desde que inequivocamente suficiente e propício à garantia. O § 2º, idêntico ao § 2º do art. 690, fala em indexador da correção monetária, que será o mais vantajoso, ainda que diferente do indexador estipulado em norma de vigência provisória. O inc. I do § 8º do mesmo art. 895 fala em proposta de maior valor, o que é diferente da proposta de maior quantia. Há que se comprovarem as propostas. A de maior valor será aquela que, sem onerar o devedor (art. 805), assegurar a mais vantajosa satisfação do credor. O juiz decidirá quanto ao ponto, sempre depois da audiência das partes.

O art. 896 excluiu a referência à praça. *Idem*, o § 1º. O § 2º substituiu a próclise de **imporá** pela tmese. O § 3º é igual ao § 3º do revogado art. 701. O adiamento, referido no § 4º, é o de que trata o *caput* do artigo.

O art. 897 é igual ao anterior art. 695, excluída novamente a referência à praça. Convém, portanto, recorrer à doutrina e jurisprudência deste último, pois o propósito deste livro é examinar as inovações, conquanto também indique as alterações e repetições.

O art. 898 repete o anterior art. 696, restando apenas substituído **lanço** por **lance**.

O art. 899 repete o parágrafo único do art. 692, aludindo também às despesas da execução, como faz o *caput* do art. 894 (q.v.).

O art. 900 já não fala na superveniência da noite, como fazia o *caput* do art. 689. Alude ao encerramento do expediente forense. A norma será observada, ainda quando o leilão se fizer fora da área onde estiver o foro mas o art. 244 também incide.

Mais explícito do que o anterior art. 693, o art. 901 explicita o que daquele já se extraía. O auto "poderá abranger", diz o artigo, permitindo a lavratura de mais de um, para maior clareza e identificação do bem. O § 1º, tal como no *caput* do art. 894, acrescenta ao preço o valor da comissão do leiloeiro e das demais despesas da execução. O pronome **demais** indica que a comissão integra as despesas da execução. Diz que a carta de arrematação do imóvel será acompanhada do mandado de imissão na posse, ao qual o possível ocupante do imóvel poderá opor embargos de terceiro (art. 674). O § 2º não é diferente, na substância, do anterior art. 703, a cuja doutrina e jurisprudência aqui se reporta.

O art. 902 alude, pelo objeto direto do verbo **remir** à remição do bem hipotecado, não mais da execução, como estava no revogado art. 651. Esse resgate só poderá ocorrer até a assinatura do auto de arrematação. O preço da avaliação do imóvel será monetariamente corrigido.

Passa-se agora aos pontos em que o art. 903 altera a redação, ou o sentido de dispositivos semelhantes do Direito anterior. Esse artigo contém inúmeras normas, algumas das quais poderiam ter sido postas em artigos autônomos.

O art. 903 do novo CPC não é diferente, na sua maior parte, do art. 694 do Código anterior, a cuja doutrina e jurisprudência por isto se remete o consulente. O dispositivo esclarece que, assinado o termo, a arrematação considera-se acabada, não importa qual seja ela, se primeira, segunda, ou mesmo terceira; se tiver por objeto bens móveis ou imóveis; se feita em leilão, ou por iniciativa particular. Alude o autor à ação autônoma, prevista no seu § 4º, da qual se falará ao se abordarem as inovações. Explicita o dispositivo que se assegura a possibilidade de reparação pelos prejuízos, sem contudo indicar o prejudicado. Qualquer pessoa que sofrer prejuízo decorrente do ato poderá buscar o ressarcimento dele contra o causador do dano, executado, exequente, leiloeiro. A reparação do dano causado pelo juiz ou por serventuário cai no âmbito da responsabilidade dessas pessoas. O § 1º do art. 903 e seus três incisos falam, o primeiro em invalidade; o segundo, em ineficácia; o terceiro, em resolução. Já se falou sobre preço vil, ao examinar-se o inc. II do art. 895 (q.v.). O vício a que se refere o inciso é o defeito que leva à nulidade absoluta, já que a nulidade relativa será declarada por ação própria. Sobre o inciso II, veja-se o art. 804. O inciso III permite que se decrete a resolução, isto é o desfazimento da arrematação caso em que se pode proceder a outra alienação (art. 879). A invalidade, ineficácia ou resolução poderão ser decretadas nos próprios autos, observado o contraditório. Será decisão interlocutória, agravável portanto (art. 1.015, parágrafo único), o ato que desfizer a arrematação.

O inc. I do § 5º difere do § 1º do revogado art. 694 porque aumentou de cinco para dez dias o prazo que tem o arrematante para requerer a decretação de ineficácia do ato. Findo o quinquídio, subsistirá o ato. Não cuida o inciso da eficácia do ônus real ou do gravame porque a ineficácia da arrematação não acarreta a ineficácia deles, que consistem apenas em fundamento da desistência. Acolhida pelo juiz a alegação de que o edital mencionou o ônus, ou o gravame, a desistência será indeferida. Repare-se que o inciso não cuida dos casos enumerados nos três incisos do § 1º. Irrelevante a nulidade do ônus, ou do gravame, basta a existência deles para o exercício do direito de desistir.

A multa, cominada de acordo com o § 6º do artigo, é devida somente se ocorrer a suscitação infundada e se ela tiver por objetivo provocar a desistência do arrematante. Portanto, não basta a alegação do sócio, nem a existência dele. É preciso que se demonstre o propósito ilícito da arguição. A multa será cominada por decisão interlocutória impugnável por agravo de instrumento (art. 1.1015, parágrafo único). A inconstitucionalidade da norma que permite a estipulação até vinte por cento do valor do bem pode ser arguida por ofensiva das garantias constitucionais da razoabilidade e proporcionalidade, que se extraem dos incs. LIV e LV do art. 5º da Constituição Federal. Atualiza-se o valor do bem, no momento da cominação da multa. A partir daí, o montante poderá ser monetariamente corrigido até o pagamento da penalidade. A multa é devida ao exequente, que poderá cobrá-la por execução, já que cabe no inc. I do art. 515.

4. Inovações – As normas do art. 879 e seus incisos aparecem no direito processual positivo pela primeira vez. Elas indicam os meios pelos quais se pode efetuar a alienação. Quando o inciso I fala em alienação por iniciativa particular, não quer dizer que só as pessoas de direito privado podem adquirir o bem, mas, sim, que a alienação pode ser feita ao exequente fora de leilão, não importa a natureza dele. A alienação se faz a terceiro, não ao exequente que pode requerer a adjudicação, como está no art. 876. O inciso II divide o leilão judicial em eletrônico ou presencial. Os artigos da subseção ora examinada disciplinam ambas as modalidades.

No art. 880, aparece novo o § 4º. O direito de indicação de leiloeiro não o exerce o exequente em termos absolutos. Ele faz a audição, diz a lei, empregando o substantivo adequado mas quem nomeia o leiloeiro é o juiz, depois de ouvido o executado e outros interessados, como os intervenientes e o Ministério Público, que também podem indicar. Entretanto, é preciso abrir ao exequente a oportunidade de fazer a indicação, sob pena de nulidade, incidindo, porém, o art. 244. No seu § 1º, o art. 881 edita norma que encontra exceção no § 4º do art. 880.

O art. 887 faz obséquio aos meios contemporâneos de divulgação, que será ampla quando tiver por destinatário a faixa de prováveis adquirentes. O juiz, ouvidas as partes, aprovará o uso, senão de um meio específico, dos meios genéricos, tudo de acordo com um esquema de divulgação oferecido pelo leiloeiro, ou traçado por ele próprio, observadas disposições dos tribunais ou do CNJ. O § 2º do mesmo artigo elege a comunicação eletrônica como meio de transmissão do edital. Qualquer meio, entretanto, pode contar com os mesmos elementos, inclusive indicações por meio de croquis, plantas, fotos desde que o respectivo custo, autorizado pelo juiz, depois de ouvidas as partes, seja compatível com o valor do bem e da execução.

Já examinados os incs. I e V do art. 889, no item precedente, relativo às alterações, cumpre atentar agora aos incs. II, III e IV que, juntos com aquele e com os itens VI, VII e VIII, todos, salvo o I, minudentes quanto ao modo de dar ciência da alienação a terceiros, seja ela por iniciativa particular ou por leilão. As figuras constantes dos incisos é o direito material que as define. Fala o inciso II em coproprietário, excluídos, entretanto, o possuidor, e o detentor que também devem ser cientificados porque oponível a eles será o mandado de imissão dos imóveis ou da entrega dos semoventes, mas com ou sem a comunicação podem opor embargos de terceiros (art. 674). O inciso III qualificou, corretamente, as figuras a que alude como direitos reais e lhes declinou o gênero, o mesmo acontecendo com o inciso IV. Em ambos os casos, é mister que exista, efetivamente a penhora, ainda que nula. No caso do inciso VI, é preciso que a promessa de compra e venda haja sido registrada. O inciso VII cuida da comunicação ao promitente-vendedor, mas os dois incisos devem-se aplicar também aos promitentes cedente e cessionário porque a situação deles os põe em igualdade com os promitentes comprador e vendedor. O inciso VIII fala em bem tombado, como tal definido na legislação própria. A norma estende-se aos territórios, hoje inexistentes, mas de existência possível. Veja-se ainda o § 3º do art. 892. O parágrafo único do artigo 889 cria uma presunção absoluta, atribuindo ao edital não só o efeito de anunciar a hasta (use-se uma vez ao menos o substantivo) como o de intimar, nos casos que menciona. Estuda-se, por derradeiro, que a falta de intimação gera nulidade relativa pela falta de cominação de nulidade absoluta e pela ciência do destinatário, demonstrada por qualquer manifestação dele.

Os incs. IV, V e VI do art. 890, sem correspondência no Código anterior, ampliam os casos de produção de oferecer lance, e também de adquirir por iniciativa particular (*ubi eadem ratio ibi eadem dispositio*). O inciso VI alcança todos os advogados das partes, inclusive os integrantes de sociedade profissional e ela mesma.

O parágrafo único do art. 891 fala em preço vil. Pode, entretanto, torna-se vil o preço se, aumentado, comprovadamente, o valor do imóvel, corresponder a menos de metade do valor aumentado.

O § 3º do art. 892 cria precedência apenas no caso de igualdade de oferta, mas prevalecerá o preço mais alto, independentemente da ordem nele estabelecida, na qual eventual território ficaria em último lugar.

Estuda-se o § 2º do art. 894, no sentido de que, na alienação por partes, trata-se a porção como se fosse um bem inteiro. Profissional habilitado será qualquer pessoa que exercer ofício que a habilite a assinar a planta e o memorial descritivo, mesmo sem curso universitário, ou o corretor, que decerto responderão pela inidoneidade. Não é necessário que essas pessoas residam na comarca. Podem elas ser também, além de pessoas naturais, pessoas jurídicas, ainda quando se encontrarem no exterior. Faltando profissionais, admite-se a assinatura de qualquer pessoa acreditável.

Rigoroso, o § 4º do art. 895 faz a multa incidir sobre o valor da parcela atrasada e das faturas, mas o juiz, de ofício ou a requerimento, pode reduzir o valor da pena, atendendo as garantias constitucionais da razoabilidade e proporcionalidade. O § 5º do artigo cria um concurso de pedidos. O inadimplemento do arrematante autoriza o exequente a pedir o desfazimento da arrematação, conquanto não seja nula nesse caso, ou promover a execução do valor devido, transformado em título judicial. Ambos os pedidos geram um incidente, a ser decidido, depois da manifestação do executado, por interlocutória agravável (art. 1.015, parágrafo único). Também o executado pode pedir o ressarcimento de perdas e danos, formulando o pedido em ação autônoma. A proposta a que se refere o § 6º é aquela a que se refere o *caput* do art. 895. Apresentada, ela não suspende o leilão e será ineficaz, se o bem for nele arrematado. Frustrâneo o leilão, ela será julgada. O § 7º do artigo explicita o que é da alienação, quando manda prevalecer a proposta de pagamento à vista. Entretanto, melhor a proposta de pagamento em prestações, esta prevalecerá. O § 8º cuida da multiplicidade de propostas não de pagamento percebido. Conforme o inciso II, que deveria vir antes do I, prevalece, entre as iguais a apresentada em primeiro lugar. O inciso I manda que, diferentes as propostas, vença a de maior valor, assim compreendida não a fundada em número absoluto porém a mais vantajosa, segundo exequente e executado e decisão do juiz.

No caso do parágrafo único do art. 902, a norma só incidirá, se a falência ou insolvência for do devedor hipotecário. A massa, que é pessoa formal, preferirá aos credores em concurso isto é, os habilitados na falência ou insolvência. A regra não se aplica aos credores cuja condição for impugnada, mas não se apenas o valor do respectivo crédito sofrer objeção no processo falimentar ou de insolvência. O exequente não poderá recusar o preço oferecido, apenas se ele for inferior ao preço da avaliação do imóvel. Se inferior à avaliação do imóvel, a recusa será decidida pelo juiz também por interlocutória.

A regra do § 2º do art. 903 não se aplica se a nulidade não for absoluta, como acontecerá, por exemplo, se o arrematante for incapaz. O § 3º complementa o anterior e se aplica também na hipótese do § 2º. A carta de arrematação ordenará a entrega de bem móvel, ou determinará a imissão na posse do imóvel, admitidos embargos de terceiro, fundados no art. 674. O § 4º faz legitimada qualquer das partes ou terceiro interveniente, cuja procedência se dará por sentença constitutiva. O arrematante será litisconsorte necessário no processo dessa ação. Não integrado ao processo, este será nulo. Exitosa a ação por sentença transitada em julgado, desfaz-se a arrematação com a devolução do bem, recomeçando o processo de alienação. Impossível a devolução, o arrematante responderá por perdas e danos, já que a ele se estende a eficácia subjetiva da sentença. O § 5º permite a desistência da arrematação. Aludindo à devolução do preço, o parágrafo explicita o entendimento de que a desistência se refere à arrematação perfeita e acabada. A desistência, entretanto, estará condicionada às situações previstas, no inciso I do parágrafo, já examinado no item relativo às alterações, ou nos incisos II e III. No caso do inciso II, basta a alegação do executado, consubstanciado no ajuizamento dela, independentemente da sua acolhida. Na hipótese do inciso III, o arrematante, que é litisconsorte necessário, no processo da ação autônoma, referida no § 4º, poderá desistir mas no prazo da resposta a essa ação. Efetivada a desistência, fica desfeita a arrematação e extinto, pela superveniente falta de interesses o processo daquela demanda (art. 485, inc. VI).

Seção V

Da Satisfação do Crédito
(Arts. 904 a 909)

Art. 904. A satisfação do crédito exequendo far-se-á:
I – pela entrega do dinheiro;
II – pela adjudicação dos bens penhorados.

Art. 905. O juiz autorizará que o exequente levante, até a satisfação integral de seu crédito, o dinheiro depositado para segurar o juízo ou o produto dos bens alienados, bem como do faturamento de empresa ou de outros frutos e rendimentos de coisas ou empresas penhoradas, quando:
I – a execução for movida só a benefício do exequente singular, a quem, por força da penhora, cabe o direito de preferência sobre os bens penhorados e alienados;
II – não houver sobre os bens alienados outros privilégios ou preferências instituídos anteriormente à penhora.
Parágrafo único. Durante o plantão judiciário, veda-se a concessão de pedidos de levantamento de importância em dinheiro ou valores ou de liberação de bens apreendidos.

Art. 906. Ao receber o mandado de levantamento, o exequente dará ao executado, por termo nos autos, quitação da quantia paga.
Parágrafo único. A expedição de mandado de levantamento poderá ser substituída pela transferência eletrônica do valor depositado em conta vinculada ao juízo para outra indicada pelo exequente.

Art. 907. Pago ao exequente o principal, os juros, as custas e os honorários, a importância que sobrar será restituída ao executado.

Art. 908. Havendo pluralidade de credores ou exequentes, o dinheiro lhes será distribuído e entregue consoante a ordem das respectivas preferências.
§ 1º No caso de adjudicação ou alienação, os créditos que recaem sobre o bem, inclusive os de natureza propter rem, sub-rogam-se sobre o respectivo preço, observada a ordem de preferência.
§ 2º Não havendo título legal à preferência, o dinheiro será distribuído entre os concorrentes, observando-se a anterioridade de cada penhora.

Art. 909. Os exequentes formularão as suas pretensões, que versarão unicamente sobre o direito de preferência e a anterioridade da penhora, e, apresentadas as razões, o juiz decidirá.

1. Observações. **2.** Repetições. **3.** Alterações. **4.** Inovações.

1. Observações – A Seção II do Capítulo IV do Título II do Livro II do Código de Processo Civil, instituído pela Lei nº 5.869, de 11 de janeiro de 1973 (arts. 708 a 724) ostentava a epígrafe "Do pagamento ao credor". A Seção V do Capítulo IV do Título II do Livro II da Parte Especial do Código de Processo Civil, Lei nº 13.105, de 16 de março de 2015 (arts. 904 a 909) tem o título "Da satisfação do crédito". Trata-se do mesmo instituto ou denominações diferentes. Dir-se-á dele que é o ápice do processo de execução, exatamente porque sua finalidade é a satisfação do direito do credor, independentemente da vontade do devedor. Existe lide a ser composta no processo de execução, consubstanciada na pretensão do exequente de satisfação do crédito e na resistência do devedor em pagá-lo. A satisfação do credor pode ser apenas parcial, caso em que o processo executivo prosseguirá. A impossibilidade de satisfação do remanescente do crédito exequente pode levar à insolvência ou à falência do executado.

A satisfação do crédito não se dá apenas pelo pagamento em dinheiro mas, em sentido amplo, também quando se cumpre a obrigação de dar ou de fazer ou não fazer. A Seção agora examinada trata, entretanto, da execução por quantia certa contra devedor solvente.

2. Repetições – Repetição literal só se encontra nos incs. I e II do art. 904, iguais, letra por letra, aos incs. I e II do anterior art. 708. Observe-se porém que, como ocorre ao longo de todo o Código, a maioria dos seus dispositivos é reprodução virtual do que constava da lei revogada. Esse fato, aliás, fortalece, com todas as vênias e salamaleques, a conclusão de que o CPC de 2015 era desnecessário e foi feito com abstração dos problemas de toda ordem que vierem com ele.

3. Alterações – O *caput* do art. 904 só é semelhante ao do revogado art. 708 porque traduz a mesma ideia. Aludem ambos à satisfação do crédito, que se alcança, conforme os dois incisos de cada um, pela entrega do dinheiro, ou pela adjudicação dos bens penhorados. Estes porém não são o único modo de satisfação do crédito que se pode alcançar por outro meio, como a entrega de bens ou prática de atividade monetariamente estimável, objeto de negócio judicial ou extrajudicial, trazido para o processo o instrumento deste.

O *caput* do art. 905, no qual se trocou o substantivo **credor** do revogado art. 709, é igual a este, até o ponto em que se refere ao produto dos bens alienados. Acrescentou o art. 905 que o juiz autorizará também o levantamento do faturamento de empresa, no montante penhorado, ou dos frutos ou rendimentos de coisas ou empresas, mas só na extensão penhorada. Das condições desse levantamento cuidam os dois incisos do artigo. O inciso I é igual ao inc. I do revogado art. 709, salvo na substituição do vocábulo **credor** por **exequente**. O inciso II não difere do anterior na forma, tendo o mesmo significado. Não se examinam, neste livro, por exorbitante do seu propósito, os dispositivos apenas alterados, a cuja doutrina e jurisprudência se deva recorrer para a interpretação e aplicação dele.

O *caput* do art. 906 só é diferente de igual ponto do anterior art. 709 porque substituiu por **exequente** e **executado** as palavras **credor** e **devedor**.

O art. 907 evitou a gerundial do anterior art. 710 por uma participial de igual sentido e substituiu o verbo **sobejar** pelo verbo **sobrar**, de maior usança.

O art. 908 fala em credores, como fazia o anterior art. 711, distinguindo-os de exequentes, pela alternativa **ou**. Exequente ou exequentes são os autores da execução, ao passo que credores são as pessoas que, não ocupando o polo ativo da relação processual executiva a ela acorrerem para receber seus créditos. O revogado art. 711 (q.v.), falando em **demais concorrentes**, fazia a distinção. De propósito, o art. 908 fala em pluralidade de credores; não de exequentes. A distribuição do dinheiro será feita aos credores de acordo com a ordem das respectivas preferências, ditadas pela lei. Caberá ao credor demonstrar sua colocação na ordem dos preferentes que podem receber antes de quem executou. Substituiu-se, corretamente, o substantivo plural **prelações** por seu sinônimo **preferências**. O § 2º desse mesmo art. 908, falando em título legal, mostra que a preferência é criada por lei. Pode-se contudo negociar a posição do credor na ordem de preferências. Quanto à anterioridade, reporta-se aqui à doutrina e jurisprudência do anterior art. 711.

Ao contrário do revogado art. 712, o vigente art. 909 não fala em provas produzidas em audiência. O artigo usou o vocábulo **exequentes** para designar quem executa e quem concorre. Deverão eles demonstrar como a lei lhes concede a preferência, bem como, por meio de documentos, a anterioridade da penhora. O juiz, examinadas as pretensões com as respectivas razões proferirá, sobre as preferências, decisão interlocutória, que é impugnável por agravo de instrumento (art. 1.015, parágrafo único).

4. Inovações – São poucas e apoucadas as inovações da Seção V, cujo título, como já assinalado nas observações, tem o mesmo significado, mais preciso o novo, que fala em satisfação, não apenas em pagamento.

O parágrafo único do art. 906 só agora aparece, contemporâneo dos avanços das comunicações. Em vez do mandado de levantamento, o juiz pode ordenar a transferência do dinheiro, da conta de depósitos judiciários para a indicada pelo exequente, de titularidade dele ou de outrem, aportada no requerimento que ele fizer. Da transferência se lavrará termo no processo, documentados a remessa e o recebimento da quantia. A conta deve estar aberta em estabelecimento equipado para recebê-la, em qualquer ponto do país, já que o artigo não faz restrições quanto ao destinatário. A remessa para o exterior dependerá de autorização da autoridade monetária competente e se realizará como disposto em ato dela. Nada impede a remessa fracionada, dirigida a estabelecimentos diferentes, desde que o juízo a autorize, atento aos requisitos de organização e segurança. Necessária a prova da titularidade da conta para a qual se enviará o valor.

O § 1º do art. 908 complementa o *caput*. Ele fala em créditos decorrentes de adjudicação ou alienação, neles incluídos os decorrentes de obrigação real, obrigação *propter rem*, que adere ao tribunal, que será dividido conforme a ordem de preferência. O credor adquire, pela sub-rogação, direito sobre o dinheiro, que a ele passa a pertencer, ainda quando insuficiente para satisfazer integralmente a dívida. Nesse caso, executa-se o devedor pelo crédito remanescente.

Capítulo V

Da Execução Contra a Fazenda Pública
(art. 910)

Art. 910. Na execução fundada em título extrajudicial, a Fazenda Pública será citada para opor embargos em 30 (trinta) dias.

§ 1º Não opostos embargos ou transitada em julgado a decisão que os rejeitar, expedir-se-á precatório ou requisição de pequeno valor em favor do exequente, observando-se o disposto no art. 100 da Constituição Federal.

§ 2º Nos embargos, a Fazenda Pública poderá alegar qualquer matéria que lhe seria lícito deduzir como defesa no processo de conhecimento.

§ 3º Aplica-se a este Capítulo, no que couber, o disposto nos artigos 534 e 535.

1. Observações. 2. Repetições. 3. Alterações. 4. Inovações.

1. Observações – O Código de Processo Civil de 1973 não distingue a execução por quantia certa fundada em título judicial da execução de título extrajudicial. Não assim o novo Código. Ele reconhece a exigibilidade da obrigação de pegar quantia certa pela Fazenda Pública, nos arts. 534 e 535. É contudo no art. 910 e seus parágrafos que se encontra a disciplina de execução de título extrajudicial. Veja-se que tal artigo principia pela referência à execução fundada em título extrajudicial, que será o emitido pela Fazenda ou por ela de qualquer forma adquirido.

2. Repetições – Somente o *caput* da Seção V é repetição literal do *caput* da anterior Seção III do Capítulo IV do Título II do Livro II da Parte Especial do Código de 1973.

3. Alterações – Ao contrário do anterior art. 730, o art. 910 já não fala em execução por quantia certa, mas o § 1º aponta nesse sentido. Se o título extrajudicial não for de quantia certa mas de obrigação assumida pela pessoa jurídica de direito público, a execução se fará consoante as regras correspondentes. O art. 910 aumentou o prazo dos embargos de dez para trinta dias. Esse prazo não é aumentado mas fixo, contando-se, entretanto, de acordo com as regras de contagem dos prazos.

O § 1º do art. 910 não coincide com os incisos do revogado art. 730. Trata da falta de oposição dos embargos e também do trânsito em julgado da decisão que os rejeitar, o que só ocorrerá pela exaustão dos recursos, se eles não forem interpostos. A precatória é o próprio juízo que a expede e encaminha à Fazenda, salvo norma diversa da organização judiciária. Também ele requisita da Fazenda, nas mesmas condições o pequeno valor. Por pequeno valor deve-se entender aquele que gera o procedimento de pequenas causas. A requisição entra na ordem cronológica dos pedidos da mesma natureza e será atendida conforme a disponibilidade orçamentária. O pagamento dos precatórios subordina-se ao art. 100 da Constituição Federal ao qual remete, desnecessariamente, o § 1º porque o dispositivo da Carta Política incide independentemente da determinação da lei ordinária, inferior, na hierarquia, à norma constitucional. A decisão que homologa, quando permitida a sentença estrangeira condenatória, não é título executivo extrajudicial, mas, sim, judicial (art. 515, inc. VI).

4. Inovações – Aparecem novos, no direito processual civil positivo, os §§ 2º e 3º do art. 910, único da Seção V. Sem correspondência no CPC de 1973, quanto à topologia, o § 2º repete o inc.VI do art. 917. O § 3º manda aplicar à execução de título extrajudicial contra a Fazenda Pública os arts. 534 e 535, ambos disciplinadores do cumprimento de sentença que reconheça a exigibilidade de obrigação de pagar quantia certa pela Fazenda Pública. O art. 513 mostra que normas do processo de execução também se aplicam ao cumprimento da sentença, que execução é.

Capítulo VI

Da Execução de Alimentos
(arts. 911 a 913)

Art. 911. Na execução fundada em título executivo extrajudicial que contenha obrigação alimentar, o juiz mandará citar o executado para, em 3 (três) dias, efetuar o pagamento das parcelas anteriores ao início da execução e das que se vencerem no seu curso, provar que o fez ou justificar a impossibilidade de fazê-lo.

Parágrafo único. Aplicam-se, no que couber, os §§ 2º a 7º do art. 528.

Art. 912. Quando o executado for funcionário público, militar, diretor ou gerente de empresa, bem como empregado sujeito à legislação do trabalho, o exequente poderá requerer o desconto em folha de pagamento de pessoal da importância da prestação alimentícia.

§ 1º Ao despachar a inicial, o juiz oficiará à autoridade, à empresa ou ao empregador, determinando, sob pena de crime de desobediência, o desconto a partir da primeira remuneração posterior do executado, a contar do protocolo do ofício.

§ 2º O ofício conterá os nomes e o número de inscrição no Cadastro de Pessoas Físicas do exequente e do executado, a importância a ser descontada mensalmente, a conta na qual deve ser feito o depósito e, se for o caso, o tempo de sua duração.

Art. 913. Não requerida a execução nos termos deste Capítulo, observar-se-á o disposto no art. 824 e seguintes, com a ressalva de que, recaindo a penhora em dinheiro, a concessão de efeito suspensivo aos embargos à execução não obsta a que o exequente levante mensalmente a importância da prestação.

1. Observações. 2. Repetições. 3. Alterações. 4. Inovações.

1. Observações – Já escrevi que a execução de alimentos, execução de prestação alimentícia, no CPC de 1973 (arts. 733 a 735), é menos um procedimento (ou melhor, um processo) autônomo de que uma subespécie da execução por quantia certa. O novo Código confirma isto no seu art. 913.

A peculiaridade dessa espécie de execução está na urgência da prestação de alimentos, destinados a atender necessidades primárias do alimentando. Alimentante e alimentando são figuras do direito material. No Direito Processual elas aparecem como exequente e executado, devedor e credor no diploma revogado.

2. Repetições – Neste item, dedicado às repetições literais, cumpre dizer que não há repetições literais. Se se permite a blague, que não apetece juristas sisudos, dir-se-ia que, no particular, o expositor fica naquela situação em que, dizendo o radialista "aviso aos navegantes", logo afirma que "não há aviso aos navegantes".

3. Alterações – O Capítulo VI, de que aqui se trata, tem por epígrafe "Da execução de alimentos", diferente de igual ponto do Código anterior, que falava em execução de prestação alimentícia, idênticos os dois processos.

Repara-se, ao contrário do anterior art. 733, que se referia à execução de sentença ou de decisão que fixa os alimentos provisionais, o vigente art. 911 cuida apenas da execução fundada em título extrajudicial, como é, v.g., o documento no qual uma pessoa assume a obrigação de prestar alimentos a outra. A execução de sentença, condenatória à prestação de alimentos, ou da decisão que fixa os provisionais, se fará conforme a legislação específica, com subsídios do cumprimento de sentença e da execução por quantia certa contra devedor solvente ou insolvente.

O art. 911 determina a citação do executado para, em três dias, prazo estipulado também no anterior art. 733, efetuar o pagamento das parcelas vencidas antes do início da execução, isto é, antes do ajuizamento da ação de execução, bem como das que se vencerem no curso do processo. Por curso do processo se entende a sua duração, esteja ele em qualquer instância. Quando à prova de que já feito o pagamento, ou a justificação da impossibilidade de efetuá-la, vejam-se doutrina e jurisprudência do revogado art. 711.

Conforme o art. 912, mais claro que o anterior art. 734, o juiz ordenará o desconto, se o exequente o requerer. Na falta de requerimento, incidirá o art. 913.

O § 2º do art. 912 começa por anódina impropriedade. Não é o juiz que oficia. Ele manda expedir o ofício, que pode ser transitado por qualquer via de comunicação. Conforme a regra lógica do parágrafo, faz-se descontar a prestação já da primeira remuneração do executado posterior ao protocolo do ofício que ordena a dedução. Por protocolo se há de entender a recepção do ofício. O crime de desobediência de que trata o parágrafo será aprovado em processo criminal, que terá curso no juízo competente. Nesse feito é que se determinarão a materialidade, a autoria e a tipicidade e se cominará a pena, consoante as normas do processo e do Direito Penal.

O art. 913 determina que, não regida a execução como regulada neste Capítulo VI, ela se fará conforme as normas regentes da execução por quantia certa (arts. 824 a 909). Similar ao anterior parágrafo único do art. 732, o artigo ora examinado permite, pela natureza dos alimentos, que o exequente levante, a cada mês, no fim dele, a importância da prestação que for paga, ainda quanto aos embargos do alimentante se haja dado contudo efeito suspensivo. Esse efeito também não obsta à cobrança dos alimentos não pagos. Acolhidos os embargos por decisão transitada em julgado, ou pendente de recurso seu efeito suspensivo, paralisa-se o cumprimento da obrigação, ou ela será alterada, nos termos da sentença de procedência dos embargos.

4. Inovações – A primeira inovação, sem correspondência no direito anterior, está no parágrafo único do art. 911, que manda aplicar à execução de alimentos os §§ 2º a 7º do art. 528 (q.v.). Aqui, o título se executa como se fosse sentença a cujo cumprimento se procede.

Também sem correspondente no Código revogado, o § 2º do art. 912 enumera os requisitos do ofício de que trata o *caput*. Podem ser supridas as omissões dessa correspondência, pelo juízo, por requerimento das partes ou do Ministério Público.

Título III
DOS EMBARGOS À EXECUÇÃO
(ARTS. 914 A 920)

Art. 914. O executado, independentemente de penhora, depósito ou caução, poderá se opor à execução por meio de embargos.

§ 1º Os embargos à execução serão distribuídos por dependência, autuados em apartado e instruídos com cópias das peças processuais relevantes, que poderão ser declaradas autênticas pelo próprio advogado, sob sua responsabilidade pessoal.

§ 2º Na execução por carta, os embargos serão oferecidos no juízo deprecante ou no juízo deprecado, mas a competência para julgá-los é do juízo deprecante, salvo se versarem unicamente sobre vícios ou defeitos da penhora, da avaliação ou da alienação dos bens efetuadas no juízo deprecado.

Art. 915. Os embargos serão oferecidos no prazo de 15 (quinze) dias, contado, conforme o caso, na forma do art. 231.

§ 1º Quando houver mais de um executado, o prazo para cada um deles embargar conta-se a partir da juntada do respectivo comprovante da citação, salvo no caso de cônjuges ou de companheiros, quando será contado a partir da juntada do último.

§ 2º Nas execuções por carta, o prazo para embargos será contado:
I – da juntada, na carta, da certificação da citação, quando versarem unicamente sobre vícios ou defeitos da penhora, da avaliação ou da alienação dos bens;
II – da juntada, nos autos de origem, do comunicado de que trata o § 4º deste artigo ou, não havendo este, da juntada da carta devidamente cumprida, quando versarem sobre questões diversas da prevista no inc. I deste parágrafo.

§ 3º Em relação ao prazo para oferecimento dos embargos à execução, não se aplica o disposto no art. 229.

§ 4º Nos atos de comunicação por carta precatória, rogatória ou de ordem, a realização da citação será imediatamente informada, por meio eletrônico, pelo juiz deprecado ao juiz deprecante.

Art. 916. No prazo para embargos, reconhecendo o crédito do exequente e comprovando o depósito de trinta por cento do valor em execução, acrescido de custas e de honorários de advogado, o executado poderá requerer que lhe seja permitido pagar o restante em até 6 (seis) parcelas mensais, acrescidas de correção monetária e de juros de um por cento ao mês.

§ 1º O exequente será intimado para manifestar-se sobre o preenchimento dos pressupostos do *caput*, e o juiz decidirá o requerimento em 5 (cinco) dias.

§ 2º Enquanto não apreciado o requerimento, o executado terá de depositar as parcelas vincendas, facultado ao exequente seu levantamento.

§ 3º Deferida a proposta, o exequente levantará a quantia depositada, e serão suspensos os atos executivos.

§ 4º Indeferida a proposta, seguir-se-ão os atos executivos, mantido o depósito, que será convertido em penhora.

§ 5º O não pagamento de qualquer das prestações acarretará cumulativamente:

I – o vencimento das prestações subsequentes e o prosseguimento do processo, com o imediato reinício dos atos executivos;

II – a imposição ao executado de multa de dez por cento sobre o valor das prestações não pagas.

§ 6º A opção pelo parcelamento de que trata este artigo importa renúncia ao direito de opor embargos

§ 7º O disposto neste artigo não se aplica ao cumprimento da sentença.

Art. 917. Nos embargos à execução, o executado poderá alegar:

I – inexequibilidade do título ou inexigibilidade da obrigação;

II – penhora incorreta ou avaliação errônea;

III – excesso de execução ou cumulação indevida de execuções;

IV – retenção por benfeitorias necessárias ou úteis, nos casos de execução para entrega de coisa certa;

V – incompetência absoluta ou relativa do juízo da execução;

VI – qualquer matéria que lhe seria lícito deduzir como defesa em processo de conhecimento.

§ 1º A incorreção da penhora ou da avaliação poderá ser impugnada por simples petição, no prazo de 15 (quinze) dias, contado da ciência do ato.

§ 2º Há excesso de execução quando:

I – o exequente pleiteia quantia superior à do título;

II – ela recai sobre coisa diversa daquela declarada no título;

III – ela se processa de modo diferente do que foi determinado no título;

IV – o exequente, sem cumprir a prestação que lhe corresponde, exige o adimplemento da prestação do executado;

V – o exequente não prova que a condição se realizou.

§ 3º Quando alegar que o exequente, em excesso de execução, pleiteia quantia superior à do título, o embargante declarará na petição inicial o valor que entende correto, apresentando demonstrativo discriminado e atualizado de seu cálculo.

§ 4º Não apontado o valor correto ou não apresentado o demonstrativo, os embargos à execução:

I – serão liminarmente rejeitados, sem resolução de mérito, se o excesso de execução for o seu único fundamento;

II – serão processados, se houver outro fundamento, mas o juiz não examinará a alegação de excesso de execução.

§ 5º Nos embargos de retenção por benfeitorias, o exequente poderá requerer a compensação de seu valor com o dos frutos ou dos danos considerados devidos pelo executado, cumprindo ao juiz, para a apuração dos respectivos valores, nomear perito, observando-se, então, o art. 464.

§ 6º O exequente poderá a qualquer tempo ser imitido na posse da coisa, prestando caução ou depositando o valor devido pelas benfeitorias ou resultante da compensação.

§ 7º A arguição de impedimento e suspeição observará o disposto nos arts. 146 e 148.

Art. 918. O juiz rejeitará liminarmente os embargos:

I – quando intempestivos;

II – nos casos de indeferimento da petição inicial e de improcedência liminar do pedido;

III – manifestamente protelatórios.

Parágrafo único. Considera-se conduta atentatória à dignidade da justiça o oferecimento de embargos manifestamente protelatórios.

Art. 919. Os embargos à execução não terão efeito suspensivo.

§ 1º O juiz poderá, a requerimento do embargante, atribuir efeito suspensivo aos embargos quando verificados os requisitos para a concessão da tutela provisória e desde que a execução já esteja garantida por penhora, depósito ou caução suficientes.

§ 2º Cessando as circunstâncias que a motivaram, a decisão relativa aos efeitos dos embargos poderá, a requerimento da parte, ser modificada ou revogada a qualquer tempo, em decisão fundamentada.

§ 3º Quando o efeito suspensivo atribuído aos embargos disser respeito apenas a parte do objeto da execução, esta prosseguirá quanto à parte restante.

§ 4º A concessão de efeito suspensivo aos embargos oferecidos por um dos executados não suspenderá a execução contra os que não embargaram quando o respectivo fundamento disser respeito exclusivamente ao embargante.

§ 5º A concessão de efeito suspensivo não impedirá a efetivação dos atos de substituição, de reforço ou de redução da penhora e de avaliação dos bens.

Art. 920. Recebidos os embargos:

I – o exequente será ouvido no prazo de 15 (quinze) dias;

II – a seguir, o juiz julgará imediatamente o pedido ou designará audiência;

III – encerrada a instrução, o juiz proferirá sentença.

1. Observações. 2. Embargos à execução e impugnação ao cumprimento da sentença. 3. Repetições. 4. Alterações. 5. Inovações.

1. Observações – Os embargos à execução, disciplinados nos arts. 914 a 920, constituem uma ação, cujo processo pode ser extinto por sentença terminativa sem que se satisfaça a pretensão do exequente, ou por sentença declaratória negativa, no caso de improcedência, ou positiva, acolhidos na hipótese de procedência do pedido. Ação embora, os embargos consubstanciam uma execução, pela qual o executado se opõe à execução. Submetida aos requisitos da propositura, o processo dessa ação se desenvolve respeitando as garantias constitucionais do contraditório e da ampla defesa, asseguradas no inc.LV do art. 5º da Constituição Federal. Como se disse, podem findar-se por sentença terminativa, ou definitiva (arts. 485 e 487).

2. Embargos à execução e impugnação ao cumprimento de sentença – Os embargos do devedor são opostos à execução de título extrajudicial, tanto que postos no Livro II da Parte Especial do Código cujo art. 771 declara que tal livro "regula o procedimento da execução fundada em título extrajudicial".

Não se opõem embargos do devedor ao cumprimento de sentença, embora também ele constitua uma execução. Veja-se, por exemplo, que o § 2º do art. 513 fala em exequente. No cumprimento da sentença, o devedor defende-se por meio de impugnação, como mostram o art. 525 e demais dispositivos que a ele remetem, ou falam nesse meio de defesa, do qual não trata o Livro II da Parte Especial, conquanto o art. 513 seja subsidiário.

3. Repetições – O § 1º do art. 914 repete, literalmente, o parágrafo único do revogado art. 736.

No art. 917, o inc. II é idêntico ao inc. II do anterior art. 745. O inc. III dos arts. 917 e 745 é cópia um do outro. O inciso VI repete o item V.

O *caput* do art. 918 e seu inc. I reproduzem o art. 739 e seu item I.

Os §§ 3º e 4º do art. 919 reproduzem iguais parágrafos do art. 739-A.

Assinalam-se essas repetições e bem assim, no item seguinte, as alterações porque a doutrina e jurisprudência dos textos alterados são fartos da correta interpretação dos dispositivos repetidos ou alterados.

4. Alterações – O Título III do Livro II do Código de Processo Civil de 1973 tinha por epígrafe "Dos Embargos do Devedor" porque eles se destinavam a opor-se à execução em geral, tanto dos títulos judiciais como de títulos extrajudiciais. O CPC de 2015, no Título III do Livro II da sua Parte Especial apresenta-se sob a rubrica "Dos Embargos à Execução" porque, como se explicou no item anterior, esses embargos só se opõem à execução de títulos extrajudiciais, já que a de títulos judiciais faz-se por meio do cumprimento de sentença, que execução é, à qual se opõe, não embargos, porém impugnação, cuja natureza, tal qual a deles, é de ação de conhecimento.

No *caput* do art. 914, comparado com o do anterior art. 736, substituiu-se a ênclise, em **opor**, pela próclise. A norma do parágrafo inicial deste artigo foi literalmente repetida no § 1º daquele, havendo, por assim dizer, alteração apenas topológica. No § 2º, repetiu-se o anterior art. 747, antepondo-se a preposição **sobre** ao substantivo **vícios**, fazendo assim transitivo indireto o verbo "versar". A alteração do texto torna explícito que os vícios ou defeitos são da penhora, avaliação ou alienação dos bens, se efetuadas, todas elas no juízo deprecado. O problema desses defeitos ou vícios eventualmente ocorridos no cumprimento de rogatória será resolvido no juízo deprecante, já que o Judiciário alienígena, se pode cumprir essa carta, não pode exercer jurisdição de processo nacional.

No *caput*, o art. 915 alterou o texto do anterior art. 738 porque agora fez remissão ao art. 231. O § 1º não fala mais em mandado citatório, mas, sim, em comprovante da citação. Introduz a ressalva de que, no caso de cônjuges ou companheiros, conceituadas essas figuras no direito material, o prazo se conta a partir da juntada do último comprovante, não importa se se direta de comprovante da citação feita antes da citação de atraso; última juntada, não última citação, já que o adjetivo último se refere a comprovante. No § 2º, o inciso I modificou o § 2º do anterior art. 738. Preceitua ele que, na execução por carta, o prazo para embargar conta-se da juntada da própria carta, da certificação da citação, mas apenas quando os embargos versarem, unicamente – repare-se no advérbio – sobre vícios ou defeitos da penhora, da avaliação ou da alienação dos bens, atos que se podem praticar no juízo deprecado. Quando os embargos tiverem por objeto, além das questões diferentes das previstas no inciso I, outras questões, como a inexigibilidade do título (v.g., art. 917, I), incide o inciso II e o juízo deprecante julgará os embargos na sua natureza porque ele é o juízo da execução e a norma do inciso I, por excepcional, determina interpretação restritiva.

No art. 916, ao contrário do anterior art. 745-A, o percentual do depósito é indicado apenas por extenso, substituído o advérbio **inclusive** pelo particípio **acrescido**, com a indicação dos percentuais por extenso. Nada se mudou no conteúdo da norma.

Os §§ 3º e 4º do art. 916 dividiram o § 1º do anterior art. 745-A em duas regras, acrescida à segunda o esclarecimento de que o depósito se converterá em penhora, ato contínuo ao julgamento do incidente do modo adverso ao executado. Nesse artigo, no § 5º, os incisos I e II contêm as regras concentradas no anterior § 2º do art. 745-A. No § 2º desapareceu, corretamente, a proibição de embargos, do dispositivo do CPC de 1973, que vedava ao executado, erroneamente, o exercício do direito constitucional de invocar a jurisdição, propondo uma ação. Diferente e admissível é a presunção da renúncia ao direito de opor embargos, instituída no § 6º porque uma coisa é proibir os embargos e outra, presumir a renúncia.

No *caput* do art. 917, foi colocado na ordem direta o preceito do *caput* do anterior art. 745. A inexequibilidade do título, prevista no inciso I envolve a nulidade da execução por não ser ele título executivo. O inciso IV do artigo não transformou a regra de igual inciso do revogado art. 745. O § 2º do artigo retirou a temporal **quando** dos incisos I a IV do revogado art. 743 e a condicional **se** do seu inciso V. No inciso I, colocou **exequente**, no lugar de **credor**; no III, mudou **sentença** por **título**, já que regula execução de título extrajudicial. No inciso IV também substituiu **credor** por **exequente** e suprimiu a remissão do artigo revogado. No inciso V, além de mudar **credor** por **exequente**, pôs no presente do indicativo o anterior infinitivo. Os §§ 3º e 4º, I e II, desse art. 917, examinados como um todo, quase não diferem do § 5º do anterior art. 739-A. Entenda-se o inc. II desse § 4º, no sentido de que, ocorrendo a hipótese do § 2º, o juiz só julgará os embargos se houver outro fundamento, apreciando apenas este. Quanto ao alegado excesso de execução, o juiz extinguirá o processo, sem lhe examinar o mérito, mas acolherá ou rejeitará o pedido quanto ao outro fundamento, salvo se, por alguma razão, tiver também que extinguir o processo por sentença terminativa. Sem alterar o conteúdo do § 1º do anterior art. 745, o § 5º determina que a perícia observe o procedimento do art. 464 (q.v.). O § 6º apenas suprimiu as vírgulas que, no anterior art. 745, § 2º, destacavam o adjunto "a qualquer tempo".

No art. 918, o inc. II, além de referir-se a todos os casos de indeferimento da petição inicial (art. 330), e não apenas à hipótese de inépcia, acrescenta a improcedência liminar do pedido (art. 332) às determinantes da rejeição liminar dos embargos. Assim como o inc. I, os itens II e III aparecem sem a temporal **quando** dos itens do anterior art. 739.

O *caput* do art. 919 transmudou "embargos do executado" para "embargos à execução".

Muito importante, como no § 1º do art. 735-A, o § 1º do vigente art. 919 permite ao juiz atribuir efeito suspensivo aos embargos. Isto ele fará, "quando verificados os requisitos para a concessão da tutela provisória (arts. 294 e ss., q.v.). O requerimento do embargante, mencionado no parágrafo, regido pelo princípio dispositivo, é condição indispensável à outorga da tutela. Esse requerimento dá início a um incidente de natureza cautelar (arts. 294, parágrafo único, 300, § 2º, q.v.), podendo ser liminarmente outorgado. O § 2º desse mesmo art. 919 permite a modificação ou revogação da medida, como fazia o § 2º do revogado art. 739-A. Modificação ou revogação só se acontecer na jurisdição cautelar. O § 5º, mais explícito do que o anterior § 1º do art. 739-A, que falava que o efeito suspensivo não impedia a efetivação dos atos concessivos da penhora, explicita que ela pode ser substituída, reforçada ou reduzida por decisão judicial, aceitável do agravo de instrumento (art. 1015, parágrafo único).

O art. 920 contém normas semelhantes às que estavam no anterior art. 740, mas as desdobrou nos seus três incisos. Fala o item II apenas em audiência, só aludindo à instrução o inciso III. Essa audiência é a regulada nos arts. 358 e seguintes.

5. Inovações – Analisam-se aqui as inovações. Neste livro, o substantivo designa as normas que o novo Código trouxe, sem que a elas correspondessem disposições do antigo. As alterações dos textos do CPC de 1973, destacadas no item anterior, são também inovações que todavia não implicam substituição total do dispositivo, nem normas que constituem novidades porque, de alguma forma, o texto revogado renasce, posto que com feições modificadas, nos preceitos que entram em vigor.

Sem igual no Código anterior, a regra do inc. II do art. 915 aparece pela primeira vez no direito processual positivo. Conforme esse inciso, o prazo para embargos, se a execução se faz por juntada nos autos de origem, isto é, nos autos físicos ou eletrônicos dos quais se extraiu a precatória, do comunicado referido no § 4º (q.v.). Faltando tal comunicação, não importa o motivo, o prazo corre da juntada da carta devidamente cumprida, ressalvando a hipótese do inciso I do artigo (q.v.). Restituída a carta sem cumprimento, o prazo será contado a partir da citação, feita por nova precatória (v.g., a anterior foi erroneamente endereçada), ou da citação do executado, realizada por qualquer outro meio. Expedida mais de uma precatória, o prazo conta-se da última das comunicações referidas no § 4º, ou da última carta juntada. O § 4º aplica-se mesmo no caso de rogatória, no qual a comunicação fez incidir o inciso II.

O § 2º do art. 916 manda que o juiz decida, num quinquídio, o pedido de parcelamento cuja acolhida depende do procedimento dos pressupostos indicados no *caput*. Sobre a satisfação desses pressupostos se manifestará o exequente, mas o juiz decidirá da ocorrência deles ainda que o autor da execução se omita.

O § 6º tem lógica. Se o executado, como está no *caput* do artigo, reconhece o crédito e prova o depósito de trinta por cento, presume-se que renunciou aos embargos. Pode, entretanto, o executado ajuizá-los, tratando-se de nulidade absoluta. Procedentes os embargos, o depósito lhe será restituído. O § 7º exclui o pedido de parcelamento, quando se pede o cumprimento de sentença, pois ele se submete a regime diferente da execução do título extrajudicial.

O inc. V do art. 917 permite a alegação de incompetência absoluta, ou relativa. No primeiro caso, a execução será nula, incidindo, porém, o § 4º do art. 64. No segundo caso, a procedência dos embargos leva à remessa do processo ao juízo competente. Nesta última hipótese, os embargos têm a natureza de exceção de incompetência.

O art. 917, II, permite que, nos embargos, o executado alegue a incorreção da penhora ou o erro da avaliação. Entretanto, o § 1º desse artigo permite que se aleguem esses vícios, por simples petição, no prazo de quinze dias, contado da ciência do ato. Se o executado não fundar essa petição, como lhe permite o parágrafo, ainda poderá fazê-lo mediante embargos. Há, assim, um concurso de meios. Se o executado figura no pedido de que trata o § 1º, já não poderá embargar pelo mesmo fundamento porque faltará aos embargos o interesse de agir.

O § 7º ainda do art. 917 é algo expletivo e desnecessário. Mesmo que não existisse, a arguição de impedimento, ou de suspeição, observaria os arts. 146 e 148.

Conforme o parágrafo único do art. 918, os embargos manifestamente protelatórios, visivelmente opostos com esse fim escuro, constituem não apenas motivos de rejeição liminar deles, como ainda caracterizam conduta atentatória à dignidade da justiça, com as sanções daí decorrentes (arts. 80, inc. I, e 81).

Título IV
DA SUSPENSÃO E DA EXTINÇÃO DO PROCESSO DE EXECUÇÃO
(ARTS. 921 A 925)

1. Observações. 2. Divisão da matéria

1. Observações – Os processos de conhecimento, de execução e cautela são as três espécies do processo civil contencioso, às quais se junta o processo de jurisdição voluntária, no qual se encontram elementos daquelas três modalidades. Como todo processo judicial, a redação processual é todo o conjunto de atos que se instauram e se desenvolvem com a qualidade de prevenir ou compor uma lide, ou de administrar interesses da relevância social. Embora nem sempre cheguem ao julgamento do mérito, que acolha ou rejeite o pedido do autor, ou outra situação equivalente, o processo judicial se instaura, desenvolve-se e se extingue. O processo de conhecimento aplica-se, subsidiariamente, à execução (art. 771 e parágrafo único), regulada pelos dispositivos que visam à satisfação do crédito do exequente, consubstanciado num título executivo judicial ou extrajudicial, independentemente da vontade do executado. É da suspensão e da extinção do processo executivo que cuida o Título IV do Livro II da Parte Especial do Código de Processo Civil de 2015, cuja epígrafe é igual à do Título VI do Livro II do Código de Processo Civil de 1973.

2. Divisão da matéria – O Título IV, que ora se examina, encontra-se abrigado em dois Capítulos. O Capítulo I (arts. 921 a 924), com a epígrafe "Da suspensão do processo de execução", diferente em tal ponto do Código anterior, que falava apenas "Da suspensão". De modo semelhante, enquanto o Capítulo II do diploma revogado tinha por título "Da extinção", o Capítulo II atual (arts. 924 e 925) traz por rótulo "Da extinção do processo de Execução".

Capítulo I

Da Suspensão do Processo de Execução
(arts. 921 a 923)

Art. 921. Suspende-se a execução:
 I – nas hipóteses dos arts. 313 e 315, no que couber;
 II – no todo ou em parte, quando recebidos com efeito suspensivo os embargos à execução;
 III – quando o executado não possuir bens penhoráveis;
 IV – se a alienação dos bens penhorados não se realizar por falta de licitantes e o exequente, em 15 (quinze) dias, não requerer a adjudicação nem indicar outros bens penhoráveis;
 V – quando concedido o parcelamento de que trata o art. 916.
 § 1º Na hipótese do inciso III, o juiz suspenderá a execução pelo prazo de 1 (um) ano, durante o qual se suspenderá a prescrição.
 § 2º Decorrido o prazo máximo de 1 (um) ano sem que seja localizado o executado ou que sejam encontrados bens penhoráveis, o juiz ordenará o arquivamento dos autos.

§ 3º Os autos serão desarquivados para prosseguimento da execução se a qualquer tempo forem encontrados bens penhoráveis.

§ 4º Decorrido o prazo de que trata o § 1º sem manifestação do exequente, começa a correr o prazo de prescrição intercorrente.

§ 5º O juiz, depois de ouvidas as partes, no prazo de 15 (quinze) dias, poderá, de ofício, reconhecer a prescrição de que trata o § 4º e extinguir o processo.

Art. 922. Convindo as partes, o juiz declarará suspensa a execução durante o prazo concedido pelo exequente para que o executado cumpra voluntariamente a obrigação.

Parágrafo único. Findo o prazo sem cumprimento da obrigação, o processo retomará o seu curso.

Art. 923. Suspensa a execução, não serão praticados atos processuais, podendo o juiz, entretanto, salvo no caso de arguição de impedimento ou de suspeição, ordenar providências urgentes.

1. Observações. 2. Repetições. 3. Alterações. 4. Inovações.

1. Observações – Os artigos, que ora se examinam, cuidam da suspensão do processo executivo, sem que, entretanto, se esgotam na sua enunciação os casos em que esse processo se suspende. É claro que o processo de execução também se suspende nos casos previstos no art. 313. Divulgo o inc. I do art. 921. Durante a suspensão, o processo não se paralisa totalmente, nem esse nem nenhum outro e certos atos se podem praticar, conforme a lei e os princípios. As normas aqui apreciadas são específicas do processo de execução e, sobre exceções, só a ele se aplicam.

2. Repetições – Repetem, literalmente, o velho Código apenas o *caput* do art. 921 e o parágrafo único do art. 922. Aquele é igual ao *caput* do revogado art. 791. Este, idêntico ao parágrafo único do art. 792.

Também nesta Seção há normas semelhantes, a cuja jurisprudência e doutrina se deve recorrer já que este livro limita-se a explicar as inovações do CPC do 2015 e apenas assinala as repetições do dispositivo do Código de 1973, destacando as normas semelhantes.

3. Alterações – No art. 921, o inc. I repete, pretensamente, o inc. II do revogado art. 791, adaptando todavia a remissão. O inciso II eliminou remissão semelhante à do inciso I do artigo revogado, já que diferente o dispositivo do novo Código. O inciso III substitui **devedor** por **executado**.

O *caput* do art. 922 apenas atualizou a nomenclatura, eis que trocou **credor** e **devedor** por **exequente** e **executado**.

O art. 923 já não fala, como o revogado art. 793, em quaisquer atos processuais. Pode o juiz ordenar providências urgentes durante a suspensão. O artigo, entretanto, proíbe o juiz de ordenar mesmo providências urgentes, no caso de arguição de impedimento ou de suspeição. Julgados esses incidentes, e rejeitada a arguição, o juiz cuja suspeição ou impedimento foi alegada, poderá praticar atos de urgência durante a suspensão do processo. O § 3º do art. 146 dispõe que, enquanto não for declarado o efeito em que é recebido o incidente, ou quando a este for atribuído efeito suspensivo, a tutela de urgência será requerida ao substituto legal, assim definido pela norma da organização judiciária. Não concedido o efeito suspensivo (art. 146, § 2º), o processo voltará a correr (*idem*, inc. I), salvo, claro está, se estiver suspenso, caso em que o juiz questionado poderá praticar atos de urgência. A ressalva do art. 923 limita-se ao juiz cuja suspeição ou impedimento for arguido, não se estendendo a proibição a quem, temporariamente, lhe ocupar o posto, como, por exemplo, no caso da licença, ou férias. A arguição de impedimento ou suspeição é pessoal. Envolve apenas, pessoalmente, o juiz cuja imparcialidade é questionada.

4. Inovações – Sem correspondência no direito processual positivo anterior, o inc. IV do art. 921 determina a suspensão do processo executivo, se, por falta de licitantes, a alienação não se realizar. Aplica-se o dispositivo se a alienação for questionada, até o julgamento do respectivo incidente. Não basta a falta de licitante para que o processo se suspenda. Urge também que o exequente não requeira a adjudicação dos bens penhorados, no prazo de quinze dias a partir da data da alienação frustrânea, do dia em que ela não se realizou. Não se pode esquecer que, se a tentativa de alienação do bem não tiver êxito, reabre-se o prazo para requerimento de adjudicação (art. 878). É esse requerimentoque deve ser feito, no prazo de quinze dias concedido pelo inc. IV desse art. 921. Só depois de chegarao termo desse prazo, sem requerimento da adjudicação, é que se suspende o processo. Requerida a adjudicação, a ela se procede, conforme o art. 876 e seguintes, o que obsta asuspensão do processo. O inciso IV incide também se a alienação dos bens penhorados não for suficiente para a satisfação do crédito exequendo. Por derradeiro, assinala-seque, se o exequente (sujeito do verbo **requerer**) indicar outros bens penhoráveis, o processo não se suspenderá, a fim de que se efetive a penhora.

O inc.V do art. 921 enuncia a regra lógica segundo a qual, concedido o parcelamento do art. 916, o processo não se suspende.

Conforme o § 1º do art. 921, o juiz suspenderá a execução por um ano, se o executado não tiver bens penhoráveis. Durante esse ano, o prazo prescricional não corre. O caso é de suspensão; não de interrupção. Decorrido esse prazo, a prescrição recomeça a correr, completando-se o tempo transcorrido antes da suspensão. A prescrição se consuma se, durante esse prazo, não aparecer bem penhorável, como se colhe no § 4º do mesmo art.921, o exequente pode requerer a declaração de insolvência ou da falência do executado. Nada disso acontecendo, o juiz não extingue a execução, mas determina o arquivamento dos autos, ou a fixação do processo eletrônico. Assim dispõe o § 2º. O desarquivamento dos autos, previsto no § 3º, dependerá de requerimento do exequente. De acordo com o § 5º do art. 921, o juiz poderá, de ofício, reconhecer, isto é, declarar a prescrição. Antes disso, ouvirá depoimentos, do exequente e do executado, mandando que se pronunciem sobre a ocorrência da prescrição. Na hipótese de inocorrência, o juiz decidirá o incidente, declarando a prescrição.

Capítulo II

Da Extinção do Processo de Execução
(Arts. 924 e 925)

Art. 924. Extingue-se a execução quando:
I – a petição inicial for indeferida;
II – a obrigação for satisfeita;
III – o executado obtiver, por qualquer outro meio, a extinção total da dívida;
IV – o exequente renunciar ao crédito;
V – ocorrer a prescrição intercorrente.

Art. 925. A extinção só produz efeito quando declarada por sentença.

1. Observações. **2.** Repetições. **3.** Alterações. **4.** Inovações.

1. Observações – A epígrafe do conciso Capítulo explicita o que ficou implícito no mesmo Capítulo do Código anterior, quando fala que a extinção é do processo de execução.

2. Repetições – O *caput* do art. 924 repetiu o *caput* do anterior art. 794. Também o art. 925 é igual ao art. 795, anterior.

3. Alterações – A epígrafe do Capítulo II é diferente da epígrafe do anterior Capítulo de igual número porque acrescida da indicação de que se trata da extinção do processo executivo. A mudança do rótulo não alterou o conteúdo do setor.

O inc. II do art. 924 não alterou o sentido do inc. I do revogado art. 794, posto que seja mais técnico, porquanto não é só o devedor que pode extinguir a obrigação, porém uma terceira pessoa, interessada, ou não. Feito o pagamento, o direito do exequente é satisfeito e, por visto, a execução chega ao fim. Eventual lide decorrente do entendimento de pagamento indevido por terceiro, ou do direito deste de obter pagamento do que desembolsou não é matéria do processo de execução, mas, sim, de processo cognitivo, embora o juiz do processo executivo possa indeferir o pedido de pagar, formulado por terceiro, mediante decisão impugnável por agravo de instrumento (art. 1.015, parágrafo único).

Mais coeso, porém com a mesma abrangência do inc. II do anterior art. 794, o inc. III do art. 924 fala, praticamente, em extinção da dívida, não importa por que meio. O inc. IV, ainda do art. 924, mudou **credor** para **exequente**, já que a extinção é do processo de execução do título executivo extrajudicial, já que a execução do título judicial se faz mediante o cumprimento de sentença.

4. Inovações – Aparece como inovação o inc. I do art. 924, sem correspondência no Código anterior. Note-se que ele alude à execução do processo executivo específico; não à extinção do crédito, regulada pelo direito material, suscetível de alegação por meio de embargos ou mesmo de exceção de pré-executividade, se admissível.

Sem correspondente no CPC de 1973, também o inc. V do art. 924, que trouxe para o direito processual civil positivo a prescrição intercorrente, reconhecida pela doutrina e reiteradamente afirmada pela jurisprudência, razão por que se deve recorrer a elas sobre o assunto.

EXECUÇÃO POR QUANTIA CERTA CONTRA DEVEDOR INSOLVENTE
(ART. 1.052)

Art. 1.052. Até a edição de lei específica, as execuções contra devedor insolvente, em curso ou que venham a ser propostas, permanecem reguladas pelo Livro II, Título IV, da Lei nº 5.869, de 11 de janeiro de 1973.

1. Observações. **2.** Normas aplicáveis.

1. Observações – O art. 1.052 mostra que o Código de Processo Civil, instituído pela Lei nº 5.869, de 11 de janeiro de 1973, não foi ab-rogado, mas, sim, derrogado pela Lei nº 13.105, de 16 de março de 2015, o novo Código de Processo Civil, que não revogou o diploma anterior em toda a sua extensão, pois ainda o mantém vigendo, numa parte depressiva, como naquele dispositivo se lê. Igual fenômeno ocorreu com o advento do Código de Processo Civil de 1973, cujo art. 1.218 manteve em vigor artigos do Código de Processo Civil precedente (Decreto-Lei nº 1.608, de 18 de setembro de 1939. Tanto o art. 1.218 do CPC de 1973 quanto o art. 1.052 do Código de 2015 revelam pressa do legislador em instituir os dois diplomas. Isto o fez manter vigente, em parte, a lei anterior, quando correto seria legislar sobre o que ela dispôs, em vez de colocar remendo velho em pano novo, em situação evocativa do preceito evangélico.

2. Normas aplicáveis – O art. 1.052 do Código de Processo Civil de 2015 manteve a vigência do Título IV do Livro II do Código de 1973, que, nos arts. 748 a 786-A, disciplinou a execução por quantia certa contra devedor insolvente. Conforme aquele dispositivo, estes artigos permanecem em vigor "até a adição da lei específica". Os artigos mantidos configuram, então, lei condicional, ou melhor, lei de urgência condicionada ao advento de nova legislação que ab-rogará – oxalá também não a derrogue, pela revogação apenas parcial – as normas agora subsistentes. Fala o art. 1.052 em "edição de lei específica", indicando, assim, que a execução por quantia certa contra devedor insolvente será disciplinada por lei especial, extravagante, exorbitante ao Código de Processo Civil. Nada obsta contudo a que a lei que há de vir acrescente um sétimo Capítulo ao Título II do Livro II da Parte Especial, regulando a matéria que ficou para trás, mediante artigos alfanuméricos.

Não podia o Código de Processo Civil de 2015 estatuir, *sic ac simpliciter*, que a execução contra devedor insolvente permanece regulada pelas regras processuais cuja sequência foi mantida. Sem ressalva explícita embora, deve-se entender que, ainda vigentes essas normas do CPC anterior, não incidem nem se aplicam, subsidiariamente, as do velho diploma, que substitui somente na parte compreendida pelo mencionado Título IV. Quando insuficientes os dispositivos cuja sequência permanece, deve-se recorrer ao CPC de 2015 e não ao que ele revogou. Fosse isso admitido, se estaria repristinando normas revogadas, o que é contrário ao Direito e, do ponto de vista lógico, um contrassenso.

Dessarte, e por exemplo, aplicar-se-ão à execução contra devedor insolvente tudo o que, no Código vigente, estiver disposto sobre juiz, partes, prazos, recursos. Só se regem pelo Código anterior as normas relativas, especificamente, à espécie de execução em causa, observando-se todavia o que está no novo Código.

Livro III
DOS PROCESSOS NOS TRIBUNAIS E DOS MEIOS DE
IMPUGNAÇÃO DAS DECISÕES JUDICIAIS
(ARTS. 926 A 1.044)

Observações – Dividido em dois títulos, o Livro III da Parte Especial do Código de Processo Civil trata, no Título I, da ordem dos processos nos tribunais e dos processos de competência originária dessas Cortes Superiores. No Título II, o CPC regula os recursos, nos juízos onde são interpostas e também nas instâncias onde se processam. A nova lei distingue **processos** dos **processos de competência originária dos tribunais**. Com o substantivo plural **processos**, o CPC designa todos os processos que tramitam nos tribunais, sejam os ali iniciados, sejamos que sobem ao seu julgamento. **Processos**, então, é um gênero, que engloba toda relação processual em curso nas Cortes Superiores de Justiça e também nas turmas julgadoras de recursos interpostos de decisões proferidas em Juizados Especiais. Essas normas não se aplicam todavia à tramitação de recursos na primeira instância, disciplinados por regras especiais. Vezes há em que o procedimento se bifurca, como acontece no agravo de instrumento, julgado pelo tribunal sem prejuízo do prosseguimento do processo na instância que proferiu a decisão agravada. Nesse caso, não haverá multiplicidade de processos, porém procedimentos diversos realizados em planos diferentes. A decisão agravada tem eficácia até sua eventual reforma ou anulação pelo tribunal, estendendo-se ao STJ ou ao STF, ainda quando se manifesta recurso especial ou recurso extraordinário da decisão que apreciou o agravo.

Deve-se atentar no fato de que normas reguladoras do processo nos tribunais, tanto os da sua competência originária quanto da recursal, encontram-se também em normas de organização judiciária, ou regimentais. Essas normas prevalecem sobre as da lei ordinária, quando editadas com fundamento na Constituição.

Os processos da competência originária dos tribunais são aqueles que se iniciam nessas Cortes, por força de normas constitucionais ou legais, como no caso da ação direta de inconstitucionalidade de lei ou ato normativo federal ou estadual ou do mandado de segurança contra ato de ministros de Estado (Constituição, arts. 102, I, *a*, e 105, I, *b*) ou da ação rescisória (CPC, arts. 966 e ss.).

Os incidentes instaurados nos recursos que já estiveram no tribunal, ou nos processos de sua competência originária são todos, indistintamente, atos de processo no tribunal, já que constituem etapas de feitos ali em curso.

Título I
DA ORDEM DOS PROCESSOS E DOS PROCESSOS
DA COMPETÊNCIA ORIGINÁRIA DOS TRIBUNAIS

Capítulo I

Disposições Gerais
(arts. 926 a 928)

Art. 926. Os tribunais devem uniformizar sua jurisprudência e mantê-la estável, íntegra e coerente.

§ 1º Na forma estabelecida e segundo os pressupostos fixados no regimento interno, os tribunais editarão enunciados de súmula correspondentes a sua jurisprudência dominante.

§ 2º Ao editar enunciados de súmula, os tribunais devem ater-se às circunstâncias fáticas dos precedentes que motivaram sua criação.

Art. 927. Os juízes e os tribunais observarão:
I – as decisões do Supremo Tribunal Federal em controle concentrado de constitucionalidade;
II – os enunciados de súmula vinculante;
III – os acórdãos em incidente de assunção de competência ou de resolução de demandas repetitivas e em julgamento de recursos extraordinário e especial repetitivos;
IV – os enunciados das súmulas do Supremo Tribunal Federal em matéria constitucional e do Superior Tribunal de Justiça em matéria infraconstitucional;
V – a orientação do plenário ou do órgão especial aos quais estiverem vinculados.

§ 1º Os juízes e os tribunais observarão o disposto no art. 10 e no art. 489, § 1º, quando decidirem com fundamento neste artigo.

§ 2º A alteração de tese jurídica adotada em enunciado de súmula ou em julgamento de casos repetitivos poderá ser precedida de audiências públicas e da participação de pessoas, órgãos ou entidades que possam contribuir para a rediscussão da tese.

§ 3º Na hipótese de alteração de jurisprudência dominante do Supremo Tribunal Federal e dos tribunais superiores ou daquela oriunda de julgamento de casos repetitivos, pode haver modulação dos efeitos da alteração no interesse social e no da segurança jurídica.

§ 4º A modificação de enunciado de súmula, de jurisprudência pacificada ou de tese adotada em julgamento de casos repetitivos observará a necessidade de fundamentação adequada e específica, considerando os princípios da segurança jurídica, da proteção da confiança e da isonomia.

§ 5º Os tribunais darão publicidade a seus precedentes, organizando-os por questão jurídica decidida e divulgando-os, preferencialmente, na rede mundial de computadores.

Art. 928. Para os fins deste Código, considera-se julgamento de casos repetitivos a decisão proferida em:

I – incidente de resolução de demandas repetitivas;

II – recursos especial e extraordinário repetitivos.

Parágrafo único.O julgamento de casos repetitivos tem por objeto questão de direito material ou processual.

1. Observações. **2.** Repetições. **3.** Inovações.

1. Observações – As disposições gerais do Título I são normas cogentes, de cumprimento obrigatório, embora a vagueza de algumas dessas regras dificulte o atendimento a elas. Doutrina e jurisprudência fixarão o alcance dessas regras, ao longo da vigência do novo Código porque elas oferecem abundantes fundamentos para a construção de um sistema pela configuração da vontade que exprimem.

2. Repetições – Os arts. 926, 927 e 928 com os seus desdobramentos não repetem normas do Código de 1973, como fazem outros dispositivos. Entretanto fazem coro com outras normas, todas no sentido de que a jurisprudência assume, cada vez mais, força normativa [] assunto que refoge do âmbito deste livro mas que permite demandas e profundas considerações. É certo que, em parte significativa, a observância de precedentes destina-se a aliviar a formidável carga de trabalho dos juízos de todas as instâncias. Refletem esse empenho as súmulas da jurisprudência predominante no Supremo Tribunal Federal, que serviram de modelo das súmulas de julgados de outras Cortes de Justiça. Já o Código de Processo Civil de 1973 criava, nos arts. 476 a 482, o instituto da uniformização da jurisprudência, mediante o qual se obtinha o pronunciamento prévio do tribunal acerca da interpretação do Direito (art. 476) sem que contudo a decisão produzisse efeito normativo, mas só suasório.

Não se confunde a jurisprudência que interpreta o direito positivo com a atividade legislativa do Judiciário, permitida pela Constituição, como acontece com as súmulas que produzem o efeito vinculante, previstas no *caput* do art. 103-A da lei fundamental. Aqui, o Supremo Tribunal Federal legisla, editando a norma orientada por seus reiterados julgamentos. Nesse caso, não é a jurisprudência que tem força vinculante porém a norma que, editada, obriga os demais órgãos do Poder Judiciário e a Administração Pública direta e indireta, nas esferas federal, estadual e municipal (art. 103-A da Constituição). A súmula vinculante não se assemelha à lei mas é lei, editada pelo órgão mais alto do Judiciário, no exercício da função legislativa, constitucionalmente outorgada, o que não pode estranhar porque cada um dos três Poderes do Estado, além das suas funções precípuas pode desempenhar atividade atípica de outro Poder. Não se trata de um sistema de freios e contrapesos, porém, por assim dizer, de uma atribuição excepcional de competência.

Os três artigos objeto destas breves considerações mostram a importância da jurisprudência no direito processual positivo contemporâneo. Isto impõe especial cuidado dos julgadores, que, também neste ponto, não se podem entregar a assessores, perigoso fenômeno que se tem alastrado mundo afora.

3. Inovações – Embora sem repetir dispositivos do Código anterior, ou de leis esparsas, as inovações do novo diploma refletem o que constava da doutrina e da jurisprudência formada sob a égide daqueles diplomas. Nesse sentido, os artigos dessas disposições gerais não constituem verdadeiras inovações porque refletem o que já se construíra. Entretanto, eles aparecem como novidade, se se considerar que positivaram o que doutrinadores ensinaram e tribunais decidiram.

As epígrafes do Título I e do seu Capítulo I não encontram iguais na lei revogada, posto que o Capítulo VII do Livro I deste diploma tivesse a rubrica "Da ordem dos processos no tribunal".

Sem igual no CPC anterior, o art. 926 e seus dois parágrafos contêm preceitos, porém sem sanção. São normas orientadoras que não acarretam nulidade, se descumpridas. Por uniformização da jurisprudência deve-se entender a conduta que obedeça precedentes vinculantes ou repetitivos. Estes últimos encerram ditames que persuadem mas não obrigam. O § 1º manda que as súmulas reflitam a jurisprudência dominante no tribunal, sem contudo compelir a Corte a editá-las, o que ela fará na medida das suas conveniências. Omisso o regimento inteiro junto aos pressupostos, eles devem ser extraídos de normas pertinentes ou de princípios gerais do direito. A súmula, entretanto, vale por si, ainda quando, longe de condensar a jurisprudência, seja elaborada com base num único julgado, como se descobre nalgumas delas. O § 2º determina que a súmula deve limitar-se às circunstâncias fáticas dos precedentes. Dessarte, elas devem ser escritas de modo que se apliquem à mesma situação ocorrente na vida social, ou a eventos semelhantes. Não se pode esquecer que a lide é um fato social que se repete. O pronunciamento jurisdicional que compõe o conflito é um fato jurídico, que se torna um fato social na sua repercussão prática. Assim, por exemplo, constitui-se um fato social a pretensão do locador de retomar o imóvel dado em locação. A sentença proferida diante dessa situação é fato jurídico, enquanto o rompimento da locação com o consequente desaparecimento das obrigações a ela inerentes é outro fato social.

Dentre os cinco incisos do art. 927 encontra-se os que são imperativos na determinação de que juízes e tribunais observem os precedentes vinculantes, ditada a vinculação por uma norma (incs. I, II e III). Os incisos IV e V tornam vinculantes os pronunciamentos nestes referidos. Opera-se a vinculação nos estritos termos em que coincidem as decisões vinculativas com as normas a serem aplicadas no exercício da função jurisdicional. Voltando ao exemplo da locação, só é vinculatório o precedente em que se presume sincero o pedido da retomada para uso próprio, mas não o pedido de resolução da locação fundada no mau uso da coisa locada.

O § 1º do art. 927 é redundante, na medida que ordena o cumprimento do art. 10 e do § 1º do art. 429, porque esses dispositivos obrigam por si só, independentemente da regra que compila à observância deles. O § 2º repete o que se poderia extrair do sistema do direito processual positivo: a alteração de tese (*rectius*, de enunciado) precedida da audiência pública, da qualdevem participar as partes e terceiros do processo em que deveria ser aplicada a outras pessoas ou órgãos estranhos ao feito, como no caso da intervenção na forma de *amicus curiae*. A *fortiori*, admitem-se memoriais e outras manifestações sobre o assunto. O § 3º permite a modulação da jurisprudência alterada, ou revogada de modo que o novo enunciado se aplique a partir de determinado momento, ou em certos casos observados. A alteração da jurisprudência não fere a garantia da irretroatividade, na medida em que não abarca casos já julgados, desfazendo o que já se decidiu por pronunciamento precluso.

O § 4º do mesmo art. 927 exige a fundamentação da decisão de alteração, que não dispensa, entretanto, a fundamentação do pronunciamento que aplique o que foi alterado. A segurança jurídica, a proteção da confiança e da isonomia são princípios que já se extraíam do sistema do direito processual positivo.

Diga-se agora, que o desempenho das normas contidas nos diferentes dispositivos do art. 927 acarreta a nulidade do pronunciamento que deverá ser substituído por outro, no mesmo órgão que proferiu aquele, ou no que decretar a nulidade, se a lei permitir. A nulidade do ato é insanável sem que a nova decisão consubstancie a convalescença do ato nulo.

O § 5º do art. 927 contém norma desprovida de sanção. Manda que o tribunal organize os enunciados por assunto, e ainda que eles indiquem o texto modificado ou revogado. Por tribunais entende-se as Cortes de Justiça, excluídos os julgamentos singulares proferidos em qualquer instância, ainda quando repetidos. As turmas de julgamento de recursos nos Juizados Especiais equiparam-se a tribunais, já que órgãos adequados. A divulgação dos precedentes estabelecidos, alterados ou revogados pela sede mundial de computadores pode ser realizada paralelamente à divulgação pela empresa oficial. O advérbio **preferencialmente** mostra que, sendo possível, a divulgação deve ser feita pela rede mundial de computadores, sem que impeça que ela se faça por outros meios. A aplicação do enunciado dispensa divulgação. Não se recorre dele, mas, sim, da decisão que o aplica.

O art. 928, sem precedente no diploma anterior, reza, em síntese, que se considera julgamento de casos repetitivos a decisão proferida em incidentes julgados no curso de demandas repetitivas. A repetitividade é da demanda mas ela se estende à decisão que julga incidentes, ainda quando o julgamento do incidente não se insira nos casos de demandas repetitivas, tal como os considera a lei. O inciso II do artigo considera repetitivo o julgamento proferido pelo Superior Tribunal de Justiça, ou pelo Supremo Tribunal Federal, desde que, por lei, o recurso especial, ou o recurso extraordinário sejam repetitivos. As decisões a que se referem os dois incisos são também as proferidas nos embargos de divergência, que constituem extensão daqueles recursos. O parágrafo único do art. 928 estabelece que constitui julgamento de casos repetitivos tanto as questões de direito material quanto as questões de direito processual, ou melhor, os pronunciamentos sobre essas questões, ainda quando forem terminativas, pois bem pode acontecer que se repitam recursos sobre a ocorrência de qualquer das situações previstas no art. 485, ou em dispositivos semelhantes.

Capítulo II

Da Ordem dos Processos no Tribunal
(arts. 929 a 946)

Art. 929. Os autos serão registrados no protocolo do tribunal no dia de sua entrada, cabendo à secretaria ordená-los, com imediata distribuição.

Parágrafo único. A critério do tribunal, os serviços de protocolo poderão ser descentralizados, mediante delegação a ofícios de justiça de primeiro grau.

Art. 930. Far-se-á a distribuição de acordo com o regimento interno do tribunal, observando-se a alternatividade, o sorteio eletrônico e a publicidade.

Parágrafo único. O primeiro recurso protocolado no tribunal tornará prevento o relator para eventual recurso subsequente interposto no mesmo processo ou em processo conexo.

Art. 931. Distribuídos, os autos serão imediatamente conclusos ao relator, que, em 30 (trinta) dias, depois de elaborar o voto, restitui-los-á, com relatório, à secretaria.

Art. 932. Incumbe ao relator:
I – dirigir e ordenar o processo no tribunal, inclusive em relação à produção de prova, bem como, quando for o caso, homologar autocomposição das partes;
II – apreciar o pedido de tutela provisória nos recursos e nos processos de competência originária do tribunal;
III – não conhecer de recurso inadmissível, prejudicado ou que não tenha impugnado especificamente os fundamentos da decisão recorrida;
IV – negar provimento a recurso que for contrário a:
a) súmula do Supremo Tribunal Federal, do Superior Tribunal de Justiça ou do próprio tribunal;
b) acórdão proferido pelo Supremo Tribunal Federal ou pelo Superior Tribunal de Justiça em julgamento de recursos repetitivos;
c) entendimento firmado em incidente de resolução de demandas repetitivas ou de assunção de competência;
V – depois de facultada a apresentação de contrarrazões, dar provimento ao recurso se a decisão recorrida for contrária a:
a) súmula do Supremo Tribunal Federal, do Superior Tribunal de Justiça ou do próprio tribunal;
b) acórdão proferido pelo Supremo Tribunal Federal ou pelo Superior Tribunal de Justiça em julgamento de recursos repetitivos;
c) entendimento firmado em incidente de resolução de demandas repetitivas ou de assunção de competência;
VI – decidir o incidente de desconsideração da personalidade jurídica, quando este for instaurado originariamente perante o tribunal;
VII – determinar a intimação do Ministério Público, quando for o caso;
VIII – exercer outras atribuições estabelecidas no regimento interno do tribunal.
Parágrafo único. Antes de considerar inadmissível o recurso, o relator concederá o prazo de 5 (cinco) dias ao recorrente para que seja sanado vício ou complementada a documentação exigível.

Art. 933. Se o relator constatar a ocorrência de fato superveniente à decisão recorrida ou a existência de questão apreciável de ofício ainda não examinada que devam ser considerados no julgamento do recurso, intimará as partes para que se manifestem no prazo de 5 (cinco) dias.

§ 1º Se a constatação ocorrer durante a sessão de julgamento, esse será imediatamente suspenso a fim de que as partes se manifestem especificamente.

§ 2º Se a constatação se der em vista dos autos, deverá o juiz que a solicitou encaminhá-los ao relator, que tomará as providências previstas no *caput* e, em seguida, solicitará a inclusão do feito em pauta para prosseguimento do julgamento, com submissão integral da nova questão aos julgadores.

Art. 934. Em seguida, os autos serão apresentados ao presidente, que designará dia para julgamento, ordenando, em todas as hipóteses previstas neste Livro, a publicação da pauta no órgão oficial.

Art. 935. Entre a data de publicação da pauta e a da sessão de julgamento decorrerá, pelo menos, o prazo de 5 (cinco) dias, incluindo-se em nova pauta os processos que não tenham sido julgados, salvo aqueles cujo julgamento tiver sido expressamente adiado para a primeira sessão seguinte.

§ 1º Às partes será permitida vista dos autos em cartório após a publicação da pauta de julgamento.

§ 2º Afixar-se-á a pauta na entrada da sala em que se realizar a sessão de julgamento.

Art. 936. Ressalvadas as preferências legais e regimentais, os recursos, a remessa necessária e os processos de competência originária serão julgados na seguinte ordem:

I – aqueles nos quais houver sustentação oral, observada a ordem dos requerimentos;

II – os requerimentos de preferência apresentados até o início da sessão de julgamento;

III – aqueles cujo julgamento tenha iniciado em sessão anterior; e

IV – os demais casos.

Art. 937. Na sessão de julgamento, depois da exposição da causa pelo relator, o presidente dará a palavra, sucessivamente, ao recorrente, ao recorrido e, nos casos de sua intervenção, ao membro do Ministério Público, pelo prazo improrrogável de 15 (quinze) minutos para cada um, a fim de sustentarem suas razões, nas seguintes hipóteses, nos termos da parte final do *caput* do art. 1.021:

I – no recurso de apelação;

II – no recurso ordinário;

III – no recurso especial;

IV – no recurso extraordinário;

V – nos embargos de divergência;

VI – na ação rescisória, no mandado de segurança e na reclamação;

VII – (Vetado);

VIII – no agravo de instrumento interposto contra decisões interlocutórias que versem sobre tutelas provisórias de urgência ou da evidência;

IX – em outras hipóteses previstas em lei ou no regimento interno do tribunal.

§ 1º A sustentação oral no incidente de resolução de demandas repetitivas observará o disposto no art. 984, no que couber.

§ 2º O procurador que desejar proferir sustentação oral poderá requerer, até o início da sessão, que o processo seja julgado em primeiro lugar, sem prejuízo das preferências legais.

§ 3º Nos processos de competência originária previstos no inciso VI, caberá sustentação oral no agravo interno interposto contra decisão de relator que o extinga.

§ 4º É permitido ao advogado com domicílio profissional em cidade diversa daquela onde está sediado o tribunal realizar sustentação oral por meio de videoconferência ou outro recurso tecnológico de transmissão de sons e imagens em tempo real, desde que o requeira até o dia anterior ao da sessão.

Art. 938. A questão preliminar suscitada no julgamento será decidida antes do mérito, deste não se conhecendo caso seja incompatível com a decisão.

§ 1º Constatada a ocorrência de vício sanável, inclusive aquele que possa ser conhecido de ofício, o relator determinará a realização ou a renovação do ato processual, no próprio tribunal ou em primeiro grau de jurisdição, intimadas as partes.

§ 2º Cumprida a diligência de que trata o § 1º, o relator, sempre que possível, prosseguirá no julgamento do recurso.

§ 3º Reconhecida a necessidade de produção de prova, o relator converterá o julgamento em diligência, que se realizará no tribunal ou em primeiro grau de jurisdição, decidindo-se o recurso após a conclusão da instrução.

§ 4º Quando não determinadas pelo relator, as providências indicadas nos §§ 1º e 3º poderão ser determinadas pelo órgão competente para julgamento do recurso.

Art. 939. Se a preliminar for rejeitada ou se a apreciação do mérito for com ela compatível, seguir-se-ão a discussão e o julgamento da matéria principal, sobre a qual deverão se pronunciar os juízes vencidos na preliminar.

Art. 940. O relator ou outro juiz que não se considerar habilitado a proferir imediatamente seu voto poderá solicitar vista pelo prazo máximo de 10 (dez) dias, após o qual o recurso será reincluído em pauta para julgamento na sessão seguinte à data da devolução.

§ 1º Se os autos não forem devolvidos tempestivamente ou se não for solicitada pelo juiz prorrogação de prazo de no máximo mais 10 (dez) dias, o presidente do órgão fracionário os requisitará para julgamento do recurso na sessão ordinária subsequente, com publicação da pauta em que for incluído.

§ 2º Quando requisitar os autos na forma do § 1º, se aquele que fez o pedido de vista ainda não se sentir habilitado a votar, o presidente convocará substituto para proferir voto, na forma estabelecida no regimento interno do tribunal.

Art. 941. Proferidos os votos, o presidente anunciará o resultado do julgamento, designando para redigir o acórdão o relator ou, se vencido este, o autor do primeiro voto vencedor.

§ 1º O voto poderá ser alterado até o momento da proclamação do resultado pelo presidente, salvo aquele já proferido por juiz afastado ou substituído.

§ 2º No julgamento de apelação ou de agravo de instrumento, a decisão será tomada, no órgão colegiado, pelo voto de 3 (três) juízes.

§ 3º O voto vencido será necessariamente declarado e considerado parte integrante do acórdão para todos os fins legais, inclusive de pré-questionamento.

Art. 942. Quando o resultado da apelação for não unânime, o julgamento terá prosseguimento em sessão a ser designada com a presença de outros julgadores, que serão convocados nos termos previamente definidos no regimento interno, em número suficiente para garantir a possibilidade de inversão do resultado inicial, assegurado às partes e a eventuais terceiros o direito de sustentar oralmente suas razões perante os novos julgadores.

§ 1º Sendo possível, o prosseguimento do julgamento dar-se-á na mesma sessão, colhendo-se os votos de outros julgadores que porventura componham o órgão colegiado.

§ 2º Os julgadores que já tiverem votado poderão rever seus votos por ocasião do prosseguimento do julgamento.

§ 3º A técnica de julgamento prevista neste artigo aplica-se, igualmente, ao julgamento não unânime proferido em:

I – ação rescisória, quando o resultado for a rescisão da sentença, devendo, nesse caso, seu prosseguimento ocorrer em órgão de maior composição previsto no regimento interno;

II – agravo de instrumento, quando houver reforma da decisão que julgar parcialmente o mérito.

§ 4º Não se aplica o disposto neste artigo ao julgamento:

I – do incidente de assunção de competência e ao de resolução de demandas repetitivas;

II – da remessa necessária;

III – não unânime proferido, nos tribunais, pelo plenário ou pela corte especial.

Art. 943. Os votos, os acórdãos e os demais atos processuais podem ser registrados em documento eletrônico inviolável e assinados eletronicamente, na forma da lei, devendo ser impressos para juntada aos autos do processo quando este não for eletrônico.

§ 1º Todo acórdão conterá ementa.

§ 2º Lavrado o acórdão, sua ementa será publicada no órgão oficial no prazo de 10 (dez) dias.

Art. 944. Não publicado o acórdão no prazo de 30 (trinta) dias, contado da data da sessão de julgamento, as notas taquigráficas o substituirão, para todos os fins legais, independentemente de revisão.

Parágrafo único. No caso do *caput*, o presidente do tribunal lavrará, de imediato, as conclusões e a ementa e mandará publicar o acórdão.

~~**Art. 945.** A critério do órgão julgador, o julgamento dos recursos e dos processos de competência originária que não admitem sustentação oral poderá realizar-se por meio eletrônico.~~ (Revogado pela Lei nº 13.256, de 2016)

~~§ 1º O relator cientificará as partes, pelo Diário da Justiça, de que o julgamento se fará por meio eletrônico.~~ (Revogado pela Lei nº 13.256, de 2016)

~~§ 2º Qualquer das partes poderá, no prazo de 5 (cinco) dias, apresentar memoriais ou discordância do julgamento por meio eletrônico.~~ (Revogado pela Lei nº 13.256, de 2016)

~~§ 3º A discordância não necessita de motivação, sendo apta a determinar o julgamento em sessão presencial.~~ (Revogado pela Lei nº 13.256, de 2016)

~~§ 4º Caso surja alguma divergência entre os integrantes do órgão julgador durante o julgamento eletrônico, este ficará imediatamente suspenso, devendo a causa ser apreciada em sessão presencial.~~ (Revogado pela Lei nº 13.256, de 2016)

Art. 946. O agravo de instrumento será julgado antes da apelação interposta no mesmo processo.

Parágrafo único. Se ambos os recursos de que trata o *caput* houverem de ser julgados na mesma sessão, terá precedência o agravo de instrumento.

1. Observações. **2.** Repetições. **3.** Alterações. **4.** Inovações.

1. Observações – Sob a epígrafe "Da Ordem dos Processos no Tribunal", o Código de Processo Civil de 2015 reúne, em dezoito artigos, as normas regentes do procedimento pelo qual se movimentam os processos submetidos ao tribunal e que lhe chegam por meio de recursos bem como naqueles outros da sua competência originária. O Capítulo agora examinado contém normas comuns aos recursos e processos originários e regras específicas do procedimento daqueles ou destes e ainda também das decisões proferidas monocraticamente. Já se verifica que o substantivo plural **processos** é, metonimicamente, empregado, no Capítulo II, na acepção de procedimento. A relação jurídica que se estende ao tribunal, ou nele se estabelece, é processo, enquanto o modo como se desenvolvem esses feitos é procedimento.

Encontram-se normas procedimentais relativas aos recursos e aos processos da competência originária, nos regimentos internos dos tribunais, nas leis de organização judiciária e em outros atos regulamentares. Estas normas obrigam mas o descumprimento delas acarretará nulidade, ou não, conforme a natureza do preceito e da sanção que nelas se encontrarem. A norma regimental ou de organização judiciária só prevalecerá sobre as da legislação comum, quando editadas no exercício de função legislativa outorgada pela Constituição. Aliás, também as regras disciplinadoras do procedimento dos recursos e dos processos da competência originária devem todas elas obedecer as prerrogativas constitucionais, precisando ser analisadas à luz da Carta Política e do princípio de que são nulas as leis contrárias à Constituição.

2. Repetições – São poucas as repetições literais de dispositivos do Código de Processo Civil de 1973. A epígrafe do Capítulo II, objeto destas considerações, é idêntica àdo Capítulo VII do Título X do Livro I do Código anterior. O § 2º do art. 935 reproduz o § 2º do revogado art. 552.

E não há outras repetições literais, conquanto se encontrem disposições de conteúdo idêntico às enumeradas no velho diploma.

3. Alterações – Apontam-se, neste item, as normas que reproduzem regras semelhantes às do Código de 1973, alteradas, porém, na sua redação, podendo dessa alteração decorrer modificação da vontade da norma modelar.

É desnecessário repetir que a doutrina e jurisprudência das regras alteradas são utilíssimas, para a interpretação e aplicação dos novos dispositivos. Por isto mesmo, estas anotações não se demoram a explicar o que já constava do direito processual positivo. Limitam-se a destacar e explicar o que aparece novo.

Tanto o art. 929 do Código atual quanto o art. 547 do anterior nunca foram necessários. Tratam de providências burocráticas, que seriam tomadas, independentemente de previsão legal. O art. 929 não fala, como o antecedente, em autos remetidos ao tribunal porque também se registram os autos dos processos da competência do tribunal. Reitera-se do novo artigo a risível ordem, dada no art. 547, de verificar a numeração das folhas. O adjetivo **imediata**, que qualifica o substantivo **distribuição**, significa que ela se fará, na primeira sessão destinada a esse fim, no mesmo dia, ou no seguinte, ou que se realizará assim que protocolada a petição inicial, nos casos de urgência. A distribuição pode ocorrer depois de despachada a inicial, como acontece, por exemplo, quando a ação é proposta durante o plantão forense. Conforme a regra de organização judicial, faz-se a distribuição ao órgão competente do tribunal e, nela, a um dos seus juízes, ou diretamente a estes, ficando prevento o órgão que integram. Há nova distribuição caso o órgão ou o juiz relator declinem da sua competência. O parágrafo único do art. 929 repete o art. 547, deslocada para o início dele a expressão "a critério do tribunal". O art. 930 manda que, na distribuição se faça sorteio eletrônico, evidentemente onde e quando isso for possível porque pode acontecer que não haja equipamento necessário ao sorteio eletrônico ou o existente esteja temporariamente defeituoso. O art. 931 fixa prazo de trinta dias para que o relator elabore o seu voto, contado esse tempo a partir do dia em que os autos lhe forem conclusos ou remetido o processo eletrônico. A transgressão desse prazo não despoja o relator da sua condição mas o sujeita, em tese, a sanções administrativas, que não se aplicam se houver justo motivo para a tardança.

No art. 932, o inc. IV e sua alínea *a* bem como o inc. V assemelham-se ao anterior art. 557. A letra *a* daquele inciso permite ao relator negar provimento a recurso contrário à súmula do STF, do STJ, ou do próprio tribunal competente para julgar o recurso. Já não se fala em jurisprudência dominante. Só se alude àsúmula, que é um enunciado da tese acolhida em julgados da Corte. Ainda que óbviaa jurisprudência, esse fato não permite a negativa de provimento, pois a norma, por restritiva, impõe interpretação também restrita ao que nela se dispõe. O inciso V permite o provimento do recurso por ato monocrático do relator, proferido de ofício ou a requerimento da parte, se a decisão recorrente for contrária àsúmula do STJ, do STF, ou do próprio tribunal (alínea a), ou se for contrária a acórdão, ainda que seja um só, do Superior Tribunal de Justiça ou do Supremo Tribunal Federal, unicamente se proferido em julgamento do recurso repetitivo (alínea b). Seja nos casos do inciso IV, seja nas hipóteses do V, é preciso que o dispositivo do julgado recorrido contrarie de modo frontal o precedente ou o contrarie. Divergência de fundamentação não é suficiente à incidência dos incisos. Note-se que a aplicação do inciso V está condicionada à resposta do recorrente, ou melhor, à oportunidade de que ele a apresente. Das decisões monocráticas do relator, que nega provimento, ou dá provimento, como previsto nos dois incisos, cabe o agravo interno do art. 1.021.

O art. 934 repete, quanticamente, o anterior art. 552. Colocou no início do enunciado o adjunto **em seguida** e esclareceu que a ordem de publicação abrange todas as hipóteses previstas ali.

O art. 935 tem por objeto matéria semelhante à regulada no § 1º do revogado art. 552, tratada contudo de modo diferente. Tal como naquele parágrafo, o artigo estabelece um prazo para mediar a publicação da pauta e a sessão de julgamento mas aumenta esse tempo, de quarenta e oito horas para cinco dias, que serão contados do modo estipulado nos dispositivos referentes ao prazo (arts. 218 e ss.). Não cumprido esse prazo, outra pauta será publicada. Entretanto, é relativa a nulidade decorrente da parte defeituosa, incidindo o art. 277. Aparece nova a segunda parte do art. 935. Não julgado o processo, conforme a pauta, ele será incluído noutra pauta, com observância da primeira parte do dispositivo. A publicação da nova pauta é dispensável se, na sessão em que foi adiado, se anunciar o julgamento para a sessão seguinte, ordinária ou extraordinária, contanto que especificada na comunicação que pode ser verbal. Não julgado o processo na sessão seguinte, incidirá de novo a última parte do *caput* do artigo, desde que o anúncio seja feito na sessão em que não se verificou o julgamento. A ausência dos representantes das partes na sessão em que se fez o anúncio não acarreta nulidade dela, diante da disposição legal.

O *caput* do art. 937 alterou o anterior art. 554. Dispõe que o presidente do órgão, depois de dar a palavra ao recorrente e ao recorrido, a franqueará ao Ministério Público que, nos casos de uma intervenção (art. 178), falará depois das partes, ainda quando coincida a sua opinião com uma delas. Quando representa a parte, ou como parte o Ministério Público fala na condição de recorrido. O *caput* do art. 937 termina mandando que as partes e o MP sustentem seus órgãos, nos casos previstos nos seus oito incisos, "nos termos da parte final do *caput* do art. 1.021". A remissão justa ao regimento interno do tribunal dispõe sobre as partes do julgamento, não previstos no Código, como, por exemplo, o tempo, na hipótese de litisconsórcio e o modo de dividi-lo; a possibilidade de a sustentação ser feita por meio de um advogado, dependendo da matéria a ser abordada. Não faria sentido o Código limitar a competência do tribunal, dando-lhe poderes para dispor apenas sobre o processamento do agravo interno, como está na última parte do art. 1.021. A remissão a norma da última parte do art. 1.021, feita no fim do *caput* do art. 937, significa que, se se permite a repetição, o tribunal estipula o processamento dos recursos, nas partes em que a lei é omissa, ou insuficiente. Deve o tribunal contudo observar as garantias constitucionais do devido processo legal, do qual se citaram a regularidade e proporcionalidade, assim como o contraditório e a ampla defesa. Compreende-se, nesta última, o direito do advogado, ou de quem mais possa sustentar, de ler a sustentação, sabido que nem todo orador consegue falar sem ler, ou sustentar diante de si um escrito. Grandes oradores, como Winston Churchill, não falavam sem texto escrito. O escrito jurídico, a exposição da matéria e a apresentação dela num encadeamento lógico. Normas regimentais que impedem a leitura são inconstitucionais por ofender o direito constitucional à ampla defesa. Essas regras devem ser coibidas. Não vale o argumento de que, permitida a leitura ao advogado, ou quem sustentar, este irá repetir o que escreveu nas petições ou nos memoriais. Esse argumento, assaz insólito, não pode ser aceito porque, fosse procedente, quem falasse não poderia repetir o que já disse nas peças escritas. Urge não proibir que o advogado gesticule. A proibição dos gestos é odiosa, mas registrada na memória de quem a ela assistir.

Tratando embora do mesmo assunto, o § 2º não repetiu o art. 565 do Código anterior, que permitia aos advogados, desejosos de sustentar, que requeressem o julgamento, em primeiro lugar, na sessão imediata. Conforme o § 2º, o procurador pode requerer que o processo seja julgado em primeiro lugar, sem prejuízo das preferências legais, na própria sessão. O requerimento deve ser formulado no início da sessão, logo após sua abertura, sob pena de preclusão dessa finalidade. Não se pode pedir o julgamento para a sessão imediata, como principia a lei anterior, por falta de previsão legal mas o julgamento se fará, na sessão seguinte, se as preferências consumirem toda a sessão.

O art. 938, *caput*, é igual ao anterior art. 560, salvo irrelevante alteração do texto. O § 1º do art. 938 é melhor, tecnicamente, do que o § 4º do revogado § 4º do art. 515. Fala agora o dispositivo, não mais em nulidade sanável, porém, mais amplamente, em vício sanável. O parágrafo dá ao relator a competência para determinar a realização ou renovação do ato, no próprio tribunal, ou em outro lugar, devendo ser intimadas as partes para o novo ato. Da decisão do relator, caberá agravo interno (art. 1.021).

O *caput* do art. 938 do novo Código não é diferente do *caput* do art. 560 do anterior. A supressão dos pronomes **qualquer** e **daquele**, do texto revogado, não muda o sentido da norma, aliás lógica e dispensável pelo truísmo que encerra.

O § 1º do art. 938 modificou o texto do § 4º do art. 515 do CPC de 1973. Substituiu o gerúndio **constatando** pelo particípio **constatada**, acrescentou a desnecessária frase "inclusive aquele [vício; não mais nulidade] que possa ser conhecido de ofício" trocou **tribunal** por **relator**, a fim de determinar-lhe a competência para decidir monocraticamente. O § 2º do artigo tem o mesmo sentido de norma semelhante do revogado § 4º, última parte. O § 3º já não fala em preliminar sobre nulidade suprível, como fazia o revogado parágrafo único do art. 560. Manda que o relator converta o recurso em litigância, a fim de que se realize a prova por ele achada necessária. Ele decidirá se a prova será colhida, no próprio tribunal, ou no primeiro grau. Concluída a diligência, isto é, realizada a prova, o tribunal, pelo órgão competente, sempre julgará o recurso, ainda quando a prova não for realizada. Fala o parágrafo que o recurso será decidido, após a conclusão da instrução, isto é, depois da colheita da prova. Entretanto, mesmo que não tenha havido a instrução, julgamento haverá, por ato do relator, ou do órgão. Das decisões monocráticas do relator caberá agravo interno (art. 1.021).

O art. 939 do novo Código não é diferente do art. 561 do anterior, salvo na troca da oração participial pela condicional e a mudança de "pronunciando-se" por "deverão se pronunciar".

O art. 940 torna explícito o direito do relator de pedir vista do processo, se não se sentir habilitado a votar. Evidentemente, pode o relator sentir a necessidade de reexaminar o caso, diante da sustentação, ou do voto de outro integrante do órgão. Compreende-se que até o fim do julgamento, que se conclui pelo anúncio do seu resultado, pode um juiz reformular sua decisão. Prosseguirá o julgamento após a devolução dos autos por quem solicita a vista; pelo último, se mais de um solicitante. Alterou-se o texto do anterior § 2º do art. 555 para determinar que o julgamento prosseguirá, após a vista, mediante nova inclusão em pauta, para julgamento na sessão seguinte à data de devolução, que, frequentemente, extrapola o decêndio.

O § 1º do art. 940 fala, tal qual o § 3º do revogado art. 555, em aquisição dos autos pelo presidente ao juiz que excedem o prazo com a prorrogação. A recusa à devolução sujeitará o juiz a sanções administrativas. O artigo fala em julgamento do recurso mas a norma se aplica também a qualquer outro feito, inclusive os processos de competência originária.

O art. 941, *caput*, fez alteração mínima e irrelevante do *caput* do anterior art. 556. O seu § 2º aboliu a referência a câmara ou turma, para falar em órgão colegiado, expressão de maior abrangência, que inclui, por exemplo, uma seção.

O art. 943 repete, no *caput*, o parágrafo único do anterior art. 556, antecipando o artigo os ao substantivo **acórdãos** e ao pronome **demais**. A substituição de **arquivo eletrônico** por **documento eletrônico** visou ao aperfeiçoamento da linguagem técnica, sem atenção na substância da norma. O § 1º desse art. 943 abordou o anterior art. 563. O § 2º já não manda publicar as conclusões, que serão na parte dispositiva, no órgão, porém a sua ementa, que é o resumo da decisão, síntese do que foi julgado.

A norma do art. 946 é semelhante, no preceito, ào revogado art. 559. O parágrafo único do artigo é idêntico a igual parágrafo deste, salvo na remissão feita no *caput*.

4. Inovações – O parágrafo único do art. 930, sem correspondente no Código anterior, estabelece a prevenção do relator para todos os recursos interpostos de decisões proferidas no mesmo processo. Entenda-se, porém, que, no parágrafo, a palavra "processo" é usada na sua acepção mais extensa, englobando as três modalidades do processo civil contencioso, e também a jurisdição voluntária. Assim, distribuído ao relator recurso interposto no processo cognitivo, prevento ficará ele para os recursos interpostos no processo de execução e no processo cautelar, agora dissimulado, sob a epígrafe "Da Tutela Provisória", no Livro V da Parte Geral do Código (art. 294 e ss.). Dependendo da norma de organização judiciária, o recurso pode ser distribuído ao relator, tornando prevento, não só ele como também o órgão fracionário que integra (v.g., câmara ou turma), ou a este órgão e, nele, um dos seus juízes. Seja como for, a competência recursal do órgão ficará preventa, ainda que o relator dele se afaste, hipótese em que se escolherá outro relator. O relator só continuaria prevento, se assim dispusesse a norma de organização judiciária, que o faria comparecer ao órgão do qual se afastou porque a prevenção deste absorve a daquele. Se se admitisse que o relator levasse o processo para outro órgão, se estaria permitindo o deslocamento da competência com desrespeito à prevenção do juízo, cuja competência se fixou pela distribuição.

O art. 932, no *caput*, nos incs. I a III, IV, *b*, V, *b*, VI, VII, VIII e parágrafo único, não correspondem a qualquer dispositivo do diploma revogado. Na verdade, esses dispositivos reiteram competência inerente às funções do relator que, como juiz, designado pela distribuição ou pela prevenção, dirige o processo, consoante ao art. 139. O parágrafo único do artigo ora examinado manda o relator conceder um quinquídio ao recorrente para sanar vício, ou complementar documentação indispensável ao juízo de admissibilidade e de mérito do recurso. A norma evita que se indefira o recurso, de uma penada, diante de algum vício processual sanável ou na insuficiência da documentação. Abrindo ao recorrente a oportunidade de regularizar o recurso, ela impede situações deveras incompatíveis com os princípios da processualística, como por exemplo, o juízo de inadmissibilidade do recurso, fundado na pouca nitidez de um documento, ou na insuficiência da demonstração de um feriado. Cabe observar, que das decisões unipessoais do relator, sempre caberá agravo interno, como dispõe, inequivocamente, o art. 1.021 do Código. As decisões monocráticas não antecipam julgamento do colegiado. São do relator e ficam sujeitas ao controle do órgão, que se opera por meio do agravo regimental. Não pode a parte prejudicada pela decisãodo relator recorrer dela senão interpondo o agravo interno porque qualquer outro recurso não atenderia os requisitos recursais objetivos da singularidade e da adequação.

Obediente às garantias constitucionais do contraditório e da ampla defesa, o relator deve dar vista ao recorrido sobre a documentação complementar (art. 437, § 1º). Poderá este manifestar-se sobre a sanação do vício.

Também o art. 933 e seus parágrafos obedecem à garantia do devido processo legal que inclui o direito ao contraditório e à ampla defesa (CF, art. 5º, LIV e LV). Ao ordenar a manifestação das partes, determinada pelo *caput* do art. 933, o relator deverá indicar os pontos sobre os quais devem pronunciar-se os litigantes que, ainda assim, poderão arrazoar do modo mais amplo, ainda que exorbitantes os parâmetros fixados. O § 1º do art. 933 cuida da hipótese de suspensão do julgamento, possível por numerosas razões. No caso do parágrafo a constatação é a mencionada no *caput*, mas ocorrente durante a sessão de julgamento. O prazo para a manifestação das partes será o de cinco dias, assinado no cabeço do artigo.

Quando o § 2º desse art. 933 fala em constatação ocorrida em vista dos autos, ele alude à verificação da ocorrência de que trata o *caput*. Nesse caso, o juiz que pediu vista encaminhará o processo ao relator, que então, tomará as providências cabíveis, ordenando, se for o caso, a manifestação das partes. Pode o relator decidir pela inocorrência de fato superveniente que determinar que se prossiga o julgamento. Em qualquer hipótese, o prosseguimento se fará mediante nova inclusão do recurso na pauta, sem que contudo ocorra situação igual à prevista no art. 942, não aplicável à hipótese do parágrafo.

O § 1º do art. 935 reitera o direito, que tem o advogado, outro representante e a própria parte, de consultar os autos, inclusive após a publicação da pauta de julgamento. A esse direito corresponde o dever da serventia de disponibilizar o processo independentemente de ordem do juiz. A consulta, logicamente, obedecerá à ordem dos pedidos dos consulentes atendida eventual preferência. O art. 936 e seus incisos consagram a prática tradicionalmente adotada, por determinação legal ou regimental. Conforme o inciso I, julgam-se, inicialmente, os casos em que houver sustentação oral de um, alguns, ou todos os recorrentes ou recorridos. Consoante o inciso II, julgam-se, em seguida, os requerimentos de preferência apresentados até o início da sessão, isto é, até o anúncio da abertura dos trabalhos pelo presidente do órgão julgador. Contrariando a praxe tradicionalmente adotada, o inciso III põe os casos cujo julgamento se tenha iniciado em sessão anterior, depois dos referidos dos incisos precedentes. Referindo-se aos demais casos, o inciso IV mostra que a ordem estabelecida no artigo não será seguida, se houver determinação legal que afaste a sua observância. Aliás, o *caput* do art. 936 começa ressalvando as preferências legais e regimentais, mostrando, já aí, que a ordem estabelecida nos incisos pode ser alterada. Diga-se, agora, que eventual transgressão da ordem estabelecida no artigo só acarretará a nulidade nos casos em que se provar cumpridamente, que a inobservância da sequência prejudicou o direito da parte. Fora disso não haverá nulidade, incidindo, também na espécie, o art. 277. Circunstancialmente, pode o órgão julgador desviar-se da ordem de julgamentos estabelecida no artigo, quando isso for conveniente à prestação jurisdicional, considerada a natureza dela e os interesses em causa. Não custa imaginar a hipótese em que a relevância da matéria aponta no sentido de um julgamento prolongado que o órgão julgador, por seu presidente ou pelo colegiado, decida antepor aos demais feitos. A alteração excepcional da ordem estabelecida no artigo não acarreta nulidade.

O § 1º do art. 937 determina que a sustentação oral no incidente de resolução de demandas repetitivas observe o art. 984, no que couber. A leitura deste dispositivo mostra que rege a sustentação oral, no julgamento do incidente, o que está disposto nas alíneas *a* e *b* do seu inciso (q. v.).

O § 3º desse mesmo art. 937 não dispõe que o agravo interno é o recurso cabível da decisão unilateral do relator extintiva dos processos referidos no inciso VI. A recorribilidade de tal julgamento está assentada no art. 1.021. O parágrafo, agora em foco, apenas permite a sustentação oral no agravo interno que impugne a decisão extintiva. Essa sustentação se fará em consonância com as normas pertinentes ao ato. O § 4º, caminhando com os tempos, permite a sustentação oral por meio de videoconferência, ou outro recurso tecnológico de transmissão de sons e imagens em tempo real. Requisitos dessa espécie de sustentação são o domicílio do advogado, situado em cidade diversa daquela onde ocorrerá o julgamento, e a formulação do pedido no dia anterior ao da sessão. Dispositivo aparentemente simples, esse § 4º, leva o intérprete a determinar qual seja o dia anterior ao da sessão e o que constitua cidade diversa. Dia anterior ao da sessão será o dia útil que a precede, mesmo que se possa fazer o requerimento por via eletrônica, porque o tribunal e os seus juízes não funcionam em dias inúteis.Quanto ao domicílio, é preciso que nenhum dos advogados o tenha na mesma cidade, onde funciona o órgão de julgamento do feito. A existência de advogado com domicílio no mesmo local, dentre muitos, afasta a possibilidade de aplicação da norma. A residência do advogado na cidade onde funciona o tribunal, ou melhor, onde atua o órgão julgador, que bem pode funcionar em cidade diferente daquela em que se localiza a Corte, não impede o requerimento admitido pelo parágrafo, se o domicílio dele for diferente, inconfundíveis as figuras do domicílio e da residência, como dirá o direito material.Obviamente, será necessário que existam e funcionem os mecanismos de transmissão e recepção de sons e imagens em tempo real. A transmissão somente do som não basta. É necessário que se veja a imagem de quem sustenta, inclusive, porque ela concorre para identificá-lo.

O § 4º do artigo 938 permite ao órgão competente determinar as providências indicadas nos §§ 1º e 3º. Norma desnecessária porque o órgão julgador é o verdadeiro juiz que avantaja o relator, em competência e autoridade.

O § 1º do art. 941 edita norma que é da essência da função jurisdicional exercida por um colegiado. Pode qualquer votante, o relator inclusive, alterar o seu voto em qualquer extensão, inclusive para invertê-lo, até a proclamação do resultado do julgamento, que ocorre quando o presidente lê ou proclama o seu resultado. Num colegiado, as sustentações e os votos podem desconvencer um juiz do acerto da sua deliberação. Por isto, pode se dizer que cada voto só se torna estável até a proclamação do resultado, a partir do qual, não poderá haver modificação. Ressalvado o voto já proferido por juiz afastado ou substituído, que prevalece após o afastamento ou a substituição, o parágrafo permite a alteração. Cabe neste ponto lembrar que norma regimental de alguns tribunais permite que o voto de um juiz substituto de outro possa ser por este confirmado, alterado ou invertido, na sessão seguinte à do início do julgamento. O voto posterior do juiz substituído não consubstancia a alteração do voto do substituto anteriormente proferido, porém a substituição desse voto pelo voto do substituído, que poderá alterar sua decisão até o término do julgamento. Noutras palavras, o voto do juiz substituído, proferido da sessão seguinte à do início do julgamento, pode ser alterada, nos termos do parágrafo. O § 3º obedece à garantia constitucional da publicidade dos atos jurisdicionais (Constituição, art. 93, inc. IX) quando determina que o voto vencido seja declarado. Esse voto dissidente passa a integrar o acórdão, como apêndice dele, contribuindo para a sua compreensão e para o julgamento do recurso interposto do aresto que bem pode ser modificado mediante a adoção do pronunciamento dissidente. Conforme o parágrafo, o voto dissidente pode configurar o prequestionamento, ainda que aprecie sozinho a questão de direito suscitada. Basta então que o voto vencido tenha se ocupado da incidência da norma legal constitucional para que se entenda consubstanciado o prequestionamento, requisito da admissibilidade de recursos da competência do STF ou do STJ.

O ART. 942

Merece destaque o art. 942 do Código de Processo Civil de 16 de março de 2015.

No item 2 das anotações ao Capítulo I do Título II do Livro III da Parte Especial, observei que se lendo a enumeração dos recursos, feita no art. 994, logo se sente a falta dos embargos infringentes, previstos no art. 496, inc. III, do Código anterior. Lembro as críticas da doutrina, segundo as quais os embargos infringentes eram inaceitáveis, pois a existência de um voto vencido não justificaria um meio de impugnação. Fosse assim, seria justificável a interposição de um recurso toda vez que, no julgamento de um deles, ocorresse a dissidência. Escrevi também que não prosperou o argumento de que, como pecava no país, por vários motivos, a administração da Justiça, mal não haveria num novo julgamento da apelação, ou da ação rescisória, toda vez que um voto vencido indicasse, pela divergência, a necessidade de aprimoramento do julgado.

Voltei no assunto, no último item das notas sobre a apelação, já aí dizendo que o art. 942 do novo CPC dissimula os embargos infringentes, quando institui medida semelhante aos embargos. Reitero aqui a opinião, que não é só minha, mas se tornou corrente. *Habemus legem*, entretanto. Por isto, ficam abafadas as vezes que denunciavam a inconveniência dos embargos infringentes.

Lido sozinho, o *caput* do art. 942 leva à errônea compreensão de que o procedimento previsto no art. 942 só se aplica no caso da apelação julgada por acórdão majoritário. Não é assim, como demonstram o § 3º e seus incisos. Fala esse parágrafo em "técnica de julgamento". Não se trata, porém, de técnica, masde procedimento complementar da apelação ou dos julgados que apontam os dois incisos do § 3º. Nos casos indicados, no *caput* do artigo e nos incs. I e II do seu § 3º, o resultado não unânime faz prosseguir o julgamento da apelação, da ação rescisória, ou do agravo de instrumento. Quanto à apelação e agravo, só incide a norma do § 2º do art. 941, numa primeira fase, na qual a decisão será tomada pelo voto de três juízes. Diga-se o mesmo no tocante à ação rescisória, na hipótese do inciso I. O julgamento prossegue, como determina a segunda ação do *caput* do artigo. Não se trata de um recurso, tanto que nem o recorrente nem ninguém pode pedir o prosseguimento, que se opera por força da lei. Sem ele, não haverá julgamento do recurso ou da rescisória. Estende-se, então, o julgamento do feito, mediante a participação de juízes que não votaram na primeira fase. Trata-se, assim, de uma etapa complementar do procedimento, ou, se se permite, do procedimento numa etapa complementar.

O primeiro pressuposto da continuação do julgamento é a existência de um voto divergente, na apelação, ou no agravo de instrumento, podendo ocorrer, na ação rescisória, divergência de dois ou mais votos, desde que em posição minoritária. Se a divergência for parcial, o procedimento complementar será restrito à matéria objeto da divergência, tal como dispunha, no CPC de 1973, quanto aos embargos infringentes, a última parte do art. 530.

O segundo pressuposto do procedimento complementar é a decisão não unânime; apenas majoritária, proferida no julgamento de apelação, de ação rescisória, ou de agravo de instrumento.

Quanto à apelação, o art. 942 incide em todas as hipóteses, desde que não haja ocorrido julgamento unânime. Assim, cabe o procedimento, se ocorreu divergência no julgamento da preliminar de que trata o § 1º do art. 1.009, no julgamento de parte do pedido, no julgamento de um ou mais pedidos, porém não de todos, ou de questão acessória, como no caso dos juros ou honorários. A divergência que leva ao procedimento deve ocorrer quanto ao dispositivo, isto é, quanto ao resultado, não bastando à incidência do art. 942 a divergência de fundamentos.

No tocante à ação rescisória, o inc. I do § 3º é claro, no sentido de que só cabe o procedimento do art. 942, se o resultado do julgamento majoritário for de rescisão de sentença, isto é, da procedência da ação rescisória. De procedência do pedido nela formulado. Corretamente, o art. 974 fala em procedência do pedido, ao passo que o art. 494 do Código anterior aludia à procedência da ação. Entretanto, o inc. II do art. 968, referindo-se à improcedência da ação, foi tão imperfeito quanto o anterior inc. II do art. 488. Não fala o inc. I do § 3º do art. 942 em julgamento do mérito da ação rescisória, que é o julgamento do pedido de desconstituição nela formulado. Aludindo, entretanto, a resultado consistente na rescisão da sentença (ou do acórdão), o inciso não deixa dúvida de que o procedimento complementar só caberá se houver voto que divirja dos magistrados, que julgaram procedente o pedido. O voto vencido divergente do julgamento de improcedência, e bem assim do julgamento de extinção sem apreciação do mérito não dá ensejo à incidência do artigo que ora se examina. Acrescenta o inc. I do mesmo § 3º do art. 942 que o **prosseguimento** (atente-se nesse substantivo confirmatório do que escrevi sobre a natureza da procedência) deverá ocorrer, em órgão de maior composição previsto no regimento interno. Será órgão de maior composição o que tiver número maior de juízes do que o órgão julgador da ação rescisória. Assim, uma seção em relação a uma câmara ou turma, ou o órgão especial, ou o tribunal pleno, em confronto com outro órgão judiciário. Não havendo órgão de maior composição, não incidirá o art. 942, não prosseguindo, por conseguinte, o julgamento prevalecerá, nesse caso, a decisão da maioria. O inc. III do § 4º do art. 942 afasta a incidência desse artigo quando o julgamento majoritário for proferido pelo plenário, ou pela corte especial. Entenda-se, porém, no tocante à corte especial, que esse inciso III não será aplicável se, regimentalmente, se atribuiu competência a um órgão mais numeroso que ela, como o tribunal pleno.

Para entender-se o inc. II do § 3º do art. 942 é preciso ter-se em mente que a jurisdição de mérito pode ser dada em várias vezes, por julgamentos distintos, consubstanciadores de pronunciamentos sobre o pedido formulado pelo autor, como ocorre por exemplo, no processo de inventário, ou no processo falimentar. Em casos como esses, o recurso da decisão de mérito não extintiva do processo será o agravo de instrumento. Aliás, o inc. II do art. 1.015 concede agravo de instrumento das interlocutórias que versaram sobre o mérito do processo. No caso do inc. II do § 3º, o art. 942 só incidirá e será aplicado, se o julgamento majoritário informar a decisão para negar o que ela concedeu, ou conceder o que ela negou. Não caberá o procedimento do *caput* do art. 942, não se julgue o mérito do agravo, reputado incalculável num juízo negativo de admissibilidade.

Admissível o procedimento estabelecido no *caput* do art. 942, ele se realizará mediante a convocação de tantos julgadores quanto necessários para configurar a possibilidade de revisão do julgamento. Assim, vencido um dos três julgadores na apelação, ou no agravo de instrumento, se convocarão mais dois porque, proferidos os seus votos nos termos do voto originariamente vencido, três serão os votos conclusivos do julgamento.

Na vigência do Código de Processo Civil de 1973, os embargos infringentes na ação rescisória, a se julgarem pelo mesmo órgão que a decidiram em julgamento majoritário, era um recurso reiterativo, que permitia novo julgamento da ação pelo mesmo órgão que, por maioria a julgara. A adequada interpretação do revogado art. 534 mostrava isso.

O legislador do CPC de 2015 atentou nos problemas que decorreriam da aplicação do art. 942 no caso de julgamento majoritário da ação rescisória. Se, para exemplificar, num órgão de dezessete julgadores houvesse um voto vencido, difícil, senão impossível, seria a convocação de mais dezesseis julgadores para exercerem a jurisdição no procedimento complementar. Por isto, o inc. I, última parte, do § 3º, manda que o julgamento da rescisória decidida por votação majoritária prossiga em órgão de maior composição, e o inc. III do § 4º não admite a procedimento complementar quanto não unânime o julgamento do plenário ou da corte especial.

O § 1º do art. 952 permite o prosseguimento do julgamento, na mesma sessão em que se proferiu a votação não unânime, mediante a colheita dos votos de outros julgadores que acompanham o colegiado. Nesse caso, o julgamento só prosseguirá se os demais julgadores estiveram presentes na sessão. O *caput* do artigo fala em convocação de outros julgadores, afastando com isto a ideia de que julgadores, integrantes ou não do órgão, possam ser convocados para a mesma sessão, tanto assim que ali se fala em sessão "a ser designada", logo, outra sessão, não a mesma. Chamados a complementar o julgamento julgadores que, presentes embora, não votaram, deve-se assegurar às partes o direito de sustentar, hajam elas falado, ou não, na primeira parte da sessão. Não se pode presumir que, não sabendo se iriam votar, os não votantes atentaram, ainda assim, na sustentação. A presunção compatível com a garantia constitucional da ampla defesa é a de que os não votantes não puseram a devida atenção nas sustentações. Por isto, deve-se abrir às partes nova oportunidade para expressarem, verbalmente, as suas razões. A sessão a ser designada, prevista no *caput*, é sessão comum, obrigatória, por isto, a designação de dia para julgamento e a publicação da parte. Incluem os arts. 934 e 945.

O § 2º do art. 942 enuncia regra inerente a todo julgamento colegiado. Todos os julgadores que já tiverem votado, inclusive o dissidente, poderão rever e modificar os seus votos, assim como citá-los e corrigi-los.

O § 4º do art. 942 exclui a incidência do julgamento complementar, previsto no *caput*, havendo divergência no julgamento do incidente de assunção de competência (art. 947), de demandas repetitivas (arts. 976 e ss.) e de remessa necessária (art. 496). Assim, dispõem os incisos I e II. O inciso III fala em julgamento não unânime proferido nos tribunais. Não se colha nesse dispositivo a ideia, já sustentada mas rejeitada, do cabimento da ação rescisória na primeira instância. A ação rescisória é sempre da competência obrigatória de um tribunal.

Diga-se, por último, que o art. 942 incide se, do julgamento de embargos de declaração opostos a acórdão proferido nas decisões referidas no *caput* do art. 942 e no seu § 3º, resultou decisão majoritária no julgamento da apelação, da ação rescisória, ou do agravo de instrumento.

A norma do artigo 944 faz das notas taquigráficas um substituto do acórdão não publicado no prazo de 30 dias, contados da sessão de julgamento. Por notas taquigráficas se entenderão as notas traduzidas, assim como as resultantes da desgravação. Discordando da fidelidade do texto convertido às notas taquigráficas ou à gravação, o recorrente ou o recorrido poderá opor-lhe embargos declaratórios com fundamento no inc. III do art. 1.022. O relator, ou o tribunal, ou o colegiado poderão determinar, de ofício, a correção da infidelidade.

Ainda o art. 944 diz que as notas taquigráficas substituirão o acórdão para todos os fins legais, independentemente de revisão, e o parágrafo único manda o presidente do tribunal, isto é, do órgão julgador, lavrar as conclusões do acórdão e sua ementa e mandar publicá-lo. Fala o art. 944 que as notas taquigráficas substituirão o acórdão não publicado "para todos os fins legais." Disse o dispositivo, mais do que queria, devia e podia, porque não se pode pôr as notas taquigráficas em pé de igualdade com o acórdão, obrigando o sucumbente a recorrer delas. O legitimado tem direito de conhecer o acórdão, decisão que oferece a prestação jurisdicional e que prevalecerá acima da tradução de qualquer nota ou desgravação. Tanto o acórdão é insubstituível, que o parágrafo único determina que o presidente mande publicar o acórdão. Se o relator se recusar a redigi-lo, o fará o juiz que proferiu o primeiro voto vencedor subsequente. Nada substitui o acórdão, indispensável para a efetivação do direito constitucional da pessoa de invocar e receber a jurisdição do Estado. O art. 945 e seus quatro parágrafos foram todos revogados pela Lei nº 13.256, de 04.02.2016.

Capítulo III

Do Incidente de Assunção de Competência
(art. 947)

Art. 947. É admissível a assunção de competência quando o julgamento de recurso, de remessa necessária ou de processo de competência originária envolver relevante questão de direito, com grande repercussão social, sem repetição em múltiplos processos.

§ 1º Ocorrendo a hipótese de assunção de competência, o relator proporá, de ofício ou a requerimento da parte, do Ministério Público ou da Defensoria Pública, que seja o recurso, a remessa necessária ou o processo de competência originária julgado pelo órgão colegiado que o regimento indicar.

§ 2º O órgão colegiado julgará o recurso, a remessa necessária ou o processo de competência originária se reconhecer interesse público na assunção de competência.

§ 3º O acórdão proferido em assunção de competência vinculará todos os juízes e órgãos fracionários, exceto se houver revisão de tese.

§ 4º Aplica-se o disposto neste artigo quando ocorrer relevante questão de direito a respeito da qual seja conveniente a prevenção ou a composição de divergência entre câmaras ou turmas do tribunal.

1. Observações. 2. Alteração. 3. Pressupostos e competência. 4. Procedimento e efeito.

1. Observações – O Código de Processo Civil de 1973 já regulava com o mesmo *nomen iuris* o incidente da assunção de competência, no § 1º do seu art. 555, a cuja doutrina e jurisprudência aqui se remete. Não se trata de ação de competência originária, mas de incidental, que se instaura no curso do processo, cuja decisão se aplica ao julgamento, ou melhor, fez parte dele, ainda quando proferida por órgão diferente daquele perante o qual é suscitado. Ao contrário do que acontece no *writ of certiorari* do Direito Comum, o órgão a que compete o julgamento do incidente não invoca a matéria, mas a recebe para julgar, em decorrência da decisão do órgão que suscita. A finalidade do incidente é uniformizar a jurisprudência por meio de decisão que soluciona a questão de direito.

2. Alteração – O art. 947 do novo Código de Processo Civil alterou o texto do § 1º do art. 555 do Código antigo, mantendo todavia alguns dos seus elementos essenciais. A oração "ocorrendo relevante questão de direito", do texto anterior, é análoga a "envolve relevante questão de direito", do dispositivo atual. Não cabe hoje a alusão a interesse público, feita no dispositivo revogado, do revogado parágrafo, da referência à repercussão social. O cotejo entre os dois dispositivos mostra que o instituto por eles regulado é o mesmo. Essa coincidência torna proveitosa a consulta ao quanto se escreveu e decidiu acerca do direito anterior.

3. Pressupostos e competência – Do ponto de vista subjetivo, o incidente pode ser suscitado pelo relator, de ofício, ou a requerimento da parte do processo de que é acessório, inclusive o terceiro interveniente, o Ministério Público, ou a Defensoria, desde que atuem no processo.

Note-se que a iniciativa é do relator, que a tomará de ofício, sem que ninguém postule a instauração, ou por requerimento das pessoas indicadas que, certo, não requerem o incidente, mas pedem ao relator que o faça. Da negativa do relator caberá o agravo interno (art. 1.021) para o órgão que ele integra, competente para o julgamento do recurso, da remessa necessária, ou do processo originário. Se ele permite ao relator requerer a instauração do incidente ao órgão, e de ofício, pode este, *a fortiori*, também de ofício, instaurá-lo, sem contudo admitir, diretamente, o requerimento das pessoas legitimadas, que devem firmá-lo ao relator. Indeferindo o incidente, o órgão julgador vai adiante e profere julgamento sobre a matéria, do qual caberão os recursos admissíveis que impugnam, não o julgamento do incidente, mas o acórdão que o aplica. Aliás, nada obsta a que, julgando o feito, o órgão competente desconsidere a matéria, decidindo o feito por fundamento outro, o que pode firmar omissão sanável por embargos declaratórios. Quanto aos pressupostos subjetivos, é preciso que haja requerimento ao relator, ou deliberação do órgão julgador, tomada de ofício ou pela solicitação aludida. Não sendo recorrível a determinação de que se instaure o incidente, o terceiro que, fora do feito, se reputa prejudicado não se pode insurgir contra ela. O juiz da primeira instância não tem legitimidade para postular ou instaurar o incidente.

Os pressupostos objetivos são a existência de um recurso interposto, de remessa necessária, já realizado, ou o processo de competência originária já iniciado. É preciso também que a questão de direito a ser decidida seja relevante e, simultaneamente, de repercussão social e que não constitua matéria repetida em múltiplos processos, caso de instauração do incidente de resolução de demandas repetitivas. Conforme o § 4º desse art. 947 faz-se mister a conveniência da prevenção ou da composição de divergência, atual ou iminente entre câmaras ou turmas, ou melhor, entre os órgãos fracionários do tribunal, como também são as seções. Encontra-se aqui semelhança com o antigo recurso de revista. A diferença entre atual ou iminente, entre órgão de maior ou menor hierarquia, pode também ser fundamento do incidente, se nele se alegar a necessidade de revisão da matéria já assentada.

A competência para o julgamento do incidente será do órgão colegiado, não de um relator único, determinado no regimento interno do tribunal ou na norma de organização judiciária, superior à regimental. Assim dispõe a última proposição do § 1º do art. 947.

4. Procedimento e efeito –Determinada a instauração do incidente de assunção de competência, será suspenso o julgamento da ação, do recurso da remessa, ou melhor, o julgamento deles se prolongará no órgão competente para decidir a assunção. Ali será designado um relator para o incidente, na forma regimental. Incidem os incs. I e II do art. 932, não os demais incisos desse artigo, que não se aplicam, salvo o VII e o VIII, à assunção de competência.

O § 2º do art. 947 determina que o colegiado, reconhecendo o interesse público na assunção de competência julgue ele próprio o recurso, a remessa necessária, ou o processo de competência originária. Trata-se, aqui, de singular hipótese de transferência da competência do órgão suscitante da assunção para o órgão que a decide. Este último julgará o recurso, a remessa, ou o processo originário, na sua inteireza, inclusive quanto à admissibilidade. Conforme ainda o § 2º do art. 947, o órgão só proferirá esse julgamento, se reconhecer o interesse público no julgamento da assunção. Não reconhecendo, ou verificando a falta de algum pressuposto, indeferirá o incidente e devolverá o feito ao órgão suscitante, a fim de que ele continue o julgamento. Quanto ao pressuposto objetivo da tempestividade, entenda-se que esse registro será satisfeito se a instauração do incidente for requerida ao relator, ou por ele solicitada no órgão que integre, antes do julgamento do feito principal, até a proclamação desse pronunciamento.

O § 3º do mesmo art. 947, o único a disciplinar o instituto, atribui a força vinculante da decisão a todos os juízes de qualquer instância e órgãos fracionários, permitindo-lhes, porém, pela oração "exceto se houver revisão da tese", que revejam a tese adotada no julgamento do incidente por decisão fundamentada. O resultado dessa revisão será aplicado ao julgamento do recurso, da remessa, da ação originária e ficará sujeito à reclamação do art. 988. Provida a reclamação, o tribunal ordenará novo julgamento do feito. Julgado improcedente, o recurso será interposto no respectivo prazo, que se contará a partir do julgamento de improcedência dela.

Capítulo IV

Do Incidente de Arguição de Inconstitucionalidade
(arts. 948 a 950)

Art. 948. Arguida, em controle difuso, a inconstitucionalidade de lei ou de ato normativo do poder público, o relator, após ouvir o Ministério Público e as partes, submeterá a questão à turma ou à câmara à qual competir o conhecimento do processo.

Art. 949. Se a arguição for:

I – rejeitada, prosseguirá o julgamento;

II – acolhida, a questão será submetida ao plenário do tribunal ou ao seu órgão especial, onde houver.

Parágrafo único. Os órgãos fracionários dos tribunais não submeterão ao plenário ou ao órgão especial a arguição de inconstitucionalidade quando já houver pronunciamento destes ou do plenário do Supremo Tribunal Federal sobre a questão.

Art. 950. Remetida cópia do acórdão a todos os juízes, o presidente do tribunal designará a sessão de julgamento.

§ 1º As pessoas jurídicas de direito público responsáveis pela edição do ato questionado poderão manifestar-se no incidente de inconstitucionalidade se assim o requererem, observados os prazos e as condições previstos no regimento interno do tribunal.

§ 2º A parte legitimada à propositura das ações previstas no art. 103 da Constituição Federal poderá manifestar-se, por escrito, sobre a questão constitucional objeto de apreciação, no prazo previsto pelo regimento interno, sendo-lhe assegurado o direito de apresentar memoriais ou de requerer a juntada de documentos.

§ 3º Considerando a relevância da matéria e a representatividade dos postulantes, o relator poderá admitir, por despacho irrecorrível, a manifestação de outros órgãos ou entidades.

1. Observações. 2. Alterações.

1. Observações – O incidente de arguição de inconstitucionalidade vem disciplinado, no Código de Processo Civil de 2015, tal como era no anterior, como processo de competência dos tribunais. Compare-se o Capítulo IV do Título I do Livro III da Parte Especial do novo Código com o Capítulo II do Título IX do Livro I do velho e se verá a igualdade de tratamento do instituto. Mas a arguição de inconstitucionalidade não se faz apenas nos tribunais. É cabível em qualquer processo, onde se pode questionar a contrariedade da lei à Constituição, defeito que torna nula a norma jurídica. Pode, então, haver outro incidente de arguição de inconstitucionalidade, que culmina, se acolhida, na declaração de incompatibilidade entre a norma legal e a regra constitucional. É evidente a diferença entre o incidente de arguição de inconstitucionalidade, que sobrevém no curso de um processo, e a ação direta de inconstitucionalidade, ação autônoma, que inicia um processo de procedimento especial, que, procedente o pedido, culmina com acórdão de eficácia vinculante.

2. Alterações – Sem repetir, letra por letra, os textos das normas do diploma anterior, reguladores do incidente, a lei nova os altera minimamente, dir-se-á que de modo irrelevante, destinado apenas a justificar, também nesse ponto, a necessidade de um novo Código. O Capítulo, agora examinado, também não trouxe inovações, são reputadas dessa quantidade as alterações, que agora se apresentam. Também na interpretação e aplicação do instituto será proveitosa, senão indispensável, a consulta à jurisprudência e àdoutrina do Código anterior. De novo, se se tolera a repetição, deste livro só se ocupam as inovações, seu único propósito, sem dissertar sobre o que foi herdado da legislação precedente.

A nova lei modifica a epígrafe do capítulo disciplinador do instituto, o denominado incidente de arguição de inconstitucionalidade, não mais o referido como declaração de inconstitucionalidade. Esse novo batismo não modifica o instituto, nem na essência, nem na existência.

O art. 948, explicitando o que virtualmente se encontrava no anterior art. 480, esclarece que a arguição de que se trata é de meio difuso, logo, não concentrado, da inconstitucionalidade. Muda o gerúndio **ouvindo**, da norma revogada, na frase "após ouvir". Acrescenta que o relator ouvirá as partes, compreendidas nesse substantivo plural todas as pessoas que atuam no processo principal, em qualquer dos seus polos, incluindo os litisconsortes do arguinte que, por óbvio, não mais se manifestará, a menos que aqueles, ou o Ministério Público, ofereçam alguma exceção no pedido. O novo texto suprimiu também a frase "a que tocar", a mudando para "a qual competir". Fala, tal como na revogada norma, em câmara ou turma, certo porém que o incidente pode ser suscitado também perante uma seção, ou mesmo no mais alto órgão do tribunal, tentando imaginar a sua competência para julgar processo originário.

O art. 949 apenas desdobrou, em dois incisos, as duas proposições do art. 481 do CPC de 1973. Falou em plenário do tribunal, e não mais tribunal pleno, ora referindo-se também ao órgão especial, não existente em todos os tribunais do país. O parágrafo único do artigo reitera a vírgula colocada antes da conjunção **ou**, depois do adjetivo **especial** e antes do temporal **quando**.

O *caput* do art. 950 eliminou o artigo definido **a** que, no texto anterior, atendia ao substantivo **cópia**. O § 1º suprimiu a referência do § 1º do revogado art. 482 ao Ministério Público, cuja intervenção já está ordenada no art. 948. Substituiu **fixados** por **previstos**. A diferença entre o § 2º desse artigo e o igual parágrafo do anterior art. 482 está na correta troca da referência aos titulares do direito de propositura por **parte legitimada** porque o substantivo é adequado para designar quem postula no processo e no incidente. Retira-se a referência ao órgão competente. Trocou-se, também aqui, **fixado** por **previsto** e se singularizou a variação pronominal **lhe**, já que está no singular o sujeito **parte**. No § 3º, destacou-se o sujeito **o relator** para aproximá-lo do verbo **poderá**.

Nestas páginas, a inépcia de conhecimentos linguísticos do autor o leva a abster-se de comentar as alterações gramaticais, apontando as cincas da redação do novo Código. Passado o tempo do exacerbado apego à observância das normas gramaticais e do estudo, que acendeu polêmicas necessárias sobre textos da antiga legislação, como o Código Civil de 1916, não se pode negar que alguns pontos revelam o desmazelo dos redatores da nova lei, desleixados quanto à observância do vernáculo.

Capítulo V

Do Conflito de Competência
(Arts. 951 a 959)

Art. 951. O conflito de competência pode ser suscitado por qualquer das partes, pelo Ministério Público ou pelo juiz.

Parágrafo único. O Ministério Público somente será ouvido nos conflitos de competência relativos aos processos previstos no art. 178, mas terá qualidade de parte nos conflitos que suscitar.

Art. 952. Não pode suscitar conflito a parte que, no processo, arguiu incompetência relativa.

Parágrafo único. O conflito de competência não obsta, porém, a que a parte que não o arguiu suscite a incompetência.

Art. 953. O conflito será suscitado ao tribunal:
I – pelo juiz, por ofício;
II – pela parte e pelo Ministério Público, por petição.
Parágrafo único. O ofício e a petição serão instruídos com os documentos necessários à prova do conflito.

Art. 954. Após a distribuição, o relator determinará a oitiva dos juízes em conflito ou, se um deles for suscitante, apenas do suscitado.

Parágrafo único. No prazo designado pelo relator, incumbirá ao juiz ou aos juízes prestar as informações.

Art. 955. O relator poderá, de ofício ou a requerimento de qualquer das partes, determinar, quando o conflito for positivo, o sobrestamento do processo e, nesse caso, bem como no de conflito negativo, designará um dos juízes para resolver, em caráter provisório, as medidas urgentes.

Parágrafo único. O relator poderá julgar de plano o conflito de competência quando sua decisão se fundar em:
I – súmula do Supremo Tribunal Federal, do Superior Tribunal de Justiça ou do próprio tribunal;
II – tese firmada em julgamento de casos repetitivos ou em incidente de assunção de competência.

Art. 956. Decorrido o prazo designado pelo relator, será ouvido o Ministério Público, no prazo de 5 (cinco) dias, ainda que as informações não tenham sido prestadas, e, em seguida, o conflito irá a julgamento.

Art. 957. Ao decidir o conflito, o tribunal declarará qual o juízo competente, pronunciando-se também sobre a validade dos atos do juízo incompetente.

Parágrafo único. Os autos do processo em que se manifestou o conflito serão remetidos ao juiz declarado competente.

Art. 958. No conflito que envolva órgãos fracionários dos tribunais, desembargadores e juízes em exercício no tribunal, observar-se-á o que dispuser o regimento interno do tribunal.

Art. 959. O regimento interno do tribunal regulará o processo e o julgamento do conflito de atribuições entre autoridade judiciária e autoridade administrativa.

1. Observações. **2.** Repetições. **3.** Alterações. **4.** Inovações.

1. Observações – Tal como o diploma anterior (arts. 115 a 124), o Código de Processo Civil de 16 de março de 2015 chama o incidente regulado pelo Capítulo V do Título I do Livro III da sua Parte Especial de **conflito de competência**, ao contrário de normas anteriores que rotularam o instituto de conflito de jurisdição, onde este último substantivo, equívoco por ter mais de uma acepção, era utilizado no sentido de poder de exercício da função jurisdicional.

Trata-se de um incidente, não de uma ação. Ele, entretanto, não se manifesta, necessariamente, no âmbito de um processo, ocorrendo, normalmente, em dois ou mais. Pode, entretanto, ocorrer também um só processo, como ocorrerá, por exemplo, se um juiz, declarando-se incompetente, remete o feito a outro, que também se recuse a atuar nele, alegando faltar-lhe competência.

Se um juiz, provocado ou espontaneamente, declarando-se suspeito, ou impedido, remete o processo a outro, não levará a conflito se também este, provocado ou de ofício, se der por suspeito ou impedido, caso em que enviará o processo a um terceiro, cuja competência pode ser questionada pela parte, ou declarada de ofício. Há conflito positivo, ou negativo, conforme dois ou mais juízes se declarem competentes, ou incompetentes, ou quando afirmam, ou neguem a possibilidade de revisão de processos que correm separadamente. O conflito pode dar-se entre juízes, ou juízos, bastando imaginar-se a situação em que um juiz afirma não ter competência funcional, sustentando a de outro, ou a incompetência do juízo, v.g., em razão da matéria.

O art. 66 do novo CPC repete o art. 115 do Código anterior, declarando os casos em que se dá o conflito. Os artigos, que aqui e agora se analisam, cuidam somente do processamento do conflito.

2. Repetições – Só há repetição literal nos incs. I, II e III e parágrafo único do art. 953, que reproduz, fielmente, iguais itens e parágrafo do revogado art. 118. Os demais artigos são contudo espelho de dispositivos anteriores com algumas alterações da redação.

3. Alterações – Indicam-se as alterações, assim como as repetições, a fim de que se consultem a doutrina e jurisprudência das normas repetidas ou alteradas, já que o propósito deste livro é destacar e explicar as inovações.

Praticamente igual ao anterior art. 126, o art. 951, *caput*, só modificou aquele porque acresceu o substantivo "conflito" ao adjunto "de competência". O parágrafo único acrescentou ao texto pretérito o advérbio **somente**, para indicar que o Ministério Público atua, como fiscal da lei, apenas nos casos alinhados no art. 178 (q.v.), expressamente referido.

O art. 952 fala apenas em arguição da competência, e não em exceção de incompetência, pois esta não se argui por incidente (art. 146). O parágrafo único desse artigo não é igual ao parágrafo único do revogado art. 117. Permite que a parte que não suscitar o conflito argua a incompetência. Ela também pode arguir a suspeição ou o impedimento do juiz, o que da mesma formase permite ao suscitante.

O *caput* do art. 953 reza que o conflito será suscitado ao tribunal, não só ao seu presidente, como dizia o art. 118, *caput*, pois a organização judiciária, ou o regimento podem designar outro magistrado para receber o conflito.

O art. 954, mais corretamente do que o anterior art. 119, diz que o relator determinará a oitiva dos juízes conflitantes, em vez de mandar ouvi-los. O parágrafo único retirou do texto do anterior art. 119 a referência ao prazo constante do dispositivo pretérito.

O art. 955 pôs na ordem direta a frase "o relator poderá", de sujeito invertido no anterior art. 120, falou, ademais, que o relator poderá determinar o sobrestamento, em vez de dizer que o feito "seja sobrestado". Substituiu "mas neste caso" por "e, nesse caso", o que dá no mesmo. Diferente do parágrafo único do revogado art. 120, igual parágrafo do art. 955 alude à súmula do STF, do STJ, ou do próprio tribunal, bem como àtese firmada em julgamento de casos repetitivos ou assunção de competência (arts. 976 e ss. e 947). Não fala o artigo em agravo interno da decisão do relator porque esse recurso já está previsto no art. 1.021.

O art. 956 fala no prazo designado pelo relator, omitida essa especificação no art. 121. Fixa o prazo de cinco dias do artigo revogado mas põe em algarismo esse número de dias, explicitando que o conflito irá a julgamento, mesmo no caso de omissão do MP.

O art. 957 fala, duas vezes, em juízo, em vez de juiz, como no passado art. 122, mas a norma se aplica também no caso de conflito entre juízes. O parágrafo único desse artigo, tal como o parágrafo único do anterior art. 122, fala em juiz, mas o órgão, juízo, está compreendido naquele substantivo.

O art. 958 retirou a menção do anterior art. 123 a turmas, seções, câmaras, no já inexistente Conselho Superior da Magistratura e falou apenas em órgãos fracionários dos tribunais e juízes em exercício ali, em vez de juízo de segundo grau. Ambos os artigos exprimem a mesma norma.

O art. 959 pôs no singular a nomeação do regimento interno, bem como o verbo **regular**.

4. Inovações – O Capítulo V do Título I do Livro III da Parte Especial do novo Código aparece, com sua epígrafe, pela primeira vez entre os processos de competência originária dos tribunais. Trata-se, entretanto, não de processo autônomo, porém de incidente.

Os incs. I e II do parágrafo único do art. 955, que fazem referência àsúmula e àtese, não encontram correspondente no parágrafo único do CPC de 1973, que só aludia àjurisprudência dominante no tribunal. Súmulas e teses têm, entretanto, o mesmo sentido de jurisprudência prevalecente.

Capítulo VI

Da Homologação de Decisão Estrangeira e da Concessão do *Exequatur* à Carta Rogatória
(Arts. 960 a 965)

Art. 960. A homologação de decisão estrangeira será requerida por ação de homologação de decisão estrangeira, salvo disposição especial em sentido contrário prevista em tratado.

§ 1º A decisão interlocutória estrangeira poderá ser executada no Brasil por meio de carta rogatória.

§ 2º A homologação obedecerá ao que dispuserem os tratados em vigor no Brasil e o Regimento Interno do Superior Tribunal de Justiça.

§ 3º A homologação de decisão arbitral estrangeira obedecerá ao disposto em tratado e em lei, aplicando-se, subsidiariamente, as disposições deste Capítulo.

Art. 961. A decisão estrangeira somente terá eficácia no Brasil após a homologação de sentença estrangeira ou a concessão do *exequatur* às cartas rogatórias, salvo disposição em sentido contrário de lei ou tratado.

§ 1º É passível de homologação a decisão judicial definitiva, bem como a decisão não judicial que, pela lei brasileira, teria natureza jurisdicional.

§ 2º A decisão estrangeira poderá ser homologada parcialmente.

§ 3º A autoridade judiciária brasileira poderá deferir pedidos de urgência e realizar atos de execução provisória no processo de homologação de decisão estrangeira.

§ 4º Haverá homologação de decisão estrangeira para fins de execução fiscal quando prevista em tratado ou em promessa de reciprocidade apresentada à autoridade brasileira.

§ 5º A sentença estrangeira de divórcio consensual produz efeitos no Brasil, independentemente de homologação pelo Superior Tribunal de Justiça.

§ 6º Na hipótese do § 5º, competirá a qualquer juiz examinar a validade da decisão, em caráter principal ou incidental, quando essa questão for suscitada em processo de sua competência.

Art. 962. É passível de execução a decisão estrangeira concessiva de medida de urgência.

§ 1º A execução no Brasil de decisão interlocutória estrangeira concessiva de medida de urgência dar-se-á por carta rogatória.

§ 2º A medida de urgência concedida sem audiência do réu poderá ser executada, desde que garantido o contraditório em momento posterior.

§ 3º O juízo sobre a urgência da medida compete exclusivamente à autoridade jurisdicional prolatora da decisão estrangeira.

§ 4º Quando dispensada a homologação para que a sentença estrangeira produza efeitos no Brasil, a decisão concessiva de medida de urgência dependerá, para produzir efeitos, de ter sua validade expressamente reconhecida pelo juiz competente para dar-lhe cumprimento, dispensada a homologação pelo Superior Tribunal de Justiça.

Art. 963. Constituem requisitos indispensáveis à homologação da decisão:

I – ser proferida por autoridade competente;

II – ser precedida de citação regular, ainda que verificada a revelia;

III – ser eficaz no país em que foi proferida;

IV – não ofender a coisa julgada brasileira;

V – estar acompanhada de tradução oficial, salvo disposição que a dispense prevista em tratado;

VI – não conter manifesta ofensa à ordem pública.

Parágrafo único. Para a concessão do *exequatur* às cartas rogatórias, observar-se-ão os pressupostos previstos no *caput* deste artigo e no art. 962, § 2º.

Art. 964. Não será homologada a decisão estrangeira na hipótese de competência exclusiva da autoridade judiciária brasileira.

Parágrafo único. O dispositivo também se aplica à concessão do *exequatur* à carta rogatória.

Art. 965. O cumprimento de decisão estrangeira far-se-á perante o juízo federal competente, a requerimento da parte, conforme as normas estabelecidas para o cumprimento de decisão nacional.

Parágrafo único. O pedido de execução deverá ser instruído com cópia autenticada da decisão homologatória ou do *exequatur*, conforme o caso.

> 1. Observações. 2. Repetições e alterações. 3. Inovações. 4. Pressupostos. 5. Requisitos. 6. Procedimento e rescisão.

1. Observações – O Código de Processo Civil de 1973 regulou a homologação de sentença estrangeira, no Capítulo III (arts. 483 e 484) do Título IX do seu Livro I, dedicado esse título ao processo nos tribunais. Aparece agora o mesmo instituto, no Capítulo VI do Título I do Livro III da Parte Especial do Código de 2015, acompanhado da disciplina da concessão do *exequatur* à carta rogatória. Não se trata, aqui, do reconhecimento e execução de sentenças arbitrais estrangeiras, disciplinados em lei especial, regulador da arbitragem.

A homologação da decisão estrangeira, colocada entre os processos de competência originária dos tribunais, não se faz por meio de incidente, mas por ação autônoma, como reconhece e proclama o art. 960 do novo código. Diga-se o mesmo da concessão do *exequatur* à carta rogatória, que, por igual, se obtém mediante a propositura de ação, cujo processo se desenvolve por procedimento singelo, sem a extensão e a peculiaridade do obedecido pelo processo homologatório. Desde a Emenda Constitucional nº 45, de 8 de dezembro de 2004, a homologação e o *exequatur* passavam a ser da competência do Superior Tribunal de Justiça, conforme a alínea *i*, acrescentado ao art. 105, I, da Constituição Federal por aquele ato, de conteúdo modificativo.

2. Repetições e alterações – Não repetiu, literalmente, o Código anterior nenhum dos dispositivos da nova regência, conquanto alguns hajam se inspirado naquele. Isto, entretanto, não torna desnecessária a consulta à doutrina e jurisprudência do direito anterior, onde se colhem subsídios para a interpretação da nova lei e interpretação dos seus dispositivos.

Aparecem alterados, em relação ao CPC de 1973, a epígrafe do Capítulo VI, agora examinado, bem como o § 2º do art. 960, os arts. 961, *caput*, e o art. 965.

A epígrafe do Capítulo VI, diferente do Capítulo III, anterior, fala em homologação de decisão estrangeira, abrangente esse substantivo das sentenças, acórdãos e interlocutórias que vêm do exterior. Fala ainda em *exequatur*, medida de autorização do cumprimento da rogatória alienígena.

O § 2º do art. 960 já não fala, como o parágrafo único do revogado art. 483 só no regimento interno do tribunal que homologa o ato decisório, mas alude também a tratados em vigor no Brasil, figura da definição e efeito objeto do direito material.

O *caput* do art. 961 alude à decisão estrangeira, não mais àsentença estrangeira, como fazia o anterior art. 483. Dá ao substantivo **decisão** sentido abrangente das sentenças, acórdãos e interlocutórias, todos homologáveis, como homologáveis serão também os despachos decisórios, definidos na lei do país de origem.

Por seu termo, o art. 965 alterou a redação do anterior art. 484 para falar em cumprimento, em vez de execução, omitindo a referência à carta de sentença. Diante do disposto no *caput*, o cumprimento é de competência do juízo federal, conforme a previsão do inc. X do art. 109 da Constituição. Incluiu menção ao requerimento da parte porque o cumprimento é execução, dominada pelo princípio dispositivo e, em boa hora, suprimiu a referência aações nacionais da norma inclusa, já que o cumprimento se faz, independentemente da identidade ou semelhança. O parágrafo único vem como alteração do texto do anterior art. 484 já que surge com o acréscimo, determinando que o pedido de execução (este substantivo, empregado no lugar de cumprimento) seja instruído com cópia autenticada da decisão homologatória, ou do *exequatur*. Requerida por meio eletrônico, a cópia dispensa autenticação porque bastará compará-la com o texto fixado no processo dessa natureza.

3. Inovações – De natureza diversa só as inovações trazidas ao direito processual positivo pelo novo Código. Por isto, convém agrupá-las conforme a sua natureza. Essas inovações abrangem quase todo o Capítulo, bastando que se leiam o art. 960 e seus §§1º e 3º; os seis parágrafos do art. 961; o art. 962 e seus quatro parágrafos; o art. 963, seus seis incisos e parágrafo único e o art. 964 e seu parágrafo único.

4. Pressupostos – O pressuposto subjetivo da ação homologatória, e também da ação de concessão, é a legitimidade de quem as propõe. O art. 965 fala na parte, sem indicar quem seja. Parte serão os sujeitos ativo e passivo da ação estrangeira, incluídos o Ministério Público e a Defensoria, bem como os interessados na homologação e *exequatur*, estes, titulares de interesse jurídico, como os referidos no art. 996, obrigados à demonstração de que trata o § 1º desse dispositivo, a cuja interpretação se pode recorrer. Deve o requerente satisfazer as condições gerais da ação (art. 485, inc. VI), cujo processo haverá de obedecer aos pressupostos respectivos (*idem*, inc. IV).

O primeiro pressuposto objetivo é a decisão estrangeira, objeto da ação ou do *exequatur* (art. 960 e § 1º). Decisão será o ato decisório assim definido na legislação do estado de origem. O § 1º do art. 961 permite a homologação de decisão judicial definitiva, logo, ato decisório precluso, de acordo com a legislação de origem. O mesmo § 1º também considera homologável a decisão estrangeira "não judicial", que será a decisão que seria proferida no processo judicial brasileiro, inclusive a de jurisdição voluntária. Ao aludir à decisão não judicial, a lei do Brasil refere-se ao julgado proferido fora do processo que correu no Judiciário de outro país, como só as decisões dadas no contencioso administrativo. Acrescenta o § 2º do art. 961 que a decisão estrangeira poderá ser homologada parcialmente, ou seja, apenas num ou alguns dos seus capítulos, mas não de todos, não basta a decisão. É preciso que ela esteja acompanhada da tradução feita por tradutor autorizado, salvo se tratado dispensar a sua versão em português.

O § 3º cuida ainda de um pressuposto objetivo da homologação. A decisão estrangeira, destinada à execução fiscal, só se homologa se essa execução, por isto restrita, for objeto de convenção, feita na forma da lei, ou em promessa de reciprocidade feita à autoridade brasileira competente. Tratado e promessa são figuras definidas no direito material O § 3º do art. 961 institui medidas cautelares, que podem ser concedidas, a requerimento dos mesmos legitimados para a ação homologatória, ou de *exequatur*, como preparatórias ou incidentais. Essas decisões, considerada a sua natureza e finalidade de assegurar o direito objeto da ação, são do juiz brasileiro, mas podem ser homologadas, se estrangeiras, estiverem preclusas. Ainda no art. 961, o § 5º dispensa a homologação da sentença estrangeira de divórcio consensual. Não há, na Constituição da República, uma proibitura dessa dispensa. A sentença estrangeira de divórcio contencioso submete-se às regras gerais da homologação, dependendo desta a sua eficiência. Se se dispensar a homologação da sentença estrangeira de divórcio consensual, também se dispensa, *a fortiori*, a homologação de sentença estrangeira de separação consensual. O § 6º do mesmo art. 961 complementa o § 5º. Se este dispensa a homologação, deve o juiz brasileiro examinar a validade da decisão, à luz da lei estrangeira referente, desde que o faça em caráter principal, objeto de processo autônomo, ou em caráter acidental, em processo da sua competência. Pode o juiz negar eficácia à sentença, aplicando as normas que não admitem a sua integração à ordem jurídica nacional, como são as proibitivas da homologação.

Nas considerações sobre a decisão estrangeira, pressuposto objetivo da homologação ou do *exequatur*, urge atentar ao art. 962, cujo *caput* declara exequível a decisão estrangeira concessiva de medida de urgência.

Consoante o § 2º do artigo, a execução da decisão interlocutória de urgência, faz-se por meio de carta rogatória, que deve receber *exequatur*. Dependendo da urgência, esse *exequatur* pode ser liminarmente deferido, para evitar dano irreparável ou de difícil reparação. Por carta rogatória deve-se estender o pedido formulado por meio válido da comunicação, admitido pela lei brasileira. Conforme o § 2º condiciona a medida de urgência àgarantia de que se obedecerá o contraditório em momento posterior ao da concessão, que pode ser dada *inaudita altera parte*. Essa garantia consistirá na citação da parte outra a qual a providência é requerida com a fixação de prazo para a sua manifestação. A garantia não se dá por meio de caução real ou fiduciária, bastando que se assegure ao requerido oportunidade para manifestar-se, no prazo estipulado pelo relator, ou no quinquídio do § 3º do art. 218. Conforme o § 3º do art. 962 é ao juiz estrangeiro, solicitante dela, que compete determinar a urgência. Todavia, relativa a presunção de que ele considera premente a procedência, pode o juiz brasileiro negar o cumprimento ao pedido visivelmente incabível. Longo embora, o § 4º do art. 962, que se entrosa com o § 6º do art. 961, condiciona o cumprimento da medida de urgência ao reconhecimento da sua validade pelo juiz competente para ordenar-lhe execução, só muda nos casos em que se dispensa a homologação. A decisão que nega o reconhecimento é recorrível por meio do agravo de instrumento para o tribunal a que o juiz estiver hierarquicamente subordinado. Admite-se o agravo, numa interpretação extensiva do parágrafo único do art. 1.015, porque se trata de execução provisória. Por isto, a decisão explícita e fundamentada. Pode ser implícito o reconhecimento, que se presume, se o juiz ordenar o cumprimento da provisória.

5. Requisitos – O art. 963 enuncia os requisitos indispensáveis à homologação. Conforme o inciso I desse artigo, a sentença estrangeira deve ter sido proferida por juiz competente, segundo a lei do país de origem. O autor da ação de homologação ou de *exequatur* deve provar a competência, pois dele é o ônus, mas, por óbvio, nada impede que o próprio juiz verifique o atendimento do requisito, ou determine ao autor que o faça. A homologação, consoante o inc. II do art. 963, deve ser precedida da citação do réu pelos meios admissíveis. Citado para o *exequatur*, o citando pode também concordar com o pedido. De novo, a prova da eficácia, exigida no inciso III, é do autor, nada obstando à verificação do juiz. Desnecessária a prova do cumprimento do ato no país de origem. Basta a eficácia potencial. Interpreta-se o inciso IV, no sentido de que a decisão homologanda não pode ofender a coisa julgada firmada no Brasil, de acordo com a lei brasileira. A coisa julgada, referida no inciso

IV, é a material (art. 502), não a formal, que não entrega a prestação que previne, ou compõe a lide (arts. 485 e 486). Esse item IV só incide quando houver situação idêntica à da litispendência (art. 337, § 1º) mas não há necessidade da coincidência de partes. A tradução oficial, mencionada no inciso V, pode ser substituída por tradução do autor, ou de terceiro, quando não houver tradutor oficial na comarca. Admite-se a tradução por tradutor oficial de outra apresentação. Pode o próprio requerente, como também o requerido, corrigir a tradução, apontando--lhe, fundamentadamente, o erro. O juiz decidirá, acolhendo a impugnação, por si próprio, ou por outro tradutor, oficial ou por ele nomeado. O inc.VI do art. 963 exige a definição de ordem pública, cujo conceito escapa do direito processual e deve ser buscado no direito material. O parágrafo único do dispositivo chama pressupostos o que, no *caput*, denominou requisitos. O § 2º do art. 962 (q.v.) incide no tocante ao *exequatur*, admissível aí a medida de urgência.

O art. 964 contém norma consentânea ao art. 23. A homologação da sentença estrangeira, ou de decisão do contencioso administrativo alienígena, proferida nos casos de competência exclusiva da autoridade judiciária brasileira, ofende a soberania nacional. A norma do parágrafo único do artigo desdobra a do seu *caput*.

O § 3º do art. 960 contém norma que exclui da regulamentação da sentença estrangeira a sentença e as decisões do juízo arbitral a que, no entanto, falece competência para o *exequatur*. O parágrafo ressalva, desnecessariamente, a possibilidade de aplicação subsidiária das normas, e também dos princípios da homologação ao processo arbitral.

6. Procedimento e rescisão – O procedimento do processo da ação homologatória e da concessão do *exequatur* obedecerá as regras do processo comum e a organização judiciária do tribunal competente, incluídas aí as regras do requerimento interno. Não se aplicam contudo os dispositivos do procedimento comum incompatíveis com a natureza dos feitos de que trata o Capítulo cujo exame aqui chega ao fim. É cabível a reconvenção.

CAPÍTULO VIII

DO INCIDENTE DE RESOLUÇÃO DE DEMANDAS REPETITIVAS
(ART. 976 A 987)

Art. 976. É cabível a instauração do incidente de resolução de demandas repetitivas quando houver, simultaneamente:

I – efetiva repetição de processos que contenham controvérsia sobre a mesma questão unicamente de direito;

II – risco de ofensa à isonomia e à segurança jurídica.

§ 1º A desistência ou o abandono do processo não impede o exame de mérito do incidente.

§ 2º Se não for o requerente, o Ministério Público intervirá obrigatoriamente no incidente e deverá assumir sua titularidade em caso de desistência ou de abandono.

§ 3º A inadmissão do incidente de resolução de demandas repetitivas por ausência de qualquer de seus pressupostos de admissibilidade não impede que, uma vez satisfeito o requisito, seja o incidente novamente suscitado.

§ 4º É incabível o incidente de resolução de demandas repetitivas quando um dos tribunais superiores, no âmbito de sua respectiva competência, já tiver afetado recurso para definição de tese sobre questão de direito material ou processual repetitiva.

§ 5º Não serão exigidas custas processuais no incidente de resolução de demandas repetitivas.

Art. 977. O pedido de instauração do incidente será dirigido ao presidente de tribunal:

I – pelo juiz ou relator, por ofício;

II – pelas partes, por petição;

III – pelo Ministério Público ou pela Defensoria Pública, por petição.

Parágrafo único. O ofício ou a petição será instruído com os documentos necessários à demonstração do preenchimento dos pressupostos para a instauração do incidente.

Art. 978. O julgamento do incidente caberá ao órgão indicado pelo regimento interno dentre aqueles responsáveis pela uniformização de jurisprudência do tribunal.

Parágrafo único. O órgão colegiado incumbido de julgar o incidente e de fixar a tese jurídica julgará igualmente o recurso, a remessa necessária ou o processo de competência originária de onde se originou o incidente.

Art. 979. A instauração e o julgamento do incidente serão sucedidos da mais ampla e específica divulgação e publicidade, por meio de registro eletrônico no Conselho Nacional de Justiça.

§ 1º Os tribunais manterão banco eletrônico de dados atualizados com informações específicas sobre questões de direito submetidas ao incidente, comunicando-o imediatamente ao Conselho Nacional de Justiça para inclusão no cadastro.

§ 2º Para possibilitar a identificação dos processos abrangidos pela decisão do incidente, o registro eletrônico das teses jurídicas constantes do cadastro conterá, no mínimo, os fundamentos determinantes da decisão e os dispositivos normativos a ela relacionados.

§ 3º Aplica-se o disposto neste artigo ao julgamento de recursos repetitivos e da repercussão geral em recurso extraordinário.

Art. 980. O incidente será julgado no prazo de 1 (um) ano e terá preferência sobre os demais feitos, ressalvados os que envolvam réu preso e os pedidos de habeas corpus.

Parágrafo único. Superado o prazo previsto no *caput*, cessa a suspensão dos processos prevista no art. 982, salvo decisão fundamentada do relator em sentido contrário.

Art. 981. Após a distribuição, o órgão colegiado competente para julgar o incidente procederá ao seu juízo de admissibilidade, considerando a presença dos pressupostos do art. 976.

Art. 982. Admitido o incidente, o relator:

I – suspenderá os processos pendentes, individuais ou coletivos, que tramitam no Estado ou na região, conforme o caso;

II – poderá requisitar informações a órgãos em cujo juízo tramita processo no qual se discute o objeto do incidente, que as prestarão no prazo de 15 (quinze) dias;

III – intimará o Ministério Público para, querendo, manifestar-se no prazo de 15 (quinze) dias.

§ 1º A suspensão será comunicada aos órgãos jurisdicionais competentes.

§ 2º Durante a suspensão, o pedido de tutela de urgência deverá ser dirigido ao juízo onde tramita o processo suspenso.

§ 3º Visando à garantia da segurança jurídica, qualquer legitimado mencionado no art. 977, incisos II e III, poderá requerer, ao tribunal competente para conhecer do recurso extraordinário ou especial, a suspensão de todos os processos individuais ou coletivos em curso no território nacional que versem sobre a questão objeto do incidente já instaurado.

§ 4º Independentemente dos limites da competência territorial, a parte no processo em curso no qual se discuta a mesma questão objeto do incidente é legitimada para requerer a providência prevista no § 3º deste artigo.

§ 5º Cessa a suspensão a que se refere o inciso I do *caput* deste artigo se não for interposto recurso especial ou recurso extraordinário contra a decisão proferida no incidente.

Art. 983. O relator ouvirá as partes e os demais interessados, inclusive pessoas, órgãos e entidades com interesse na controvérsia, que, no prazo comum de 15 (quinze) dias, poderão requerer a juntada de documentos, bem como as diligências necessárias para a elucidação da questão de direito controvertida, e, em seguida, manifestar-se-á o Ministério Público, no mesmo prazo.

§ 1º Para instruir o incidente, o relator poderá designar data para, em audiência pública, ouvir depoimentos de pessoas com experiência e conhecimento na matéria.

§ 2º Concluídas as diligências, o relator solicitará dia para o julgamento do incidente.

Art. 984. No julgamento do incidente, observar-se-á a seguinte ordem:

I – o relator fará a exposição do objeto do incidente;

II – poderão sustentar suas razões, sucessivamente:

a) o autor e o réu do processo originário e o Ministério Público, pelo prazo de 30 (trinta) minutos;

b) os demais interessados, no prazo de 30 (trinta) minutos, divididos entre todos, sendo exigida inscrição com 2 (dois) dias de antecedência.

§ 1º Considerando o número de inscritos, o prazo poderá ser ampliado.

§ 2º O conteúdo do acórdão abrangerá a análise de todos os fundamentos suscitados concernentes à tese jurídica discutida, sejam favoráveis ou contrários.

Art. 985. Julgado o incidente, a tese jurídica será aplicada:

I – a todos os processos individuais ou coletivos que versem sobre idêntica questão de direito e que tramitem na área de jurisdição do respectivo tribunal, inclusive àqueles que tramitem nos juizados especiais do respectivo Estado ou região;

II – aos casos futuros que versem idêntica questão de direito e que venham a tramitar no território de competência do tribunal, salvo revisão na forma do art. 986.

§ 1º Não observada a tese adotada no incidente, caberá reclamação.

§ 2º Se o incidente tiver por objeto questão relativa a prestação de serviço concedido, permitido ou autorizado, o resultado do julgamento será comunicado ao órgão, ao ente ou à agência reguladora competente para fiscalização da efetiva aplicação, por parte dos entes sujeitos a regulação, da tese adotada.

Art. 986. A revisão da tese jurídica firmada no incidente far-se-á pelo mesmo tribunal, de ofício ou mediante requerimento dos legitimados mencionados no art. 977, inciso III.

Art. 987. Do julgamento do mérito do incidente caberá recurso extraordinário ou especial, conforme o caso.

§ 1º O recurso tem efeito suspensivo, presumindo-se a repercussão geral de questão constitucional eventualmente discutida.

§ 2º Apreciado o mérito do recurso, a tese jurídica adotada pelo Supremo Tribunal Federal ou pelo Superior Tribunal de Justiça será aplicada no território nacional a todos os processos individuais ou coletivos que versem sobre idêntica questão de direito.

1. Observações. 2. Instauração e pressupostos do incidente.
3. Procedimento. 4. Julgamento. 5. Efeitos. 6. Revisão.

1. Observações – Dirão os léxicos que incidente é um fato ou episódio que sobrevém no curso de outro, como um episódio circunstancial, acessório do principal. Se a ilustração não chocar, direi, como exemplo singelo mas significativo, que um pênalti é um incidente numa partida de futebol. No Direito Processual o incidente é uma questão que surge no curso do processo, sempre de cuja solução depende o prosseguimento dele. Assim, sempre exemplificando, a desconsideração da personalidade jurídica, que o próprio Código chama incidente (art. 133), a arguição de impedimento com suspeição do juiz (art. 146) é um incidente, tal como a arguição de falsidade (art. 430). No Capítulo VIII do Título I do Livro III da sua Parte Especial, o CPC de 2015 cria o incidente de resolução de demandas repetitivas (arts. 976 a 987), assim como no art. 1.036.

O Código em vigor hoje institui e regula o incidente de resolução de demandas repetitivas com o propósito de citar a reiteração dos julgamentos da mesma questão de direito. A leitura dos repositórios da jurisprudência dos anos sessenta e setenta mostra o sem-número de casos em que as Cortes de Justiça do país, inclusive a mais alta, decidiram que se presumia a sinceridade do pedido da retomada do imóvel dado em locação, feito por seu proprietário. Atenta aos princípios da economia, do aproveitamento e da rapidez do processo a lei cria o incidente, destinado a facilitar o exercício da jurisdição. É o que mostram os mascarados arts. 976 a 987 e 1.036 a 1.041, estes já analisados no primeiro volume deste livro, aqueles sem correspondência no diploma anterior.

Mais que um incidente, desses que, comumente, sobrevivem no curso de um processo, o instituto de que agora se trata é uma ação incidental, como demonstram as normas que o disciplinam.

2. Instauração e pressupostos do incidente – O art. 976 principia falando no cabimento da instauração do incidente de resolução de demandas repetitivas. O incidente, entretanto, não resolve, propriamente, só por si, as demandas repetitivas que são resolvidas, isto é, julgadas conforme a tese jurídica assentada no julgamento (arts. 985 e 987, § 2º).

Pressupostos objetivos do incidente, ou condições dele, são, a um só tempo, a efetiva repetição de processos que contestam controvérsia sobre a mesma questão unicamente de direito e, simultaneamente, o risco de ofensa à isonomia e à segurança jurídica. O advérbio **simultaneamente**, empregado no *caput* do art. 976, mostra que a repetição efetiva de processos não é bastante para a instauração do incidente. É preciso também que a repetição ponha em risco a isonomia e a segurança jurídica. A observância da isonomia evitará tratamento desigual a situações iguais, ou desequilíbrio da igualdade constitucionalmente assegurada. Haverá esse risco se se verificar a possibilidade de aplicação diferente da mesma norma a situações idênticas às quais ela se aplica. A segurança jurídica estará em risco pela interpretação diferente da mesma lei, o que contraria a ordem jurídica que busca fazer atuar da mesma forma o Direito como sistema de normas que disciplinam a vida social.

Determinados os pressupostos objetivos pelo *caput* do art. 976 e seus dois incisos, o pressuposto subjetivo é a legitimidade, que o art. 977 confere, no inciso I, ao juiz, ou ao relator, que também é juiz mas foi referido autonomamente pela lei, que se confere ao juiz singular da causa, ou ao relator do processo. O juiz do colegiado proporá ao relator a formulação do pedido do incidente. Na hipótese de recusa, poderá o solicitante formular a solicitação ao colegiado, de cuja decisão não caberá recurso sem que contudo não fiquem os demais legitimados impedidos de fazer o requerimento. O juiz, o relator, ou o órgão colegiado pedirá ao presidente do tribunal, por meio de ofício, a instauração do incidente. Essa comunicação se fará acompanhada dos documentos necessários, como dispõe o parágrafo único do artigo.

O inc. II do art. 977 confere legitimidade para pedir a instauração de incidente às partes, a qualquer dos ocupantes do polo ativo ou passivo da relação processual, inclusive litisconsorte, isoladamente, sem autorização dos demais, e também aos terceiros intervenientes, que partes são. Figurando, objetivamente, como partes no processo, pode a pessoa formular o requerimento, independentemente de ter legitimidade, ou interesse. A declaração da falta dessas condições não obsta à instauração do incidente. As partes pedem a instauração por meio de petição, dirigida, não ao juiz, ao relator, ou ao alegado, mas, diretamente, ao presidente do tribunal, como estatui o *caput* do art. 977, e segue observando o seu parágrafo único.

O inc. III do art. 977 atribui legitimidade para requerer o incidente também ao Ministério Público e à Defensoria Pública, quando atue como parte, ou fiscal da lei, a este, por meio do defensor que aja no processo, não pelo órgão. Também esse fará o pedido por meio de ofício, acompanhado dos documentos necessários, como disposto no parágrafo do artigo.

O § 2º do art. 976 ordena a intervenção obrigatória do Ministério Público no incidente de resolução de demandas repetitivas, a menos que ele seja o requerente. Em caso de desistência, ou de abandono do incidente por quem o houver requerido, o MP assume a sua posição, passando a ser o requerente. Não se trata, no caso, da substituição processual, mas de sucessão, que será ordenado, de ofício, pelo relator do incidente, ou requerida pelo próprio Ministério Público, pela parte que permanecer no feito, por outra que, não havendo intervindo, tiver legitimidade, ou pela Defensoria. O parágrafo incide também noutras hipóteses, como a da morte do requerente, sem sucessor que se habilite. Quanto ao abandono, vejam-se os incs. II e III do art. 485, iguais aos incs. II e III do revogado art. 267, a cuja doutrina e jurisprudência se pode recorrer.

O § 3º do art. 976 permite a reiteração do pedido de instauração do incidente indeferido pela falta de qualquer dos pressupostos da sua admissibilidade, desde que o novo pedido, que pode ser feito pelo próprio requerente anterior, ou por outro legitimado, demonstre a satisfação do requisito faltante. O dispositivo lembra o vigente art. 486, igual ao art. 268 do Código de 1973. A reiteração do pedido sem o suprimento da falta levará a novo indeferimento, podendo caracterizar litigância de má-fé com as sanções daí decorrentes.

3. Procedimento – O incidente de resolução de demandas repetitivas não é uma ação autônoma, di-lo o *nomen iuris* do instituto, no qual, aliás, o substantivo é utilizado no lugar de ação, embora demanda seja, precisamente, não a ação, porém o ato que efetivou o exercício dela, admitida a metonímia também no vocabulário técnico. Trata-se de ação incidental, logo, acessória da outra, a ação principal, dependente, pois, da existência desta. Pela sua finalidade, e em consonância com os avanços da processualística, essa ação incidental pode assumir foros de ação autônoma se se extinguir o processo do qual é incidente. Extinto ele, pode o incidente prosseguir, a fim de que se fixe a tese jurídica. Diga-se o mesmo quanto à hipótese da distinção só do recurso, ou da remessa necessária.

O instituto de que se ocupam os arts. 976 e seguintes do Código de Processo Civil de 2015, sem correspondência na lei anterior, é incidente do processo de uma ação da competência originária de tribunal, de um recurso, ou de remessa necessária. O parágrafo único do art. 978 mostra isto, quando fala que o órgão colegiado incumbindo (isto é, competente) de julgar o incidente julgará o recurso, ou remessa necessária ou o processo de competência originária de onde ele se originou. Os documentos necessários, referidos no parágrafo único do art. 977, demonstrarão a existência do processo, do recurso, da remessa de que o incidente é acessório.

Conforme o *caput* do art. 977 o pedido de instauração de incidente é dirigido ao presidente do tribunal. Entende-se por tribunal, não o órgão fracionário competente para qualquer processo originário, e recurso, a remessa necessária. Por sua abrangência, finalidade e eficácia extravagantes, o pedido é endereçado ao presidente da Corte de Justiça e será recebido e processado por ele, ou pelo magistrado a quem a norma de organização judiciária delegar essa função.

O requerente da medida não procederá ao recolhimento de custas do incidente, já que elas não são devidas, como dita o § 5º do art. 976.

O ofício (art. 977, inc. I), ou a petição (*idem*, incs. II e III), que veiculam o pedido de instauração do incidente, será instruído, diz o parágrafo único do art. 977, "com os documentos necessários à demonstração do preenchimento dos pressupostos para a restauração do incidente". O dispositivo não esclarece o que serão tais documentos. É certo, entretanto, que, de início, o requerente deve demonstrar a existência do processo, do recurso, ou do reexame e a sua posição nela, fazendo-se representar por advogado, quando for parte. Deve também exibir as principais peças processuais e demonstrar com elas, mediante a devida exposição, a existência da efetiva repetição de processos e o risco de ofensa à isonomia e à segurança jurídica (art. 976, incs. I e II). Impossível a demonstração de processos semelhantes, pode o requerente indicar a possibilidade da repetição, pelo conteúdo da norma, ou por manifestações de doutrinadores e operadores da máquina judiciária e da sociedade em geral. Os riscos de ofensa à isonomia ou à segurança pública podem ser mostrados pela análise da norma, ou das normas. A petição conterá ainda o pedido do requerente de que se decida o incidente, fixando-se a tese jurídica que lhe parecer adequada.

Antes de deferir a instauração, o presidente, ou quem suas vezes faça, deverá ouvir as partes, no prazo que assinar, incidindo, se não o fizer, o quinquídio do § 3º do art. 218. A manifestação pode ser de todas as partes, inclusive os litisconsortes do requerente e terceiros intervenientes. Depois dessa manifestação, ouvir-se-á o Ministério Público, a menos que seja ele o requerente (art. 976, § 2º). Não mandam as normas que se ouçam as demais partes do processo, mas essa necessidade decorre das garantias constitucionais do contraditório e da ampla defesa (Constituição, art. 5º, inc. LV), bem como da determinação do inc. I do art. 139. Pode o manifestante impugnar o pedido pelas razões que tiver, como, por exemplo, a inocorrência de um dos pressupostos da art. 976, ou o descabimento do incidente, diante da proibição do § 4º do mesmo dispositivo.

O presidente do tribunal poderá indeferir o pedido de instauração do incidente, liminarmente, ou por decisão posterior aos pronunciamentos. Dessas decisões caberá agravo interno (art. 1.021) a ser julgado pelo órgão que tiver competência, não para decidir o incidente, mas para julgar o recurso dos atos daquela autoridade. A decisão de deferimento do pedido de instauração, que contém implícito juízo positivo da admissibilidade, não obsta que o órgão competente para o julgamento do incidente dele não conheça do incidente (*rectius*, não o admita), extinguindo-o sem proferir julgamento de mérito (art. 981, do qual se falará adiante, ainda neste item da exposição).

Deferida a instauração, o incidente será, se físico o requerimento, remetido, ou encaminhado, se eletrônico, ao órgão competente para julgá-lo. Conforme o art. 978, o julgamento caberá ao órgão indicado pelo regimento interno (ou por outra norma de organização judiciária, esclareça-se), dentre aqueles responsáveis (melhor, competentes) para uniformizar a jurisprudência do tribunal. A uniformização da jurisprudência de que fala esse artigo é um dos meios de assegurar-se o que já se chamou de inteireza positiva do direito. O instituto que agora se examina substitui o incidente de uniformização da jurisprudência, regulado pelos arts. 476 a 479 do Código anterior e a ele se assemelha, proveitosa, por isto, a consulta ao que se escreveu e decidiu sobre os dispositivos revogados.

Distribuído o incidente, na forma da organização judiciária, a um relator, aplicar-se-á o art. 981. Conforme esse dispositivo, que torna bifásico o procedimento do incidente, o órgão colegiado, não o relator, procederá a um juízo de admissibilidade. Assim o fará, segundo o artigo, considerando os pressupostos do art. 976. Entretanto, o juízo negativo de admissibilidade pode ter fundamento diverso da ausência dos pressupostos desse dispositivo, já que outros óbices podem existir a um julgamento de mérito do incidente, como ocorrerá, por exemplo, na falta de legitimidade, ou no caso do § 4º do mesmo art. 976.

Não se compreende que o Código haja pedido o julgamento do incidente, destinando a primeira, exclusivamente, ao juízo de admissibilidade e a segunda, ao julgamento do mérito. Entretanto, não há razão jurídica, nem lógica, impeditiva da reunião das duas fases. Por isto, o próprio relator pode não admitir o incidente, por decisão de que caberá o agravo interno do art. 1.021. A decisão do relator, que admitiu o incidente poderá ser revista pelo órgão competente para decidi-lo, diante do princípio de que a admissibilidade de um meio de impugnação, como, por exemplo, qualquer recurso, pelo órgão perante o qual foi formulado, não impede um novo juízo de admissibilidade pelo órgão que irá julgá-lo. Da decisão monocrática do relator que admitiu o incidente também caberá agravo interno, cujo provimento impedirá a aplicação dos três incisos do art. 982. Do acórdão do agravo interno, ou do acórdão do colegiado, que indeferiu o incidente caberá recurso especial ou recurso extraordinário. A inadmissibilidade do incidente pode também ser arguida, como questão prévia, no recurso que se interpuser do acórdão de julgamento do mérito. Note-se que a transformação do procedimento do incidente, de bifásico em monofásico, não gera nulidade porque incide, no caso, o art. 277.

Admitido o incidente por decisão afirmativa do seu cabimento, o relator, conforme o inc. I do art. 982, suspenderá os processos pendentes, individuais ou coletivos, mas somente os que tramitam no Estado onde o tribunal exerce a jurisdição, ou na região onde o faça, como ocorre na Justiça Federal, cujos tribunais desempenham sua função em território maior do que o da unidade federada. A suspensão é obrigatória, não porque falta no inciso I do artigo o verbo **poderá**, usado no inciso II, insuficiente a interpretação literal, mas porque diante da qualidade do incidente, concebido e implantado para que sua decisão se estenda a todos os processos iguais, em curso no território onde o tribunal exerce a sua função. A suspensão dos processos não impede que o juízo da causa, competente para conduzi-la (art. 139), determine a realização de atos urgentes. O art. 314 incide, mas a realização de atos urgentes poderá ser determinada também pelo relator, competente para a suspensão e, por isto, para evitar que ela ocorra em situações excepcionais. Dos atos do relator, praticados no âmbito do inc. I do art.982 cabe agravo interno (art. 1.021). Os incisos II e III do artigo destinam-se à adequada formação do incidente. O item III faz com o § 2º do art. 976. Nele, o gerúndio **querendo** aparece demasiado, como é em todos os casos em que aparece.

O § 5º do art. 982 explicita o cabimento dos recursos especial ou extraordinário, nos casos dos dispositivos constitucionais pertinentes. Não interposto qualquer desses recursos, ocorre a suspensão determinada pelo inciso I, o que ocorrerá também se o recurso constitucional interposto não for admitido por decisão preclusa, ou desprovido.

O § 1º do art. 982 edita norma destinada a comunicar a suspensão aos órgãos jurisdicionais competentes para a ação, o recurso ou a remessa necessária. Atos desses órgãos praticados depois da suspensão, que opera *ex nunc*, e antes da comunicação, serão ineficazes pois não é a comunicação que suspende, mas, sim, a decisão que a determina. O § 2º do artigo, conforme o qual, durante a suspensão, o pedido de tutela de urgência deverá ser dirigido onde tramita o processo suspenso decorre do fato de que o juiz da causa é o condutor dela, competindo-lhe conduzir o processo (art. 139, *caput*). Da decisão de descumprimento da suspensão caberá a reclamação do art. 988 e seus incisos.

Os §§ 3º e 4º ainda do art. 982 devem ser examinados conjuntamente. O § 3º permite àparte suscitante do incidente, ou seus litisconsortes, bem como ao MP e à Defensoria pedirem ao Supremo Tribunal Federal, ou ao Superior Tribunal de Justiça, competente aquele para o recurso extraordinário e este, para o recurso especial, a suspensão de todos os processos individuais, ou coletivos, em curso no território nacional, em qualquer Estado, ou no Distrito Federal. O requerimento pode ser julgado pelo relator do agravo interno da sua decisão, ou pelo órgão competente para julgar o recurso. Nesses casos, estende-se a suspensão do inciso I para além dos territórios aí mencionados. Conquanto o Judiciário seja um só, não pode o tribunal a que foi requerido o incidente ordenar a suspensão de que trata o parágrafo, pois lhe falece competência para a jurisdição fora do âmbito territorial onde a exerce. O § 4º permite, não à parte que requerer o incidente, mas a quem for parte no processo em curso em qualquer ponto do território brasileiro, no qual se discuta a mesma questão objeto do incidente requerer a suspensão de todos os processos no território nacional, como previsto no § 3º do artigo. Essa legitimidade é conferida àparte de outro processo originário, ou recurso ou remessa, não importa onde corra. Esse requerimento, que forma outro incidente, haverá de satisfazer os requisitos dos incs. I e II do art. 976 e do parágrafo único do art. 977, nos termos já expostos.

O art. 979 e seus três parágrafos, autoexplicativos, foram editados em consonância com o princípio constitucional da publicidade dos atos processuais e com a finalidade de permitir a manifestação de todos os interessados sobre a formulação da tese jurídica. A norma se entrosa com as do art. 983 e seu parágrafo. O dispositivo, determinando que o relator os ouça, permite, numa espécie de *amicus curiae*, que se manifestem sobre o incidente todos quantos tiverem interesse na fixação da tese, pessoas físicas, jurídicas, firmas, órgãos, entidades, que, no prazo de quinze dias, contados do despacho que lhes franquear a manifestação, deverão demonstrar o seu interesse e apresentar, simultaneamente, as suas razões. Eventual indeferimento do pleito dessas pessoas comporta agravo interno (art. 1.021). O § 1º do artigo permite ao relator dispensar audiência pública, uma ou mais, para ouvir depoimentos de pessoas a juízo dele, ou experiência no texto da matéria objeto do incidente e com conhecimento dela. A norma revela os avanços da processualística que faz da jurisdição uma atividade de ampla abrangência, cuja extensão contribui para o aperfeiçoamento dela e para o proveito geral. Concluídas essas diligências, o relator solicitará dias para o julgamento, não mais da admissibilidade do incidente, porém do seu mérito.

4. Julgamento – Como está no art. 979, tanto a instauração do incidente de resolução de demandas repetitivas quanto o seu julgamento serão divulgados, após esses eventos, do modo mais amplo, inclusive mediante publicação no órgão oficial e outros meios da publicidade de que dispuser o órgão julgador, ou o tribunal que ele integre. A instauração e o julgamento, inclusive o de admissibilidade, serão comunicados no Conselho Nacional de Justiça, que cadastrará esses dados, do modo estabelecido por ato dessa própria instituição. Esse cadastro obedecerá o disposto no § 2º do artigo. Dele constarão os fundamentos da decisão de mérito e a indicação das normas objeto do incidente. "No mínimo", diz o parágrafo, permitindo, então, que outros dados se juntem aos que ele especificar. O § 3º estende a regra do parágrafo anterior ao julgamento de recursos repetitivos e das decisões em que o Supremo Tribunal

Federal reconhecer a repercussão geral da matéria objeto do julgamento de recursos extraordinários.

O art. 978 dispõe que o julgamento será feito pelo órgão que, de acordo com a organização judiciária, tiver competência para julgar o incidente. Esse órgão proferirá o juízo de admissibilidade (art. 981) e julgará o mérito do incidente (art. 984, § 2º). Já ficou dito, nesta exposição, que, bifásico embora o procedimento estabelecido no Capítulo agora examinado, nada impede que o juízo de admissibilidade seja proferido como preliminar do julgamento do mérito do incidente. O julgamento do mérito não se cingirá ao pedido do requerente. Pode o órgão julgador adotar tese jurídica diferente da defendida por ele.

O art. 985 estabelece a ordem do julgamento do incidente. Ele começa pela exposição do objetoda questão, devendo o relator aludir aos fundamentos do pedido e explicar a necessidade da fixação da tese jurídica e sua abrangência (inc. I). O inciso II permite, na alínea *a*, a sustentação oral, não do requerente, mas do autor e do réu do processo originário, ainda que não tenham requerido o pronunciamento da Corte. O Ministério Público falará como fiscal da lei (art. 976, § 2º). Os demais interessados a que alude o inciso II do artigo são os requerentes, que não foram autores ou réus do processo de que o incidente é acessório, os terceiros intervenientes, ou as pessoas referidas no *caput* do art. 983. Esses interessados dividirão o tempo na forma que convencionarem. Pela relevância da matéria, o § 1º do artigo permite a ampliação do prazo pelo órgão julgador. Extraia-se dessa norma e do *caput* do art. 983, numa interpretação ampliativa, compatível com a natureza e qualidade do incidente, a conclusão de que o órgão julgador tem o poder de determinar repetidas manifestações dos que forem sustentar, dirigindo-lhes indagações destinadas a contribuir para a adequada fixação da tese jurídica.

O § 2º do mesmo art. 984, ao determinar que o acórdão contenha a análise de todos os fundamentos suscitados concernentes à tese jurídica discutida, busca obedecer a garantia constitucional da fundamentação das decisões judiciais (Constituição, art. 93, inc. IX). A determinação da análise de todos os fundamentos concernentes à tese fixada, sejam favoráveis ou contrários a ela, destina-se à determinação do alcance da decisão mas não é necessário que o órgão julgador se pronuncie sobre todos os fundamentos do pedido de instauração, podendo abstrair considerações sobre os irrelevantes, impertinentes, repetidos.

O § 4º do art. 976 torna inadmissível o incidente de que ora se trata, quando um dos tribunais superiores, no âmbito da sua competência, já tiver afetado recurso para a definição de tese sobre questão de direito material ou processual. O dispositivo não fala no STJ, mas só nos tribunais superiores, que são os identificados pelo adjetivo **superior**. Se um desses tribunais tiver instaurado um incidente, para a fixação da tese jurídica, já não se poderá abrir o incidente de que ora se cuida por causa da eficácia extravasante da decisão que esse tribunal proferir (art. 985, incs. I e II). Comprovada a afetação, isto é, a deliberação, pelo tribunal superior, de proferir julgamento que resolvademandas repetitivas, será indeferida a restauração a que alude o art. 977, em juízo negativo de admissibilidade.

O art. 987 estatui que do julgamento do mérito do incidente caberá recurso extraordinário, ou especial, conforme o caso, isto é, conforme o acórdão possa atender a uma ou mais das situações previstas nos arts. 102, inc. III, e 105, inc. III, da Constituição Federal. Essa norma não chega a ser inconstitucional mas é explicativa porque a admissibilidade do recurso extraordinário ou do recurso especial não decorre dela e, sim, dos próprios dispositivos constitucionais. Com fundamento neles se interporão os recursos das ações de mérito, isto é, da decisão que fixar a tese jurídica. Também o acórdão que indeferir o incidente é impugnável pelos mencionados recursos, desde que satisfeitos os pressupostos da sua admissibilidade.

O § 1º do art. 987 atribui efeito suspensivo ao recurso extraordinário e ao recurso especial. No caso do parágrafo, o efeito é protegido pela interposição do recurso, desnecessário requerimento de suspensão de que trata o § 5º do art. 1.029.

Encontra-se, nesse § 1º, norma que dispensa o recorrente de demonstrar a repercussão geral do julgamento do recurso extraordinário, a qual é pressuposto da sua admissibilidade. O parágrafo sugere a presunção da repercussão geral, que, por visto, não precisaria ser demonstrada. Essa presunção é absoluta, *iuris et de iure*.

O § 2º ainda do art. 987 estende a eficácia da decisão do incidente para além dos limites da competência territorial do tribunal que o julgou (art. 985, inc. I). Julgado o mérito do recurso extraordinário, ou do recurso especial, a tese jurídica acolhida pela Corte será aplicada, em todo o território nacional, a todos os processos individuais ou coletivos em que se controverta idêntica situação de direito, isto é, a aplicação da norma jurídica em causa. A tese jurídica perfilhada no julgamento do mérito dos recursos aplica-se também aos casos futuros, como está no inc. II do art. 985.

Conforme o art. 980, o incidente será julgado no prazo de um ano, contado da sua instauração. Não se contando em dias esse prazo ânuo, não incide a regra do *caput* do art. 219. O julgamento do incidente terá preferência sobre os demais feitos; todos os demais, menos os que versem direito de réu preso, ou paciente de *habeas corpus*. O parágrafo único desse artigo contém a regra de que, não julgado o incidente, no prazo de um ano, cessa a suspensão dos processos (art. 982, I e § 3º) mas a última parte do dispositivo afasta a incidência da primeira, permitindo ao relator estender esse prazo, desde que fundamente a necessidade da prorrogação.

O § 2º ordena a comunicação do resultado do julgamento do incidente à agência reguladora competente para fiscalizar a aplicação da tese adotada pelos entes sujeitos à regulação. Isto fará o relator, o presidente do órgão julgador do incidente, ou do tribunal, de acordo com a norma de organização judiciária, por qualquer meio válido da comunicação, quando o incidente tiver por objeto questão relativa à prestação de serviço concedido, permitido ou autorizado, figuras definidas pelo direito material. Esse parágrafo já não trata da aplicação da tese a processos, porém da sua observância pelos entes indicados nas suas operações, contratos e outros negócios.

A inobservância da tese adotada, nos casos em que ela obriga, permite a reclamação do art. 988 e seguintes (q.v.).

5. Efeitos– Julgado inadmissível o incidente, ou improcedente o pedido nele formulado (v.g., não há necessidade de uniformizar normas que vêm sendo, invariavelmente, aplicadas no mesmo sentido), caberá aos órgãos jurisdicionais procederà interpretação e à aplicação como do seu entendimento.

Fixada, no julgamento do incidente, a tese jurídica, dispõe o art. 985, no inc. I, que ela será aplicada a todos os processos, individuais ou coletivos, que tramitam na área de jurisdição do tribunal que o decidir, mesmo os que tramitam nos Juizados Especiais. Nota-se que a aplicação da tese não leva, necessariamente, a julgamentos uniformes porque há vários fatores que concorrem para a procedência, ou improcedência do pedido formulado na ação originária, ou para o provimento ou desprovimento do recurso ou da remessa necessária. Não é preciso dizer que a decisão que aplica a tese fixada pode ser impugnada pelos recursos cabíveis. Ainda conforme o inciso I a tese é aplicada nos julgamentos dos processos em curso na área da competência territorial do tribunal que julgar o incidente.

6. Revisão – A decisão do incidente tem natureza determinativa porque, conforme o art. 986, pode ser revista. Essa revisão o tribunal a fará de ofício ou a requerimento dos legitimados que o inc. III do art. 977 indica. Todavia, também podem pedir a revisão as pessoas referidas no art. 983, já que todos os que estiverem no processo podem requerer o que o juiz, no caso o tribunal, pode fazer de ofício, afastado, nesse caso, o princípio dispositivo.

A revisão pode alterar o julgamento do incidente, substituí-lo, revogando. Transitada em julgado a revisão, ela será aplicada, tal como se se tratasse do julgamento primitivo do incidente No caso da revogação, a decisão anterior não mais obrigará, ficando cada órgão jurisdicional livre para aplicar a lei como reputar adequado. Também a decisão que revê deve ser fundamentada e pode ser impugnada por embargos de declaração e por recurso extraordinário, ou especial, nos casos em que são cabíveis.

Capítulo III

Da Reclamação
(Arts. 988 a 993)

Art. 988. Caberá reclamação da parte interessada ou do Ministério Público para:
I – preservar a competência do tribunal;
II – garantir a autoridade das decisões do tribunal;
III – ~~garantir a observância de decisão do Supremo Tribunal Federal em controle concentrado de constitucionalidade;~~
III – garantir a observância de enunciado de súmula vinculante e de decisão do Supremo Tribunal Federal em controle concentrado de constitucionalidade;(Redação dada pela Lei nº 13.256, de 2016)
IV – ~~garantir a observância de enunciado de súmula vinculante e de precedente proferido em julgamento de casos repetitivos ou em incidente de assunção de competência.~~
IV – garantir a observância de acórdão proferido em julgamento de incidente de resolução de demandas repetitivas ou de incidente de assunção de competência;(Redação dada pela Lei nº 13.256, de 2016)
§ 1º A reclamação pode ser proposta perante qualquer tribunal, e seu julgamento compete ao órgão jurisdicional cuja competência se busca preservar ou cuja autoridade se pretenda garantir.
§ 2º A reclamação deverá ser instruída com prova documental e dirigida ao presidente do tribunal.
§ 3º Assim que recebida, a reclamação será autuada e distribuída ao relator do processo principal, sempre que possível.
§ 4º As hipóteses dos incisos III e IV compreendem a aplicação indevida da tese jurídica e sua não aplicação aos casos que a ela correspondam.
§ 5º ~~É inadmissível a reclamação proposta após o trânsito em julgado da decisão.~~
§5º É inadmissível a reclamação:(Redação dada pela Lei nº 13.256, de 2016)
I – proposta após o trânsito em julgado da decisão reclamada;(Incluído pela Lei nº 13.256, de 2016)
II – proposta para garantir a observância de acórdão de recurso extraordinário com repercussão geral reconhecida ou de acórdão proferido em julgamen-

to de recursos extraordinário ou especial repetitivos, quando não esgotadas as instâncias ordinárias.(Incluído pela Lei nº 13.256, de 2016)

§ 6º A inadmissibilidade ou o julgamento do recurso interposto contra a decisão proferida pelo órgão reclamado não prejudica a reclamação.

Art. 989. Ao despachar a reclamação, o relator:

I – requisitará informações da autoridade a quem for imputada a prática do ato impugnado, que as prestará no prazo de 10 (dez) dias;

II – se necessário, ordenará a suspensão do processo ou do ato impugnado para evitar dano irreparável;

III – determinará a citação do beneficiário da decisão impugnada, que terá prazo de 15 (quinze) dias para apresentar a sua contestação.

Art. 990. Qualquer interessado poderá impugnar o pedido do reclamante.

Art. 991. Na reclamação que não houver formulado, o Ministério Público terá vista do processo por 5 (cinco) dias, após o decurso do prazo para informações e para o oferecimento da contestação pelo beneficiário do ato impugnado.

Art. 992. Julgando procedente a reclamação, o tribunal cassará a decisão exorbitante de seu julgado ou determinará medida adequada à solução da controvérsia.

Art. 993. O presidente do tribunal determinará o imediato cumprimento da decisão, lavrando-se o acórdão posteriormente.

> 1. Observações. 2. Legitimidade e cabimento. 3. Competência. 4. Procedimento.

1. Observações – A reclamação não é recurso, não porque deixou de constar da enumeração do art. 994, porém por sua natureza. Não visa ela àreforma, ou anulação de um pronunciamento judicial, porém a preservar a competência de um tribunal, ou a garantir a autoridade de decisões judiciais, jorrando-as de desvios, deturpações e insubordinação de juízes obrigados ao cumprimento desses atos. Trata-se de uma superveniência, que tem natureza de ação incidental, cuja propositura desencadeia um processo cujo procedimento é, em linhas genéricas, extraído de dispositivos do próprio Código, ou estabelecido das normas de organização judiciária, ou regimentais. A reclamação pressupõe a existência de um processo, no qual ocorre uma das anomalias que permitem o ajuizamento dela. Não é figura nova no Direito Processual brasileiro, mas não constava do CPC anterior. O Código vigente a colocou entre os processos da competência originária dos tribunais e ali é o seu lugar, a sua taxinomia.

O substantivo **reclamação** é equívoco porque o mesmo nome era dado à correção parcial de que se valiam os prejudicados por decisões para as quais não se admitiam recursos, não lhe faltando a natureza recursal. Cedo ainda para saber se esse instituto, que encontra ancestral na *supplicatio* romana, não será utilizado nos casos em que não se admite agravo de instrumento e para os quais não é suficiente o § 1º do art. 1.009.

Os dispositivos reguladores desse instituto não encontram iguais, ou parecidos, no Código anterior, embora houvesse semelhantes em leis especiais, normas de organização judiciária, ou regimentais. Não há, pois, na lei atual, regras idênticas a outras do Código revogado ou normas de textos alterados.

2. Legitimidade e cabimento – Têm legitimidade para interpor a reclamação qualquer das partes, o Ministério Público, ou o terceiro interveniente no processo onde se verificou a irregularidade que lhes é prejudicial. Há sucumbência nisso. Pode, igualmente, ser ela ajuizada por terceiro interessado. Não sendo embora um recurso, os pressupostos da reclamação são os mesmos desses meios de impugnação.

Destina-se a reclamação, conforme o inc. I do art. 988, a preservar a competência do tribunal. A usurpação da competência do tribunal que justifica a reclamação ocorre quando o órgão jurisdicional, vinculado a ele, ou não, exercer ato de competência da Corte. Nesse caso, a reclamação tem conteúdo de exceção de incompetência. O tribunal pode acolher a reclamação para anular o ato desobediente de sua competência, ou para reformá-lo, já que a lei o investe de poderes para esse fim.

Assemelham-se os incs. II e III do art. 988. No caso daquele, a reclamação impugna a decisão judicial, proferida no processo contencioso, ou voluntário, que descumpre a decisão vinculante do tribunal. Neste caso, o provimento da reclamação pode anular o ato de descumprimento, ou determinar que o órgão jurisdicional proceda como por ele determinado. Na hipótese do terceiro inciso, a reclamação será provida para que se assegure a observância de súmula vinculante, ou de decisão do STF, proferida em controle concentrado de constitucionalidade. O provimento da reclamação pode apenas anular o ato contrário à súmula ou à decisão do Supremo Tribunal, como também substituindo por outro. Diga-se o mesmo quanto ao inciso IV, que permite a reclamação contra ato que contrariou decisão de incidentes de demandas repetitivas, isto é, que contrariou a tese fixada nesse incidente, ou em julgamento do incidente de assunção de competência. As decisões do tribunal que acolhem a reclamação, nos casos dos incs. II, III e IV, produzem, *mutatis mutandis*, o efeito previsto no art. 1.008. Se a reclamação é rejeitada, não se modifica a situação contra a qual se insurgiu o reclamante.

3. Competência – O art. 992 dispõe, primeiramente, que, julgando a reclamação, o tribunal cassará a decisão exorbitante do seu julgado. Entenda-se que ele pode anular, revogar ou modificar a decisão reclamada, ou substituí-la por outra. A segunda parte do artigo permite ao tribunal determinar a medida adequada à solução da controvérsia. Nessa parte, o artigo permite ao tribunal dar direção ao juiz, ordenando que ele proceda em consonância com as determinações referidas nos três últimos incisos do art. 988, ou lhe remeta o processo, competente na conformidade da lei. Extrai-se do artigo que, julgando a reclamação, o tribunal tem a mais ampla competência para determinar o que entende adequado para preservar sua autoridade, ou garantir a força dos atos mencionados nos incisos II, III e IV.

A importância que o Código dá àreclamação, o art. 993 a revela. Ele determina o imediato cumprimento da decisão e a posterior lavratura do acórdão que julgar a medida. Proferida a decisão, ela deve ser imediatamente transmitida pelos meios de comunicação admitidos, no juízo reclamado, para que ele lhe dê cumprimento. A determinação do presidente do tribunal deverá ater-se à decisão, suprindo a falta do acórdão ainda não lançado e poderá ser objeto de indagações do órgão reclamado. Uma vez lançado, o acórdão avantajará a determinação do presidente do tribunal, da qual caberá agravo interno (art. 1.021), se contrariar o decidido.

Se configurados os respectivos pressupostos, caberá recurso extraordinário, ou especial, do acórdão que julgar a reclamação, inadmissível porém, o procedimento do art. 942, já que não se trata de apelação.

O § 5º, inc. I, do art. 988 torna inadmissível a reclamação se ela for proposta após o trânsito em julgado da decisão reclamada, ou seja, da decisão impugnável por esse incidente. O trânsito em julgado, no caso, é a preclusão, coisa julgada formal, que torna imutável a decisão proferida no processo. Se há decisões que não precluem, como, por exemplo, a de afirmação tácita ou explícita da competência por juiz absolutamente incompetente, a reclamação pode ser formulada a qualquer tempo, enquanto não extinto o processo. Diga-se o mesmo quanto ao ato invasivo da competência do tribunal, referido no inciso I daquele artigo. O inciso II contempla dois tipos de acórdão. Alude, primeiramente, ao acórdão proferido em recurso extraordinário com repercussão geral reconhecida. Sendo a repercussão geral pressuposto do recurso extraordinário, conforme o § 3º do art. 102 da Constituição Federal, parece demasiado falar em acórdão do recurso extraordinário com repercussão geral, já que o acórdão de mérito, proferido nesse recurso presume-se de repercussão geral desse aresto. O outro acórdão, referido no mesmo inciso II, é o que se proferiu em julgamento de recurso extraordinário, ou especial, repetitivos.

Não observados esses acórdãos, de efeito vinculante, não caberá a reclamação quando não esgotadas as instâncias ordinárias. Assim, enquanto o ato puder ser impugnado por recursos ordinários, ele não poderá ser objeto de reclamação, porque pode ser anulado ou reformado por esses recursos. Dessarte, não cabe reclamação dos atos que não observarem esses acórdãos porque tais atos podem ser anulados ou reformados por recursos ordinários.

O § 6º do art. 988 torna a reclamação subsistente à inadmissibilidade ou julgamento dos recursos referidos no § 5º. Nesse caso, a reclamação poderá ser provada para os seus fins, declarados nos três incisos do art. 988, pois ela não é recurso, mas remédio para as irregularidades previstas naquele artigo.

4. Procedimento – Preceituando que a reclamação pode ser proposta em qualquer tribunal, a primeira oração não quer dizer que o incidente pode ser requerido a qualquer tribunal, escolhido pelo reclamante. Significa somente que todos os tribunais são competentes para julgar reclamações, que, no entanto, serão dirigidas ao órgão cuja competência foi usurpada ou cujas decisões não forem observadas, inclusive aquele de que procedeu a súmula não observada.

Formula-se a reclamação por petição, da qual constará o nome e qualificações do reclamante e das partes do processo na qual se formou o incidente. Assim dispõe o § 1º do art. 988, que estabelece ainda a competência do órgão cuja competência e autoridade se quer preservar. O § 2º do artigo diz que a reclamação, dirigida não ao órgão julgador, mas ao presidente do tribunal, deverá ser instruída com a prova documental, que serão as partes do processo onde se deu o ilícito, as peças suficientes para a compreensão da controvérsia e a prova do ato desrespeitoso da competência do tribunal, ou descumpridora do acórdão ou do enunciado. Cabem nos incisos III e IV as decisões monocráticas, proferidas no tribunal.

O § 3º ordena a distribuição da petição ao relator do processo no qual se firmou a competência que se quer preservar, ou se proferiu a decisão contrariada. Assim dispõe o parágrafo com a ressalva "sempre que possível", porque o relator pode já não integrar o órgão competente.

O § 4º do mesmo art. 988 traça o alcance possível da reclamação, fundada nos incs. III e IV do dispositivo. Tanto a aplicação indevida, isto é, errônea, de tese jurídica quanto a não aplicação dela, onde cabível, integram aqueles itens.

O art. 989 estabelece as atribuições específicas do relator, nos seus três incisos, às quais se junta outras, inerentes à sua função. Conforme o inciso I, o relator requererá, as informações do juiz a quem se imputa a irregularidade, que as prestará no prazo de dez dias. De acordo com o inciso II, o relator determinará, se necessário, a suspensão do processo onde se verificou a irregularidade, ou a suspensão do ato impugnado. Têm natureza cautelar essas duas providências. Determinará, em consonância ao inciso III, a citação do beneficiário da decisão reclamada, que pode ser o autor, ou o réu da ação principal, ou mesmo o terceiro interveniente, para que contestem a reclamação, no prazo de quinze dias. Essa citação integra essas pessoas na relação processual, a angularizando. A impugnação àque alude o art. 990 é do interessado, não integrante do processo do qual a reclamação é incidente. Essa impugnação tem natureza de resposta.

Conforme o art. 991, o Ministério Público terá vista da reclamação, se não for ele o reclamante. É de cinco dias o prazo para a sua manifestação. Esse prazo conta-se após o fim do prazo para informações, ou para a contestação, ou após o seu esgotamento. Os cinco dias começam a correr após o termo final do prazo para as informações ou para a contestação, o que ocorrer por último, porque pode o prazo para a manifestação do órgão reclamado só terminar depois do prazo para contestação.

ESCLARECIMENTO

Os dispositivos regentes da ação rescisória e dos recursos ficam anotados no volume anterior por causa do interesse manifestado pelos postulantes e prestadores da jurisdição.

LIVRO COMPLEMENTAR
(ARTS. 1.045 A 1.072)

Art. 1.045. Este Código entra em vigor após decorrido 1 (um) ano da data de sua publicação oficial.

Art. 1.046. Ao entrar em vigor este Código, suas disposições se aplicarão desde logo aos processos pendentes, ficando revogada a Lei nº 5.869, de 11 de janeiro de 1973.

§ 1º As disposições da Lei nº 5.869, de 11 de janeiro de 1973, relativas ao procedimento sumário e aos procedimentos especiais que forem revogadas aplicar-se-ão às ações propostas e não sentenciadas até o início da vigência deste Código.

§ 2º Permanecem em vigor as disposições especiais dos procedimentos regulados em outras leis, aos quais se aplicará supletivamente este Código.

§ 3º Os processos mencionados no art. 1.218 da Lei nº 5.869, de 11 de janeiro de 1973, cujo procedimento ainda não tenha sido incorporado por lei submetem-se ao procedimento comum previsto neste Código.

§ 4º As remissões a disposições do Código de Processo Civil revogado, existentes em outras leis, passam a referir-se às que lhes são correspondentes neste Código.

§ 5º A primeira lista de processos para julgamento em ordem cronológica observará a antiguidade da distribuição entre os já conclusos na data da entrada em vigor deste Código.

Art. 1.047. As disposições de direito probatório adotadas neste Código aplicam-se apenas às provas requeridas ou determinadas de ofício a partir da data de início de sua vigência.

Art. 1.048. Terão prioridade de tramitação, em qualquer juízo ou tribunal, os procedimentos judiciais:

I – em que figure como parte ou interessado pessoa com idade igual ou superior a 60 (sessenta) anos ou portadora de doença grave, assim compreendida qualquer das enumeradas no art. 6º, inciso XIV, da Lei nº 7.713, de 22 de dezembro de 1988;

II – regulados pela Lei nº 8.069, de 13 de julho de 1990 (Estatuto da Criança e do Adolescente).

§ 1º A pessoa interessada na obtenção do benefício, juntando prova de sua condição, deverá requerê-lo à autoridade judiciária competente para decidir o feito, que determinará ao cartório do juízo as providências a serem cumpridas.

§ 2º Deferida a prioridade, os autos receberão identificação própria que evidencie o regime de tramitação prioritária.

§ 3º Concedida a prioridade, essa não cessará com a morte do beneficiado, estendendo-se em favor do cônjuge supérstite ou do companheiro em união estável.

§ 4º A tramitação prioritária independe de deferimento pelo órgão jurisdicional e deverá ser imediatamente concedida diante da prova da condição de beneficiário.

Art. 1.049. Sempre que a lei remeter a procedimento previsto na lei processual sem especificá-lo, será observado o procedimento comum previsto neste Código.

Parágrafo único. Na hipótese de a lei remeter ao procedimento sumário, será observado o procedimento comum previsto neste Código, com as modificações previstas na própria lei especial, se houver.

Art. 1.050. A União, os Estados, o Distrito Federal, os Municípios, suas respectivas entidades da administração indireta, o Ministério Público, a Defensoria Pública e a Advocacia Pública, no prazo de 30 (trinta) dias a contar da data da entrada em vigor deste Código, deverão se cadastrar perante a administração do tribunal no qual atuem para cumprimento do disposto nos arts. 246, § 2º, e 270, parágrafo único.

Art. 1.051. As empresas públicas e privadas devem cumprir o disposto no art. 246, § 1º, no prazo de 30 (trinta) dias, a contar da data de inscrição do ato constitutivo da pessoa jurídica, perante o juízo onde tenham sede ou filial.

Parágrafo único. O disposto no *caput* não se aplica às microempresas e às empresas de pequeno porte.

Art. 1.052. Até a edição de lei específica, as execuções contra devedor insolvente, em curso ou que venham a ser propostas, permanecem reguladas pelo Livro II, Título IV, da Lei nº 5.869, de 11 de janeiro de 1973.

Art. 1.053. Os atos processuais praticados por meio eletrônico até a transição definitiva para certificação digital ficam convalidados, ainda que não tenham observado os requisitos mínimos estabelecidos por este Código, desde que tenham atingido sua finalidade e não tenha havido prejuízo à defesa de qualquer das partes.

Art. 1.054. O disposto no art. 503, § 1º, somente se aplica aos processos iniciados após a vigência deste Código, aplicando-se aos anteriores o disposto nos arts. 5º, 325 e 470 da Lei nº 5.869, de 11 de janeiro de 1973.

Art. 1.055. (Vetado).

Art. 1.056. Considerar-se-á como termo inicial do prazo da prescrição prevista no art. 924, inciso V, inclusive para as execuções em curso, a data de vigência deste Código.

Art. 1.057. O disposto no art. 525, §§ 14 e 15, e no art. 535, §§ 7º e 8º, aplica-se às decisões transitadas em julgado após a entrada em vigor deste Código, e, às decisões transitadas em julgado anteriormente, aplica-se o disposto no art. 475-L, § 1º, e no art. 741, parágrafo único, da Lei nº 5.869, de 11 de janeiro de 1973.

Art. 1.058. Em todos os casos em que houver recolhimento de importância em dinheiro, esta será depositada em nome da parte ou do interessado, em conta especial movimentada por ordem do juiz, nos termos do art. 840, inciso I.

Art. 1.059. À tutela provisória requerida contra a Fazenda Pública aplica-se o disposto nos arts. 1º a 4º da Lei nº 8.437, de 30 de junho de 1992, e no art. 7º, § 2º, da Lei nº 12.016, de 7 de agosto de 2009.

Art. 1.060. O inciso II do art. 14 da Lei nº 9.289, de 4 de julho de 1996, passa a vigorar com a seguinte redação:
"Art. 14. [...]
II – aquele que recorrer da sentença adiantará a outra metade das custas, comprovando o adiantamento no ato de interposição do recurso, sob pena de deserção, observado o disposto nos §§ 1º a 7º do art. 1.007 do Código de Processo Civil;
[...]" (NR)

Art. 1.061. O § 3º do art. 33 da Lei nº 9.307, de 23 de setembro de 1996 (Lei de Arbitragem), passa a vigorar com a seguinte redação:
"Art. 33. [...]
§ 3º A decretação da nulidade da sentença arbitral também poderá ser requerida na impugnação ao cumprimento da sentença, nos termos dos arts. 525 e seguintes do Código de Processo Civil, se houver execução judicial." (NR)

Art. 1.062. O incidente de desconsideração da personalidade jurídica aplica-se ao processo de competência dos juizados especiais.

Art. 1.063. Até a edição de lei específica, os juizados especiais cíveis previstos na Lei nº 9.099, de 26 de setembro de 1995, continuam competentes para o processamento e julgamento das causas previstas no art. 275, inciso II, da Lei nº 5.869, de 11 de janeiro de 1973.

Art. 1.064. O *caput* do art. 48 da Lei nº 9.099, de 26 de setembro de 1995, passa a vigorar com a seguinte redação:
"Art. 48. Caberão embargos de declaração contra sentença ou acórdão nos casos previstos no Código de Processo Civil.
[...]." (NR)

Art. 1.065. O art. 50 da Lei nº 9.099, de 26 de setembro de 1995, passa a vigorar com a seguinte redação:
"Art. 50. Os embargos de declaração interrompem o prazo para a interposição de recurso." (NR)

Art. 1.066. O art. 83 da Lei nº 9.099, de 26 de setembro de 1995, passam a vigorar com a seguinte redação:
"Art. 83. Cabem embargos de declaração quando, em sentença ou acórdão, houver obscuridade, contradição ou omissão.
[...]

§ 2º Os embargos de declaração interrompem o prazo para a interposição de recurso.
[...]" (NR)

Art. 1.067. O art. 275 da Lei nº 4.737, de 15 de julho de 1965 (Código Eleitoral), passa a vigorar com a seguinte redação:
"Art. 275. São admissíveis embargos de declaração nas hipóteses previstas no Código de Processo Civil.
§1º Os embargos de declaração serão opostos no prazo de 3 (três) dias, contado da data de publicação da decisão embargada, em petição dirigida ao juiz ou relator, com a indicação do ponto que lhes deu causa.
§2º Os embargos de declaração não estão sujeitos a preparo.
§3º O juiz julgará os embargos em 5 (cinco) dias.
§4º Nos tribunais:
I – o relator apresentará os embargos em mesa na sessão subsequente, proferindo voto;
II – não havendo julgamento na sessão referida no inciso I, será o recurso incluído em pauta;
III – vencido o relator, outro será designado para lavrar o acórdão.
§ 5º Os embargos de declaração interrompem o prazo para a interposição de recurso.
§6º Quando manifestamente protelatórios os embargos de declaração, o juiz ou o tribunal, em decisão fundamentada, condenará o embargante a pagar ao embargado multa não excedente a 2 (dois) salários-mínimos.
§7º Na reiteração de embargos de declaração manifestamente protelatórios, a multa será elevada a até 10 (dez) salários-mínimos." (NR)

Art. 1.068. O art. 274 e o *caput* do art. 2.027 da Lei nº 10.406, de 10 de janeiro de 2002 (Código Civil), passam a vigorar com a seguinte redação:
"Art. 274. O julgamento contrário a um dos credores solidários não atinge os demais, mas o julgamento favorável aproveita-lhes, sem prejuízo de exceção pessoal que o devedor tenha direito de invocar em relação a qualquer deles." (NR)
"Art. 2.027. A partilha é anulável pelos vícios e defeitos que invalidam, em geral, os negócios jurídicos.
[...]" (NR)

Art. 1.069. O Conselho Nacional de Justiça promoverá, periodicamente, pesquisas estatísticas para avaliação da efetividade das normas previstas neste Código.

Art. 1.070. É de 15 (quinze) dias o prazo para a interposição de qualquer agravo, previsto em lei ou em regimento interno de tribunal, contra decisão de relator ou outra decisão unipessoal proferida em tribunal.

Art. 1.071. O Capítulo III do Título V da Lei nº 6.015, de 31 de dezembro de 1973 (Lei de Registros Públicos), passa a vigorar acrescida do seguinte art. 216-A:

"Art. 216-A. Sem prejuízo da via jurisdicional, é admitido o pedido de reconhecimento extrajudicial de usucapião, que será processado diretamente perante o cartório do registro de imóveis da comarca em que estiver situado o imóvel usucapiendo, a requerimento do interessado, representado por advogado, instruído com:

I – ata notarial lavrada pelo tabelião, atestando o tempo de posse do requerente e seus antecessores, conforme o caso e suas circunstâncias;

II – planta e memorial descritivo assinado por profissional legalmente habilitado, com prova de anotação de responsabilidade técnica no respectivo conselho de fiscalização profissional, e pelos titulares de direitos reais e de outros direitos registrados ou averbados na matrícula do imóvel usucapiendo e na matrícula dos imóveis confinantes;

III – certidões negativas dos distribuidores da comarca da situação do imóvel e do domicílio do requerente;

IV – justo título ou quaisquer outros documentos que demonstrem a origem, a continuidade, a natureza e o tempo da posse, tais como o pagamento dos impostos e das taxas que incidirem sobre o imóvel.

§ 1º O pedido será autuado pelo registrador, prorrogando-se o prazo da prenotação até o acolhimento ou a rejeição do pedido.

§ 2º Se a planta não contiver a assinatura de qualquer um dos titulares de direitos reais e de outros direitos registrados ou averbados na matrícula do imóvel usucapiendo e na matrícula dos imóveis confinantes, esse será notificado pelo registrador competente, pessoalmente ou pelo correio com aviso de recebimento, para manifestar seu consentimento expresso em 15 (quinze) dias, interpretado o seu silêncio como discordância.

§ 3º O oficial de registro de imóveis dará ciência à União, ao Estado, ao Distrito Federal e ao Município, pessoalmente, por intermédio do oficial de registro de títulos e documentos, ou pelo correio com aviso de recebimento, para que se manifestem, em 15 (quinze) dias, sobre o pedido.

§ 4º O oficial de registro de imóveis promoverá a publicação de edital em jornal de grande circulação, onde houver, para a ciência de terceiros eventualmente interessados, que poderão se manifestar em 15 (quinze) dias.

§ 5º Para a elucidação de qualquer ponto de dúvida, poderão ser solicitadas ou realizadas diligências pelo oficial de registro de imóveis.

§6ºTranscorrido o prazo de que trata o §4º deste artigo, sem pendência de diligências na forma do §5º deste artigo e achando-se em ordem a documentação, com inclusão da concordância expressa dos titulares de direitos reais e de outros direitos registrados ou averbados na matrícula do imóvel usucapiendo e na matrícula dos imóveis confinantes, o oficial de registro de imóveis registrará a aquisição do imóvel com as descrições apresentadas, sendo permitida a abertura de matrícula, se for o caso.

§ 7º Em qualquer caso, é lícito ao interessado suscitar o procedimento de dúvida, nos termos desta Lei.

§ 8º Ao final das diligências, se a documentação não estiver em ordem, o oficial de registro de imóveis rejeitará o pedido.

§9º A rejeição do pedido extrajudicial não impede o ajuizamento de ação de usucapião.

§10. Em caso de impugnação do pedido de reconhecimento extrajudicial de usucapião, apresentada por qualquer um dos titulares de direito reais e de outros direitos registrados ou averbados na matrícula do imóvel usucapiendo e na matrícula dos imóveis confinantes, por algum dos entes públicos ou por algum terceiro interessado, o oficial de registro de imóveis remeterá os autos ao juízo competente da comarca da situação do imóvel, cabendo ao requerente emendar a petição inicial para adequá-la ao procedimento comum."

Art. 1.072. Revogam-se:
I – o art. 22 do Decreto-Lei nº 25, de 30 de novembro de 1937;
II – os arts. 227, *caput*, 229, 230, 456, 1.482, 1.483 e 1.768 a 1.773 da Lei nº 10.406, de 10 de janeiro de 2002 (Código Civil);
III – os arts. 2º, 3º, 4º, 6º, 7º, 11, 12 e 17 da Lei nº 1.060, de 5 de fevereiro de 1950;
IV – os arts. 13 a 18, 26 a 29 e 38 da Lei nº 8.038, de 28 de maio de 1990;
V – os arts. 16 a 18 da Lei nº 5.478, de 25 de julho de 1968; e
VI – o art. 98, § 4º, da Lei nº 12.529, de 30 de novembro de 2011.

1. Objeto do Livro. **2.** Vigência do Código. **3.** Disposições do Livro.

1. Objeto do Livro – A parte do Código de Processo Civil integrada pelos arts. 1.045 a 1.072 intitula-se Livro Complementar. Não é, porém, livro complementar da Parte Especial, como se dela fora um quarto livro. Trata-se de um complemento de todo o diploma, constituindo, então, além da geral e da especial, a terceira parte dele, onde se encontram normas a ele aplicáveis em toda a sua extensão.

2. Vigência do Código – Ao contrário do código anterior, cujo art. 1.220 preceituava, claramente, que ele entraria em vigor no dia 1º de janeiro de 1974, o art. 1.054 estabeleceu a sua vigência, "após decorrido 1 (um) ano da data de sua publicação oficial".

Publicado em 17 de março de 2015, o novo Código de Processo Civil entrou em vigor em igual dia de 2016. Possíveis dúvidas sobre o efetivo termo inicial da sua vigência, que não ocorreriam se o diploma houvesse especificado a data, levaram o Superior Tribunal de Justiça a formular o Enunciado Administrativo nº 1, que determinou o início de vigor do novo CPC, em 18 de março de 2016.

O art. 1.045 estipulou o termo inicial da vigência do CPC de 2015. O seu termo final é, obviamente, indeterminado. Espera-se contudo que o Código vigore defectivo, ao verbo **viger** falta o presente do subjuntivo) por muitos anos, como acontece com vários dos seus congêneres, sem a curta duração da lei precedente, efêmera por razões que os historiadores do Direito Processual Civil brasileiro e da elaboração legislativa contemporânea deste país talvez um dia consigam descobrir e revelar.

A norma do art. 1.045 do CPC vigente, parecida com a do art. 1.220 do Código de 1973, permanece em vigor, integrada ao direito processual civil positivo, como marco inicial da sua duração.

3. Disposições do Livro – Como está na sua epígrafe, o Livro Complementar encerra disposições finais e transitórias, as primeiras porque encerram a sistematização do Código; estas porque vigem por determinado tempo, ao fim do qual, não importa a sua duração, acabem por se extinguir. São normas condicionais de vigência subordinada a acontecimento futuro e incerto, como, por exemplo, o art. 1.052, conforme o qual as disposições do Título IV do Livro II do Código anterior permanecerão vigendo, "até a edição de lei específica". Inexistente a desuetudo no Direito brasileiro, as normas continuam vigorando até o implemento da relação a que estejam subordinadas, ou até o termo final, marcado por regra específica, ou por uma derrogação, ou ab-rogação, que as retiram, em parte, ou no todo, do sistema do direito positivo.

O Código não classifica as normas do Livro Complementar. Ele as edita numa sequência axiológica, resultante da opção valorativa do legislador.

Não é necessário anotar minuciosamente, cada artigo do Livro Complementar, alguns autoexplicativos, outros iguais ou semelhantes a disposições do Código anterior, estes, objeto de considerações da doutrina e da jurisprudência. Alinham-se aqui todavia, os artigos do Livro com observações oportunas.

a). art. 1.045 – deste artigo já se falou no item 2, anterior, que tratou da vigência do Código.

b). arts. 1.046, 1.047, 1.048 e 1.049 – O art. 1.046 determina que as disposições da nova lei se apliquem aos processos pendentes. Esclareça-se contudo que as normas do diploma não incidem sobre os atos que estiverem em curso quando do seu advento. Esses atos se desenvolvem de acordo com a lei vigente no momento em que se iniciou a sua prática. Assim, por exemplo, se se interpôs agravo de instrumento de decisão interlocutória não enumerada no *caput* do art. 1.015, ou no parágrafo único do Código adventício, a superveniência dele, que limitou o agravo a decisões específicas, não obstam a um juízo positivo de admissibilidade quanto à recorribilidade e adequação.

O § 1º determina que, embora revogadas as normas regentes dos procedimentos comuns e especiais, elas se aplicam aos processos das ações propostas antes da vigência do novo CPC, desde que ainda não tenham sido julgadas por sentença, terminativa ou definitiva, esclareça-se, na data em que ele entrou em vigor. O procedimento a ser seguido pelo processo das ações propostas depois da vigência, ou julgadas antes dela, rege-se pelo novo Código. Conforme o § 2º, continuam vigendo as normas dos processos especiais, que já vigoravam quando da entrada da lei em vigor. As disposições da nova lei aplicar-se-ão subsidiariamente, devendo-se recorrer a elas para compreender os processos aludidos. O § 3º deixa sob o regime do Código anterior os processos enumerados no art. 1.218 deste, salvo se incorporados ao novo Código por lei específica. O § 4º atualiza as remissões feitas por leis especiais a dispositivos do Código anterior. Determina que essas remissões sejam trocadas por referências ao diploma agora vigente. Na falta de normas correspondentes, as remissões à lei anterior permanecem para fins de interpretação histórica ou aplicação analógica sem que contudo continuem vigorando. Inadmissível seria manter vigentes regras de uma lei revogada somente por força de remissões. O § 5º refere-se à antiguidade da distribuição do órgão competente, mas incide apenas quanto aos autos que já estiverem conclusos ao relator.

O art. 1.047 confirma o entendimento exposto ao se examinar o art. 1.046. Consoante essa norma, as disposições do novo Código, pertinentes às provas, só se aplicam às requeridas ou determinadas a penhora da sua vigência. Interprete-se o artigo, *a contrario sensu*, no sentido de que as provas, requeridas, ou determinadas de ofício, antes da vigência do novo diploma regem-se pelo direito anterior, quanto à sua admissibilidade. Assim, por exemplo, se o CPC de 1973 admitisse prova exclusivamente testemunhal para comprovar dívida de até duzentos salários-mínimos e, na vigência dele, a parte requeresse a produção dessa prova, ela poderia ser deduzida ainda que o Código superveniente limitasse a prova exclusivamente testemunhal a dívidas de cem salários-mínimos.

O art. 1.048 não dispõe, propriamente, sobre a vigência da lei no tempo, nem no espaço. Apenas assegura prioridade na tramitação. O pronome **qualquer** mostra que a regra se aplica em todas as instâncias, mesmo no Superior Tribunal de Justiça e no Supremo Tribunal Federal cujos regimentos não se sobrepõem às normas da legislação ordinária. Os incisos I e II remetem a leis específicas, não integradas ao novo Código, as quais demandam interpretação que refoge ao propósito deste livro, convindo consultar a doutrina e a jurisprudência sobre eles. No § 1º, autoridade competente será o juiz do processo, relator nos colegiados, de cuja decisão caberá agravo interno. Ainda sem relator o feito, a competência será do presidente do órgão, ou de outro juiz, indicado pelas regras de organização judiciária. O § 4º do artigo complementa o § 3º. Deferida a prioridade (§§ 1º e 2º) ela não cessa com a morte do beneficiário. Permanece, independentemente de deferimento, precedente a tramitação de outros fatos, ainda quando o sucessor do falecido não se enquadra nas situações dos dois incisos do *caput* desse art. 1.048.

O art. 1.049 manda que se obedeça o procedimento comum, estabelecido no CPC de 2015, a menos que a lei determine a observância de outro procedimento. Conforme o parágrafo único desse artigo, o procedimento comum, previsto no Código (art. 318 e ss.) substitui o procedimento sumário, mas o procedimento comum será adaptado às disposições previstas na lei instituidora do procedimento sumário, desde que ela esteja em vigor. Assim, por exemplo, aplica-se o procedimento comum mas, vigente a lei especial, será dela o prazo assinado para a prática de certos atos.

c) arts. 1.050 e 1.051 – Esses dois artigos não contêm normas de natureza processual, embora determinem cadastramento para fins de comunicação eletrônica. Vejam-se os arts. 242, §§ 1º e 2º e o parágrafo único do art. 270. A falta desse cadastro não obsta a que se proceda àtransmissão de atos processuais por via eletrônica, que vai avante dos meios tradicionais de comunicação. Não se pode contudo negar que, feita por qualquer meio, vale a comunicação que alcança o seu objetivo. O descumprimento das normas de que tratam os dois dispositivos leva ao uso de outros meios, não se focando alegar a ausência do cadastro para justificar a falta da comunicação que de algum modo precisa ser feita, sob pena de nulidade, inclusive por afronta às garantias constitucionais de ampla defesa e contraditório, inerentes ao devido processo legal. O descumprimento das normas sujeitará os responsáveis a sanções administrativas estranhas ao Código.

d) art. 1.052 – Esse artigo é objeto das considerações feitas na página que se segue às considerações sobre os dispositivos regentes do processo de execução.

e) art. 1.053 – Esse artigo reitera o princípio feito norma em mais de um dispositivo do CPC de 2015, como, por exemplo, o art. 277. Desnecessário o artigo, que edita norma já existente e abriga princípio da processualística, ele serve todavia para mostrar o descaso do legislador pelas regras de gramática e de estudo. Já não se pode esperar que, na elaboração de um Código, se observem mínimas regras por cuja observância se preocupou Rui Barbosa e o seu mestre, Ernesto Carneiro Ribeiro, na elaboração do projeto do Código Civil de 1916. Não se pode pretender que, da pena de quem legisla, saia obra do primor do Código Napoleão, a que Sthendal recorria para fortalecer o seu estilo quando o via a esmaecer-se. Entretanto, não se pode aprovar o uso tríplice do desgastado verbo **ter**, nas poucas linhas do artigo agora examinado.

f) art. 1.054 – Esse artigo contém a eficácia do § 1º do art. 503. As normas do parágrafo (q.v.), só se aplicam aos processos iniciados após a vigência do novo Código. Processo iniciado é ação proposta (arts. 312 e 2º), independentemente da sua regularização pela intimação do réu, ou réus à relação processual (art. 239). A vigência do Código é definida no art. 1.045. Considerando que a vigência ocorre a partir do começo do dia do início da sua vigência, qualquer processo iniciado nessa data entra nos limites do artigo aqui examinado. Compreende-se a remissão aos dispositivos ali enumerados, todos do artigo Código de Processo Civil (Lei nº 5.869, de 11 de janeiro de 1973), no sentido de que eles se aplicam aos processos das ações propostas antes da vigência do atual diploma, ainda que a sentença e o seu trânsito em julgado hajam ocorrido em data posterior.

g) arts. 1.055, 1.056 e 1.057 – O art. 1.056 foi vetado. O veto foi mantido. Logo, ele não entrou em vigor.

O art. 1.056 fixa o termo inicial do prazo da prescrição intercorrente na data de vigência do CPC de 2015. A prescrição começa a correr nessa data (art. 1.045), que também se computa no prazo, sendo o primeiro dos seus dias.

Na interpretação do art. 1.057, também relativa a início do prazo, deve-se interpretar como decisão transitada em julgado a que, definida no art. 502, transitou em julgado no dia seguinte ao da entrada em vigor do novo diploma, como indica o advérbio **após**.

h) art. 1.058 – O recolhimento da importância em dinheiro não é, obviamente, só a que se faz em papel-moeda, mas a que se exprime em moeda, como unidade comum de troca ou medida comum de valor, ainda que o recolhimento se faça por meio de cheque, ou ordem de pagamento. Faz-se em nome da pessoa que recolhe, desde que parte ou interessado no processo, não sem representante legal. O recolhimento se faz por ordem do juiz, presumindo-se a ordem quando ele se efetuar, espontaneamente, em razão da lei. Pode o juiz revogando, mandar restituir a quantia à parte ou interessado que a houver recolhido; não à pessoa que efetuar o depósito. Tem-se por parte quem ocupa o polo ativo ou passivo da relação processual e, por extensão, o terceiro interveniente no processo. Interessado será qualquer pessoa que não cumpre essa posição como o comprador ou arrematante da coisa. Veja-se o inc. I do art. 840.

i) arts. 1.059 a 1.068 – Todos esses artigos, ou remetem a normas seguintes ao advento do Código, ou modificam a alteração delas, em caso de derrogação. Nota-se a existência de normas que alteram dispositivos de outras leis, como o Código Eleitoral e o Código Civil (arts. 1.067 e 1.068).

Lei ordinária, pode o Código de Processo Civil derrogar e revogar outras leis ordinárias, não importa a natureza delas.

j) art. 1.069 – Louvável esse artigo, num país, onde informações contadas a esmo e até intuições instituem as estatísticas, meio não de todo seguro, mas razoável, de verificar situações que se mostram pela quantidade, qualidade ou outras dimensões, para fins de aperfeiçoamento, eliminação e até imitação. O dispositivo determina que o Conselho Nacional de Justiça, integrante do Poder Judiciário, como se vê no art. 92 da Constituição Federal, embora não exerça a jurisdição proceda pesquisas estatísticas, isto é, levantamento estatísticos, destinados a verificar o modo de incidência das normas do novo Código (v.g., quantas audiências se fizeram numa comarca, quantas mediações se obtiveram, qual o número de juízes e serventuários, em quanto tempo se julgam recursos num tribunal). O artigo deixa ao CNJ a determinação da periodicidade da pesquisa, que pode ser variável, e o modo pelo qual se realizarão as estatísticas que tanto mais eficazes serão quanto se adotarem técnicas adequadas, pessoal habilitado e meios propícios às verificações. De olhos voltados para a realidade brasileira e de pé no chão, resta se formularem votos de que esse artigo não seja integrante da categoria cujo rótulo é "esta lei não pegou".

l) art. 1.070 – esse artigo concede o prazo dequinze dias para a interposição de agravo, mas somente agravo previsto em lei ou regimento interno do tribunal, praticado pelo relator, ou por qualquer outro magistrado, em decisão singular, impessoal. O ato pode ser do relator (v.g., admitem intervenção de *amicus curiae*), ou de outro magistrado (por exemplo, tendo pedido vista, o juiz determina sozinho uma diligência). O artigo não abrange atos de colegiado, que serão impugnáveis pelos recursos instituídos por lei, inclusive constitucional. O artigo tornou o prazo nele concedido idêntico ao estipulado pelo § 5º do art. 1.003 do Código. Eventuais embargos de declaração das decisões impessoais, que não são recurso, serão opostos no prazo de cinco dias, aplicável, subsidiariamente, o quinquídio do art. 1.023, a menos que lei especial fixe prazo menor ou maior para o ajuizamento desse incidente.

m) art. 1.071 – Esse artigo derrogou a Lei de Registros Públicos, incluindo nas disposições finais e transitórias normas que, por sua natureza, poderiam ser editadas por lei especial. Sem correspondência no Código anterior, o penúltimo artigo do CPC institui normas cuja interpretação e aplicação serão da sucumbência dos doutrinadores e magistrados.

n) art. 1.072 – O último artigo do Código de processo Civil ab-roga, nos seus sete incisos, as normas neles mencionadas. As situações por elas reguladas serão regidas por outras normas que as substituírem ou por aplicação subsidiária, ou analógica, sempre com atenção ao fato de que a jurisdição tem por pressuposto necessário a atividade legislativa.

Aqui terminam as considerações deste livro que revela opiniões sobre o Código de Processo Civil, instituído pela Lei nº 13.105, de 16 de março de 2015. Acima e além das críticas e das explicações constantes dos dois volumes deste trabalho fica a esperança muito sincera de que o novo Código seja aplicado com observância da sentença de São Paulo, conforme a qual a lei é boa quando aplicada legitimamente. Que assim seja, sob as bênçãos de Deus.

ÍNDICE REMISSIVO

Volume 1

Art. 1º – 6
Art. 2º – 6; 210 e 217
Art. 3º – 7 e 260
Art. 3º, §3º – 8
Art. 4º – 5; 8; 9 e 10
Art. 5º – 5; 11 e 13
Art. 6º – 10 e 11
Art. 7º – 5
Art. 8º – 11 e 5
Art. 9º – 11 e 12
Art. 10 – 11 e 12
Art. 11 – 5; 10 e 288
Art. 12, §1º – 5 e 14
Art. 12, §2, IX – 10
Art. 13 – 15; 16 e 272
Art. 14 – 15 e 16
Art. 15 – 15; 17 e 18
Art. 16 – 19
Art. 17 – 19
Art. 18 – 19; 96; 101; 260; 264 e 266
Art. 19 – 20
Art. 20 – 21
Art. 21 – 23
Art. 22 – 23
Art. 23 – 23 e 24
Art. 24 – 25
Art. 25 – 26
Art. 26 – 28; 29; 32; 33 e 35
Art. 26, I e II – 28
Art. 26, §§ 1º e 2º – 28

Art. 27, I ao V – 30
Art. 28 – 31
Art. 29 – 31
Art. 30 – 31 e 32
Art. 30, II, III – 32
Art. 31 – 31
Art. 32 – 32
Art. 33 – 32
Art. 34 – 32
Art. 35 – 33
Art. 36, § 1º e 2º – 33 e 34
Art. 37 – 35
Art. 38 – 35
Art. 39 – 36
Art. 40 – 36
Art. 41 – 36 e 37
Art. 42 – 40
Art. 43 – 41
Art. 44 – 41
Art. 45 – 41
Art. 46 – 42 e 44
Art. 46, §§1º ao 3º – 42
Art. 46, §§4º e 5º – 43
Art. 47 – 43
Art. 48 – 43
Art. 49 – 43
Art. 50 – 44 e 101
Art. 51 – 44 e 101
Art. 52 – 44 e 101
Art. 53 – 44; 45; 46 e 101

Art. 54 – 47; 48 e 51
Art. 55 – 48; 49; 50; 51; 52 e 102
Art. 55, §1º – 48 e 49
Art. 55, §2º – 49
Art. 55, §3º – 50
Art. 56 – 50; 51 e 52
Art. 57 – 48; 49; 50 e 52
Art. 58 – 49
Art. 59 – 52 e 53
Art. 60 – 53
Art. 61 – 53
Art. 62 – 53; 54 e 56
Art. 63 §§1º ao 4º – 26 e 54
Art. 64 – 56 e 57
Art. 64, §1º – 56 e 57
Art. 64, §§ 2º e 3º – 57
Art. 64, §4º – 58
Art. 65 – 56 e 57
Art. 66, I – 58
Art. 66, II – 58 e 59
Art. 66, III, §.un. – 59
Art. 67 – 61; 63
Art. 68 – 61 e 63
Art. 69 – 61
Art. 69, I, §§ 1º e 2º – 62
Art. 69, §3º – 61
Art. 70 – 66 e 164
Art. 71 – 66
Art. 72 – 66
Art. 73, §1º, I, II, III – 67
Art. 73, §1º IV, §§ 2º e 3º – 68
Art. 74 – 67
Art. 75, I, II, III – 67
Art. 75, IV, V, VI, VII, VIII – 68
Art. 75, IX, X,, §§ 1º, 2º, 3º, 4º – 69
Art. 76, §1º, I, II, III, §§ 1º e 2º – 70
Art. 77, II, III, IV, V – 73

Art. 77, IV, VI, §§ 1º, 2º, 3º, 4º, 5º, 6º, 7º – 74
Art. 77, §8º – 75
Art. 78, §§1º e 2º – 75
Art. 79 – 76
Art. 80 – 76
Art. 81, §2º – 76
Art. 82, §§1º e 2º – 81
Art. 83, §1º, I, II, III, § 2º – 81
Art. 84 – 81
Art. 85 – 81
Art. 85, §§1º, 2º e 3º, I, II, III, IV, V, §7º – 83
Art. 85, §§ 2º ao 15º – 83
Art. 85, §§ 17º ao 19º – 84
Art. 86 – 84
Art. 87, §1º – 84 e 85
Art. 87, §2º – 84
Art. 88 –. 85
Art. 89 – 85
Art. 90, §§ 1º ao 4º – 85 e 86
Art. 91 – 86
Art. 91, §§ 1º e 2º – 87
Art. 92 – 87
Art. 93 – 87 e 88
Art. 94 – 87 e 88
Art. 95, §§3º ao 5º – 87 e 88
Art. 96 – 88 e 89
Art. 97 – 88 e 89
Art. 98 – 91
Art. 98, §1º – 91
Art. 99 – 91
Art. 100 – 91
Art. 101 – 91
Art. 102 – 91
Art. 103 – 94
Art. 104, §1º e 2º – 94
Art. 105, §4º – 94

Art. 105, §§2º e 3º – 409
Art. 106 – 94
Art. 107, §2º e 4º – 94
Art. 107, §3º – 95
Art. 108 – 96
Art. 109, §§º 1º ao 3º – 96
Art. 110 – 96
Art. 111 – 96 e 97
Art. 112, §2º – 96 e 97
Art. 113 – 98
Art. 113, I, II, III, §1º e 2º – 99
Art. 114 – 98 e 425
Art. 115 – 98
Art. 115, I, II – 100 e 101
Art. 115, § un. – 99, 101 e 425
Art. 116 – 98; 100 e 425
Art. 117 – 98 e 100
Art. 118 – 98; 100 e 264
Art. 119 – 96 e 102
Art. 119, § un. – 103
Art. 120 – 102 e 103
Art. 121 – 102
Art. 122 – 102 e 103
Art. 123 – 102 e 103
Art. 124 – 96 e 103
Art. 125 – 102
Art. 125, §1º – 105 e 106
Art. 125, §2º – 106
Art. 126 – 102 e 106
Art. 127 – 102 e 106
Art. 128 – 102 e 106
Art. 128, § un – 107
Art. 129 – 102
Art. 130 – 102
Art. 131 – 102; 106 e 107
Art. 132 – 102 e 107
Art. 133 – 102 e 393

Art. 133, §2º – 109
Art. 134 – 102
Art. 134, §§ 2º ao 4º – 109
Art. 135 – 102 e 109
Art. 136 – 102; 109 e 393
Art. 137 – 102 e 397
Art. 138 – 111 e 461
Art. 138, §§1º e 2º – 111
Art. 138, § 3º – 112
Art. 139 –. 102
Art. 140 – 116 e 234
Art. 141 – 116
Art. 142 – 116
Art. 143, I, II – 116
Art. 144 – 119; 120; 121; 122; 124; 125 e 126
Art. 144, I a VI – 119
Art. 144, VII e IX – 120
Art. 144, VIII – 120; 121 e 122
Art. 144, §§ 1º ao 3º – 122
Art. 145 – 120 e 126
Art. 145, I e II – 120
Art. 145, III – 123
Art. 145, IV – 120
Art. 145, §1º – 123 e 124
Art. 146, §2º, I e II, §§3º ao 5º – 125
Art. 146, §§ 6º e 7º – 126
Art. 147 – 123
Art. 148, §§ 1º ao 4º – 126
Art. 149 – 131
Art. 150 – 127
Art. 151 – 127
Art. 152 – 127
Art. 152, IV – 240
Art. 153 – 127
Art. 154 – 127
Art. 155 – 127
Art. 156 – 128

Art. 157 – 128
Art. 158 – 128
Art. 159 – 128
Art. 160 – 129
Art. 161 – 129
Art. 162 – 130
Art. 162, I – 232
Art. 163 – 130 e 247
Art. 164 – 130
Art. 165 – 136 e 242
Art. 165, §1º – 161
Art. 165, §§2º e 3º – 248
Art. 166 – 136
Art. 167 – 136
Art. 167, §5º e 6º – 247
Art. 168 – 136
Art. 169 – 136
Art. 170 – 136
Art. 171 – 136
Art. 172 – 136
Art. 173 – 136
Art. 174 – 136
Art. 175 – 136
Art. 176 – 139
Art. 177 – 139
Art. 178 – 139 e 278
Art. 178, II – 404
Art. 179 – 139
Art. 180 – 139; 140; 188 e 288
Art. 180, §1º – 188
Art. 180, §2º – 139
Art. 181 – 140
Art. 182 – 72 e 140
Art. 183, §1º – 140; 187 e 188
Art. 183, §2º – 139
Art. 184 – 140
Art. 185 – 141

Art. 186 – 141
Art. 186, § 1º – 188
Art. 186, §§ 2º e 3º – 141
Art. 187 – 141
Art. 188 – 143 e 203
Art. 189 – 201
Art. 189, I, II, III, IV, §§ 1º e 2º – 143
Art. 190 – 144
Art. 191 – 144
Art. 191, § 2º – 144
Art. 192 – 145
Art. 193 – 143
Art. 194 – 145 e 146
Art. 195 – 145
Art. 196 – 145; 146 e 154
Art. 197 – 145
Art. 197, § un. – 146
Art. 198 – 145
Art. 199 – 145 e 146
Art. 200 – 146 e 147
Art. 201 – 146; 147; 176 e 257
Art. 202 – 147
Art. 203 – 203; 147 e 148
Art. 203, §1º – 147; 148; 364; 377; 392; 409 e 415
Art. 203, §2º – 147; 252; 266 e 409
Art. 203, §3º – 147 e 409
Art. 204 – 147; 149 e 392
Art. 205 – 147 e 149
Art. 205, §2º – 148 e 149
Art. 205, §3º – 148 e 149
Art. 206 – 150
Art. 207 – 150
Art. 208 – 150
Art. 209 – 150 e 151
Art. 209, § 2º – 150 e 151
Art. 210 – 150 e 151
Art. 211 – 150 e 152

Art. 212 – 152; 153; 154 e 399
Art. 212, § 3º – 152 e 154
Art. 213 – 152 e 154
Art. 213, § un. – 152; 153 e 155
Art. 214 – 153; 155 e 399
Art. 215 – 153; 154; 155
Art. 216 – 153; 155 e 160
Art. 217 – 155
Art. 218 – 156; 161 e 272
Art. 218, § 2º – 156 e 159
Art. 218, § 3º – 156; 159; 288; 298; 407 e 435
Art. 218, § 4º – 156 e 160
Art. 219 – 156; 160 e 162
Art. 219, § un. – 156; 160 e 161
Art. 220 – 156 e 161
Art. 221 – 157; 159 e 161
Art. 221, § un. – 157 e 161
Art. 222 – 157 e 159
Art. 223 – 157; 159; 114 e 146
Art. 223, § 1º – 157 e 411
Art. 223, § 2º – 157 e 248
Art. 224 – 157; 159; 162; 165 e 166
Art. 224, § 1º – 157 e 160
Art. 225 – 157 e 162
Art. 226 – 157; 160 e 162
Art. 226, III, – 157 e 161
Art. 227 – 157 e 167
Art. 228 – 157 e 159
Art. 228, § 2º – 158 e 163
Art. 229 – 158; 163; 258; 279; 288 e 436
Art. 230 – 158 e 159
Art. 231 – 158; 159; 164; 165; 258; 410 e 427
Art. 231, IV – 158 e 159
Art. 232 – 159; 165 e 166
Art. 233 – 166; 167 e 168

Art. 234 – 166 e 168
Art. 235 – 167; 168 e 169
Art. 236 – 169; 176 e 177
Art. 237 – 169; 176; 177 e 181
Art. 238 – 170; 175 e 244
Art. 239 – 170; 176; 178;
Art. 239, § 1º – 170; 175; 217 e 238
Art. 240 – 170; 176 e 178
Art. 241 – 170; 240 e 244
Art. 242 – 171; 176 e 178
Art. 243 –171 e 176
Art. 244 – 171 e 176
Art. 245 – 171; 176
Art. 246 – 171; 175; 176; 177 e 179
Art. 247 – 172
Art. 248 – 172 e 176
Art. 249 – 172
Art. 250 – 172 e 176
Art. 251 – 173 e 176
Art. 252 – 173 e 176
Art. 253 – 173 e 176
Art. 254 – 173 e 176
Art. 255 – 173 e 176
Art. 256 – 173 e 176
Art. 257 – 174 e 176
Art. 258 – 174 e 176
Art. 259 – 174 e 175
Art. 260 – 179; 181 e 182
Art. 261 – 179; 181 e 182
Art. 261, § 1º – 179 e 183
Art. 262 – 180; 181
Art. 262, § un. – 180 e 183
Art. 263 – 180 e 181
Art. 264 – 180; 182 e 183
Art. 265 – 180 e 181
Art. 266 – 180
Art. 267 – 180 e 181

Art. 267, § un. – 180 e 183
Art. 268 – 180
Art. 269 – 184; 187 e 188
Art. 270 – 184; 186; 187 e 190
Art. 270, § un. – 184; 186; 187 e 188
Art. 271 – 184; 186 e 188
Art. 272 – 184; 186; 187 e 188
Art. 273 – 185 e 190
Art. 274 – 185 e 186
Art. 274, § un. – 185 e 190
Art. 275 – 185; 186 e 190
Art. 276 – 190 e 192
Art. 277 – 191 e 192
Art. 278 – 191 e 192
Art. 279 – 191 e 192
Art. 279, § 1º – 191 e 192
Art. 279, § 2º – 191 e 192
Art. 280 – 191 e 192
Art. 281 – 191 e 192
Art. 282 – 191 e 192
Art. 283 – 191 e 192
Art. 284 – 193 e 194
Art. 285 – 193 e 194
Art. 286 – 193 e 194
Art. 287 – 193 e 194
Art. 287 – 193 e 194
Art. 288 – 193 e 194
Art. 289 – 193 e 195
Art. 290 – 193 e 195
Art. 291 – 195 e 196
Art. 292 – 195; 196 e 292
Art. 293 – 196; 197; 206 e 259
Art. 294 – 198; 199; 200
Art. 294, § un. – 198; 205; 206 e 210
Art. 295 – 198; 200; 210 e 211
Art. 296 – 198; 200 e 203
Art. 296 – 198; 200 e 203

Art. 297 – 198 e 201
Art. 298 – 198 e 201
Art. 299 – 198 e 200
Art. 300 – 201; 202; 203; 205; 210 e 424
Art. 301 – 198 e 203
Art. 302 – 201 e 203
Art. 303 – 204; 205; 206 e 207
Art. 304 – 204 e 208
Art. 305 – 209; 210; 212 e 215
Art. 306 – 209; 211 e 212
Art. 307 – 209 e 211
Art. 308 – 209 e 212
Art. 309 – 210; 212 e 213
Art. 310 – 210
Art. 311 – 213; 214 e 215
Art. 312 – 216 e 217
Art. 313 – 217; 219; 220 e 295
Art. 314 – 218; 219 e 220
Art. 315 – 216; 218 e 220
Art. 316 – 216 e 221
Art. 317 – 216; 221 e 222
Art. 318 – 225; 227; 228 e 229
Art. 319 – 229; 230; 231; 232; 238 e 241
Art. 320 – 230; 231 e 232
Art. 321 – 230; 231; 232 e 239
Art. 322 – 232 e 235
Art. 323 – 233; 234 e 235
Art. 324 – 233; 234 e 235
Art. 325 – 233 e 234
Art. 326 – 233; 235 e 236
Art. 327 – 233; 234 e 236
Art. 328 – 233; 234 e 235
Art. 329 – 233 e 236
Art. 330 – 237 e 239
Art. 330, § 1º – 237 e 238
Art. 331 – 238; 239; 240 e 244

Art. 332 – 241; 242; 243 e 244
Art. 333 – 245 e 246
Art. 334 – 246; 247; 248; 249; 250 e 258
Art. 334, § 1º – 246; 247 e 248
Art. 334, § 2º – 246 e 248
Art. 334, § 5º – 246 e 249
Art. 334, § 6º – 246 e 250
Art. 335 – 254; 257 e 258
Art. 335, § 1º – 254 e 258
Art. 335, § 2º – 254 e 258
Art. 336 – 255; 257; 258 e 269
Art. 337 – 255; 257; 258; 259 e 263
Art. 338 – 255; 260; 261 e 262
Art. 339 – 255; 261 e 262
Art. 339, § 1º – 255 e 262
Art. 339, § 2º – 255 e 262
Art. 340 – 253; 256; 257 e 262
Art. 341 – 256; 257 e 259
Art. 342 – 256 e 257
Art. 343 – 262; 263; 564; 265 e 266
Art. 344 – 266; 267 e 269
Art. 345 – 267 e 269
Art. 346 – 267 e 268
Art. 347 – 268
Art. 348 – 269
Art. 349 – 269; 270 e 275
Art. 350 – 270 e 271
Art. 351 – 271
Art. 352 – 271
Art. 353 – 271 e 272
Art. 354 – 273 e 278
Art. 354, § un. – 273 e 274
Art. 355 – 274; 275; 276 e 278
Art. 356 – 275; 276 e 278
Art. 356, § 1º – 275 e 276
Art. 357 – 276; 277; 278; 279; 280; 281; 282; 283 e 286

Art. 358 – 283 e 286
Art. 359 – 283 e 289
Art. 360 – 283; 286 e 289
Art. 361 – 283; 286 e 289
Art. 362 – 284; 287; 288 e 289
Art. 363 – 284 e 287
Art. 364 – 284; 286 e 287
Art. 365 – 284; 287 e 288
Art. 366 – 284 e 288
Art. 367 – 284; 286; 288 e 289
Art. 368 – 285; 286 e 288
Art. 369 – 290; 291 e 294
Art. 370 – 292 e 294
Art. 371 – 292; 294 e 297
Art. 372 – 292; 296 e 301
Art. 373 – 292; 294; 295; 297 e 298
Art. 374 – 292 e 294
Art. 375 – 292 294 e 295
Art. 376 – 292 e 295
Art. 377 – 292 295 e 296
Art. 378 – 293
Art. 379 – 293 e 296
Art. 380 – 293; 294; 296 e 298
Art. 380, § un. – 293 e 298
Art. 381 – 299; 300; 301; 302 e 303
Art. 382 – 299; 300; 301 e 302
Art. 383 – 300; 301; 302 e 304
Art. 384 – 304
Art. 385 – 305; 306; 307 e 308
Art. 386 – 306
Art. 387 – 306 e 307
Art. 388 – 306 e 308
Art. 389 – 309; 310 e 312
Art. 390 – 309 e 310
Art. 391 – 306; 307 e 309
Art. 391, § un. – 309; 311 e 312
Art. 392 – 309; 313 e 312

Art. 393 – 309; 311
Art. 393, § un. – 312
Art. 394 – 309
Art. 395 – 309 e 312
Art. 396 – 313; 316 e 425
Art. 397 – 161; 178; 313 e 315
Art. 398 – 178; 313 e 316
Art. 399 – 313; 315 e 316
Art. 400 – 313 e 316
Art. 400, § un. – 316
Art. 401 – 313 e 316
Art. 402 – 313 e 316
Art. 403 – 314 e 316
Art. 403, § un. – 303 e 314
Art. 404 – 314; 316; 317 e 425
Art. 405 – 317; 322 e 328
Art. 406 – 317 e 322
Art. 407 – 317 e 321
Art. 408 – 317 e 321
Art. 408, § un. – . 317 e 322
Art. 409 – 317; 321 e 322
Art. 410 – 318; 321 e 322
Art. 411 – 318; 322 e 324
Art. 412 – 318
Art. 413 – 318
Art. 413, § un. – 318 e 321
Art. 414 – 318 e 427
Art. 415 – 318 e 321
Art. 416 – 318 e 321
Art. 416, § un. – 318 e 322
Art. 417 – 318 e 322
Art. 418 – 319 e 322
Art. 419 – 319 e 323
Art. 420 – 319; 321 e 323
Art. 421 – 319 e 321
Art. 422 – 319; 323 e 324
Art. 423 – 319 e 323

Art. 424 – 319 e 321
Art. 425 – 319; 321 e 323
Art. 426 – 320
Art. 427 – 320; 321 e 324
Art. 428 – 320; 321 e 324
Art. 429 – 320; 321 e 324
Art. 430 – 325 e 326
Art. 430, § un. – 325 e 327
Art. 431 – 325 e 326
Art. 432 – 325 e 326
Art. 433 – 325 e 327
Art. 434 – 327; 328 e 329
Art. 435 – 207; 327 e 329
Art. 435, § un. – 327 e 330
Art. 436 – 327; 329 e 330
Art. 437 – 215; 328 329; 330 e 331
Art. 438 – 328 e 329
Art. 439 – 331 e 332
Art. 440 – 331 e 332
Art. 441 – 331 e 332
Art. 442 – 332 e 334
Art. 443 – 332 e 334
Art. 444 – 285; 288; 332; 334 e 335
Art. 445 – 126; 333 e 335
Art. 446 – 333; 334 e 335
Art. 447 – 308; 333 e 334; 335; 336
Art. 448 – 333; 334 e 336
Art. 449 – 333 e 336
Art. 449, § un. – 333 e 336
Art. 450 – 336; 340 e 342
Art. 451 – 336; 340 e 341
Art. 452 – 337; 340 e 341
Art. 453 – 336; 337; 340; 343 e 346
Art. 454 – 336; 337; 341; 343; 344 e 345
Art. 455 – 338; 341; 342 e 344
Art. 456 – 307; 338 e 342
Art. 456, § un. – 114 e 345

Art. 457 – 338 e 342
Art. 458 – 339 e 340
Art. 459 – 339; 342 e 345
Art. 460 – 339 e 342
Art. 461 – 339; 340; 345 e 346
Art. 462 – 339 e 340
Art. 463 – 339 e 340
Art. 464 – 346; 350; 354 e 355
Art. 465 – 160; 270; 283; 346; 350 e 351;352; 355; 356; 358
Art. 466 – 347; 352 e 357
Art. 467 – 347
Art. 467, § un. – 347 e 352
Art. 468 – 347; 350; 352; 354; 357 e 358
Art. 469 – 347
Art. 469, § un. – 347 e 352
Art. 470 – 348; 350 e 352
Art. 471 – 348; 357 e 358
Art. 472 – 348 e 350
Art. 473 – 348; 352; 358 e 359
Art. 474 – 348 e 350
Art. 475 – 348
Art. 476 – 349 e 352
Art. 477 – 160; 289; 349; 352 e 353
Art. 478 – 349; 353; 358 e 359
Art. 479 – 348; 350 e 353
Art. 480 – 349; 350 e 354
Art. 481 – 269; 359 e 360
Art. 482 – 359 e 360
Art. 483 – 359 e 360
Art. 483, § un. – 360
Art. 484 – 359 e 360
Art. 485 – 12; 115; 147; 148; 208; 212; 221; 222; 238; 239; 240; 259; 260; 261; 265; 266; 273; 312; 327; 361; 362; 363; 364; 365; 366; 367; 368; 416; 418; 419 e 463

Art. 486 – 106; 195; 312; 362; 365; 367; 368
Art. 487 – 148; 362; 365 e 366
Art. 488 – 362
Art. 489 – 368; 371; 372; 373 e 435
Art. 490 – 234; 369 e 371
Art. 491 – 369
Art. 492 – 234; 369 e 371
Art. 493 – 370
Art. 493, § un. – 370 e 371
Art. 494 – 366; 370; 371; 372 e 435
Art. 495 – 370; 371; 372; 374 e 377
Art. 496 – 375; 376 e 378
Art. 497 – 380 e 381
Art. 497, § un. – 380 e 382
Art. 498 – 380 e 381
Art. 498, § un. – 380 e 381
Art. 499 – 381 e 382
Art. 500 – 381 e 382
Art. 501 – 381 e 382
Art. 502 – 244; 327; 382; 384 e 392
Art. 503 – 382; 383; 384; 385 e 383
Art. 504 – 383 e 384
Art. 505 – 383 e 384
Art. 506 – 264; 383 e 384
Art. 507 – 383 e 384
Art. 508 – 12; 214; 383 e 384
[...]
Art. 966 – 12; 58; 119; 124; 252; 367; 372; 389; 391 e 392
Art. 967 – 197; 390; 392; 396 e 397
Art. 968 – 188; 197; 242; 390; 391; 392; 396; 397 e 398
Art. 969 – 391 e 398
Art. 970 – 391 e 398
Art. 971 – 391; 392; 396 e 398
Art. 972 – 391 e 399
Art. 973 – 391 e 399

Art. 974 – 389; 391 e 399

Art. 974, § un. – 374

Art. 975 – 391 e 399

Art. 994 – 398; 400; 403; 404; 414; 419; 420 e 434

Art. 995 – 208; 400; 402; 406; 407 e 418

Art. 995, § un. – 400 e 407

Art. 996 – 102; 244; 396; 401; 404; 408; 425; 428; 447 e 451

Art. 996, § un. – 112 e 408

Art. 997 – 244; 401 e 404

Art. 998 – 401; 402; 404 e 427

Art. 998, § un. – 407 e 408

Art. 999 – 401; 404; 408 e 427

Art. 1.000 – 401; 405; 408 e 427

Art. 1.000, § un. – 404; 405 e 427

Art. 1.001 – 149; 401; 404 e 409

Art. 1.002 – 401; 404; 405; 408 e 427

Art. 1.003 – 159; 401; 404; 405; 409; 417; 431; 436 e 465

Art. 1.004 – 161; 401 e 404

Art. 1.005 – 401; 404; 409 e 447

Art. 1.005, § un. – 404

Art. 1.006 – 402; 404 e 405

Art. 1.007 – 402; 404, 406; 410; 411 e 433

Art. 1.008 – 209; 393; 397; 402; 449 e 461

Art. 1.009 – 149; 239; 244; 265; 266; 275; 278; 279; 412; 414; 415; 417; 423; 424; 425 e 436

Art. 1.010 – 406; 411; 412; 414; 416; 417 e 451

Art. 1.011 – 412

Art. 1.012 – 406; 412; 414; 417; 418; 419 e 438

Art. 1.013 – 221; 413; 414; 418 e 440

Art. 1.014 – 396; 413 e 414

Art. 1.015 – 35; 109; 149; 203; 206; 208; 214; 240; 252; 266; 270; 276; 278; 279; 380; 385; 409; 412;414; 415; 420; 423; 424; 426; 429; 440; 441

Art. 1.015, § un. – 426

Art. 1.016 – 403; 421; 423 e 426

Art. 1.017 – 421 e 426

Art. 1.018 – 422; 427; 428 e 469

Art. 1.019 – 406; 422 e 428

Art. 1.020 – 422 e 429

Art. 1.021 – 34; 125; 208; 380; 386; 393;397; 406; 407; 410; 418; 428; 430; 431; 432; 433; 438; 439; 444; 447; 448; 450; 451; 465 e 470

Art. 1.022 – 282; 433; 435 e 437

Art. 1.023 – 410; 433; 435; 436 e 437

Art. 1.024 – 149; 433; 436; 437 e 438

Art. 1.025 – 435 e 437

Art. 1.026 – 435; 438; 439 e 472

Art. 1.207 – 439 e 440

Art. 1.028 – 440

Art. 1.029 – 214; 440; 442; 445; 446; 447; 448; 466 e 471

Art. 1.030 – 443; 445; 448; 449; 450; 451; 455 e 466

Art. 1.031 – 444; 448 e 467

Art. 1.032 – 201; 444 e 451

Art. 1.033 – 444

Art. 1.034 – 444; 452 e 458

Art. 1.035 – 408; 441; 444; 445; 446; 448; 452; 453 e 459

Art. 1.036 – 220; 243; 408; 435; 446; 449; 453; 456; 457; 458; 460 e 466

Art. 1.037 – 220; 447; 456; 458; 459 e 460

Art. 1.038 – 458 e 460

Art. 1.039 – 243; 457; 461 e 462

Art. 1.040 – 220; 243; 462 e 464

Art. 1.041 – 243 e 464

Art. 1.042 – 448; 450; 452; 465; 467 e 469

Art. 1.043 – 468; 469; 470 e 471

Art. 1.044 – 325; 469; 471 e 472

ÍNDICE REMISSIVO

Volume 2

Art. 509 – 3; 4; 5; 6; 20
Art. 510 – 3 e 6
Art. 511 – 4 e 6
Art. 512 – 4 e 5
Art. 513 – 8; 10; 11; 12; 13; 89
Art. 514 – 9 e 11
Art. 515 – 9; 11; 12; 14; 24; 44; 53; 64
Art. 516 – 9; 12; 14; 34; 41
Art. 517 – 9; 15; 34; 40
Art. 518 – 9; 10; 15
Art. 519 – 9; 10; 15
Art. 520 – 15; 16; 17; 18; 19; 20; 21; 33; 37; 38; 46; 50;90
Art. 521 – 16 e 20
Art. 522 – 16
Art. 523 – 18; 19; 20; 21; 22; 24; 25; 26; 28; 37; 43; 48
Art. 524 – 20; 21; 26; 27; 28; 48
Art. 525 – 22; 23; 48; 50; 52;132
Art. 526 – 23 e 33
Art. 527 – 23; 24; 26; 27; 28; 29; 30; 3; 32; 33
Art. 528 – 34; 36; 37; 39; 40; 41
Art. 529 – 34; 38; 41
Art. 530 – 35 e 42
Art. 531 – 35 e 42
Art. 532 – 35 e 42
Art. 533 – 35; 36; 37; 38; 39; 40;41; 42
Art. 534 – 43 e 48
Art. 535 – 43; 44; 45; 46; 47; 48; 49

Art. 536 – 49; 50; 51; 52; 53
Art. 537 – 50; 52; 53; 54
Art. 538 – 50; 51; 52; 53; 54
Art. 539 – 55; 56; 58; 59; 60
Art. 540 – 56 e 58
Art. 541 – 56 e 58
Art. 542 – 56; 58; 59; 60
Art. 543 – 56 e 59
Art. 544 –57; 58; 59
Art. 545 – 33; 57; 59
Art. 546 – 57; 58; 59
Art. 547 – 57; 59; 60
Art. 548 – 57 e 60
Art. 549 – 57 e 58
Art. 550 – 61; 62; 63
Art. 551 – 61; 63
Art. 552 – 61
Art. 553 – 61; 62; 63
Art. 554 – 64; 65; 66
Art. 555 – 64; 65; 66; 67
Art. 556 – 64 e 65
Art. 557 – 64 e 66
Art. 558 – 64 e 66
Art. 559 – 65 e 66
Art. 560 – 67 e 69
Art. 561 – 67 e 69
Art. 562 – 67 e 69
Art. 563 – 68 e 69
Art. 564 – 68 e 70
Art. 565 – 68; 70; 71

Art. 566 – 68; 69; 70; 71;72
Art. 567 – 72
Art. 568 – 72 e 73
Art. 569 – 73 e 74
Art. 570 – 74 e 75
Art. 571 – 74 e 75
Art. 572 – 74 e 78
Art. 573 – 74 e 75
Art. 574 – 75 e 77
Art. 575 – 75 e 77
Art. 576 – 75; 77; 80
Art. 577 – 76 e 78
Art. 578 – 76 e 78
Art. 579 – 76 e 78
Art. 580 – 76 e 78
Art. 581 – 76; 78; 79
Art. 582 – 76 e 78
Art. 583 – 76; 77; 78
Art. 584 – 76 e 79
Art. 585 – 76 e 79
Art. 586 – 77; 79; 81
Art. 587 – 77; 78; 79
Art. 588 – 79; 80; 82
Art. 589 – 80 e 82
Art. 590 – 80; 82; 83
Art. 591 – 80 e 82
Art. 592 – 80 e 82
Art. 593 – 80 e 82
Art. 594 – 80; 82; 83
Art. 595 – 80 e 83
Art. 596 – 80; 81; 83
Art. 597 – 81; 82; 83
Art. 598 – 81; 82; 83
Art. 599 – 84; 86; 87; 88
Art. 600 – 84; 87; 88
Art. 601 – 84 e 88
Art. 602 – 85 e 88

Art. 603 – 8585 e 89
Art. 604 – 85; 89; 90
Art. 605 – 85; 86; 90
Art. 606 – 85; 89; 90
Art. 607 – 85
Art. 608 – 86
Art. 609 – 86; 87; 88; 89; 90
Art. 610 – 90; 91; 92; 93
Art. 611 – 92; 93; 94
Art. 612 – 92; 93; 94
Art. 613 – 92 e 94
Art. 614 – 92 e 93
Art. 615 – 94
Art. 616 – 94
Art. 617 – 95; 97; 98; 99
Art. 618 – 95; 97; 98
Art. 619 – 95; 97; 98
Art. 620 – 96; 98; 99; 102
Art. 621 – 96; 98
Art. 622 – 96; 97; 98
Art. 623 – 97 e 98
Art. 624 – 97 e 99
Art. 625 – 97; 98; 99
Art. 626 – 99; 100; 101
Art. 627 – 100; 101; 103
Art. 628 – 100 e 101
Art. 629 – 100 e 101
Art. 630 – 101; 102; 110; 112
Art. 631 – 102 e 103
Art. 632 – 102 e 103
Art. 633 – 102 e 103
Art. 634 – 102 e 103
Art. 635 – 102 e 103
Art. 636 – 102 e 103
Art. 637 – 102 e 103
Art. 638 – 102 e 103
Art. 639 – 103 e 104

Art. 640 – 103 e 104
Art. 641 – 104
Art. 642 – 105 e 106
Art. 643 – 105 e 106
Art. 644 – 105 e 106
Art. 645 – 105 e 106
Art. 646 – 106
Art. 647 – 106; 107; 108; 109
Art. 648 – 107; 108; 109
Art. 649 – 107
Art. 650 – 107 e 110
Art. 651 – 107; 108; 109
Art. 652 – 107 e 109
Art. 653 – 107; 108; 109
Art. 654 – 107; 108; 109
Art. 655 – 108 e 109
Art. 656 – 108 e 109
Art. 657 – 108 e 109
Art. 658 – 108 e 109
Art. 659 – 110; 111; 112
Art. 660 – 110; 111; 112
Art. 661 – 110; 111; 112
Art. 662 – 110; 111; 112
Art. 663 – 110; 111; 112
Art. 664 – 111; 112; 113
Art. 665 – 111; 112; 113
Art. 666 – 111; 112; 113
Art. 667 – 111; 112; 113
Art. 668 – 113; 114; 115
Art. 669 – 113; 114; 115
Art. 670 – 114 e 115
Art. 671 – 114 e 115
Art. 672 – 114; 115; 116
Art. 673 – 116
Art. 674 – 116; 117; 118
Art. 675 – 117; 118; 119
Art. 676 – 117; 118; 119

Art. 677 – 117
Art. 678 – 117
Art. 679 – 117
Art. 680 – 117
Art. 681 – 118; 119; 120; 121
Art. 682 – 121
Art. 683 – 121
Art. 684 – 121
Art. 685 – 121
Art. 686 – 121; 122; 123
Art. 687 – 123
Art. 688 – 123
Art. 689 – 123
Art. 690 – 123
Art. 691 – 123
Art. 692 – 123 e 124
Art. 693 – 124 e 125
Art. 694 – 125
Art. 695 – 125
Art. 696 – 125
Art. 697 – 125
Art. 698 – 125
Art. 699 – 125; 126; 127; 128
Art. 700 – 128 e 129
Art. 701 – 129
Art. 702 – 129; 130; 131; 132; 133; 134; 135
Art. 703 – 135; 136; 137
Art. 704 – 135; 136; 137
Art. 705 – 136 e 137
Art. 706 – 136 e 137
Art. 707 – 138
Art. 708 – 138
Art. 709 – 138
Art. 710 – 138
Art. 711 – 138
Art. 712 – 140 e 141
Art. 713 – 140 e 141

Art. 714 – 140
Art. 715 – 140; 141; 142
Art. 716 – 140; 141; 142
Art. 717 – 141 e 142
Art. 718 – 141 e 142
Art. 719 – 143; 144; 145
Art. 720 – 144 e 145
Art. 721 – 144 e 145
Art. 722 – 144 e 145
Art. 723 – 144 e 145
Art. 724 – 144 e 145
Art. 725 – 144 e 145
Art. 726 – 144; 145; 146; 147; 148
Art. 727 – 146 e 148
Art. 728 – 146 e 148
Art. 729 – 146; 147; 148; 149
Art. 730 – 149; 150
Art. 731 – 150; 151; 152
Art. 732 – 150
Art. 733 – 150 e 152
Art. 734 – 151; 152; 153
Art. 735 – 153 e 154
Art. 736 – 153 e 156
Art. 737 – 153 e 154
Art. 738 – 155 e 157
Art. 739 – 155 e 157
Art. 740 – 155; 157; 158
Art. 741 – 156; 157; 158; 159
Art. 742 – 156 e 157
Art. 743 – 156; 157; 158
Art. 744 – 158; 159; 160; 164
Art. 745 – 158 e 159
Art. 746 – 159 e 160
Art. 747 – 160; 161; 162; 163; 164
Art. 748 – 161; 162; 163
Art. 749 – 161; 162; 163
Art. 750 – 161; 165

Art. 751 – 161; 164; 165
Art. 752 – 161; 164; 165
Art. 753 – 161 e 164
Art. 754 – 161 e 164
Art. 755 – 162; 164; 165
Art. 756 – 162; 162; 164; 165
Art. 757 – 162
Art. 758 – 165
Art. 759 – 166 e 167
Art. 760 – 166 e 167
Art. 761 – 139; 166; 167
Art. 762 – 166
Art. 763 – 139; 166; 167
Art. 764 – 139; 168; 169
Art. 765 – 168; 169
Art. 766 – 169; 170
Art. 767 – 169; 170
Art. 768 – 169; 170
Art. 769 – 169 e 171
Art. 770 – 144; 170, 171
Art. 771 – 172; 173; 174; 175
Art. 772 – 175
Art. 773 – 175 e 179
Art. 774 – 175; 176; 177; 178; 179; 247
Art. 775 – 175 e 178
Art. 776 – 176 e 178
Art. 777 – 176; 177; 178; 179
Art. 778 – 180 e 181
Art. 779 – 180 e 181
Art. 780 – 180 e 181
Art. 781 – 182
Art. 782 – 182; 183; 184
Art. 783 – 185; 186; 187
Art. 784 – 186 e 187
Art. 785 – 186; 187; 188; 189
Art. 786 – 188; 189; 190
Art. 787 – 189 e 190

Art. 788 – 189, 190
Art. 789 – 190 e 193
Art. 790 – 190; 191
Art. 791 – 191; 192; 193; 194; 299
Art. 792 – 191; 195; 299
Art. 793 – 191; 193; 300
Art. 794 – 192; 196; 301; 302
Art. 795 – 192
Art. 796 – 192; 193; 194; 195; 196
Art. 797 – 197 e 198
Art. 798 – 198; 199; 200; 203
Art. 799 – 198 e 199
Art. 800 – 199; 201; 202
Art. 801 – 199 e 201
Art. 802 – 199 e 201
Art. 803 – 199 e 203
Art. 804 – 199 e 200
Art. 805 – 200; 201; 202; 203; 204
Art. 806 – 204
Art. 807 – 204 e 206
Art. 808 – 204 e 206
Art. 809 – 204; 206; 209
Art. 810 – 205 e 207
Art. 811 – 205 e 207
Art. 812 – 205 e 207
Art. 813 – 205; 206; 207
Art. 814 – 209 e 213
Art. 815 – 209 e 211
Art. 816 – 210 e 211
Art. 817 – 210 e 211
Art. 818 – 210 e 211
Art. 819 – 210 e 211
Art. 820 – 210 e 212
Art. 821 – 210; 211; 212
Art. 822 – 212 e 213
Art. 823 – 212 e 213
Art. 824 – 214; 215; 288

Art. 825 – 215; 228
Art. 826 – 215 e 216
Art. 827 – 215 e 216
Art. 828 – 216 e 219
Art. 829 – 216
Art. 830 – 216; 217; 218; 219
Art. 831 – 219; 220; 222
Art. 832 – 220; 222; 223; 224; 225
Art. 833 – 220; 222; 223; 224; 225
Art. 834 – 221; 224; 240
Art. 835 – 221; 222; 224; 225; 226; 232; 240; 254
Art. 836 – 221; 222; 223; 224; 225; 226
Art. 837 – 226; 228; 229
Art. 838 – 226; 229; 228
Art. 839 – 226; 229
Art. 840 – 227; 229; 230; 365; 372
Art. 841 – 227; 229; 230; 232
Art. 842 – 227 e 229
Art. 843 – 227; 229; 231
Art. 844 – 227; 228; 229; 230
Art. 845 – 230, 231; 232
Art. 846 – 231; 232; 233
Art. 847 – 233; 235; 236; 237
Art. 848 – 234; 236; 237
Art. 849 – 234 e 237
Art. 850 – 234 e 237
Art. 851 – 234; 235; 237
Art. 852 – 234; 235; 237
Art. 853 – 234; 236; 237
Art. 854 – 238; 239; 240; 241; 242; 243
Art. 855 – 243; 244; 245
Art. 856 – 243; 244; 255
Art. 857 – 243 e 245
Art. 858 – 243; 244; 245
Art. 859 – 243; 244; 245
Art. 860 – 244; 245; 246
Art. 861 – 246; 247; 248; 249; 260

Art. 862 – 248; 249; 250; 251; 252; 256
Art. 863 – 249; 250; 251
Art. 864 – 250 e 251
Art. 865 – 250; 251; 252
Art. 866 – 252; 253; 254; 255
Art. 867 – 255 e 256
Art. 868 – 255 e 256
Art. 869 – 255; 256; 257
Art. 870 – 257 e 259
Art. 871 – 257; 258; 259; 260
Art. 872 – 258; 259; 260
Art. 873 – 258; 259; 260
Art. 874 – 258; 259; 260
Art. 875 – 258; 259; 260
Art. 876 – 261 e 262
Art. 877 – 262
Art. 878 – 262; 263; 264; 265
Art. 879 – 262; 263; 264; 265
Art. 880 – 265; 272; 273; 280
Art. 881 – 265; 249; 260; 273
Art. 882 – 265; 266; 273
Art. 883 – 266
Art. 884 – 266; 272; 274
Art. 885 – 266
Art. 886 – 266; 274; 275
Art. 887 – 266; 267; 280
Art. 888 – 266; 267; 276
Art. 889 – 267; 268; 276
Art. 890 – 268; 272; 276
Art. 891 – 268; 276; 281
Art. 892 – 268; 276; 281
Art. 893 – 268; 276
Art. 894 – 269; 272; 276; 278; 281
Art. 895 – 269; 272; 277; 279; 281; 282
Art. 896 – 269; 270; 278
Art. 897 – 270; 278
Art. 898 – 270; 278

Art. 899 – 270; 278
Art. 900 – 270; 278
Art. 901 – 270; 278
Art. 902 – 270; 278
Art. 903 – 270; 271; 272; 278; 282
Art. 904 – 283
Art. 905 – 283
Art. 906 – 283 e 285
Art. 907 – 283 e 285
Art. 908 – 283 e 285
Art. 909 – 283 e 285
Art. 910 – 286 e 287
Art. 911 – 288; 289; 290
Art. 912 – 288; 289; 290
Art. 913 – 288; 289; 290
Art. 914 – 290 e 294
Art. 915 – 290 e 294
Art. 916 – 291 e 294
Art. 917 – 291; 292; 295
Art. 918 – 292 e 295
Art. 919 – 292 e 295
Art. 920 – 292; 293; 296
Art. 921 – 297; 299; 300
Art. 922 – 298 e 299
Art. 923 – 299 e 300
Art. 924 – 301; 302; 364
Art. 925 – 301
Art. 926 – 306; 307; 308
Art. 927 – 306; 307; 309; 310
Art. 928 – 307 e 310
Art. 929 – 310 e 316
Art. 930 – 310; 316; 320
Art. 931 – 311 e 316
Art. 932 – 311; 316; 321; 331
Art. 933 – 311 e 321
Art. 934 – 312 e 317
Art. 935 – 312 e 317

Art. 936 – 312 e 322
Art. 937 – 312; 317; 318; 322
Art. 938 – 313 e 319
Art. 939 – 313 e 319
Art. 940 – 313 e 319
Art. 941 – 313; 319; 320
Art. 942 – 314; 336; 337
Art. 943 – 314; 320; 337
Art. 944 – 314 e 328
Art. 945 – 314 e 328
Art. 946 – 314 e 328
Art. 947 – 328; 329; 330; 331
Art. 948 – 331 e 333
Art. 949 – 331; 332; 333
Art. 950 – 332; 333
Art. 951 – 334 e 336
Art. 952 – 334; 336; 337
Art. 953 – 334 e 336
Art. 954 – 334 e 336
Art. 955 – 334; 336; 337
Art. 956 – 335 e 337
Art. 957 – 335 e 337
Art. 958 – 335 e 337
Art. 959 – 335 e 337
Art. 960 – 337 ; 339; 340; 341; 343
Art. 961 – 338; 340; 341; 342
Art. 962 – 338; 340; 341; 342; 343

Art. 963 – 338; 342; 343
Art. 964 – 338; 342; 343
Art. 965 – 339 e 340
[...]
Art. 1.045 – 363; 368; 369; 372
Art. 1.046 – 363; 369; 370
Art. 1.047 – 363 e 370
Art. 1.048 – 363; 370; 371
Art. 1.049 – 364 e 371
Art. 1.050 – 364
Art. 1.051 – 364
Art. 1.052 – 303; 364; 369; 371
Art. 1.053 – 364 e 371
Art. 1.054 – 364; 368; 372
Art. 1.055 – 364
Art. 1.056 – 364 e 372
Art. 1.057 – 364 e 372
Art. 1.058 – 365 e 372
Art. 1.059 – 365
Art. 1.060 – 365
Art. 1.061 – 365
Art. 1.062 – 365
Art. 1.063 – 365
Art. 1.064 – 365
Art. 1.065 – 365
Art. 1.066 – 365
Art. 1.067 – 366
Art. 1.068 – 366
Art. 1.069 – 366
Art. 1.070 – 366
Art. 1.071 – 366
Art. 1.072 – 368

Este livro foi impresso nas oficinas gráficas da Editora Vozes Ltda.,
Rua Frei Luís, 100 – Petrópolis, RJ.